Les figurines KULANGO

KULANGO Figurines

Les figurines KULANGO

Les esprits mystérieux de la brousse de la collection Pierluigi Peroni

KULANGO Figurines

Wild and Mysterious Spirits from the Pierluigi Peroni Collection

Photographies | Photographs
Francesco Pachì

5 CONTINENTS

5 Continents Editions

Suivi éditorial
Editorial Coordination
Laura Maggioni

Direction artistique
Art direction
Annarita De Sanctis

Secrétariat de rédaction
Editing
Anne-Claire Juramie
Emily Ligniti

Traductions
Translations
Caroline Higgitt
Catherine Sobecki

Couverture Cover
Voir | See p. 154-155

Quatrième de couverture Back cover
Voir | See p. 248-249

Photogravure
Colour Separation
Maurizio Brivio, Milan, Italie

Achevé d'imprimer en Italie sur les presses de Tecnostampa, Trevi (PG), Italie pour le compte de 5 Continents Editions, en juillet 2017
Printed and bound in Italy by Tecnostampa, Trevi (PG), Italy for 5 Continents Editions, in July 2017

5 Continents Editions
Piazza Caiazzo, 1
20124 Milano, Italie
www.fivecontinentseditions.com

ISBN FR : 978-88-7439-784-6
Distribution BELLES LETTRES /
Diffusion L'entreLivres

ISBN UK: 978-88-7439-780-8
Distributed in the United States and Canada by Harry N. Abrams, Inc., New York.
Distributed outside the United States and Canada, excluding Italy, by Yale University Press, London

SOMMAIRE
TABLE OF CONTENTS

INTRODUCTION

I have collected small African objects for as long as I can remember. I am fascinated by their micro-monumentality, the perfection of their proportions, the quality of their workmanship and the beauty of their time-worn patina. I am captivated by their magic, therapeutic and protective meaning. I love their small size that makes it possible to have them with me all the time. All my energy is devoted to them, both in terms of time and money. I hold them and handle them constantly. I caress them every day, almost as if they were my babies. I frequently move them about, rearranging them in ever new ways in my cabinets, on desks, shelves and in boxes. I like to make them travel, encountering new objects, and also to change what I see. I have so many of them, perhaps too many, but in every case they have been selected with the greatest love and care, and I am closely attached to each and every one of them. With only a few exceptions, I have never acquired them in a random, approximate or generalist way. I do not amass objects indiscriminately. I am a collector. This is the reason I have concentrated on objects of just a few ethnic groups or typologies. I prefer to specialize, to study the subject in depth, understanding, researching and focusing on detail. I have also created families of objects that are always under my control and constantly developing: families that change and expand, growing in number and quality, communicating not only between them but also with me. I really cannot be without my small African objects. I am not joking when I say I talk to them: it sounds a bit mad, I know, and plenty of people have said as much, but I like the way I am and I have no intention of changing.

One important thing I should establish is that I do not collect miniatures but objects designed from the start to be small because their function required them to be of a reduced size. Small African objects are often described as "miniature" but, in Africa, there is no such thing as a miniature. Independently of their artistic value, all objects were made for use in daily life, not to be collected and, if they are small, that is what was required!

Within this macrocosm of small objects, my greatest passion is for small African bronzes. More than anything else, they have always fascinated me and I have specialized in them in particular. I cannot help myself: they speak to me, they condition me and they move me. I like to hold them in my hands, examining them, touching them, feeling them, rubbing them and playing with them for hours. I am literally surrounded by them, at home and in the office. Every day I put at least one in my pocket and more than one in one of my inseparable briefcases: small, light and, for the most part, robust, they are easily transportable. Over the years I have put together various collections of micro objects in metal, all quite specific and specialized. The collection of bronze Kulango figurines discussed in this book is one of many but perhaps is one of the collections dearest to my heart.

Kulango Figurines is the second book devoted to my collection of small African objects produced with my friend and publisher Eric Ghysels. The first, *Micromonumentality*, offered a general overview embracing all materials and all types of objects for the whole of Africa. As the first volume in the series *Micro-Africa* however, Bérénice Geoffroy-Schneiter's text did not deal with individual questions and themes. The idea was, however, to continue the series with more specific studies, the first of which is the present volume devoted to the Kulango bronzes. Here I have had the opportunity to present my collection of these anthropomorphic objects: pendants, amulets, divination items, ceremonial objects, gold weights

INTRODUCTION

Depuis toujours, je collectionne les petits objets africains. Leur micromonumentalité, la perfection de leurs proportions, la qualité de leur facture, la beauté de leur patine me fascinent. Je suis sensible à leur signification magique, thérapeutique et protectrice. Ils me passionnent en raison de leur taille réduite qui me permet de les avoir toujours avec moi. Je leur consacre toutes les énergies possibles, en temps comme en moyens financiers. Sans cesse, je les manipule et les remanipule : je les câline tous les jours, comme s'il s'agissait de mes enfants. Je les déplace fréquemment, les replaçant de manière toujours différente entre mes vitrines, mes secrétaires, mes bibliothèques et mes tiroirs, car j'aime les faire voyager, leur faire connaître d'autres sujets et, également, les alterner à mon regard. J'en possède vraiment beaucoup, peut-être trop, et dans chaque cas, je les ai tous choisis avec attention et amour, et suis très fortement attaché à chacun d'eux. Hormis quelques exceptions, je ne les ai jamais acquis de façon désordonnée, approximative ou généraliste. En effet, je ne suis pas un récolteur mais un collectionneur. C'est pourquoi je me suis focalisé uniquement sur quelques ethnies ou typologies d'objets déterminés, car j'aime me spécialiser, étudier à fond la matière, comprendre, enquêter, entrer dans les détails. J'ai également créé des familles de sujets qui sont toujours sous mon contrôle et en perpétuelle évolution : des familles qui se modifient et se complètent, augmentent en nombre et en qualité, dialoguent non seulement entre eux mais aussi avec moi. Il m'est impossible de rester sans mes petits objets africains. Et je ne plaisante pas lorsque je dis parler avec eux. Je sais bien que je suis un peu fou, tant de personnes me le disent, mais c'est ainsi que cela me plaît et je n'ai pas l'intention de changer.

Je tiens à souligner un concept important : je ne collectionne pas des miniatures, mais des œuvres produites à l'origine en petites dimensions parce que leur fonction demandait une taille réduite. On définit souvent les petits objets africains comme des miniatures. Mais celles-ci n'existent pas en Afrique. Indépendamment de leur valeur artistique, tous les objets étaient réalisés pour une utilisation au quotidien, et non pour être collectionnés, et s'ils sont petits, c'est parce qu'ils avaient besoin de l'être !

Au sein du macrocosme des petits objets, ma grande passion véritable, ce sont les petits bronzes africains. Ils m'ont toujours fasciné, plus que tout autre chose, et je me suis vraiment spécialisé à leur sujet. Impossible pour moi de m'en passer. Ils m'affectent, m'influencent, m'émeuvent. J'aime les tenir, les examiner, les toucher, les palper, les frotter et jouer constamment avec eux. Je suis littéralement entouré par eux, chez moi comme au bureau. Chaque jour, j'en mets au moins un dans ma poche et plus d'un dans mes inséparables mallettes de travail. D'ailleurs, ils sont faciles à transporter vu qu'ils sont petits, légers et, pour la plupart, non fragiles. Année après année, j'ai constitué diverses collections de micro-objets en métal, tous bien définis et spécialisés : celle des figurines en bronze des Kulango, sujet de cette publication, est l'une d'elles, même si c'est une des collection auxquelles je tiens le plus.

Les Figurines des Kulango est le deuxième ouvrage consacré à mes petits objets africains que je réalise avec l'ami éditeur Eric Ghysels. Le premier volume *Micromonumentalité* se voulait une vue d'ensemble sur la totalité de l'Afrique, tous les matériaux et tous les types d'objets, concrètement la présentation de la collection « Micro-Africa ». Par conséquent, le texte de Bérénice Geoffroy-Schneiter n'approfondissait aucun sujet ni thématique particuliers. Toutefois, le projet était de compléter ensuite la collection avec des publications plus spécifiques. La première d'entre elles est justement celle à propos des

and, in some cases, objects of unknown use. Naturally, the approach of this second book is very different from the first: it is a monograph that will dwell on the subject in depth, analyzing it in detail. It is for this reason that the writing of the text of this new book has been entrusted to Alain-Michel Boyer. A specialist in the culture of the Ivory Coast, he lived in that country for many years and continues now to return there to continue his research. Boyer is an expert on the ethnic groups of the Ivory Coast and has published several works about this geographical region. No one could be better fitted to take on the task of discussing my Kulango bronzes and writing the first monograph dedicated to the Kulango people.

This brief introduction is not the place to discuss Kulango culture or its metal figurines in detail: my friend Alain-Michel's text is more than exhaustive and it would be unnecessary to anticipate his discussion. I would like instead to explain the reasons why, when I first set eyes on them, I developed my enthusiasm for these little bronzes. First and foremost, they are aesthetically wonderful, perfectly proportioned and almost always beautifully finished: and I love things that are well made. They are also quite rare, particularly those that are atypical or those that are undamaged: and I have never been interested in things that are easy to find. Furthermore, these are objects that are very personal, often with the dual role of a pendant and amulet to be worn on the person at all times: and I have always been fascinated by the subject of African talismans that heal and protect. Another indubitable point in their favour is that, for the most part, these objects are very old or even antique. Lastly, they are truly unique in form and can be distinguished without confusion from objects produced by other ethnic groups, even those who are neighbours of the Kulango: and for me, unique objects that stand out from others and are not overshadowed have a particular value.

There is often a certain similarity between African metal figurines even when produced by different ethnic groups. Sometimes it is difficult, if not impossible, to make secure attributions to one group or another. Furthermore, some metalworkers worked for several different ethnic groups while the many neighbouring groups and sub-groups influenced one another in the producing of objects. The Kulango anthropomorphic bronzes are, by contrast, completely unique and recognizable: I am speaking here about those that are the most typical with their sinuous or "zig-zag" bodies: almost a trademark, this aspect of the figurines represents an important identifying feature.

In the following pages, only part of my collection appears. I have naturally sought to present the finest, rarest and most important examples. I have tried, however, to present a varied selection of objects in order to document the different typologies and styles of the Kulango bronze figures. With the exception of one illustration in Alain-Michel Boyer's text, I decided not to include the Kulango equestrian figures, wonderful and interesting as they are, nor other typologies such as, for example, those bronzes with entirely zoomorphic subjects. I made the decision instead to confine the scope of the book to anthropomorphic and anthropo-zoomorphic objects made by the Kulango people for the simple reason that these are the pieces that interest me most.

I have also chosen to present a small number of bronzes of uncertain attribution but which have connections with the Kulango, either because they come from the same geographical area or because they show marked Kulango influences.

Kulango, où je présente ma collection de leurs petits bronzes anthropomorphes : des pendentifs, des amulettes, des objets de divination, d'autres de prestige, des poids pour l'or et certains encore de fonction inconnue. Il va de soi que l'angle d'approche de ce deuxième volume diffère beaucoup du premier. Il s'agit dans ce cas d'une monographie qui traite du cœur de la matière en l'analysant de manière précise. C'est la raison pour laquelle la rédaction de ce texte a été confié à Alain-Michel Boyer : un véritable spécialiste de la Côte d'Ivoire où il a vécu de nombreuses années, puis a continué d'y retourner souvent afin d'approfondir ses recherches. Boyer est un grand connaisseur des groupes ethniques ivoiriens et l'auteur de nombreuses publications sur cette zone géographique. Personne mieux que lui pouvait prendre la responsabilité de parler de mes bronzes kulango, écrivant la première monographie dédiée à cette ethnie.

Dans cette brève introduction, je ne compte pas parler en détail ni de l'ethnie des Kulango ni de leurs figurines métalliques. Le texte de l'ami Alain-Michel est déjà plus qu'exhaustif et c'est pourquoi il me semble inutile d'anticiper ses considérations. En revanche, j'aime l'idée d'expliquer les motivations qui m'ont amené à me passionner pour ces petits bronzes dès la première fois où je les ai vus. Avant tout, ils sont esthétiquement merveilleux, parfaitement proportionnés, presque toujours admirablement achevés : et j'aime les choses bien faites. Ils sont également très rares, surtout les spécimens atypiques et ceux encore intacts : or, ce qui est facile à trouver n'a jamais suscité mon intérêt. En outre, ce sont des objets intimement personnels, souvent avec la double fonction de pendentif-amulette à porter toujours sur soi : et l'étude des talismans africains qui guérissent et protègent m'a toujours fasciné. Ajoutons à cela que, dans leur grande majorité, ils sont très anciens, j'oserais même dire antiques, un autre aspect indubitablement en leur faveur. Surtout, ils sont vraiment uniques dans leur forme et ils se distinguent, sans aucune équivoque possible, de ceux des autres ethnies, même celles limitrophes : et les choses uniques qui se différencient des autres, en vivant d'elles-mêmes, ont pour moi une valeur spéciale.

Souvent les figurines africaines en métal offrent beaucoup de similitudes entre elles, même lorsque ce sont des réalisations de différentes ethnies. Il est en effet parfois difficile, voire impossible, d'attribuer avec certitude certaines œuvres à un groupe ethnique donné. D'autant qu'en Afrique, il y avait également des fondeurs qui travaillaient pour plusieurs ethnies. En outre, les nombreux groupes et sous-groupes voisins s'influençaient entre eux, même dans la production des objets. Néanmoins, les bronzes anthropomorphes des Kulango sont absolument uniques et aisément reconnaissables. Je parle naturellement de ceux les plus typiques et sinueux avec la forme du corps en « zigzag ». Et j'estime qu'il s'agit là d'une de leurs caractéristiques importantes pour les identifier, une véritable marque de fabrique !

Les pages qui suivent ne montrent qu'une partie de ma collection. Il va de soi que j'ai cherché à faire découvrir les pièces les plus belles, les plus rares et les plus significatives. Je me suis cependant efforcé de sélectionner une certaine variété d'objets, avec l'intention de documenter les divers styles et typologies des petits personnages en bronze des Kulango. Hormis une seule exception illustrée au sein du texte d'Alain-Michel Boyer, je n'ai pas voulu publier de figurines équestres des Kulango, elles aussi splendides et intéressantes, ni les autres typologies de leurs bronzes comme ceux avec des sujets totalement zoomorphes. En effet, j'ai décidé de centrer ce volume sur les représentations anthropomorphes et anthropozoomorphes

These are mainly rare and interesting Early-Voltaic figurines of considerable antiquity.

Before concluding, I must thank those people to whom I am most indebted. My wife Marina and my daughters Sara and Elena, who have allowed me to dedicate so much time to my passion for Africa and African art, making it possible for me to organize endless trips and letting me fill the house with an infinite number of objects not necessarily to their taste. My grandfather Ettore, my teacher in life, who passed on to me his love of Africa, taking me with him on his travels from my earliest years. My friend Wilfried Glar, expert in bronzes, whose advice contributed to the qualitative growth of my collection and who has always encouraged me in the course of this project. David Serra, who organized a wonderful exhibition in Paris in 2013 devoted to Kulango figurines, honouring me with the presentation of my collection and producing a very beautiful catalogue, *Bronzes Kulango*, providing a major photographic resource for this subject. Maine Durieu, the "queen" of African bronzes, who I will always remember with affection and whose valuable advice taught me to concentrate above all on quality. Franco Giovanni Scanzi who, by selling me all his magnificent Kulango bronzes discovered in situ by Jean-Paul Delcourt from the late 1950s, contributed greatly to the value of my collection. Samir, Mina and Najwa Borro who, after a number of visits to their house, eventually decided to reward my tenacity and ceded me several very fine Kulango figurines, not for money but in a mutually satisfactory exchange deal. Patrick Girard who, albeit reluctantly, sacrificed his very rare pendant-pectoral "Kulango with bird", selling it to me both in recognition of my great love of these objects and in order to further the plan to produce this book, something in which he took a great interest. Alain-Michel Boyer who immediately and enthusiastically agreed to write this monograph: I am confident that I could find no better author than him. Francesco Pachì, friend and photographer, who, with his magic lighting, gave life to my bronzes, sometimes making them even more beautiful than they already are. Eric Ghysels and his team at Five Continents who, after the success of *Micromonumentality*, was prepared to back me again in the realization of this new project, *Kulango Figurines*. Lastly, all those who helped me in tracing pieces, information, contacts, photographs and texts: they are many and I cannot name them all here but I have not forgotten them and my grateful thanks go to them all.

A last thought and one that I shall never tire of repeating. I like to listen and to learn: it is only in this way that we grow and improve. I welcome, therefore, any feedback from those reading this book: information, points, insights, constructive criticism and photographs of further objects for study, exchange, purchase or simply for viewing.

PIERLUIGI PERONI

de ce groupe ethnique, pour la simple raison que ce sont celles qui m'intéressent le plus.

J'ai également choisi de présenter quelques bronzes que l'on ne peut pas attribuer avec une certitude absolue aux Kulango, mais qui sont reliés à cette ethnie : parce qu'ils proviennent de leur zone géographique ou qu'ils attestent de nettes influences kulango. Il s'agit avant tout de figurines prévoltaïques très anciennes, rares et intéressantes.

Avant de conclure, je tiens à exprimer quelques remerciements qui s'imposent. À mon épouse Marina et à mes filles Sara et Elena qui m'ont permis de consacrer énormément de temps à ma passion pour l'Afrique et l'art africain, me laissant organiser sans cesse des voyages et remplir la maison d'un nombre infini d'objets aux canons esthétiques bien différents. À mon grand-père Ettore, un véritable maître pour moi, qui m'a transmis l'amour de l'Afrique, m'emmenant dès mon plus jeune âge lorsqu'il s'y rendait. À l'ami Wilfried Glar, mon professeur des bronzes, qui a activement pris part à l'amélioration qualitative de ma collection et m'a toujours encouragé dans le projet de cette publication. À David Serra qui a organisé à Paris en 2013 une superbe exposition sur les figurines des Kulango, m'accordant l'honneur de présenter ma collection et publiant le très beau catalogue *Bronzes kulango*, une référence photographique importante sur ce sujet. À Maine Durieu, la véritable « reine » des bronzes africains, qui restera toujours dans mon cœur et qui, grâce à ses précieux conseils, m'a appris à me focaliser uniquement sur la qualité. À Franco Giovanni Scanzi qui, en me vendant tous ses magnifiques bronzes kulango qu'avait collectés sur place Jean-Paul Delcourt dès la fin des années 1950, a contribué à enrichir ma collection. À Samir, Mina et Najwa Borro qui, après beaucoup de visites chez eux, ont finalement décidé de récompenser ma ténacité en me cédant quelques figurines kulango d'une importance considérable : sans transaction monétaire, mais par un troc qui a rendu heureux les deux parties. À Patrick Girard qui, bien qu'à contrecœur, s'est privé de son très rare pendentif-pectoral « kulango avec oiseau », vendu soit afin de récompenser mon grand amour pour ces objets, soit afin d'enrichir le projet de cette publication pour laquelle il a montré un grand intérêt. À Alain-Michel Boyer qui a immédiatement accepté, avec enthousiasme, d'écrire cette monographie : je suis convaincu qu'il m'aurait été impossible de trouver un meilleur auteur que lui. À l'ami photographe Francesco Pachì qui est parvenu, grâce à ses éclairages magiques, à faire vivre mes bronzes, les rendant parfois encore plus beaux. À Eric Ghysels et à son équipe des Cinq Continents qui ont décidé, après le succès de *Micromonumentalité*, de me supporter encore pour la réalisation de ce nouveau projet, *Les Figurines des Kulango*. Enfin, à tous ceux qui m'ont aidé dans la recherche de pièces, dans l'acquisition d'informations, de contacts, de photographies, de textes. Ils sont nombreux si bien que, malheureusement, je ne peux pas tous les citer, mais je me souviens d'eux et je les remercie !

Une dernière remarque que je ne me fatiguerai jamais de répéter. J'aime écouter et apprendre : ce n'est qu'ainsi que l'on peut s'éduquer et s'améliorer. J'accueille donc volontiers les réactions des lecteurs de ce livre : avec des informations, des commentaires, des approfondissements, des critiques constructives, des photographies de nouvelles pièces à étudier, échanger, acquérir ou, simplement, voir.

PIERLUIGI PERONI

KULANGO FIGURINES

Mysterious Spirits of the Bush

"bεε hεgε ϖϖ yaa Gutugo?
bεε hεgε uu yi Gboona?
kondja gu
tigmanran waa dϖ kparɭ ja. ɭ"
"What are you going to do in Bondoukou?
What have you come to do in Bouna?
The royal throne has gone
The talking drum no longer speaks the truth."
Kulango song

TRANSFIGURED TALISMANS

The Great Sphinx of Giza, The Winged Victory of Samothrace, Michelangelo's David: are large works of art more admired by art historians than very small ones? Yet, in the Renaissance, Baccio Bandinelli's enormous *Hercules and Cacus* was compared unfavourably with a piece of precious metalwork barely twenty-six centimetres high, Benvenuto Cellini's famous *Salt Cellar* made for François I. The former is a work standing over five metres tall, as cold as a funerary monument; the latter is a marvel of delicacy, dubbed in its day "the Mona Lisa of sculpture". And the same is true of African art. Large works are rare, and even rarer are any of extreme size of artistic merit. One of the tallest (190 cm), the *Man-Shark* (1890) representing King Béhanzin,[1] is more a trophy than a work of art. Many African artefacts are characterized instead by their minute detail: Akan gold-weights (Ghana), Boni headrests (Somalia), Baule gong hammers (Ivory Coast). Alongside these are the Kulango figurines, none of which are more than some ten centimetres high. However, these objects need to be *seen—really seen*. Who can see them at first glance, lying on a medicine man's stall, in an African market, piled up among the hotchpotch of warthog bones (for healing), reptile skulls (to protect against evil spells), "enchanted padlocks" (to keep a woman from straying)? They are hard to see even when worn: many Kulango pendants are nowadays hidden under clothes, close to the body where they can be in contact with the skin. Even in a museum showcase you would have to have a particular interest in such things to pay more attention to an amulet than an eye-catching mask.

In this respect, Kulango art is also a history of seeing. How could it have been *seen properly* before the transformation wrought by photography? Writing not about Kulango objects but about Celtic coins, André Malraux comments "Photographic enlargement has won for [them] a place in art from which their small dimensions . . . seemed hitherto to bar them[2] . . . We find as much diversity in these coin-makers at their best as in Romanesque sculpture".[3] In the same way, tiny Scythian ornaments are transformed into veritable "bas-reliefs": "In this way reproduction frees a style from the limitations that made it appear to be a minor art".[4] But it is not that a fictive art is created by the falsification of the scale of the objects. It is rather that the works are *transformed* by the combination of different views and the highlighting of details that escape the eye. Lighting, above all, can give an unexpected emphasis to something merely suggested; it draws out, darkens or dramatizes. "When photographed with special lighting, lay-out and emphasis on certain details, ancient works of sculpture often acquire a quite startling, if spurious, modernism".[5] More than a simple enlargement, we are presented with a transfiguration. Such a metamorphosis does not need to be attributed merely to technique. It brings these miniatures to a kind of idealized state. Given back to us in

FIGURINES KULANGO

Les mystérieux esprits de la brousse

« bɛɛ hɛgɛ ϖϖ yaa Gutugo ?
bɛɛ hɛgɛ uu yi Gboona ?
kondja gu
tigmanran waa dϖ kpar[ja. [. »
« Que vas-tu faire à Bondoukou ?
Que viens-tu faire à Bouna ?
Le trône royal a disparu
Le tambour parlant ne dit plus la vérité. »
Chanson kulango

DES TALISMANS TRANSFIGURÉS

Sphinx de Gizeh, *Victoire* de Samothrace, *David* de Michel-Ange : l'histoire de l'art privilégierait-elle toujours les œuvres colossales au détriment des minuscules ? Pourtant, dès la Renaissance, l'énorme *Hercule et Cacus* de Baccio Bandinelli n'était-il pas dénigré par rapport à une pièce d'orfèvrerie d'à peine vingt-six centimètres de haut, la célèbre *Salière de François Ier*, de Benvenuto Cellini ? D'un côté une œuvre de plus de cinq mètres de hauteur, glacée comme une effigie de cimetière, de l'autre une merveille de grâce, appelée à l'époque « la Mona Lisa des sculptures ». N'en est-il pas de même dans l'art africain ? Rares sont les œuvres de grande dimension, plus rares encore celles qui, d'une taille imposante, exercent une séduction : l'une des plus hautes (cent quatre-vingt-dix centimètres), *L'Homme-requin* (1890) représentant le roi Béhanzin[1], vaut plus comme trophée que comme chef-d'œuvre de l'art. Bien des créations africaines se distinguent en revanche par la recherche de l'infime : poids à peser l'or des Akan (Ghana), appui-nuque des Boni (Somalie), marteaux de gong des Baule (Côte d'Ivoire). Ou encore ces figurines des Kulango, dont aucune ne dépasse la dizaine de centimètres. Encore faut-il que ces objets puissent être *vus*. *Réellement vus*. Qui peut prétendre les voir d'un premier coup d'œil, sur un étal de guérisseur, dans un marché africain, entassés parmi le bric-à-brac des os de phacochères (pour soigner), crânes de reptiles (pour éloigner les maléfices), « cadenas envoûteurs » (pour retenir les filles) ? Même quand ils sont portés : bien des pendentifs kulango sont aujourd'hui dissimulés sous les vêtements, pour demeurer au contact de l'épiderme, au plus près du corps. Même dans une vitrine de musée : il faut un intérêt très personnel pour accorder autant d'attention à une amulette qu'à un masque spectaculaire.

À ce titre, l'art kulango est *aussi* une histoire du regard. Comment aurait-il pu être *vraiment vu* avant la transmutation que lui fait subir la photographie ? « L'agrandissement fait entrer ces figures dans un domaine d'où leurs dimensions semblaient les exclure[2]. » Non qu'André Malraux évoque, par ces mots, les œuvres des Kulango. Mais plutôt les pièces de monnaie celtes : « Les meilleurs de leurs monnayeurs » apparaissent soudain « aussi divers que les sculpteurs romans[3] ». De même, les minuscules ornements scythes deviennent de véritables « bas-reliefs » : « La reproduction délivre leur style des servitudes qui le faisaient mineur[4]. » Non qu'il s'agisse de créer un art fictif en faussant l'échelle des objets. Les œuvres reçoivent surtout une *transformation* par la combinaison de plans et la mise en valeur de détails qui échappaient à l'œil. L'éclairage surtout, qui donne un accent inattendu à ce qui n'était que suggéré ; il souligne, assombrit, dramatise. « Les sculptures photographiées tirent de leur éclairage, de leur cadrage, un modernisme virulent[5]. » Un banal agrandissement ? Plutôt une transfiguration. Nulle nécessité d'attribuer à la pure technique ce qui est de l'ordre de la métamorphose. Elle conduit ces miniatures vers une forme

this form, the resurrected Kulango figurines seem to rise up like apparitions from another world.

EARLY EUROPEAN VISITORS

"cilio bo pieun gboun a haan yiin I"

"The stranger has big eyes but sees nothing."

Kulango proverb

Not all observers need photographic enlargements, nor are they all in thrall to the monumental and majestic. The very first European explorer to cross, in 1887, the northeastern part of the Ivory Coast—no Arab-Berber traveller had ever visited this region or mentioned it—was Captain Louis-Gustave Binger.[6] Was he really impressed by the fortifications and ruined cities encountered on his travels? He merely mentions them, commenting that they are "numerous",[7] without placing great importance on them, despite their still impressive size. On the other hand, Binger was immediately fascinated by the ornaments, jewellery and pendants worn by the women, describing these objects with much interest. The women "wrap their waists with about twenty leather cords each consisting of three thongs the thickness of robust string; on one end is a loop, on the other a knot. Suspended from these cords are small copper objects representing turtles, lizards or horses".[8] Binger was not the only European to be attracted by these pendants. Less than seven years later, the colonial administrator in charge of the region, Captain Noire, reports from a more technical viewpoint on the skill of the metalworkers and smiths in his "sector", their methods of working, their influences and their ability to create new forms.[9]

Unfortunately, neither Binger nor his successors provide much information about the astonishing variety of these ornaments. There is the photograph of a figurine (clearly Kulango) published in 1903 by P. Chapé in the *Dépêche coloniale illustrée* showing two figures and adding that it was "a strange object . . . similar to Siamese twins" and for which "we can find no explanation, although one must exist and which must be rational; was the negro artist depicting an evil spirit of the forest or simply the monstrous coupling of nature?"[10] In 1931, Henri Labouret mentions that "you often meet people of both sexes wearing small chameleons of wrought iron or crudely cast in copper".[11] Although the plates at the end of his book include illustrations of various objects, the cursory description is limited to a single type of figure and is often dismissive. It was to be many years before these ornaments began to attract the serious attention of art lovers and collectors, arousing their interest and beginning to arrive in Europe. Curiosity about items other than Akan gold-weights remained minimal for many years, too weak to prevent the melting down of thousands of objects deemed to be of little importance. Another factor was that the region inhabited by the Kulango people, to the extreme northeast of the Ivory Coast, between the National Park and the frontiers with Ghana and Burkina Faso, was for a long time hard to reach and marginalised. Avoided by itinerant traders, it was known for its rough roads, unreliable ferry over the Comoé River (from Bouaké) and the undeservedly bad reputation of the much-feared inhabitants.

The Slow Extinction of an Art

By the late 1970s, some, although not all, people in the region still owned and were wearing objects made of

d'idéalisation. Ainsi réintroduites dans notre univers, les figurines kulango, ressuscitées, paraissent ressurgir comme des apparitions venues d'un autre monde.

LES PREMIERS DÉCOUVREURS

« cilio bo pieun gboun a haan yiin i »
« L'étranger a de gros yeux, mais il ne voit rien. »
Proverbe kulango

Les observateurs ont-ils tous besoin d'un agrandissement photographique ? Sont-ils exclusivement subjugués par le monumental, le majestueux ? Le tout premier explorateur européen à traverser le nord-est de la Côte d'Ivoire – aucun voyageur arabo-berbère n'avait jamais parcouru cette région ni ne l'avait mentionnée – fut, en 1887, le capitaine Louis-Gustave Binger[6], auteur d'un récit capital de son expédition. Binger est-il impressionné par les fortifications et les ruines de cités qu'il rencontre sur son chemin ? Il se borne à les mentionner, à affirmer qu'elles sont « nombreuses[7] », sans leur accorder grande importance ; certaines sont pourtant gigantesques, aujourd'hui encore. À l'inverse, Binger est immédiatement intrigué par les parures, les bijoux, les pendentifs qu'arborent les femmes – objets qu'il décrit avec intérêt : elles « s'enroulent autour des reins une vingtaine de cordelettes en peau composées chacune de trois lanières de la grosseur d'une forte ficelle ; les extrémités se terminent d'un côté par une boutonnière, de l'autre par un nœud. À ces cordelettes sont suspendus de petits objets en cuivre fondu représentant des tortues, des lézards ou des chevaux[8] ». Mais Binger n'est pas le seul Européen à être séduit par ces pendentifs. Moins de sept ans plus tard, l'administrateur colonial en charge de la région, le capitaine Noire, indique, lui, sur un plan plus technique, le talent des fondeurs et des forgerons de ce « secteur », leur organisation du travail, les ressources de leur inspiration, leur habileté à créer des formes nouvelles[9].

Malheureusement, ni Binger ni ses successeurs ne décrivent vraiment l'étonnante variété de ces ornements. Certes, en 1903, P. Chapé publie dans *La Dépêche coloniale illustrée* la photographie d'une figurine (clairement kulango) de deux personnages, en ajoutant qu'il s'agit d'« un assemblage bizarre », « analogue aux frères siamois », « dont nous ne pouvons pas donner l'explication, qui doit exister pourtant et être rationnelle ; l'artiste nègre a-t-il voulu représenter un génie malfaisant de la forêt ou tout simplement un accouplement monstrueux de la nature[10] ? » En 1931, Henri Labouret mentionne que l'« on rencontre souvent des personnes des deux sexes portant au cou, au poignet ou à la cheville de petits caméléons en fer forgé ou grossièrement coulés en cuivre[11] ». Mais bien que des planches à la fin de son ouvrage incluent des illustrations d'objets, cette évocation, rapide, est limitée à un type de figure et surtout dépréciative. Il a fallu attendre longtemps pour que ces ornements séduisent vraiment amateurs et collectionneurs, qu'ils éveillent un intérêt, qu'ils parviennent en Europe. La curiosité pour des pièces autres que les poids à peser l'or des Akan a longtemps été minime, trop faible pour sauver de la refonte les milliers d'objets estimés négligeables. De surcroît, la région habitée par les Kulango, à l'extrême nord-est de la Côte d'Ivoire, entre le Parc national et les frontières du Ghana et du Burkina Faso, fut longtemps difficile d'accès, marginalisée ; les commerçants itinérants l'évitaient : pistes cahoteuses, bac précaire

brass. This was particularly the case for young children, thought to be more vulnerable. And it is true that some women, to this day, even at night-time when otherwise completely naked, insist on retaining this traditional adornment: a belt from which hang talismanic pendants. The practice of wearing anklets and heavy wrist bracelets has long since been abandoned, however, except in Mali where the tradition lingers on. While pendants were to some extent spared, at one time anklets were sold by the ton and taken to Abidjan for reuse in the metal industry. It was not until 1970 that Dyula traders from Bouna and Bondoukou began to buy up Lobi, Ligbi and Kulango figurines in large numbers. They passed to the antique dealers in the big market at Bouaké and then to the art market held at the time–in the "Plateau" district in the centre of Abidjan before it was discontinued. The supply quickly dried up: by the early 1980s[12] fine examples had become rare in the area and forgeries began to proliferate.

Origins

As there are very many different ethnic groups in this region, almost all producing metal objects, it has always been difficult to attribute particular objects to particular peoples. For many years, attributions were tentative, suggested by antique dealers with no knowledge of Africa. It could hardly have been otherwise. This area of Africa has for centuries seen major movements of peoples and intermixing of populations. Communities of differing origins, cultures and languages coexist, side by side and sometimes genuinely integrated (the Abron, the Lobi and the Ligbi peoples with the Kulango). Unlike other regions of the Ivory Coast where the populations are relatively homogenous, the intermixing is such that, today, certain "ethnic groups" are smaller in number than the population of a single district in Abidjan.

Can we say the region is a mosaic? Let us take the unique example of Bondoukou and the surrounding prefecture: in the kingdom of Gyaman alone,[13] around the town, there are firstly the Gur (formerly known as Voltaic) language groups: besides the Kulango (numbering 77,000 in this *department,*[14] but fewer than 14,000 in the north in the kingdom of Bouna), these include the Nafana (several thousand on both sides of the border) and the Degha (no more than 1,100 peoples) living in three villages of the Bondoukou *département*: Boromba, Zagata and Motiamo.

Secondly, there are the Akan: these are mainly the Abron (133,000 people living here and in the sub-prefecture of Tanda) and a few Anyi—although the majority of the latter live further south in their own region: the *départements* of M'bahiakro, Bongouanou and Daoukro (610,000 people in all).

Lastly, there are the Mandé: the Goro, the Gbin, large numbers of Dyula and the Ligbi (of whom there are only 4,000 in the Ivory Coast but 15,000 in Ghana). Given this situation, to what extent is this ethnic complexity reflected on a stylistic level? And how is it possible that a truly homogenous and unique aesthetic canon was able to develop?

This is all the more surprising given that, in this region, certain artistic forms tend to be shared by two, three or even four or five communities. Cultural practices and objects are readily adopted by other ethnic groups. The examples are many: the most obvious is that of the architecture, with the adoption of the model of the large house with *impluvium*, often on several levels, derived from the Akan tradition

sur le fleuve Comoé (pour venir de Bouaké), sinistre réputation des habitants, étrangement redoutés.

La lente extinction d'un art

Bien que ce ne fût pas généralisé, un certain nombre de personnes, pourtant, dans la région, à la fin des années 1970, arborait ou possédait des objets en laiton ; c'est toujours le cas pour quelques enfants en bas âge, jugés plus vulnérables. Et certaines femmes, encore de nos jours, même la nuit, alors qu'elles sont totalement nues, ne tiennent-elles pas à garder à tout prix cette ultime parure : une ceinture à laquelle sont attachés des pendentifs talismaniques ? Mais le port de chevillères et de lourds bracelets a été abandonné depuis longtemps – tandis que cette tradition s'est un peu maintenue au Mali. Si les pendentifs furent en partie épargnés, des tonnes de chevillères furent un temps vendues au poids, emmenées vers Abidjan pour être réutilisées dans la métallurgie. Ce n'est qu'à partir de 1970 que des rabatteurs dyula de Bouna et Bondoukou ont commencé à acheter en quantité des figurines lobi, ligbi, kulango. Elles se retrouvèrent chez les antiquaires du grand marché de Bouaké ; puis chez ceux du marché d'art qui se tenait avant son évacuation, au centre du « Plateau », à Abidjan. Les ressources s'épuisèrent vite : dès le début des années 1980[12], les beaux objets étaient devenus rares en ces mêmes lieux, et les faussaires commencèrent à proliférer.

Quelles origines ?

Comme les peuples de cette région sont multiples, qu'ils ont presque tous réalisé des pièces en métal, il a longtemps été difficile d'attribuer celles-ci à des créateurs précis. Longtemps, les attributions furent hésitantes, au gré de marchands qui n'étaient jamais allés en Afrique. Comment en aurait-il été autrement ? Sur cet espace très ouvert, d'importants mouvements et brassages de populations ayant eu lieu depuis des siècles, des communautés d'origine, de cultures et de langues différentes coexistent, au contact les unes des autres, parfois littéralement *imbriquées* (les Abron, les Lobi, les Ligbi chez les Kulango). À la différence d'autres régions de Côte d'Ivoire où les peuplements sont relativement homogènes, l'entrelacs est tel que certaines « ethnies » ont aujourd'hui des effectifs moins importants que ceux d'un quartier d'Abidjan.

Peut-on parler de mosaïque ? Unique exemple, à Bondoukou et dans la préfecture environnante : à lui seul, le royaume du Gyaman[13], autour de cette ville, comprend d'abord des peuples de langues gur (anciennement appelées « voltaïques ») : outre les Kulango (qui sont 77 000 dans ce département[14], mais moins de 14 000 au nord, dans le royaume de Bouna), ce sont les Nafana (quelques milliers installés à cheval sur la frontière) ; et les Degha (à peine 1 100 personnes) qui vivent dans trois villages du département de Bondoukou : Boromba, Zagata et Motiamo.

En second lieu, ce sont des peuples de l'ensemble akan, principalement des Abron (133 000 individus, installés également dans la sous-préfecture de Tanda) et quelques Anyi – mais la plus grande partie de ces derniers vit plus au sud, dans la région qui leur est propre : départements de M'bahiakro, Bongouanou et Daoukro (610 000 personnes au total).

Et enfin des Mandé : les Goro, les Gbin, de nombreux Dyula et les Ligbi (qui ne sont que 4 000 en Côte d'Ivoire mais 15 000 au Ghana). Dans ces conditions, comment cette complexité ethnique ne se serait-elle pas reflétée sur le plan stylistique ? Comment une esthétique vraiment homogène, unitaire, aurait-elle pu totalement se développer ?

(its name, *aborosam*, is taken from the Abron language). Another is that of *asipim* or *adonkromfi* chairs, also originating among the Akan peoples, but found in large numbers in the Kulango, Ligbi and Dyula ethnic groups. And there are others: *kente* fabrics; the ceramics sold in the markets by the skilled Degha women potters of Motiamo; and, perhaps most importantly, small objects such as bracelets, talismans and pendants.

The result is that figurines from this region inhabited by the Kulango peoples have been attributed not only to the Ligbi, skilled in gold mining and casting in copper alloys, but also to the Gan,[15] the Dyula of Kong[16]; and even two other ethnic groups neighbouring the Kulango: the Djimini to the west and, just to the east of Bondoukou as described above, the Nafana. These two peoples speak languages of the *senari* language group and are culturally close to the Senufo, another ethnic group famed for their metalwork. But we could also include the populations of Komaland living in the neighbouring region, in northern Ghana, between 1200 and 1800.[17] Excavated from tumuli together with human bones and terracotta statuettes, the "bronzes" have some similarities of form with objects from the nineteenth and twentieth centuries.[18]

Provenance of the Figurines

Such uncertainty is inevitable. There are many questions surrounding the matter of provenance. Through force of circumstance, some pieces, frequently changing hands, sold and resold, travelled long distances, and the influence of styles and techniques spread widely. In his *Journey to Bontuku in the Interior of West Africa* of 1892, R.A. Freeman records how the caravans coming from Djenné and Kong brought huge numbers of "bronze" ornaments to sell in the Bondoukou market[19]; metalworkers from outside sometimes set up within the lands of another ethnic group, exchanging techniques and artistic methods. Influences between the Akan peoples (the Abron, to the south of Bondoukou, who used gold-weights), Kulango and Senufo were reciprocal. Freeman notes that, in Bondoukou, gold and metal workers of many different ethnic groups could be found in large numbers in the Muslim part of the town, conveniently close to the great market.[20] Things have changed and they are no longer to be found there. In the Kulango town of Bouna, by contrast, the Ligbi still live in a part of the town called "Ligbiso" but, living as they do side by side with other communities, they speak Kulango. A small number of metalworkers could be found still exercising their trade in the 1980s—the Lobi people in particular, for example in the village of Sépidouo, near Bouna.

The shape of certain figures—turtles (*huro*), lizards (*baangɔ*), snakes (*hiwo*)—inevitably lend themselves more easily than others to a kind of stylistic "uniformity", a trans-ethnic "regularity" of form. This is particularly true of the snake: easily imitated, this metal object is sometimes attached head down to the calf of the leg, not so much as a protection against bites or Guinea worms[21] but rather as a universal protection.

The creatures most frequently represented in the region are, however, chameleons. These can be found amongst all the different ethnic groups, the pendant bearing the name of the reptile: *huunle* in Kulango, *kwéélè* in Lorhon, *toola* in Lobi, *kagberu* in Senufo, *noosi* in Dyula. The beliefs surrounding this animal are broadly similar. The first animal of creation according to the different mythologies, it is to be feared: its darting tongue, longer than its body, is intimidating and its dissembling behaviour is seen as trickery. This

D'autant que, dans cette région, certaines formes artistiques sont le plus souvent partagées par deux ou trois, voire quatre à cinq communautés ; et les pratiques culturelles, les objets se diffusent aisément au sein d'autres ethnies. Non seulement – ce qui est le plus ostensible – l'architecture, comme l'adoption de la grande maison à impluvium, souvent à étages, de tradition akan (son nom même, *aborosam*, est un emprunt à la langue abron) ; non seulement, de la même provenance akan, les sièges *assipim* ou *adonkromfi*, qui abondent chez les Kulango, les Ligbi, les Dyula ; non seulement les tissus *kente* ; non seulement les céramiques que les femmes degha, expertes potières de Motiamo, vendent sur les marchés ; mais aussi, plus encore peut-être, les objets de taille réduite, bracelets, talismans, pendentifs.

Dès lors, il est arrivé que les figurines de la région habitée par les Kulango aient été attribuées non seulement aux Ligbi, illustres orpailleurs et fondeurs d'alliages de cuivre, mais aux Gan[15], aux Dyula de Kong[16] ; voire à deux ethnies qui « encadrent » les Kulango : à l'ouest, les Djimini ; juste à l'est de Bondoukou, on vient de le voir, les Nafana – deux groupes qui parlent une langue de l'ensemble *senari*, et qui sont culturellement proches des Senufo, eux-mêmes émérites spécialistes des arts du métal. Et pourquoi ne pas évoquer également les populations du Komaland, qui habitaient dans la région voisine, au nord du Ghana, entre 1 200 et 1 800[17] ? Les « bronzes » qui ont été exhumés dans des tumulus, avec des os humains et des statuettes en terre cuite, présentent quelques analogies formelles avec les créations du XIXe et XXe siècles [18].

Les provenances des figurines

Ces incertitudes sont inévitables. Il existe beaucoup de points d'interrogation concernant les provenances. Par la force des choses : certaines pièces, fréquemment échangées, revendues plusieurs fois, voyageaient sur de longues distances, et les techniques, les styles se diffusaient largement. En 1892, R. A Freeman, dans son *Journey to Bontuku in the Interior of West Africa*, rapporte que les caravanes provenant de Djenné et de Kong apportaient en masse des parures en « bronze » au marché de Bondoukou[19] ; des forgerons d'origine diverse s'établissaient parfois dans le territoire d'une même communauté, échangeaient leurs procédés, leur manière de modeler ; les influences étaient réciproques entre Akan (les Abron au sud de Bondoukou, qui se servaient de poids à peser l'or), Kulango et Senufo. Ainsi, à Bondoukou encore, Freeman note que des ateliers d'orfèvres et de fondeurs, de toutes origines, étaient nombreux dans la partie musulmane de la ville, au voisinage immédiat du grand marché[20]. La situation a bien changé : ils ont disparu. En revanche, à Bouna, ville elle aussi kulango, les Ligbi habitent encore dans un quartier précisément nommé « Ligbiso » ; mais, vivant côte à côte avec les autres communautés, parlent le kulango. Au cours des années 1980, quelques rares fondeurs pratiquaient toujours leur art, des Lobi notamment : ainsi dans le village de Sépidouo, près de Bouna.

Il est vrai que certaines figures, tortues (*huro*), varans (*baango*), serpents (*hiwo*), par leur forme même, se prêtent plus facilement que d'autres à une sorte d'« uniformité » stylistique, de « régularité » plastique, trans-ethnique. Le serpent surtout : imitable sans peine, cet objet en métal est parfois attaché, la tête en bas, le long du mollet, moins comme précaution contre les morsures ou contre le ver de Guinée[21], mais plus comme protection universelle.

gives rise to a number of beliefs including that, if a pregnant woman sees one, the baby will die. If a chameleon pendant is hung around a baby's neck, it is less a charm against the animal's treachery than a symbol of all the evil spells that threaten the child. Formerly produced in large quantities, such figures were frequently exchanged and resold. Since they bore no distinguishing features linking them to one particular community, they were easily reproduced. In recent decades, their attractive appearance has made them particularly popular among dealers in copies in Bouaké and Abidjan. It is for these reasons that animal pendants have not been included in this volume.

But we should not conclude from this that all artistic forms, all artefacts, all objects were freely exchanged and shared. That would be to err too far in the opposite direction. To take examples once more from the Bondoukou region: *nadré*, black and white wooden statues some thirty centimetres high, are found only among the Degha people; *Do* masks are unique to the Ligbi.[22] As for the "bronze" Kulango figurines, they invariably display an astonishing uniqueness of style that, for some of them at least, is instantly apparent.

IS THERE A KULANGO STYLE?

"*daanlɛsɛɛ yeleka huunle yɔ-jḽɔ, sasara gbangmangan*"

"Only the metalworker is able to transform the chameleon and the crocodile, the frog and the panther."

Kulango proverb

Stylistic Cohesion

Despite the difficulties in attributing a precise origin to this or that piece of metal, there are certain constants in the anthropomorphic objects of the Kulango people whose art is notable for its coherence of form. Its style could be said to constitute a true aesthetic system with its own pronounced hallmarks.

Comparison of their creations with those of neighbouring peoples, particularly the Gan,[23] reveals striking differences both in choice of iconography, overall workmanship and treatment of themes. If taken together in significant numbers, it quickly becomes apparent that Kulango works have unique properties and a relative homogeneity that confer on them their own identity. This is the great asset of the two illustrated catalogues published by David Serra in 2013 (*Bronzes Kulango*[24]) and 2015 (*Les Lorhon, premiers fondeurs de la route de l'or*[25]). In these publications, he has brought together groups of pieces with shared features. In so doing, it was possible to appreciate the extent of the range of formal types and the way in which the makers and metal casters were able sometimes to depart from the standard model, producing something more unexpected. Wilfried Glar's study of the same year[26] has shown how close analysis can pinpoint the chief characteristics of an art that, while in contact with that of the Nafana and the Ligbi, nevertheless presents specific representations in the creation of an autonomous universe. While the repertoire of Senufo artists is more uniform, that of the Kulango people is not only extraordinarily diverse but also has greater artistic qualities and makes less frequent use of iron than do the former. The illustrations in these publications by David Serra and Wilfried Glar also bear witness to the skill with which, formerly, the Kulango craftsmen were able to respond to two apparently antithetical demands from their clients: on the one hand, not to upset them with an object

Néanmoins, dans la région, les caméléons sont les plus fréquemment représentés. On les retrouve dans toutes les ethnies, le pendentif portant le nom du reptile : *huunle* en kulango, *kwéélè* en lorhon, *toola* en lobi, *kagberu* en senufo, *noosi* en dyula. Et les croyances qui le concernent sont largement partagées. Considéré comme le premier animal de la création dans les mythologies, il est craint : la langue qu'il projette, fulgurante, plus longue que son corps, intimide, et sa démarche indécise est vue comme une ruse, etc. D'où de nombreuses croyances, dont celle qui affirme que si une femme enceinte le croise, le bébé risque de mourir. Mais lorsqu'un tel pendentif est attaché au cou de celui-ci, l'objet est moins un exorcisme contre les « perfidies » que recèlerait le caméléon qu'un symbole de tous les maléfices qui risquent de frapper l'enfant. À ce titre, une telle figure, fabriquée jadis en quantité, autorisait plus que d'autres les échanges, les reventes. Comme elle ne portait aucun signe distinctif qui puisse la rattacher à une communauté, elle se pliait aisément à la fabrication de répliques et, depuis plusieurs décennies, son apparence décorative en a fait un des bijoux privilégiés chez les marchands de copies de Bouaké et d'Abidjan. Autant de raisons qui expliquent pourquoi les pendentifs animaliers ne seront pas inclus dans ce volume.

Mais est-ce à dire que toutes les formes artistiques, toutes les créations, tous les objets, sont librement échangés, partagés ? L'affirmer serait tomber dans l'excès inverse. Unique exemple encore dans la région de Bondoukou : les *nadré*, ces statuettes de bois, blanches et noires, hautes d'une trentaine de centimètres, n'existent que chez les Degha ; et les masques du *Do* que chez les Ligbi[22]. Quant aux figurines en « bronze » des Kulango, elles ne manquent pas de témoigner d'une stupéfiante singularité qui, pour certaines d'entre elles du moins, frappe dès le premier regard.

UN STYLE KULANGO ?

« daanlɛsɛɛ yeleka huunle yɔ-jḻɔ, sasara gbangmangan. »

« Seul le forgeron-fondeur a la capacité de métamorphoser
à la fois le caméléon et le crocodile, la grenouille
et la panthère. »

Proverbe kulango

La cohésion d'un style

Bien qu'il soit difficile d'attribuer une origine précise à telle ou telle création en métal, des constantes caractérisent en effet les créations anthropomorphes des Kulango, dont l'art se distingue par une forte cohérence formelle. Leur style constitue même un véritable système esthétique, avec des marques évidentes.

Il suffit de comparer leurs créations avec celles des peuples voisins, notamment les Gan[23] : les différences sont flagrantes, tant par le choix de l'iconographie que par la facture globale, le traitement des motifs. À condition d'avoir un large éventail de créations, on découvre assez vite que les œuvres des Kulango offrent des propriétés singulières et une relative homogénéité, qui leur confèrent une identité propre. Tel est l'atout des deux catalogues illustrés publiés par David Serra en 2013 (*Bronzes kulango*[24]), puis en 2015 (*Les Lorhon, premiers fondeurs de la route de l'or*[25]). Il avait su adroitement regrouper des pièces qui présentaient des affinités – ce qui permettait d'appréhender par contrecoup combien la gamme des ressources formelles de cet art était large, et combien modeleurs et fondeurs savaient par-

that departed too far from a long tradition of prescribed forms for items of magic and religious use; and, on the other, to create a wide array of objects, sometimes disconcerting in shape.

An Archetypal Figure?

The present volume represents a further contribution. Let us take a first example: a kind of figure of which many exist (pages 104, 108–9,171, 207, etc.). We detect immediately in the appearance of its outline something that will help us sketch out a Kulango style. The appearance of the figure on its own is sufficient to enable us to understand that this art is *style* because it has imposed its own original repertoire of forms.

The outline is striking. The question is, does it follow an archetype? In its wonderful handling of the accentuated curves of the body and rounded back, it presents several clear features that are absent in objects made by the Lobi, Gan and Senufo peoples: the imposingly forward projecting head, abdomen and hands (pages 104, 121, 207, etc.) and the drawn-back elbows produce an arched posture that gives the figure the quivering tension of a bow. It stands on a base that opens like a fin or a fan (called *cegno* by the Kulango). These features alone, sometimes very pronounced, would seem to represent one of the hallmarks of this art.

The handling of this rounded, curved and arched body, seemingly floating in space (pages 118–9, 183), is harmonious and graceful with no trace of stiffness. The curves and counter-curves seem theatrical and these movements that might seem excessive nevertheless achieve equilibrium: the stance is feverish but yet we feel it is strongly *inhabited*.

Does the body in profile resemble a zigzag?[27] The sinuous form does not have the rigidity of a zigzag but, instead, a dazzling fluidity. The virtuosic twisting of the hips, the bent knees, the chest thrust backwards and the vibrant lines of the bent arms produce a contained movement that, discretely nuanced, rejects mere gesticulation. This is underlined by the placing of the legs—frequently joined, sometimes fused into a single leg—well back beneath the shoulders.

This flamboyant position is highly unusual in African art. We can look for comparison to an area where the artworks present the most extreme variety of bodily positions of any of the civilizations of sub-Saharan Africa—the Djenné region, in the Inner Niger Delta. These are works in clay, a medium that thanks to its plasticity can be moulded into any shape desired. Of the sixty-four different ritual postures (kneeing, standing, sitting, prostrate, supine, etc.) listed by Bernard de Grunne,[28] on the basis of several hundreds of pieces, there is not one that corresponds to the unique stance of the Kulango figure—one to which the Kulango have given a specific name: *suralè*.[29]

A "Demonstrative" Position: The *Suralè*

Why depict the figure in a pose that could naively be seen as somewhat provocative? The intention here is certainly not improper. If you ask the village inhabitants today, there are those that will explain that the projecting abdomen is designed to emphasise the presence of the navel and its essential role in childbirth. Called *yuuko* in Kulango, it is a symbol of lineage, inheritance and a sign of the mutilation depriving the individual of part of himself or herself. On some of the figures, the navel itself protrudes (pages 106, 122, 241, etc.), just as it does on many Africans for whom, because of the methods used for cutting the umbilical cord,[30]

fois s'éloigner de choix définis pour esquisser des lignes imprévues. Dans le même sillage, l'étude de Wilfried Glar[26] montrait combien une analyse attentive permettait de cerner les traits principaux d'un art qui, au contact de ceux des Nafana, des Ligbi, présentait malgré tout des représentations spécifiques présidant à la création d'un univers autonome. Alors que le répertoire des artistes senufo est plus uniforme, celui des Kulango, extraordinairement diversifié, est doté d'une plus grande portée artistique – et il n'a pas, comme chez eux, recours trop souvent au fer. Les illustrations de ces volumes publiés par David Serra et Wilfried Glar témoignent aussi de la maîtrise des Kulango à pouvoir répondre, jadis, à deux exigences apparemment antinomiques de leurs clients : d'une part ne pas dérouter ces derniers par une œuvre en rupture avec une longue tradition de formes prescrites pour des supports magico-religieux ; et, à l'opposé, choisir un très large éventail, avec des options plastiques quelquefois déconcertantes.

Une figure archétypale ?

Ce que montre aussi le présent volume. Voici un premier exemple : un type de figure que l'on retrouve à de très nombreuses reprises (pages 108-109, 207, 104, 171, etc.). On décèle aussitôt, dans le dessin de la silhouette, un parti pris qui peut aider à ébaucher l'esquisse d'un style kulango ; car le maintien du personnage, à lui seul, permet de comprendre que cet art est *style* parce qu'il a su imposer un répertoire original de formes.

Le profil est saisissant. Obéit-il à un archétype ? Jouant à merveille sur les courbes accentuées du corps et la cambrure de la taille, il présente plusieurs traits décisifs qui n'apparaissent pas sur les œuvres des Lobi, des Gan, des Senufo : magistrale projection de la tête, de l'abdomen, des mains vers l'avant (pages 104, 207, 121, etc.), tandis que les coudes sont lancés vers l'arrière, ce qui lui confère une tension frémissante d'arc sur une base qui s'ouvre en une large palme (que les Kulango nomment *cegno*). Ces particularités, parfois très accentuées, ne s'imposent-elles pas à elles seules comme une des signatures marquantes de cet art ?

Ce corps cintré, arqué, cambré, qui donne l'impression de flotter dans l'espace (pages 118-119 et 183), est harmonieusement agencé, avec une grâce sans raideur. Courbes et contre-courbes paraissent *mises en scène*, et ces mouvements, que l'on pourrait juger excessifs, parviennent à s'équilibrer : l'attitude est fiévreuse, mais on la sent très fortement *habitée*.

Vu de profil, le corps s'apparente-t-il vraiment à un zigzag[27] ? Le dessin sinueux en refuse la rigidité pour adopter une éblouissante fluidité, car la torsion virtuose des hanches, les genoux fléchis, le buste tendu vers l'arrière, les bras pliés dessinent, en des lignes vibrantes, un mouvement contenu qui, en de discrètes nuances, refuse toute gesticulation. Ce qu'attestent les jambes fréquemment soudées, parfois réunies en une seule, rejetées sous le dos.

Cette position ostentatoire est en tout cas exceptionnelle dans les arts africains. Prenons comme référence une aire de création qui présente, de toutes les civilisations de l'Afrique subsaharienne, la plus extraordinaire variété d'attitudes corporelles – la région de Djenné, dans le delta intérieur du Niger –, avec des œuvres réalisées en argile qui, en vertu de sa plasticité, peut être modelée pour aboutir à toutes les formes possibles. Parmi les soixante-quatre postures rituelles différentes (agenouillé, debout, assis, prostré, couché, etc.) répertoriées par Bernard de Grunne[28], qui a analysé plu-

this scar appears as a kind of excrescence.[31] On some of the figurines, it has the appearance of a very obvious tube (pages 104, 117, 132, 145, 241, etc.).

A prominent navel, a reminder of the umbilical cord (*yuuyo*) and pointed reference to the physical connection[32] is a reminder of lineage and conferred luck and good fortune. I have never heard a Kulango proverb on this subject but there is a Dyula saying (from the Bamana), known also in Bouna and Bondoukou: "Muso baramafuru kà nyii" (It is good luck to marry a woman with a protuberant navel). The smooth and shiny patina acquired by the navels of some figurines in the Peroni Collection is evidence of wear (pages 122, 146, 204, 228, etc.) caused by fingers constantly rubbing the protuberance to ensure *hɛɛra* (Kulango for "happiness") and ward off adversity (*hiejaagɔ*). This symbolism is further emphasized by the form of the figure with the two symmetrical arms curving down towards the abdomen with the hands on either side of the navel, framing it to draw attention to its importance (pages 168–9, 108–9).

This position is not used in every case (pages 99 and 110). Where the hands are resting on the thighs (page179), hips or knees in order to endow the figure with greater majesty (pages 118–9, 130, 155, 157, 194, etc.), the position is known—according to the explanation given by Kulangos belonging to the royal entourage at Bouna—as "regal" (*insiɛ*). It is the position of the sovereign as he rises from his throne (*kondja*) or sits down on it. Something similar can be seen among the Gan people although, in their case, the clay statues represent dead monarchs.[33]

Bases, Faces, Braided Hair

The slightly inclined faces are characterized by the chin that is also thrust forwards, finishing in a broad beard (*gnam*) (pages 99, 118–9, 121, 191, etc.). Flaring out or brutally reduced, the moulding of the beard echoes the lower part of the figurines by having the same fan-like form. The bases broaden out, prolonging the rudimentary feet or replacing them entirely. When asked about this trapezoidal or rectangular element—which they call *tiragɔ*—the Kulangos' initial explanation is aesthetic: "It makes it easier to hold the figurine in your hand when you want to contemplate it close to you." But there is another, more practical reason: in some cases the figurines are placed on an altar, perched on a surface of dried earth where they will balance better than if provided with an unstable plinth. In Africa, a neat horizontal plinth for statues in wood or objects of metal is often the sign that a piece is a fake, designed for a Western shelf. There are a number of fairly rare pieces, however, that show from the right-angled position of the legs that they were placed on the edge of an altar or wall on certain celebratory occasions (pages 232 and 233).

Wrongly interpreted by some Westerners as horns (or even long ears!), some figurines have protuberant braids (pages 165, 166, 170, 183, etc.). In fact, they depict the men's habit, at one time, of shaving part of their heads, leaving tufts at the side that were then plaited—a hair style with a special name: *jɛre ungno*. The eyes, sometimes round, without a socket, sometimes almond-shaped (with a horizontal slit marked on the wax with a fingernail), sometimes almost worn away, are evidence enough, even if there were no other signs of variation, of the astonishing diversity of these ever-changing forms.

sieurs centaines de pièces, absolument *aucune* ne correspond à cette singulière gestuelle adoptée chez les Kulango – qui, pour eux, porte un nom spécifique : *suralè*[29].

Une position « manifeste » : la *suralè*

Pourquoi cette attitude que l'on pourrait naïvement considérer comme provocante ? Ici, nulle intention égrillarde. Selon certains villageois que l'on interroge aujourd'hui, cette projection de l'abdomen viserait, selon eux, à mettre en valeur, comme un *surgissement*, l'organe majeur de la filiation : l'ombilic – *yuuko* en kulango, symbole du lignage, de la transmission, et signe de la mutilation qui a privé l'individu d'une part de lui-même. Ombilic qui, sur quelques pièces, est même protubérant (pages 106, 122, 241, etc.) – conformément à celui de beaucoup d'Africains, puisque, selon les modalités de section du cordon[30], cette cicatrice se présente sous la forme d'une excroissance[31], avec même, sur certaines figurines, un conduit laissé très apparent (pages 145, 132, 104, 241, 117, etc.).

Un nombril proéminent, réminiscence du cordon ombilical (*yuuyo*), marque ostensiblement le lien charnel[32], rappelle l'ascendance, et conférerait chance et bonne fortune. Aucun proverbe kulango, sur ce point, ne m'a jamais été rapporté, mais il existe une devise dyula (qui vient des Bamana), répandue à Bouna et à Bondoukou : « Muso baramafuru kà nyii » « Épouser une femme au nombril protubérant porte bonheur »). La patine lisse et brillante des ombilics sur certaines figurines de la collection Peroni témoigne de l'usure produite par le frottement de doigts (page 122, 204, 146, 228, etc.) qui se sont inlassablement attardés sur cette protubérance afin d'attirer *hèera* (le bonheur en kulango) et conjurer l'adversité (*hiejaago*). Mais ce symbolisme a son prolongement sur le plan formel avec la souple descente vers l'abdomen des deux bras symétriques qui conduisent les mains de chaque côté de l'ombilic afin de l'encadrer pour le valoriser (pages 168-169 et 108-109).

Certes, cette position n'est pas systématique (pages 99 et 110). Lorsque les deux mains sont posées sur les cuisses (page 179), sur les hanches ou sur les genoux afin de conférer plus de majesté à la figure (pages 130, 118-119, 155, 194, 157, etc.), elle reproduirait – selon les Kulango interrogés cette fois dans l'entourage royal à Bouna – une position « régalienne » (*insiè*) : celle du souverain lorsqu'il se lève de son trône (*kondja*) ou s'y assoit – à l'instar de ce qu'il advient chez les Gan, mais dans ce cas avec leur statuaire en terre représentant les monarques défunts[33].

Embases, visages, tresses

Le visage légèrement incliné se caractérise par un menton lui aussi lancé vers l'avant, terminé par une large barbe (la *gnam*) (pages 99, 118-119, 121, 191, etc.). Évasée ou brutalement rétrécie, elle introduit un écho plastique avec la partie inférieure adoptant cette même forme palmée. S'ouvrant, s'élargissant, cette embase prolonge les pieds à peine ébauchés ou se substitue à eux. Quand on interroge les Kulango sur la nature de cet élément trapézoïdal ou rectangulaire – qu'ils nomment *tirago* –, la première réponse obéit à des critères de beauté : « Il sert à mieux tenir la figurine entre les doigts quand on veut la contempler près des yeux. » Mais il existe une autre raison, plus technique : la figurine, dans certains cas, est dressée sur un autel, fichée sur une surface de terre sèche, où elle se maintient mieux que si elle avait été dotée d'un socle qui l'eût déstabilisée. En Afrique, qu'il s'agisse de la statuaire en bois ou de l'art du métal, la pré-

But not all Kulango works of this type follow the same rules: many do not have a beard (pages 107, 137, 161, 179, 211), while in the case of others, the beard falls down to join the navel (page186), or extends so far as to flow over a knee before executing a graceful curve and merging with the right shoulder (page 187); hairstyles are pointed, rounded or triangular; the top of the skull is sometimes elongated and sometimes the features of the face are blurred (pages 161, 162, 163, 175, 209); the abdomen can be more or less protuberant.

Reinventing Movement

Kulango art was for a long time limited to the evocation of the "archetypical" figure with the backwards-leaning torso, protuberant belly and flared base.[34] But some Kulango creations were entirely different. The Kulango craftsmen were spread over an immense territory, from the south of the kingdom of Gan (in Burkina Faso) to the edges of Anyi territory. Stylistic centres multiplied, resulting in metal art works that were far from uniform.

The proximity of the Gan peoples, particularly in the kingdom of Bouna, could not fail to influence Kulango art, as can be seen in the explicit borrowing on a number of pieces (pages 245 and 247), of the motif of a cylindrical rod placed horizontally across the top of the object—the very same as appears at the end of snakes' mouths on Gan bracelets and rings.[35] This kind of arrangement can be seen again in a magnificent piece (pages 248–9). But here the complexity of its construction based on a subtle association of different elements has led to an enlargement of its rectangular form and main dimensions (11 centimetres), resulting in an ornament that is almost "abstract". Intended as a pectoral ornament, it is the most important Kulango piece known. These three components are not unlike a famous piece in the Barbier-Mueller Museum[36] (exactly the same height, give or take 4 millimetres) from Mali. There are differences, however, such as the perching bird that, with its aerial grace, adds a magnificent element to an overall structure that otherwise might have seemed too rectilinear.

Other works, more and more daring than the "archetypical" objects described above, present a puzzle to the extent that they have moved away from the iconographic codes governing the wooden statues made by the Kulango, similar to those of the neighbouring Abron, Degha and Numu peoples living in the areas around Bondoukou.[37] Rigidly hieratic, these statues also have parallels with those of the Anyi people. Comparing the Kulango statuettes made of wood with those in copper,[38] it is immediately apparent that the metalworker is concerned to capture the most unexpected gestures, producing a work that seems to challenge all our hitherto held notions about African art. It need hardly be pointed out, of course, that working in clay or metal allows the maker to overcome some of the constraints imposed on the sculptor. Starting from a log of wood the sculptor has to carve the arms and legs of a figure either by integrating them with the trunk of the body or by arranging them so that they lie along the edges of the piece of wood. That said, great art is held back not so much by the nature of the materials used than by the constraints of tradition and the dictates of religion. While the rigidly rectilinear metal statues of the western Ivory Coast (among the Dan and We peoples) have features that are markedly similar to the wooden sculptures of the same ethnic groups[39]—to the extent that one is tempted to see one form as the prototype or the adaptation of the other—Kulango statuary deliberately

sence d'un beau socle horizontal est souvent le signe que la pièce est un « faux » destiné à une étagère occidentale. En revanche, quelques pièces, assez rares, montrent clairement, par la position orthogonale des jambes, qu'elles étaient juste posées sur le bord d'un autel ou d'un mur, le temps d'une célébration (pages 232 et 233).

Les tresses protubérantes (pages 166, 170, 183, 165, etc.) donnent à quelques observateurs occidentaux la fausse impression d'être des cornes (ou de longues oreilles !). Elles s'expliquent parce que les hommes, jadis, se rasaient en partie la tête, ne gardant que des touffes latérales, qu'ils nattaient – type de coiffure qui a un nom précis : *jère ungno*. Les yeux, tantôt circulaires, sans orbite, tantôt en amandes ou en grains de café (fendus horizontalement par l'ongle sur la cire), tantôt presque effacés, témoigneraient à eux seuls, s'il n'y avait pas d'autres signes de variations, de l'étonnante diversité de ces formes, jamais figées.

Car toutes les œuvres des Kulango de ce type n'obéissent pas à ce canon immuable : beaucoup ne comportent pas de barbe (pages 161, 107, 179, 211, 137), alors que sur d'autres, celle-ci se prolonge jusqu'à rejoindre l'ombilic (page 186), ou s'étire infiniment pour glisser sur un genou avant de se fondre dans l'épaule droite, en dessinant une gracieuse courbe (page 187) ; les chevelures sont pointues, ou arrondies, ou triangulaires ; le sommet du crâne s'allonge parfois ; la tête peut estomper, effacer tous les traits du visage (pages 163, 162, 161, 175, 209) ; et l'abdomen est plus ou moins saillant.

Réinventer le mouvement ?

On a longtemps limité l'art kulango à la seule évocation de cet « archétype » se caractérisant par un torse penché vers l'arrière, un ventre proéminent, une base élargie[34]. Mais certaines de leurs créations échappent entièrement à ce modèle. Comme les fondeurs ont travaillé sur un immense territoire, depuis le sud du royaume des Gan (au Burkina Faso) jusqu'aux franges du territoire des Anyi, au sud, les foyers stylistiques se sont multipliés, si bien que cet art kulango du métal est loin d'être uniforme.

La proximité des Gan, surtout dans le royaume de Bouna, n'a pas manqué d'influer sur le style kulango, comme en témoigne la reprise explicite, sur quelques pièces (pages 245 et 247), du motif en forme de barre cylindrique sommitale – celle-là même qui se présente à l'extrémité des gueules de serpents sur les bracelets et les bagues des Gan[35]. Ce type d'agencement réapparaît sur une œuvre magistrale (pages 248-249). Mais avec un renchérissement, en raison de la complexité de sa construction fondée sur la subtile association d'éléments divers, de sa forme rectangulaire et de ses dimensions importantes (onze centimètres), qui font de cet ornement presque « abstrait », servant de pectoral, la plus grande réalisation kulango connue. Ces trois composantes la rapprochent d'une pièce célèbre du musée Barbier-Mueller[36] (exactement de la même hauteur, à quatre millimètres près), originaire, elle, du Mali. Avec des divergences néanmoins : tel l'oiseau perché qui, par sa grâce aérienne, agrémente magnifiquement, sur cette pièce, une structure générale qui pourrait, sinon, sembler trop rectiligne.

D'autres œuvres, plus hardies encore que celles qui restent similaires à l'« archétype » dont il vient d'être question, sont déroutantes ; car elles s'éloignent davantage des codes iconographiques régissant la statuaire en bois des mêmes Kulango, proche de celle des Abron, des Degha, des Numu qui vivent à leur contact, aux abords de Bondoukou[37]. D'un

departs from such formal canons. The techniques of metal casting made it possible for talented and inventive craftsmen to inject their works with their own individual style and not just the prevailing one. Rather than always aiming for something static, the infinite variations of torsos, arms and legs curved in taut, nervous lines create an unexpected impetus. Freed from the constraints of sacred tradition, the figures seem to be reinventing movement with an aerial grace and almost choreographical gestures.

A good example of this is an astonishing hybrid figure (pages 154–5) with an anthrozoomorphic appearance that has the svelteness of an ephemeral fleeting apparition. Springing forward, with arms curved away from the torso, endowed with a power of suggestion and an impertinence that exquisitely match its perfect form, it seems to thumb its nose at wooden statues—although to see this through our Western perspective as expressing any kind of mockery would be to misunderstand it. It is tempting—but incorrect—to naively interpret the figure's gangling gait as casually nonchalant and its lack of a base as an appearance of forward movement. These elements give a lightness and majestic intensity to this work, the almost immaterial elegance of which seems to carry within itself its own dissonance: extreme elongations answered by strange abbreviations, gigantic feet contrasting with thin little hands fused to the hips, a cylindrical torso topped by a gerenuk's neck and head jutting forward at a strange angle. Called *buro* by the Kulango, the gerenuk is also known as Waller's giraffe gazelle (*Litocranius walleri*), an antelope with very slender limbs, wide ears, big eyes and a long neck reminiscent of a giraffe.

In this work—its ease of expression unconcerned with realistic representation and retaining all the vigour of its creative gesture—all that which is feeling is expressed in elongated curves, their lines serving the calligraphy of a body filled with intense energy. The power of the creative distortions seeks to impose the force of an apparition, accentuating the feeling of the unusual, unreal and fantastical.

The Modernity of the Archaic

Kulango art, intent on representing only the essence of the subject, often leads to the emergence of innovative and inspired artists who followed no model, moving away from the "archetypes" described above. This can be seen in a number of very old pieces such as one formerly in the collection of Karl-Ferdinand Schaedler (page 149).

Is the standard terminology of aesthetics appropriate here? Can we speak of a "modernity" born of "archaism"? And yet, looking at this figure, whose beautiful outline seems to express the essence of form, such opposites spring easily to mind—as with Cycladic art, but so different. The harmoniously structured body seems to have been reduced to a first expression of elemental dynamism with, as in a kind of shorthand, a balanced interplay of contrasts: the lower limbs and torso are reduced to gently curved forms, graceful rounds and ovals, the navel is here oblong in shape while the arms, now thin and sinuously linear, stretch up towards the temples and almost horizontally set lozenge-shaped head. Expressive of great solidity, the elegantly simple figure vibrates with life.

A different and diametrically opposed register is employed for a figure of great purity of form. The thin body, frantically stretching, conveys the same dynamism as the figure depicted on the cover of this volume. But here it is expressed in a contradictory way, a daring fluidity giving

hiératisme inflexible, celle-ci rappelle fortement celle des Anyi. Que l'on compare les statuettes kulango en bois à leurs figurines en laiton[38]: on découvre aussitôt que le fondeur est soucieux de saisir les gestes les plus imprévisibles, si bien que l'œuvre semble jeter un défi à tout ce que l'on connaissait jusque-là de l'art africain. Certes, c'est une évidence ou un lieu commun, le modelage de la cire et la fonte du métal permettent aisément de s'affranchir d'exigences qui s'imposent au sculpteur – bloc initial qu'il importe de dégrossir par la taille directe, ou obligation de placer, au mieux, les membres inférieurs et supérieurs sur les bords extrêmes du rondin. Mais un grand art est toujours moins bridé par les matériaux que par les contraintes de la tradition et les prescriptions religieuses. Alors que la statuaire en métal de l'ouest de la Côte d'Ivoire (chez les Dan et les We), rectiligne et figée, présente d'incontestables ressemblances avec la sculpture en bois de ces mêmes peuples[39] – à tel point que l'on pourrait imaginer qu'elle en est la simple adaptation ou le prototype –, celle des Kulango rompt délibérément avec de tels canons plastiques. La technique de fonte a accru les possibilités que se développent des talents libres, inventifs, soucieux d'insuffler à leurs œuvres un style propre, et non un style d'atelier. Non point la recherche éperdue de l'immuable, mais des lignes nerveuses, des jeux de tensions, d'infinies variations qui courbent le torse, les membres, leur donnent des impulsions inattendues. Libérés de la paralysie sacrée, les corps ont l'air de réinventer le mouvement en adoptant parfois une gestuelle presque chorégraphique, une grâce aérienne.

C'est le cas d'une surprenante figure hybride (pages 154-155), dont l'apparence anthropozoomorphe possède la sveltesse d'une apparition fugace, insaisissable. Jaillissante, dotée d'une puissance de suggestion et d'une impertinence qui s'accordent à merveille avec sa perfection formelle, elle paraît, avec ses bras dégagés du torse, faire un pied de nez à la statuaire en bois – bien que cette vision de persiflage, due à un regard d'Occidental, soit trompeuse. Il reste malgré tout que cette attitude de marcheur dégingandé que l'on pourrait naïvement juger – à tort – désinvolte, ou cette fausse apparence de déambulation soulignée par l'absence de socle, confère une impression de légèreté et une souveraine intensité à cette œuvre dont l'élégance presque immatérielle semble porter en elle-même sa propre dissonance : allongements extrêmes qui répondent à de singuliers raccourcis, pieds de géants contrastant avec des mains amenuisées, fondues dans les hanches, torse cylindrique formant un angle brusque avec un cou de gérénuk terminé par le museau du même animal – le gérénuk, cette gazelle de Waller (*Litocranius walleri*), que les Kulango appellent *buro*, antilope-girafe aux membres très fins, aux larges oreilles, aux grands yeux et au long cou qui évoquait celui d'une girafe.

Dans cette œuvre d'une aisance insoumise à l'apparence, et qui a conservé l'énergie du geste créateur, tout ce qui vient de la sensation est exprimé par des courbes étirées, mais les lignes sont au service de la calligraphie d'un corps doté d'une intense énergie. La puissance des déformations créatrices vise à imposer une force d'apparition, accentuant l'impression d'insolite, d'irréalité et d'onirisme.

La modernité de l'archaïque

La conception plastique kulango, vouée à ne représenter que l'essentiel, révèle souvent des artistes novateurs, inspirés, libérés des canons, très éloignés des « archétypes » évoqués jusque-là. Ce qui est le cas avec les pièces très anciennes, comme celle de l'ex-collection de Karl-Ferdinand Schaedler (page 149).

all the emphasis to the vertical (page 141). By reducing the human silhouette to a stretched-out form of extreme elegance, the figure—here limited to little more than expressive lines—becomes more symbolic than figurative. Beneath the almost spherical head, the torso and legs are fused into a single tubular motion. This stylized column leads in gradual steps up to a similarly long, tapering neck. Once again, the arms are projected slightly backwards, but here they are represented in the simplest possible way: suppressing the hands, the maker has formed a single loop from one shoulder to the other, passing over the abdomen. The curve seems to suggest a "slowing down". The figure's features are graphic: a gash marks the mouth; two bulges in the eye sockets suggest eyelids.

Linear tension, simplicity, confident and clearly defined modelling: does Brancusi come to mind? But that would say we cannot appreciate African art without seeing it through the eyes of a lover of Western modernism.

Towards Geometric Form

In considering the headless Kulango figurines (page 132), it is similarly inappropriate to refer to Rodin's "decapitated" statues (such as his *Iris*). But we must marvel at how the Kulango artists have succeeded in creating anthropomorphic images while using rigorously geometric forms.

The body, freed from formal constraints, becomes schematic, lacking even a face. As if they were playing with a human figure that had become elastic, the makers present us with headless beings. No longer an etiolated individual conveyed with a single vibrant line: this time the construction is more angular, the body reduced to its simplest expression—a smooth torso within a sometimes slightly trapezoidal rectangle (page 132 top) and surmounted by a headless neck.

The neck is not severed or chopped through: it is simply truncated and carefully polished. The clarity of an almost mathematical construction comes from the hand of an artist who is able to eliminate the ornamental, the decorative and the superficial and concentrate on the primary form—a shape that seems to emerge fully fledged, as if needing to impose mental order on life's impulses so as to govern them through rational signs. In this quest to strip the figure of all sensory imitation, a few indications are enough to suggest the human body, particularly the arms that frame the chest.

Emerging from this obsessive pursuit of the most unexpected aesthetic options in representing the human form are a number of stylistic constants. One of the characteristics of this art is what it omits. It is notable for an extreme plastic concision, the desire to convey an impression of rupture and the schematisation of volumes (pages 108–9 and 161). Particularly striking features of some of the pieces are: the treatment of the head—a perfect hexagon or trapezoid (page 194)—a cylindrical torso and a rectangular beard beneath a mouth represented by two horizontal lines and a triangular nose (page 236); a V-shaped face surmounted by a semicircle (pages 135 and 241). Some elements of the human body are merely suggested and sometimes deliberately suppressed (page 247). Others give the false impression of having been improvised but, in reality, this sketchy style is a form of freedom aiding the artist's refined and sensitive intent to represent—without austerity but with a rigorous simplicity—only the essence of the object.

Faut-il employer des mots trop convenus en esthétique ? Parler d'une « modernité » qui naîtrait de l'« archaïsme » même ? Pourtant, à propos de cette figure, dont l'admirable épure semble exprimer l'essence de la forme, de tels termes contraires s'associent aisément – comme dans l'art des Cyclades, néanmoins si différent. Le corps, harmonieusement agencé, paraît réduit à ses dynamiques élémentaires et à son expression première avec, en parallèle à des raccourcis, un jeu équilibré de contrastes : les membres inférieurs et le torse sont ramenés à des rondeurs douces, des arrondis, des ovoïdes pleins de grâce, l'ombilic prend cette fois une apparence oblongue, alors que les bras, au contraire linéaires, filiformes, étirent leurs sinuosités vers les tempes et le visage en losange, presque disposé à l'horizontale. Traduisant une forte densité, la figure, d'une élégante simplicité, laisse ainsi jaillir une vie intense.

Autre registre plastique, diamétralement opposé : une forme pure, un corps filiforme qui, s'allongeant jusqu'au paroxysme, dégage le même dynamisme que l'œuvre qui figure sur la couverture de ce livre. Mais d'une manière antinomique : en accordant à la verticalité un privilège absolu, avec une audacieuse fluidité (page 141). Par la réduction de la silhouette humaine à une élongation d'une superbe élégance, la figure, dans ce cas limitée aux seules lignes expressives, devient signe. Sous la tête presque sphérique, torse et jambes se fondent en un seul élan tubulaire, et cette stylisation de colonne conduit en des plans adoucis jusqu'à un cou lui aussi longiligne et fuselé. Si les bras sont, là encore, légèrement projetés vers l'arrière, ils sont cette fois ramenés à leur plus simple expression, puisque les mains étant oblitérées, une unique arabesque de ciseleur conduit d'une épaule à l'autre en glissant sur l'abdomen. La courbe ne donne-t-elle pas l'illusion d'être au service d'un « ralenti » ? La notation des traits est graphique : une césure marque la bouche, deux renflements sur les orbites constituant des suggestions de paupières.

Épure, tension des lignes, modelage net, lancé résolument : faut-il évoquer Brancusi ? Cela reviendrait à croire qu'on ne peut admirer l'art africain sans adopter l'œil d'un amateur de la modernité occidentale.

La tentation géométrique

Il n'est pas davantage justifié de citer les statues « décapitées » de Rodin (telle son *Iris*) à propos des figurines acéphales des Kulango (page 132). Mais par quel tour de force les artistes de ce peuple parviennent-ils à imposer des images anthropomorphes en adoptant des configurations rigoureusement géométriques ?

Libérant à l'extrême la forme corporelle, elles la réduisent à une construction schématique : sans visage de surcroît. Comme s'ils se plaisaient à jouer avec une figure humaine devenue élastique, les modeleurs présentent des êtres privés de tête. Non plus un individu étiré en une seule ligne vibrante mais, en une construction par plans arrêtés, un corps ramené à sa plus simple expression : un torse lisse inscrit dans un rectangle (page 132 en haut) – parfois légèrement trapézoïdal – surmonté d'un cou interrompu.

Non pas sectionné ou tranché : juste écourté, soigneusement poli. La clarté d'une construction presque mathématique provient d'un geste de modeleur qui élimine l'ornemental, le décoratif, le superficiel, au profit d'une forme première, qui paraît jaillir intacte, comme s'il importait d'imposer l'ordre de l'esprit aux expressions de la vie, pour les assujettir par des signes rationnels. Dans cette volonté de dépouiller la figure de toute imitation sensible, quelques

Other Hybrid Figures

Despite disparities, the works as a whole have a coherence that is evidence of the emergence among the Kulango people of a system of forms, a *signature* style. While their art comes from their own world, it does not confine itself to the depiction of forms resembling known creatures. We find strange beings, creations that would lead one to think that creation, when constructing bodies, was trying out the most surprising of anatomical experiments. Not only do we find bodies without heads or with one head on two torsos (pages 126–7), but also those with one leg (pages 166 and 207), four legs (page 201), four eyes (page 235), arms like fins (page 193), snout-like faces grafted onto necks and women with conical breasts (pages 168–9), or animal heads with protruding eyes gazing into invisible space (pages 108–9, 118–9, 189, 202). One very old—probably proto-Kulango—piece with a beautiful patina (page 177), collected in this region in the 1950s, shows a curious praying figure with the head of a baby elephant (*tulɔ*). The arms, this time, are not shown at the sides of the body but, as in the "archaic" work in the former Schaedler Collection, raised towards the head. An unexpected detail of modelling, underlining the supernatural union between human and animal, has the hands fused with the elephant's trunk (*nunɔ*).

Among the anthropomorphic figures, we find a rare equestrian figure. Horses in Africa were expensive and never used for pulling or carrying goods. Associated with power and conquest, great prestige was attached to owning a stallion. Local people tell how, in the kingdom of Bouna, all newly enthroned sovereigns had to acquire one, a tradition that continues today further north in the kingdom of the Gan. The association between horse and strength and superiority is reinforced by the fact that this region lies on the edge of the areas affected by trypanosomiasis. Causing sleeping sickness in humans, for horses it means that, south of this line, long-term survival is impossible. When a horse belonging to the king of Bouna died, he was not obliged to get another one since having one was connected principally with his coronation. Consequently, an equestrian figurine was intended literally to *seat* or *elevate* the authority and pre-eminence of the *kplalisogo* (diviner) and, as we shall see later, to further his reputation in the eyes of his colleagues and rivals. Metaphorically, the rider on his horse represents the *kplalisogo*'s possession by the spirit. The rider, personifying the spirit believed to lead and enlighten the medium during a séance, seems to be guiding the *kplalisogo*, while the horse represents the power and dynamism required to enter into the spirit world. Their alliance is of itself charged with energy. This complicity between man and spirit explains the formal similarities between the two figures and the absence of any kind of anthropomorphic or animal realism. If the man's head has the same shape as that of the animal and has a similar kind of muzzle,[40] if his arms, extensions of the reins, wrap round his neck like a scarf, in just the same way as the straps wrap round the horse's mouth, it is because the same flow of energy is passing from one figure to the other, because the medium is temporarily inhabited by the values of the bush and the primitive world, by a knowledge that he will transmit to his client. Symbolic of exchange, in the same way we notice that the horse is somehow an extension of the man in that its hoofs have been represented by the artist

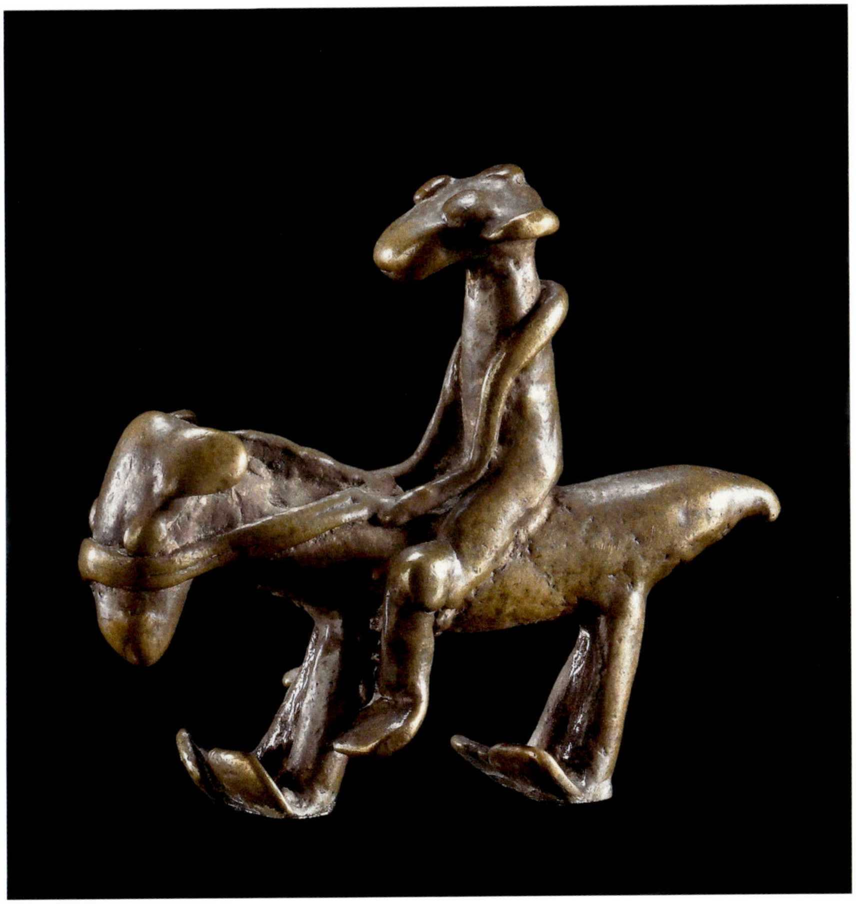

signes suffisent à suggérer la figure humaine : les bras, notamment, qui encadrent le buste.

On le voit : dans cette obsédante poursuite d'options esthétiques les plus imprévues pour représenter les corps se dégagent des constantes stylistiques. L'une des caractéristiques de cet art est l'ellipse : une extrême concision plastique, la volonté de produire des effets de rupture, la schématisation des volumes (pages 108-109, 161). Ce qui se manifeste avec éclat sur plusieurs pièces : une tête parfaitement hexagonale ; ou trapézoïdale (page 194) ; un torse cylindrique et une barbe rectangulaire sous une bouche constituée de deux traits horizontaux et d'un nez triangulaire (page 236) ; un visage en forme de V couronné d'un demi-cercle (pages 135 et 241). Certaines composantes de la personne humaine ne sont que suggérées ; sur d'autres pièces, elles s'abolissent délibérément (page 247). D'autres semblent en apparence faussement improvisées, mais ce style d'esquisse est une forme de liberté, au service d'une conception vouée, sans nulle austérité, mais avec une rigoureuse simplicité, à ne représenter que l'essentiel, avec raffinement et sensibilité.

D'autres figures hybrides

En dépit des disparités, l'ensemble des œuvres dégage une cohérence et atteste que les Kulango ont su inventer un système de formes, une véritable *écriture*. Si leur art apporte son propre monde, il ne tient pour privilégiées que les formes hétérogènes à celles de l'apparence, en faisant surgir des êtres étranges qui feraient croire que la création tente toujours les formules anatomiques les plus surprenantes pour construire des corps. Non seulement des individus sans tête ou pourvus d'une tête unique sur deux torses (pages 126-127), mais avec une seule jambe (pages 166 et 207), quatre jambes (page 201), quatre yeux (page 235), des bras-ailerons (page 193), des visages aux museaux greffés sur des cous et des bustes de femmes aux seins coniques (pages 168-169), ou des têtes animales aux yeux globuleux qui scrutent l'invisible (pages 118-119, 108-109, 189, 202). Une pièce très ancienne, d'une superbe patine (page 177), sans doute proto-kulango,

in a similar way to the human feet and fan-like terminations appearing, as we saw above, on the bases of some of the anthropomorphic figures.

Apart from the equestrian figurines, other pieces represent humans partly transformed into ovines and bovids (pages 115, 145, 168–9, 170), sometimes very explicitly (page 202). Lovers of African sculptures (and the wall paintings of the Sahara and Lesotho[41]) will be familiar with the allegorical role of antelopes, rams and bulls in such art.[42] A talented writer of the period of the Enlightenment, the Comte de Caylus, was the first, in 1756, to discover one such figurine. He did not know, of course, that it originated among the Kulango people. While praising the "workman" (*ouvrier*) for his skill in "handling and exploiting his material", he described with alarm how it represented "the head of a bull grotesquely attached to what appears to be a human body".[43] While some ethnic groups established a different kind of rapport between human and animal, with carvings showing, for example, a bird simply perched on an anthropomorphic face (such as those of the Yaure people), the Kulango people created associations that are more disturbing and seem even to imply deindividualisation.

This is the case with the mysterious piece depicting a pair of anthropomorphic praying mantises (page 193) with centipede-like ringed bodies and triangular heads with bulging eyes. With the ability to turn their heads 180°, these creatures have the reputation of possessing periscopic vision. Called *gogomanti* by the Kulango, these insects are shown in this work as keeping watch standing straight and erect, a posture that helps ward off aggressors. But here the artist has omitted their middle and hind limbs, accentuating their length so that they more closely resemble human beings and thus making them more enigmatic. Their wings are open in the fan-shape described by zoologists as the "spectral attitude", but are here partly fused with the forelegs—appropriately called "raptorial" legs because they are used to seizing the victim. Beneath an air of apparent vulnerability, this creature's predatory habit makes it a symbol of unfettered energy and voracity. With its six successive stages of metamorphosis culminating in its final shape, the unsettling figure of this miniature mutant monster pushes hybridization to the utmost limits, presenting a true fusion of forms and kingdoms.

A number of works present a similar symbiosis of human and its antithesis, reptilian, with figures having snake faces (pages 245 and 247), probably influenced by examples from the Gan peoples of Burkina Faso,[44] for whom these symbolic creatures with one or more heads represent the semi-aquatic power of a protective cult, *Turifan*.[45] Among the Kulango peoples, too, snakes (*higɔ* or *hiwɔ*) and crocodiles (*nogo* or *yɔ-jilɔ*) are primordial figures. On one of the two figurines (page 245), enormous bulging eyes—believed to be capable of seeing in all directions—occupy the space of the mouth. The other piece (page 247) consists of two figures, tightly clinging together and each with three eyes, one on either side and one in the middle, as if these hybrid beings had been subsumed into a single function: watchfulness, surveillance. Called *Nabédio* in the royal court in Bouna, we shall see below that this role was at one time essential for the many wives of the king of Gboona Saako.

collectée dans la région vers 1950/1960, montre un individu invocateur, curieusement doté d'une gueule d'éléphanteau (*tulo*). Les bras, cette fois, ne sont pas disposés le long du corps mais, comme sur l'œuvre « archaïque » de l'ex-collection Schaedler, remontent vers la tête. Avec une option plastique inattendue qui, magnifiant l'union de l'humain et de l'animal, vise à donner une image du surnaturel : les mains fusionnent avec la trompe (*nuno*).

Parmi les figurines anthropomorphes figure aussi, exceptionnellement, une statuette équestre. Coûteux, le cheval, en Afrique, ne fut jamais animal de trait ou de bât, mais toujours associé au pouvoir, à la conquête. Un grand prestige était attaché à la possession d'un étalon et, d'après les informateurs, dans le royaume de Bouna, tout souverain nouvellement intronisé devait en faire l'acquisition, à l'instar de ce qu'il advient encore, plus au nord, dans le royaume des Gan. Le cheval est d'autant plus associé à la force, à la supériorité, que cette région est située juste sur la limite d'extension de la trypanosomiase qui, pour cette espèce animale, ne produit pas seulement comme chez l'homme la maladie du sommeil ; au sud de cette ligne, la survie du cheval est impossible à long terme. À cet égard, lorsque mourait l'étalon du roi de Bouna, il n'était pas tenu de s'en procurer un autre, puisqu'il servait surtout pour son intronisation. Dès lors, une telle figure vise à littéralement *asseoir*, à *rehausser* l'autorité et la prééminence de celui – on le verra plus loin – que l'on appelle le *kplalisogo* (le devin) ; elle est destinée à accroître sa réputation vis-à-vis de ses collègues et rivaux. Toutefois, le cavalier sur sa monture évoque de plus métaphoriquement la possession du guérisseur par son esprit. Personnifiant le génie censé conduire, éclairer le médium lors de la consultation, il semble guider celui-ci, alors que le cheval évoque plutôt la puissance, la vivacité à pénétrer dans un outre-monde. À elle seule, leur alliance contient une charge d'énergie. Cette connivence de l'homme et de son génie explique les analogies formelles des deux êtres et l'absence de tout réalisme anthropomorphique et animalier. Si la tête de l'homme a la même morphologie que celle de l'animal, si elle prend, elle aussi, une apparence de museau[40] ; si ses bras, qui prolongent les rênes, s'enlacent autour de son cou comme une écharpe, à l'instar des courroies qui entourent la gueule de sa monture, c'est parce qu'un même « flux » passe de l'un à l'autre, c'est parce que le médium est investi, pour un temps, des valeurs de la brousse et du monde sauvage, d'un savoir qu'il entend transmettre à son client. Échange symbolique : de la même façon, le cheval prolonge, dans une certaine mesure, l'individu, puisque ses sabots furent modelés par l'artiste d'une manière analogue aux pieds de l'homme et aux « palmes » qui figurent à la base des œuvres anthropomorphes – dont il a été question plus haut.

On retrouve des visages humains transmués en bovidés et en ovidés sur des figurines kulango qui ne sont pas équestres (pages 168-169, 170, 115, 145) ; certaines même fort explicites (page 202). Les amateurs de sculptures africaines (et de peintures pariétales du Sahara ou du Lesotho[41]) connaissent bien le rôle allégorique des antilopes, béliers, bœufs, dans les systèmes de représentation[42]. Dès 1756, un brillant écrivain des Lumières, le comte de Caylus, fut le premier à repérer une telle fantastique figurine – il ne savait naturellement pas qu'elle provenait des Kulango. Mais tout en louant « l'ouvrier » [*sic*] qui « savait disposer et traiter la matière », il y voyait, effaré, « une tête de bœuf bizarrement

There are other heads (pages 194 and 197), and particularly that of the figurine on page 195, where the surfaces decorated with motifs incised with the precision of a goldsmith form a face that is once again triangular, but this time with a domed cranium and eyes represented by two round rings surrounding the pupils (page115). Handled with extraordinary sensitivity and care for expressive detail, the face bears an astonishing resemblance to that of the cercopithecoid monkey known as *gbaaliyo* in Kulango. Called "sacred monkeys", they are to be found in considerable numbers in Soko, a Nafana village in the heart of Kulango, seven kilometres from Bondoukou (two kilometres from Ghana). Several legends explain this cohabitation: according to one, threatened with a massacre, the inhabitants were changed into monkeys by a "charmer" who then died prematurely before he could change them back to their original form. Thus these might be humans in simian form. Although found roaming about the village, in fact these *gbaaliyo* live in a nearby forest with thick vegetation, bordered by the M'gboulou River (a sacred river where fishing is forbidden).[46] Although it is said that when they die, "rituals" are performed "just as with humans", the author of the present volume has never seen such a ceremony, nor the "cemetery" where, it is said, their remains are gathered. Many inhabitants consider these monkeys to be not so much "humans" as genii loci, known as *handyo* ("dwarf spirit").

SPIRITS VS SOUL DEVOURERS. *HANYEDIOHUN VS DERESOGO*

The Kulango call all these figurines or talismans *hanyediohun* (*haɲediɔhun*) or *hanyedio* (*haɲediɔ*) in the singular. Derived from the word *handyɔ*, "dwarf spirit", they represent or symbolise the small spirits of the natural world, the gallery forests and waterways. For the Kulango—as for neighbouring groups—the bush is not populated only by wild animals but also supernatural beings that teem in certain areas: forests (*kwayɔ*), springs (*ngngo*), river banks (*kɔligɔ*) and certain trees (*dɛɛkɔ*). Most of all, they are found on the hills, the word for which, in Kulango, *gboko*, means not only "high place" but also "fetish".

Untrustworthy and impulsive with a mischievous sense of humour, they live for over a thousand years. Those who have seen them say they are monstrous and deformed, with three or four legs, with one leg, a single eye or three eyes, two heads and extremely long reddish beards. The greater majority of these are never represented but a number of persuasively "sweet talking" spirits (*cèrèsègué kpele*) choose to leave the bush (*insinko*) to live alongside humans and cooperate with them. As a result, these wandering, insubstantial entities need some kind of physical support to control their chaotic, restless energy—both powerful and threatening—and render them benevolent. A figurine provides them with the necessary corporeality, a shelter for their fugitive nature, taming it and giving it expressive shape. Since these ambivalent beings partake of both the human and the animal kingdom, they can act as intercessors, facilitating interchanges between the visible and the invisible and, when questioned by a medium, transmitting messages from a parallel world. In this way, the object, the spirit's "attribute",[47] becomes a talisman: *korabohula* in Kulango; *asuman* in Abron. Another word used is *pinio* (pl. *pinu*), meaning both "god" and "amulet": as is often the case in African languages, there is no distinction in Kulango between a "divinity" and its effigy or its symbol,

unie aux apparences d'un corps humain[43] ». De fait, tandis que certains peuples, dans leur statuaire, établissent un accord entre l'homme et l'animal en sculptant par exemple un oiseau simplement juché sur un visage anthropomorphe (tels les Yaure), les Kulango créent des associations plus troublantes, jusqu'à impliquer une désindividualisation.

C'est le cas avec ce couple de mystérieuses mantes religieuses anthropomorphes (page 193), aux corps annelés de scolopendre et à la tête triangulaire surmontée d'yeux protubérants – qui, avec leur rotation qui couvre 180°, ont la réputation de posséder un regard périscopique. À l'affût, ces insectes, que les Kulango nomment *gogomanti*, ont adopté la station dressée, élancée, qui leur sert à effrayer les agresseurs. Mais l'artiste les a privés de leurs membres intermédiaires et postérieurs pour, en les apparentant à des humains, accentuer leur élongation et les rendre plus énigmatiques. Les ailes sont étalées en éventail, dans la position que les zoologues appellent « spectrale », mais confondues avec les pattes avant – nommées justement « ravisseuses » parce qu'elles harponnent leurs victimes. Avec ses caractéristiques prédatrices – qui sous une apparente vulnérabilité en font un symbole d'énergie sauvage et de voracité –, ses six métamorphoses successives jusqu'à une forme ultime, cette figure inquiétante de petit monstre mutant pousse l'hybridation à son terme en effectuant une véritable fusion des formes et des règnes.

Quelques œuvres opèrent même une symbiose de l'homme et de son contraire absolu, le reptile, avec des êtres aux visages d'ophidien (pages 245 et 247), dont les modèles proviennent sans doute des Gan du Burkina Faso[44] – chez lesquels ces symboles à une ou plusieurs têtes représentent la puissance semi-aquatique d'un culte de protection, le *Turifan*[45]. Mais chez les Kulango, les serpents (*higo* ou *hiwo*) et les crocodiles (*nogo* ou *yo-jilo*) sont également des figures primordiales. Sur l'une des deux figurines (page 245), d'énormes yeux globuleux, inquisiteurs – supposés voir dans toutes les directions – couvrent l'espace de la gueule ; alors que sur l'autre (page 247), chacun des deux êtres, étroitement collés, est pourvu de trois yeux, un central, deux latéraux. Comme si ces êtres hybrides s'étaient subsumés en une unique fonction : le guet, la surveillance, appelée *Nabédio* dans l'entourage royal à Bouna – on verra plus loin que ce rôle était autrefois essentiel pour les multiples épouses du souverain du Gboona Saako.

Sur d'autres têtes (pages 197 et 194), surtout celle de la figurine page 195, les surfaces rehaussées de motifs ciselés avec une précision d'orfèvre dessinent une face à nouveau triangulaire, mais avec un crâne hémisphérique et des yeux figurés par deux anneaux circulaires entourant les pupilles. Traité avec une extrême sensibilité, avec le souci du détail expressif, le visage ressemble étonnamment à celui du cercopithèque nommé *gbaaliyo* en kulango. Tels ceux appelés « singes sacrés », qui vivent en nombre à Soko, village nafana en plein cœur du pays kulango, à sept kilomètres de Bondoukou (deux kilomètres du Ghana). Plusieurs légendes expliquent cette cohabitation : l'une d'elles raconte que, pour échapper à un massacre, les habitants furent changés en singes par un « féticheur » qui, mort prématurément, ne put leur rendre forme initiale. Ce seraient donc des « humains » sous apparence simiesque. En fait, ces cercopithèques, s'ils déambulent aisément dans le village, vivent pour l'essentiel dans une forêt proche, à la végétation dense, délimitée par une rivière, le M'gboulou (sacrée, car la pêche y est inter-

even when of tiny dimensions. Hence the use formerly of the word "fetish" which got round this problem, albeit precisely in a factitious manner. More generally, the Kulango also use the word *signo* (pl. *siu*), a term whose meaning has today extended to embrace both magic remedies (herbs, infusions, rings, pendants) and Western medicines—and even, in certain cases, poison and so forth.

Demons and Casters of Spells

The function of these talismans is to protect against the evils threatening humans and which come from the actions of what the Kulango called *deresogo* (sing. *deresé*[48]). As they are polymorphous, the word *sutana* is also used but all these terms refer to demons, casters of spells, "devourers of doubles"—or "souls" in Christian vocabulary. Anti-social spirits, once called "sorcerers", are even today greatly feared in all African societies. Unlike the spirits—inhabitants of the bush—these *deresogo* and *sutana* live incognito *among the villagers*, even within families, and it is always within this narrow framework that they carry out their deeds (they cannot harm a person not belonging directly to the family line except through the cooperation of an accomplice of the clan involved).

These entities come into being by instilling, deep in their own heart, a "negative" thought about someone in their circle. As this feeling of hostility grows, it ends up by "absorbing" them, consuming them and transforming their innermost person. The supreme tactic of the *deresogo* is metamorphosis. Unbeknownst to the outsider, they "invade" apparently sweet and innocent old women, the *yɛgbadiɔ*. Paradoxically, the women themselves are unaware that they are "carriers" of this evil. At night-time they assume the form of a *laasaa* (gecko), *kookoosaci* (vulture) or *tuɔzina* (wild animals, mostly heterogeneous) and steal into houses bringing sickness, sterility and impotence—the Kulango word for the last term is explicit: *obipi* ("dead penis"). Finally, they devour their victim's "double", which to say, they kill them. As for many African peoples, for the Kulango there is no such thing as a "natural" death. No caster of spells will ever admit to committing a crime; only after their death can the victim denounce them in a special ritual, a kind of trial by ordeal: *ordalie*.[49]

Counter-attack and Subterfuges

Supernatural attacks are always calmly dealt with by the use of counter-magic rather than by direct action. The intention is to reverse the direction of the evil and disaster, striking back only through intervention in the original spell. Since the *deresogo* make use of metamorphosis, it is important that the counter-attack imitate their deceptions. Thus it is that the variations in form of the figurines are dictated by an initial requirement: each one must take on a specific appearance, according to a category of threat, since the evil beings are polymorphous. To thwart, deceive and confuse them, mysterious creatures have to be created (pages 108–9 and 189). Beings with imprecise features and ambivalent and uncertain shapes (pages 107 and 194), bearing resemblances to many different species as if, by living between one world and the other, they possessed unknown powers (page 220). In this way, they are able to throw the aggressors into a state of confusion and turmoil, likely to frighten, disorient and disturb them and, in possible, persuade them to depart. A hybrid body is particularly effective in protecting against evil in that it looks like nothing precise and so more easily upsets the spell casters.

dite)[46]. Si l'on assure qu'« à leur décès » ils bénéficient d'« obsèques », « comme pour les humains », l'auteur de ces lignes n'a jamais pu voir de telles funérailles, ni le « cimetière » qui, dit-on, recueillerait leurs dépouilles. D'ailleurs, ils sont, par beaucoup d'habitants, moins considérés comme des « humains » que comme les génies de la localité, appelés *handyo* (« Génies nains »).

DES GÉNIES CONTRE LES MANGEURS D'ÂMES. *HANYEDIOHUN* CONTRE *DERESOGO*

Toutes ces figurines, ces talismans, les Kulango les appellent en effet *hanyediohun* [hagnediohun] – au singulier : *hanyedio* [hagnedio]) –, un terme qui a pour étymologie le mot *handyo*, « génie nain », car ils évoquent ou symbolisent de petits esprits de la nature, des forêts-galeries et des eaux. Pour les Kulango – comme pour les peuples voisins –, la brousse n'est pas seulement peuplée d'animaux sauvages, mais aussi d'êtres surnaturels, qui grouillent en certains lieux : forêts (*kwayo*), sources (*ngngo*), bord des rivières (*koligo*), dans certains arbres (*dèèko*). Les collines surtout, puisque le mot *gboko*, en kulango, signifie à la fois « lieu élevé » et « fétiche ».

Volages, impulsifs, à l'humeur fantasque, ils vivent plus de mille ans. Ceux qui les ont vus disent qu'ils sont monstrueux, difformes, avec trois ou quatre jambes, une jambe unique, un seul œil ou trois yeux, deux têtes, des barbiches rousses démesurées. L'immense majorité d'entre eux n'est jamais représentée, mais certains génies « beaux parleurs » (*cèrèsègué kpele*) souhaitent quitter la brousse sauvage (*insinko*) pour vivre au contact des humains, et coopérer avec eux. Dès lors, ces entités errantes, instables, requièrent un support matériel pour que leur énergie désordonnée, remuante, aussi puissante que redoutable, puisse être maîtrisée et devienne bienveillante. La figurine leur fournit une corporéité salutaire, qui abrite leur nature évanescente : elle l'assujettit, la fixe en une forme suggestive. Et comme ils relèvent de deux règnes, l'humain et l'animal, ces êtres ambivalents peuvent aisément servir d'intercesseurs pour faciliter l'échange entre le visible et l'invisible, et transmettre, lorsqu'un médium les interroge, des messages venus d'un univers parallèle. De ce fait, l'objet, « attribut[47] » du génie, devient un talisman : *korabohula* en kulango ; *asuman* en abron. Autre terme employé, *pinio* (plur. *pinu*), ce qui signifie à la fois « dieu » et « amulette » : comme souvent dans les langues africaines, il n'existe pas en kulango de distinction entre une « divinité » et son support ou son symbole, même d'infime dimension. D'où autrefois le recours au mot « fétiche » qui permettait de contourner les difficultés – quoique de manière précisément *factice* (telle est en portugais l'étymologie du mot). Plus généralement, les Kulango emploient également le vocable *signo* (plur., *siu*), qui possède une large extension sémantique puisqu'il désigne aujourd'hui aussi bien un remède magique (des herbes, des décoctions, des bagues, des pendentifs) qu'une médecine occidentale – et même, dans certains cas, un poison…

Démons et jeteurs de sortilèges

Ces talismans ont pour rôle de lutter contre les maléfices qui assaillent les humains et qui proviennent de l'action de ceux que les Kulango appellent *deresogo* (au sing. *deresé*[48]). Comme ils sont polymorphes, existe aussi le mot *sutana*, mais tous ces termes désignent des démons, jeteurs de sortilèges, « mangeurs de doubles » – « d'âmes » dans le vocabu-

The suggestive power of the figurine is a result of the symbolism it embodies and the category to which the spirit belongs. The Kulango assert, however, that the position of the person represented, its gestures and even the number of legs are decided by the spirit itself, through the mediation of a diviner,[50] and it is this that explains the diversity of forms. The ornamentation is indicative of the type of power possessed by the spirit, each detail containing allegorical meanings. At the same time, it is clear that the iconography of the works also reflects cultural practices that at one time were widespread and not only regional. An example of this is the curious domed or pointed form of some of the "coiffures" of some figurines (pages 143 and 191). Although they seem incongruous, they are in fact representations of a *kpanɔ*, a conical hat made of plaited straw. Evidence for this can be found in an illustration of 1887 in Binger's account of his travels: it shows a village near a tributary of the Comoé River, but this type of head covering was commonly found throughout the region a century ago.[51]

TWINS (*KUNNDUGO*)

There are many examples of figurines, produced from a single mould, representing pairs of figures (pages 158, 172, etc.). Occasionally they are three (pages 220 and 222–3) but generally they consist of couples joined at the head or side (page 130), feet and legs (page 220), shoulders and temples (page 134) or thighs (page 245). There is even one example of four juxtaposed figures (pages 224–5).

The eyes of the figures seem enigmatically vigilant (pages 135, 157, 207, 241, etc.). Where the eye sockets are absent or obliterated, the lack seems paradoxically to accentuate the serenity of the figure, suggesting contemplation, contained intensity and concentration (pages 141, 162, 163, 172, 175, 211). Their originality is all the more pronounced because of their extreme refinement. The frontal position, symmetry and balance of the bodies combine into a perfect harmony. The outlines, merging smoothly from one figure to the next, intensify the connection between them, so that the twins become united into a single inseparable being.[52] This is further reinforced by the visual impression created by the polished surfaces of the pieces, without flaws or breaks (pages 134 and 235).

Examples of the notion of twinning taken to extremes are: pairs with a single head on two juxtaposed torsos and four legs (page 201); with one face, one chin, one set of ears and only two arms on the outer sides, but with four eyes, two tops to the head, and two bodies (pages 118–9, 158, 161, 170, 235); a single head on two trunks ending in only two legs (page195); and one figurine with two heads, two necks and two torsos but only two legs instead of four (page 234). Thanks to the repetition of motifs or, alternatively, the elimination of one of them—when, for example, some of the locks of hair of figures represented cheek against cheek or joined at the temple are suppressed and the twins become conjoined twins (pages 101, 170 and 235)—the duplication is further emphasised, multiplied and magnified.

Twinship

Twinship is central to Kulango ideas—something that could not be more different than the excesses and anguish of European post-Romanticism on the subject of the "double". You will not find here any kind of Dr Jekyll and Mr Hyde (Robert Louis Stevenson) or Dorian Gray (Oscar Wilde), still

laire des chrétiens. Des esprits anti-sociaux, que le folklore appelait « sorcières », « sorciers », et qui sont une calamité dans toutes les sociétés africaines, encore à ce jour. À la différence des génies – créatures de la brousse –, ces *deresogo* et *sutana* vivent incognito *parmi les villageois*, dans les familles mêmes, et c'est toujours dans ce cadre étroit qu'ils exercent leurs activités (ils ne peuvent assaillir un membre extérieur à la lignée que par une connivence avec un complice du clan concerné).

Comment naissent-ils ? En développant en leur for intérieur une pensée « négative » au sujet d'une personne de leur entourage. Puis ce sentiment hostile prend de l'ampleur, finit par les « absorber », il les consume, les transforme intimement. Leur ruse suprême ? La métamorphose. Qui l'eût cru ? Ils « investissent » de vieilles femmes, doucereuses, apparemment innocentes, les *yègbadio*. Avec ce paradoxe : elles ignorent elles-mêmes qu'elles sont « porteuses » de cette malignité. Ou ils se travestissent en *laasaa* (margouillat), en *kookoosaci* (vautour), en *tuozina*, animaux sauvages, composites, pour à la nuit tombée, se glisser dans les chambres et causer maladie, stérilité, impuissance – dont le nom en kulango est explicite : *obipi* (« pénis défunt »). Finalement, ils dévorent le « double » de leur victime, à savoir qu'ils la tuent. Chez les Kulango, pas plus que chez d'autres peuples africains, il n'est de mort « naturelle ». Mais jamais aucun jeteur de sorts n'avouera qu'il a commis un crime ; seule sa victime, après la mort, peut le dénoncer, lors d'un rituel : l'ordalie[49].

Contre-attaques et subterfuges

Les attaques surnaturelles sont toujours soignées placidement au moyen de la contre-magie plutôt que par une action directe, afin de retourner maux et fléaux contre les agresseurs, ne les frapper que par l'entremise de leurs propres sortilèges. Comme ils usent de la métamorphose, il importe de contre-attaquer en mimant leurs subterfuges. Dès lors, les variations formelles des figurines proviennent d'une exigence première : chacune doit adopter une apparence spécifique, selon une catégorie de péril, puisque les maléfices sont polymorphes ; pour déjouer les agents néfastes, les leurrer, les égarer, il faut élaborer des créatures mystérieuses (pages 108-109 et 189). Des êtres aux traits imprécis, aux morphologies ambivalentes, incertaines (pages 194 et 107), qui tiennent de plusieurs espèces, comme si, en vivant entre les mondes, ils détenaient des pouvoirs inconnus (page 220) ; et ainsi, croit-on, ils instaureront parmi les agresseurs une confusion, un trouble, susceptible de les effaroucher, les désorienter, les inquiéter et si possible les amener à fuir : un corps hybride protège d'autant mieux des maléfices qu'il ne ressemble à rien de précis, et ainsi déroute plus facilement les jeteurs de sorts.

Le pouvoir évocateur de la figurine résulte du langage symbolique qu'elle recèle, de la catégorie d'appartenance du génie, mais la position du personnage représenté, sa gestuelle, le nombre de jambes même, sont décidés, les Kulango l'affirment, par l'esprit lui-même, par l'entremise d'un devin[50], ce qui explique la diversité des formes. Quant aux ornements, ils sont révélateurs du type de pouvoir qu'il incarne, chaque entité jouissant de signes allégoriques. Néanmoins, c'est une évidence : l'iconographie des œuvres reflète aussi, il faut bien le dire, les pratiques culturelles, non seulement régionales, mais telles qu'elles existaient jadis. Seul exemple : la curieuse forme hémisphérique ou pointue de la « coiffure » de certaines figurines (pages 191 et 143), qui

less the kind of rivalry described in the stories of the bible (Jacob and Esau) or the Greek myths (Polynices and Eteocles). The idea of symbiosis is fundamental to Kulango thinking and they frequently present paired beings, rejoicing in the harmony and symmetry of the arrangement. Duality has links with many areas of Kulango life, from the everyday to the cosmogonic. At the practical level, in the Kulango language, the word *kunndugo* (twins) is related to numerous terms connected with the idea of doubling, such as the word *buunzjingo*, meaning a *fork* (in the road). On the spiritual level, what Christians called the "soul" is called *toko*. This attaches itself to the foetus in the third month and, after death, leaves the body to return to the ancestors. The literal meaning of *toko* is, in fact, "shadow" or "double", a word used both of the shadow of a person cast by the sun and of the reflection of a face in a pool of water or a mirror. These extensions of ourselves—inseparable companions—relate to the faces brought together on the talismans (pages 101, 134, 158, 170). Even on the religious level, opposition and conjunction play a central role, at the base of which is a founding myth inspired by a dualist organisation of the world. Chaos is made up of dual principles, united and divided. The birth of twins is seen as a re-enactment of the fabled beginning of time.

The statues seek to re-establish and solemnise this alliance, this source of dynamism. But while these figurines may express the harmony derived from fertility and the communion endowed by the welcome arrival of twins, they equally suggest that in each person there exists a troubling ambivalence. The idea of the double, calling up questions of identity, otherness, the finitude of the self, lies at the heart of Kulango notions about the essence of a person.

For, contrary to what is often asserted, it is not *only* twins that are celebrated in this way[53] and *never* ancestor figures.[54]

The Original Couple

These fall into two other categories, the first being that of spirit couples. Since some spirits in the bush are believed to be married or living in small groups, they must be represented together (a belief also shared by many of the Gan,[55] Baule[56] and other peoples). But there are other couples, too, that derive from a more unusual belief: the mystic, imaginary couple. According to the majority of works devoted to African art, this belief is associated uniquely with the Baule people. In fact, in a variety of different forms, it is widespread in Africa (as it is also in Asia[57]): every individual, at birth, leaves behind them in limbo a being that shared their previous life; any emotional or physical ailments that occur are explained by the jealousy of the being left behind in this parallel world. Having said that this belief in universal in Africa, it should be pointed out that wooden statues carved to honour these mystical spouses are only found among some of the peoples of the Ivory Coast, the Baule[58] (*blolo bla, blolo bian*), Ehotilé, the Aburé,[59] the Yaure (for whom these spouses from the other word are also nature spirits called *buzu*[60]) and, formerly, the Ewe peoples of Ghana and Togo.[61]

The Kulango beliefs differ from others in certain aspects. Firstly, it is the primordial dyad, joined in this other world and then separated by birth, that must be materially represented and not just the single mystical spouse (as among the Baule and Yaure peoples). The meaning of the figurine is that the individual on earth has a "double" in some other world that exists *before the body* but which can be "trans-

peut paraître quelque peu incongrue, reproduit en fait un chapeau conique, en paille tressée – nommé *kpano*. Ce qu'atteste une gravure du récit de Binger, en 1887 : la scène est située dans un village près d'un affluent de la Comoé, mais ce type de couvre-chef était répandu, il y a un siècle, dans toute la région[51].

DES JUMEAUX (*KUNNDUGO*) ?

Nombreuses sont les figurines, réalisées en une seule fonte, qui représentent des paires d'individus (pages 158, 172, etc.). Plus rarement trois (pages 220 et 222-223), car ce sont surtout des couples aux têtes ou aux flancs collés (page 130), joints aux pieds et aux jambes (page 220), aux épaules et aux tempes (page 134), aux cuisses (page 245). Cas unique : quatre personnes juxtaposées (page 224-225).

Tous ont les yeux dressés dans une énigmatique vigilance (pages 135, 207, 241, 157, etc.) ou bien les cavités oculaires sont absentes, oblitérées, mais ce manque, cette carence, accentuent paradoxalement la sérénité, suggèrent le recueillement, exprimant intensité contenue et concentration (pages 163, 162, 175, 141, 211, 172). Leur singularité est d'autant plus forte qu'ils apparaissent d'un extrême raffinement. La position frontale, la symétrie, l'équilibre des corps dégagent une parfaite harmonie. Les contours, en glissant harmonieusement d'une figure à l'autre, intensifient la fusion des personnes, si bien qu'elles semblent conjuguer la gémellité en un être indissoluble[52] – ce qui est renforcé par l'impression visuelle conférée par les surfaces polies, sans accroc ou rupture (pages 134, 235).

Une gémellité parfois conduite à son paroxysme : en témoignent ces êtres à tête unique (page 201) ou à une seule tête (page 235) mais sur deux torses juxtaposés, quoique dotés exclusivement de deux bras «extérieurs» (pages 118-119, 170, 161, 235, 158) ou d'une seule tête sur deux troncs que prolongent deux jambes (page 195). Et que dire de cet individu à deux têtes, deux cous et deux torses, mais sur deux jambes au lieu de quatre (page 234)? Grâce à la reprise de motifs ou, à l'opposé, l'élimination de l'un d'eux – lorsque par exemple, sur les figures qui se présentent joue contre joue ou collées par la tempe, certaines tresses de cheveux s'abolissent et que surgissent de purs siamois (pages 170, 235, 101) –, la duplication est répercutée, démultipliée, magnifiée.

Gémellités

Il est vrai que la gémellité est au centre des conceptions des Kulango, aux antipodes des vertiges et des déchirements du postromantisme européen au sujet du double. Chez eux, point de Dr Jekyll et Mr. Hyde (Robert Louis Stevenson); aucun Dorian Gray (Oscar Wilde); et encore moins cette rivalité que l'on trouve dans les mythes bibliques (Jacob et Esaü) ou grecs (Polynice et Étéocle). Comme pour les Kulango la notion de complémentarité est fondatrice, ils aiment coupler les êtres en exaltant sur le plan plastique accord et symétrie. La dualité touche bien des domaines, du quotidien au cosmogonique. Sur un plan concret d'abord : dans la langue kulango, le mot *kunndugo* (jumeaux) apparaît dans la racine étymologique de nombreux termes ayant trait à ce qui se redouble, comme le vocable *buunzjingo*, qui désigne une *bifurcation* [*de piste*]. Sur le plan spirituel : ce que les chrétiens appellent «âme» se dit *toko*; celle-ci s'agrège au fœtus au troisième mois et, après la mort, quitte le corps pour rejoindre les ancêtres; mais en réalité *toko*

mitted" from one body to another through the process of reincarnation (to the extent that it becomes identified with a dead ancestor, *punu*, who has a formidable influence on the living, and particularly when the ancestor is that of a chief, *yugopunu*).

Since this being has never been born (or reborn), it is lonely. Seeking a companion, it requires its *alter ego* to be represented alongside it, indivisible, aesthetically bonded—consubstantial. They are literally *attached*: at the moment of birth, the figurines representing this indissoluble alliance are attached to cords (some 20 centimetres long) and tied to the wrist, neck and ankles of the new-born baby, the *naanji-biin*. The baby appears to be tied up, moored by a network of cords and laces like a little boat that might set sail and disappear. The strings are subsequently shortened but the child will keep at least one figurine until maturity as both a psychological and a therapeutic support. Failure to do this can bring about dire consequences. The abandoned "double" feels betrayed and will seek revenge, the reprisals being a proof of the intensity of its love. It will do anything to restore the original dyad and, in order to make the beloved being return to it, searches throughout the land for a precious counterpart with which to reunite, particularly at the moment of childbirth. In despair, it then seeks to cause harm; it is believed that childhood diseases are the manifestations of this. Thus, to ensure that the "double" does not feel abandoned, it is important that the two beings are permanently together, sometimes attached like Siamese twins, or even more fundamentally fused with a single head on two torsos but with only two hands (pages 118–9, 158, 161, 170, 235). A Kulango man put it like this: "If you do not wear the image of your initial couple, your partner will make you join the spirit world"—in other words, cause your death.

The Eternal Return of the Double

For the Kulango, as for their neighbours, these figurines are also required to watch over the gestation of a "revenant": a child conceived after a miscarriage or the death of a previous child, the former believed to be the reincarnation of the latter's double. When several children born of the same mother die one after another in infancy, the Kulango say that it is the same new-born baby that returns and leaves again, hence the name used by some: "returning [revenant] child". To ensure that it remains among the living and to protect it from the attacks of the "doubles" of its dead brothers and sisters (*yɛɛkɔ*, *hɛɛkɔ*) seeking to draw it into their world, the child is given a special name. This name relates to the number of successive "journeys" it has made between this world and the other. In addition, to protect the child from illness or death, a figurine is hung round its neck, with a sublimated representation of the "doubles" of the primordial dyad or triad. This is the explanation for the images of "triplets" (pages 220 and 222–3) and, very occasionally, "quadruplets" (pages 224–5). Given that, in Africa, even the birth of triplets was unusual, such works are very rare. By contrast, with infant mortality, especially during the first week of life, being formerly very common, it comes as no surprise to find that the numbers of single figures or dyads are (relatively) high. It was also a common occurrence for several successive babies born to one mother to die. Throughout pregnancy and after giving birth, such a woman would

signifie littéralement «ombre» ou «double»; et ce mot désigne aussi bien l'ombre qui se dessine sur le sol en marchant au soleil que le reflet du visage quand on se penche au-dessus d'une flaque d'eau ou que l'on se regarde dans un miroir – autant de prolongements de la personne, de compagnons inséparables, à l'image de ces visages associés sur les talismans (pages 134, 170, 101, 158). Même sur le plan religieux, l'opposition et la conjonction jouent un rôle central, avec à l'origine un mythe de fondation qui procède d'une organisation dualiste de l'univers : le chaos contient des principes doubles, à la fois unis et scindés. La naissance de jumeaux est alors vécue comme une réduplication des temps fabuleux du commencement.

C'est donc à la statuaire de tenter de rétablir et de solenniser cette alliance, source de dynamisme. Mais si ces figurines expriment l'harmonie que confèrent la fécondité et la communion octroyée par une gémellité heureuse, elles suggèrent également qu'il existe en tout individu une ambivalence qui le hante. À ce titre, le double, qui met également en jeu des notions comme l'identité, l'altérité, la finitude du moi, est au cœur des interrogations kulango sur l'essence de la personne.

Car, contrairement à ce qui est souvent affirmé, ce ne sont point *exclusivement* des jumeaux qui seraient ainsi célébrés[53] et *jamais* des figures d'ancêtres[54].

Le couple originel

Ces figurines relèvent de deux autres catégories : ce sont d'une part des couples de génies. Puisque certains, dans la brousse, sont mariés ou vivent par petits groupes, ils doivent être représentés ensemble (comme chez les Gan[55], les Baule[56], etc.). Mais d'autres couples procèdent d'une croyance plus singulière. Une croyance que, dans la plupart des ouvrages consacrés aux arts d'Afrique, on croit propre aux seuls Baule : les conjoints mystiques, imaginaires. Croyance qui, sous différentes dénominations, est largement répandue en Afrique (tout comme en Asie[57]) : chaque individu, quand il naît, laisse dans les limbes un être qui partageait sa vie antérieure; et les troubles affectifs ou physiques qui surviennent s'expliquent par la jalousie de la créature délaissée dans ce monde parallèle. Croyance universelle en Afrique? Avec cette réserve : les statuettes en bois destinées à honorer ces conjoints mystiques ne sont sculptées que chez quelques populations de Côte d'Ivoire, les Baule[58] (*blolo bla, blolo bian*), les Ehotilé, les Aburé[59], les Yaure (chez qui toutefois ces époux de l'au-delà sont aussi des génies de la nature, nommés *buzu*[60]) et, autrefois, chez les Ewe du Ghana et du Togo[61].

Mais les Kulango adjoignent certaines particularités. D'abord, c'est la dyade primordiale, unie dans cet ailleurs, puis séparée par la naissance, qui doit être matérialisée, et non le conjoint mystique seul (comme chez les Baule et les Yaure). La figurine signifie que l'individu sur terre possède en un outre-monde un «double» qui existe *avant le corps* mais qui peut être «transmis» d'un corps à l'autre, par le principe de la réincarnation (si bien qu'il s'assimile à un ancêtre disparu, nommé *punu*, qui pèse de toute son influence sur les vivants, plus encore lorsqu'il s'agit des mânes d'un chef, *yugopunu*).

Comme cet être n'a pas eu la chance de naître (ou renaître), il se sent solitaire, recherche une compagnie, exige que son *alter ego* et lui soient représentés ensemble, indivisibles, soudés sur le plan esthétique – consubstantiels. Littéralement *attachés* : dès l'accouchement, des figurines de

attach a similar figurine close to her belly on her belt, worn beneath her pagne.

So, in sum, we see that these figurines are not objects intended *exclusively* for twins (as is the case among the Yoruba people[62]), the mothers of twins or women marrying twins. It is true that *twins wear amulets, but only in the same way as single children*. If, in the case that one of a pair of twins dies, such a figurine is made to protect the remaining twin, the dead child is considered to be the "double" of the "surviving" child. As we shall see below, after they have served their original purpose, these objects are sometimes handed over to a diviner by a regular client to be exhibited. Seen as "sculptures of oracles", they are then used as personal "tools" when the client seeks a consultation. Thus, they have in all four functions differing to a greater or lesser degree.

These coupled figurines are still frequently to be found on market stalls in Bouna, Boudoukou or further south in Katiola. Today, as can be seen from photographs,[63] they are made of wrought iron and are usually damaged and very rusty, and, it must be acknowledged, very crudely made, consisting of roughly cut metal shapes. The Senufo and Djimini peoples called them *ɲwambele* (sing. *nao*), a word also used sometimes by the Kulango.

Works in brass, such as those in the Pierluigi Peroni Collection, have, by contrast, completely disappeared from these stalls. And this is true not only for "couple" figurines but also for all of the types of work in the collection. The quality of the workmanship of these older objects compared with the majority of the Voltaic and Ivorian works produced in the twentieth century is greatly superior. Unlike Lobi, Dyula or Gan pieces, Kulango figurines are rare. If many of them have oxidized surfaces, muddy patinas and incrustations of clay, it is because many of them were buried, not so much as to protect them from theft[64] but to protect vulnerable or threatened places such as crossroads, the inner side of certain walls, thresholds and the passages and yards leading to sleeping areas.

One or two hundred years old, we are struck by the brilliance of the stylistic qualities of these pieces, designed with detailed care, cast with technical skill and finely polished. It is instantly obvious that, compared with these, many of the mass-produced pieces made in the second half of the twentieth century are crude and clumsy. This artistic decline can be explained mainly by the drying up of sources of plastic formulae, but also a loss of local distinctiveness resulting from uniformity and increased cultural exchange.

In concluding this introductory survey, we need to address a fundamental question: Who were the authors of these ancient works? It was Binger who, in his travel journal discussed above, gave us a name: Lorhon.

WHO WERE THE LORHON?

"*Mɷm waa baga ɷ nan fan ben I*
waa baga ɷ cei beni I"
"Do not accuse the place where you live for all things evil.
Do not accuse the place where you fell."
Lorhon proverb

Binger writes, in the same passage as that quoted earlier, "they are made by the *lokho* [a caste of ironworkers], whose women are famed for their beauty. This caste of craftsmen is not looked down on as are others".[65]

cette alliance indissoluble sont accrochées à l'extrémité de cordelettes (d'une vingtaine de centimètres) fixées à la fois au poignet, au cou et aux chevilles du *naanji-biin*, le nouveau-né. Ce qui donne parfois l'impression que le bébé est au cœur d'un réseau de longes, de lacets, comme s'il était amarré, arrimé, à l'image d'une nacelle susceptible de gagner le large et de se dérober. Les cordelettes seront ensuite raccourcies, mais l'enfant gardera au moins une figurine jusqu'à l'âge de raison, en guise, aussi, de support psychologique, de soutien thérapeutique. Dans le cas contraire, le « double » se montre redoutable. Délaissé, il s'estime trahi, et se venge : ses représailles sont une preuve d'amour fou. Il tente tout pour reconstituer la dyade originaire et, pour faire revenir à lui l'être cher, recherche sur terre sa précieuse contrepartie avec laquelle se réassortir, en particulier au moment de l'accouchement puis, désespéré, s'ingénie à envoyer des maléfices – on assure que les maladies de la petite enfance en sont les manifestations. Et donc, pour que ce « double » ne se sente pas abandonné, il importe que les deux êtres soient en permanence rassemblés, quelquefois, collés l'un à l'autre comme des siamois ou, plus fusionnels encore : avec une seule tête sur deux torses et uniquement deux mains (pages 118-119, 170, 161, 235, 158). « Si tu ne portes pas sur toi l'image de ton couple initial », disait un Kulango, « ton partenaire te fera rejoindre le pays des esprits » – en d'autres termes, te fera mourir.

L'éternel retour du double

Chez les Kulango, comme chez des peuples voisins, ces figurines sont aussi destinées à veiller sur la gestation d'un « revenant » : un enfant procréé après des fausses couches ou le décès d'un aîné – et qui, de ce fait, apparaît comme la réincarnation du double du disparu. Lorsque des enfants d'une même mère meurent en bas âge, les uns à la suite des autres, les Kulango sont persuadés qu'il s'agit du même nouveau-né qui revient et repart. D'où le nom d'« enfant revenant » que certains lui attribuent. Comment le maintenir à tout prix parmi les vivants ? Comment éviter que les « doubles » des disparus, sœurs ou frères (*yèèko*, *hèèko*), ne l'assaillent pour le faire revenir parmi eux ? Lui donner un prénom spécifique (qui dépend du nombre de « voyages » successifs qu'il a effectués entre ce monde et l'outre-monde) et, de la même façon, suspendre à son cou, pour garder la maladie ou la mort à distance, une figurine, représentation sublimée des « doubles » de la dyade ou triade primordiales – ce qui explique ces images de « triplés » (pages 220 et 222-223). Exceptionnellement, de « quadruplés » (page 224-225). Mais comme, en Afrique, même la naissance de triplés était inhabituelle, de telles œuvres sont rarissimes. En revanche, nulle surprise de constater la (relative) prolifération de figurines d'individus seuls ou de dyades : la mortalité infantile était jadis énorme, durant la première semaine surtout. Il était fréquent que plusieurs nouveau-nés d'une même mère décèdent successivement. C'est pourquoi pendant toute la gestation, et même après la naissance, elle aussi portait sous son pagne, à la ceinture, au plus près du ventre, une représentation analogue.

En somme, pour récapituler, ces figurines ne sont point des objets à destination *exclusive* des jumeaux (comme ce qu'il advient chez les Yoruba[62]), des mères de jumeaux ou de femmes qui auraient épousé des jumeaux. Certes, *les jumeaux portent des amulettes, mais au même titre qu'un enfant unique* ; et s'il arrive, lorsqu'un jumeau disparaît, que l'on fasse effectuer une telle figurine pour protéger celui qui

Binger uses the word *lokho,* but the pronunciation and spelling of this ethnonym vary: *Lorho, Lo'ho, Lo'o.* The Djimini call them Lobo (*Lɔbɔ*), the Senufo *Lɔ'ɔn* (pl. *Lɔɔbele*), the Kulango say Lorobo (*Lɔrɔbɔ*), but, as always, it is the Dyula form, Lorhon, that prevailed because interpreters were formerly recruited from among the Dyula. Since the "h" is not pronounced, the spelling "Loron" would be sufficient[66]; with the plural *Loronbo* (*bo* is the plural ending). Since this form is rarely used in French and English it will not be used here.

Things become yet more confusing when we find that they are given several different names according to the origin and language of the informant. In Burkina Faso, where a large proportion of the Lorhon have integrated with the population, the Lobi have given the descendants of this mixed people the sobriquet Thuuna ("The Soothsayers"), whereas the Birifor call them Thumbe.[67] The Gan people distinguish between two groups: the "real" Kulango, descended from the Abrons of Gyaman; and the "real" Lorhon, whom they call Kpagirampirbé ("The Blacks who shake" because of their dark skin and because, apparently, their "hands trembled" because of the danger and fatigue connected with the extraction of ores from shafts in the ground). The Kulango called them Téésè, Tégué or Téguésyé.[68]

This kind of variation in ethnonyms is widespread in Africa.[69] In the early colonial period, it led some French administrators to believe that each name represented a different community. Examples in the region under consideration leading to this kind of confusion are: the Kulango were called Kpakhala by the Dyula; the Gan (the name used by the Dyula) say their real name is Kaamba (sing. Kaan); the Abron (Brong in Ghana) are called Gyaman by the Ashanti, Ton by the Dyula and Bugabo (sing. Buga) by the Kulango and so forth.

This list will suffice to indicate the problem. More generally, we should reject an approach that has the effect of freezing groups, ossifying them by means of a classification that rarely allows us to see the extent to which these societies are not ancient *givens*. They are, in reality, fluid, historically changing, made up of practices that are frequently contradictory, requiring people to define themselves and, consequently, to reinvent their art through constant dialogue with their identity. The very word "ethnic" condemns a community to immobility. Moreover, where Westerners see large blocks of peoples, the Africans themselves, contrary to what is believed, often start from the idea of a fragment: communities are seen by them as the smallest possible unit, one marked by differences of local detail, idiosyncrasies, and dialectal variations that are almost always seen as marking boundaries between one language and another, one group and another.[70]

Whatever the case, the Lorhon, often referred to in books, have practically disappeared as a community. One of Africa's enigmas, their story—compared with that of other groups—is unusual. To begin with, they belong to a hereditary corporation associated with a particular trade. Wrongly described as a "caste"—an inappropriate word to use given its meaning in India—they formed a category of artisans of common ancestry whose members were endowed with particular skills. Today, when the inhabitants of the northeastern Ivory Coast are asked about the Lorhon, they reply that they "came from the North" without further explanation. A number of European scholars have

demeure, le disparu est avant tout considéré comme un « double » du « survivant ». En outre, ces objets, on le verra plus loin, peuvent par la suite être confiés à un devin par un client régulier, pour être exposés et, servant de « sculptures d'oracles », être utilisés comme « outils » personnels quand il vient consulter – au total, quatre types de fonctions plus ou moins divergentes.

Il est encore courant de trouver, sur des éventaires de marché, à Bouna, à Boudoukou ou plus au sud, à Katiola, de tels couples, aujourd'hui en fer forgé, le plus souvent rouillés, très endommagés et, il faut le dire, de facture plus que sommaire, puisqu'il s'agit de plaques de métal hâtivement découpées : des photographies en gardent le témoignage[63]. Les Senufo et les Djimini les appellent *gnwambele* (sing. *nao*), terme dont usent également, parfois, les Kulango.

En revanche, les œuvres en laiton, comme celles de la collection de Pierluigi Peroni, ont, sur ces étals, totalement disparu. C'est d'ailleurs le cas non seulement pour les figurines présentant des « couples », mais pour l'ensemble des œuvres de la collection. Leur ancienneté témoigne d'une qualité bien supérieure à celle de la plupart des objets voltaïques ou ivoiriens fondus au XXe siècle. D'autant que, par rapport aux pièces des Lobi ou des Dyula, en plus encore des Gan, les œuvres des Kulango sont rares. Si beaucoup d'entre elles ont des surfaces oxydées, des patines terreuses, des incrustations d'argile, c'est parce qu'elles furent enfouies : moins pour les préserver des vols[64] que pour protéger des lieux vulnérables, menacés, à des carrefours, à l'intérieur de certaines parois, aux seuils des maisons, sur les passages des arrière-cours vers les chambres.

C'est une évidence : ces pièces, anciennes pour la plupart de cent ou deux cents ans, sont d'une brillante qualité stylistique, élaborées avec un souci du détail, fondues avec une technique sûre, polies avec un talent éblouissant. En comparaison, beaucoup de pièces de la seconde moitié du XXe siècle, produites en série, sont grossières : la différence saute aux yeux. Cette dégénérescence artistique s'explique en grande partie par un épuisement des formules plastiques, mais aussi par la plus grande facilité des échanges qui ont conduit à une uniformisation : les styles locaux ont perdu leur sève propre.

D'où, au terme de ce premier parcours, une question majeure. Qui furent les auteurs de ces œuvres anciennes ? C'est Binger qui, dans son récit de voyage cité plus haut, donnait immédiatement leur nom : les Lorhon.

QUI SONT LES LORHON ?

« Mɷm waa baga ɷ nan fan ben I
waa baga ɷ cei beni I »

« N'accuse pas de tous les maux
l'endroit où tu es installé, n'accuse
pas le lieu où tu es tombé. »

Proverbe lorhon

En effet, dans la page citée tout au début, Binger notait : « Ils sont confectionnés par les *lokho* (caste de forgerons), dont les femmes sont réputées fort belles ; cette caste d'artisans n'est pas méprisée comme les autres[65]. »

Les *lokho* ? La prononciation et la graphie de cet ethnonyme varient selon les locuteurs : *Lorho*, *Lo'ho*, *Lo'o*. Les Djimini les appellent Lobo [*Lobo*], les Senufo *Lo'on* (au pluriel : *Loobele*), les Kulango les nomment Lorobo [*Lorobo*], mais, comme toujours, c'est la forme dyula de Lorhon qui a

asserted that, like the Ligbi—people also associated with gold[71] and metal working—the Lorhon originated in Upper Niger, on the present-day border between Guinea and Mali.[72] They also say that Lorhon appear to have migrated eastwards in the fifteenth century at a time of upheaval[73] and the ultimate collapse of the Mali Empire.[74] Are they Mandé, as these authors also assert? But the Lorhon language is close to Kulango, a language belonging—as mentioned earlier—to the Gur linguistic group from which Lobi is also derived. A careful comparison of two long lists of words in Lorhon and in Kulango demonstrates that the similarities are numerous and the divergences small. There is significant comprehension between these groups, particularly in the north near Bouna (although in the south the Kulango speakers of Bondoukou have some difficulty understanding Lorhon).

One thing is clear: despite being strangers and, for this reason enjoying only restricted rights in the early days of their arrival, the Lorhon were esteemed because they played a major economic role, making not only ornaments but also agricultural tools such as pickaxes, sickles and hoes. Smiths and metal casters as well as goldsmiths, jewellers and gold prospectors were in practice and it is likely they went to southern Burkina Faso and the northeastern Ivory Coast because of the gold deposits there. Once arrived, they were scattered throughout the populations of the region, on the outskirts of the towns where they left their name: in Lorhonzobo in the ancient kingdom of Kong (Ivory Coast); and, to the west, in Lorhoso (also called Djologokaha in Senufo[75]) among the Senufo, where they were the first to cast in brass. Among the Gan people of Burkina Faso, several villages have names referring to the Lorhon: Lorhonssokoro, Lorosso, and Loropéni (or Lorhopéni) on the road between Banfora and Gaoua, etc. Since at first they were itinerant artisans, settling for only one season, the Senufo initially gave them the nickname of ***féjèènbélé*** ("migrating birds").[76] With time and an increase in their numbers, the name of Lorhon took on a social value until it eventually began to refer to a people.

Smiths and metalworkers, the Lorhon were the first people to introduce—wherever they settled in the region—the lost wax or *cire perdue* process of casting, among the Gan and Lobi as well as the Kong Dyula peoples. The largest number of Lorhon, however, settled in the present-day Kulango area. Introducing new forms and ideas to talented local artisans, the Lorhon prospered particularly on the outskirts of the towns of Bondoukou and Bouna where they quickly learned to adapt their craft to the formal requirements of their new clients—demanding clients because rich and thirsty for prestige. The main reason for this was that it was just here, in the region inhabited by the Kulango, that the only two kingdoms of the precolonial Ivory Coast were set up, Gyaman and Gboona Saako, still in existence today. Long-time enemies, these two rival kingdoms were the first states with a centralised power structure to exist within the country's present-day frontiers—the legendary Baule "kingdom", in the centre of the country, is fiction.[77] In view of these migrations, before looking in detail at the art and working methods of these artisans of copper alloys and considering who their patrons were, we need at this point to investigate the origins of the Kulango people and consider the region as a whole.

prévalu – les interprètes étant jadis toujours recrutés parmi les Dyula. À vrai dire, le « h » n'ayant pas de pertinence phonétique, la graphie « Loron » se justifierait[66] ; et il faudrait normalement écrire *Loronbo* (*bo* marquant le pluriel). Cette forme étant inhabituelle en français et en anglais, elle ne sera pas adoptée ici.

La confusion est redoublée quand on sait qu'ils sont même désignés par plusieurs noms distincts, selon l'origine et la langue des informateurs. Au Burkina Faso, où une grande partie des Lorhon se sont fondus dans la population, les Lobi ont donné un surnom aux descendants de ce métissage : Thuuna (« Les Devins »), alors que les Birifor les appellent Thumbe[67]. Les Gan distinguent deux groupes : les « vrais » Kulango, qui comporteraient du sang abron du Gyaman ; et les « vrais » Lorhon, qu'ils nomment Kpagirampirbé (« Les Noirs qui frémissent », en raison de leur peau foncée et parce qu'ils avaient, paraît-il, les « mains tremblantes » en raison de la fatigue et du danger de l'extraction des minerais au fond des puits). Quant aux Kulango, ils leur ont attribué le sobriquet de Téésè, Tégué ou Téguésyé[68].

Au vrai, ces variations d'ethnonymes, en Afrique, ont touché bien des peuples[69]. Phénomène qui, aux premiers temps de la colonisation, a parfois entraîné la croyance, chez certains administrateurs français, qu'il s'agissait de communautés différentes : ainsi, dans la région, les Kulango étaient appelés Kpakhala par les Dyula ; les Gan (nom attribué par les Dyula encore) affirment que leur vrai nom est Kaamba (au sing. Kaan). Les Abron (Brong au Ghana) sont nommés Gyaman par les Ashanti, Ton par les Dyula et Bugabo (sing. Buga) par les Kulango...

Arrêtons ici cette énumération. Elle apporte un surcroît de confusion. D'autant qu'il faudrait, d'une manière plus globale, remettre en cause la posture culturaliste qui fige les groupes, les ossifie par l'intermédiaire d'une classification qui presque jamais ne laisse entrevoir à quel point ces sociétés ne sont pas des *données* immémoriales, qu'elles sont mouvantes, historiquement labiles, constituées de pratiques fréquemment conflictuelles, entraînant les êtres à se définir et, corrélativement, à réinventer leur art, par de permanentes négociations de leur identité. Le mot même d'« ethnie » pétrifie les communautés ; et quand les Occidentaux prennent en compte d'immenses ensembles, les Africains eux-mêmes, contrairement à ce que l'on croit, procèdent souvent d'une pensée du fragment : les communautés sont envisagées par eux *a minima* – du fait des particularismes, des idiosyncrasies, des variations dialectales qu'ils interprètent presque toujours comme des passages à une autre langue, à un autre groupe[70].

Quoi qu'il en soit, les Lorhon, dont il est souvent question dans les textes, ont pratiquement disparu en tant que communauté. Sont-ils une des énigmes de l'Afrique ? Singulier destin que le leur par rapport aux autres groupes : ils appartiennent au départ à une corporation héréditaire de métiers, assimilée à tort à une « caste » – mot inapproprié en raison du sens qu'on lui donne en Inde –, une catégorie d'artisans d'ascendance commune, dont les membres étaient doués de talents particuliers. Quand on interroge aujourd'hui les habitants du Nord-Est de la Côte d'Ivoire, ils répondent que les Lorhon sont « venus du Nord », sans davantage de précision. Mais quelques chercheurs européens assurent que, comme les Ligbi – eux aussi associés à l'orpaillage[71] et à la métallurgie –, ils seraient originaires du Haut-Niger, sur les frontières actuelles de la Guinée et du Mali[72] ; à la suite de dissensions[73], ils auraient migré, au moment de l'effondrement de l'empire du

WHO ARE THE KULANGO? ZANZAN AND ITS TWO KINGDOMS

"*baa nɭɭn angɔ hɔ gbogo ri ï*"
"One does not live in a land just because of its size."
Kulango proverb

It is said that the region inhabited by the Kulango, once an important trading centre, was frequently crossed by travellers in search of gold and that the villages were, according to Binger,[78] fortified. Today the isolated and sparsely populated area seems at times almost deserted. Tiny villages only appear now and then, connected by poorly marked paths that frequently have dead ends where they meet the three frontiers (including that of the Comoé National Park). The monotonous uniformity of the landscape is only broken by an occasional five- or six-hundred-metre high mountain (Téhéni, Boutourou, Yevelé). To the north, an almost treeless savannah (*bélengo*) where millet is grown; to the south, the edges of a forest with well-spaced trees (*kwayo*) and fields of yam. In the north, the houses are round; in the south, as mentioned above, the Akan-style house with *impluvium* has been adopted. Geographically varied, the territory is as heterogeneous as the peoples inhabiting it. This contrast shows up clearly at the administrative level—the main route between Bondoukou and Bouna was only asphalted in 1999; work on the road from Bouna to the border with Burkina Faso began only a few months ago, in September 2016.

Despite the heterogeneity of the population, however, this region forms part of a single whole, Zanzan. The name is probably taken from that of a village situated at the end of a path 20 kilometres to the south of Bondoukou that was the first place settled by the Abron people when they fled from Ghana.

Zanzan, with a population of roughly one million, is divided into two zones with two administrative districts, matching the borders of the two former kingdoms—kingdoms that no longer have any real power. As the Kulango say today, "our people is like the human body with two eyes, two ears and two monarchies". To the north is Bounkani, or Gboona Saako, with Bouna as its capital, its present king being Diarakoroni II. To the south around Bondoukou are Gontougo and the kingdom of Gyaman, the king being Nanan Adingra Kouassi Adjemane. The vernacular language is Kulango, taught in primary schools since 2002, although there are two dialects of Kulango with lexical variations (loanwords from Dyula in Bounkani and from Abron in Gontougo) and only partial mutual comprehension. Nevertheless, as is well known, everyone in Africa is at least bilingual and often tri- or quadrilingual.

Birth and Expansion of the Kingdom of Bouna (Gboona Saako)

"*dɛ bɭ saga taa, faga taa a hɛ turugo ľ*"
"One liana does not make a forest, we must work together."
Kulango proverb

According to oral tradition,[79] the Bouna region was inhabited by the Lorhon people, ancestors of the Kulango, at the head of a chiefdom ruled in the sixteenth century by a "prince" called Haïngèrè, a person more like an "earth-priest" (*gôro-insiɛ*). Mantou, his sister, married Garzyao, prince of a neighbouring kingdom, Dagomba. As a result, large numbers of the Dagomba (today a Muslim community of about 700,000 living around the Ghanaian town of Tamale) came to live in the Bouna region. The child of this

Mali[74], au XVe siècle, vers l'est. Seraient-ils des Mandé, comme ces auteurs le prétendent également? La langue lorhon est pourtant proche du kulango, idiome appartenant – on l'a dit plus haut – au groupe linguistique gur – dont relève pareillement le lobi. Il suffit de patiemment comparer deux longues listes de mots, l'une de termes provenant du lorhon, l'autre du kulango : les similitudes sont nombreuses ; n'apparaissent que de minimes divergences ; et l'intercompréhension est grande, surtout au nord près de Bouna (en revanche, au sud, les locuteurs kulango de Bondoukou éprouvent quelques difficultés pour comprendre le lorhon).

Une chose est sûre : bien qu'étrangers, et jouissant pour cette raison, au début de leur installation, de droits limités, les Lorhon étaient estimés car ils jouaient un rôle économique majeur, en fabriquant non seulement des parures, mais du matériel agricole, pioches, faucilles, houes. Forgerons et fondeurs, en outre orfèvres et bijoutiers, ils étaient *de facto* chercheurs d'or, et ce furent sans doute les placers aurifères qui les ont conduits au sud du Burkina Faso et au nord-est de la Côte d'Ivoire. Ils se sont disséminés pour s'installer chez tous les peuples de la région, aux abords de sites urbains, où ils laissèrent leur nom : dans l'ancien royaume de Kong (Côte d'Ivoire), à Lorhonzobo ; à l'ouest, chez les Senufo, où ils furent les premiers fondeurs de laiton, ils s'établirent à Lorhoso (aussi appelé Djologokaha en senufo[75]). Chez les Gan du Burkina Faso, plusieurs villages conservent la marque de leur nom : Lorhonssokoro, Lorosso, et Loropéni (ou Lorhopéni) sur la route de Banfora à Gaoua ; etc. Comme ils n'étaient au départ que des artisans itinérants, ne demeurant qu'une saison, les Senufo les surnommèrent d'abord *Féjèènbélé* (« Les Oiseaux migrateurs »)[76]. Avec le temps et l'augmentation de leur nombre, le nom de Lorhon acquit une valeur sociale, si bien qu'ils finirent par être considérés comme un peuple en tant que tel.

Si ces Lorhon, premiers forgerons et orfèvres de cette région, introduisirent également, partout où ils se sont établis, la technique de la fonte à la cire perdue chez les Gan, les Lobi, les Dyula de Kong, c'est toutefois sur le territoire kulango actuel qu'ils furent les plus nombreux à s'installer, c'est à leur contact que des artisans talentueux s'enrichirent d'expériences variées, c'est aux abords des villes de Bondoukou et de Bouna qu'ils surent le mieux s'adapter aux exigences formelles de nouveaux clients, exigeants parce que plus riches, assoiffés de prestige. Précisément parce que dans la région habitée par les Kulango se développèrent, et subsistent encore, les deux seuls royaumes qu'ait connus la Côte d'Ivoire : le Gyaman et le Gboona Saako. Deux royaumes rivaux et longtemps en conflit, qui constituent les premiers États à pouvoir centralisé à l'intérieur des frontières actuelles – car celui des Baule, au centre du pays, est fictif, légendaire[77]. C'est pourquoi il importe, avant de prendre en compte l'art et le travail des fondeurs d'alliages de cuivre, de savoir qui furent leurs commanditaires, mais aussi comment est né le peuple des Kulango, en tentant d'abord un rapide survol de la région.

QUI SONT LES KULANGO ?
LE ZANZAN ET SES DEUX ROYAUMES

« baa nɭɭn angɔ hɔ gbogo ri i »
« On n'habite pas une contrée en raison de sa grandeur. »
(proverbe kulango)

Alors que l'aire de peuplement des Kulango, jadis le théâtre d'un commerce important, était, dit-on, fréquemment traversée

marriage, born around 1560, was Bounkani, *Gboona*[80] *insiɛ* ("king of Bouna"), founder and organiser of a kingdom whose symbol is a throne (*kondja*), probably in imitation of the Ashanti in Ghana. Until colonisation, this kingdom stretched from the Comoé River in the west to Borongo (or the Black Volta River) in the east and from the kingdom of Gyaman in the south (the border being just outside the town of Niassan) to the Gan kingdom of Obiré to the north (in Burkina Faso).

An understanding of Kulango society in Bouna is essential to an understanding of the emergence of a people called "Kulango". It was arranged into three originally clearly defined social classes. At the top were the *Ibwo* or dignitaries of the royal clan *Insiébo*. This included the many descendants of the dynasty's founder and his forty wives. (In modern times this number has been reduced to four.)

The next class down consisted of the indigenous populations (farmers, cattle breeders and artisans, particularly smiths). These were mainly Lorhon, but also Goro, Jabaghaté,[81] and Ligbi.[82] Regarded as inferior and dependent subjects, they were collectively named *Kulambo*, and later *Kulango,* a name meaning, literally, "vassals" and at the same time "free men".[83] So it is important to remember that, originally, *Kulango* referred to status.

At the bottom of the heap were the *Zaga* (meaning captives in Kulango and called *jon* in Dyula) and the *Zaga bobio* (descendants of captives; *uroso* in Dyula). Originally prisoners of war or individuals bought from the caravans criss-crossing the region, they were present in huge numbers. Every free man owned at least ten while the king had hundreds. Their status was not fixed: after a few generations they became free men and were integrated as *Kulambo/Kulango*—today more than 80% of Kulango are descended from slaves. Are they totally assimilated? It is frequent to hear from neighbours or fellow travellers that a certain person is "descended from a slave" even though nothing about his manner or way of speaking that would suggest this. A difficult situation to discuss, the memory of the status of captive carries with it a feeling of humiliation (for someone "endowed" with this "inheritance") or distain (from those who did not have such ancestors).

The king also possessed his own diviners (*kplalisogo*) and his official metalworkers (*daanlɛsɔgɔ*). Since the kingdom was divided into eighteen chiefdoms, it was highly structured with an army leader (*tomon-insié*), royal messengers (*zungbesogo*), a chief judge (*tamda*), a head of commerce responsible for the great market at Bouna (*yabelégué*), etc. On the administrative level, the town of Bouna echoes such divisions, with several districts that reflect the population's different professions and affiliations: Leïmuruso, the district of the *yotlesogizo*, gravediggers to the royal family; Hinnpanso, district of those in charge of sacrifices; Fansélo, district of the jewellers (*fanlésogo*); Malagasso, district of the dyers; Coulibalysso, district of the Dyula traders, etc.

The history of this Kulango kingdom of Bouna saw many vicissitudes. The worst of these was in 1896 when it was sacked by Sarankyé Mory, son of Samory. Two-thirds of the villages were razed to the ground and Bouna destroyed on 6 December 1896[84] (a date remembered as the "cursed day"). The population that Binger estimated in 1889 at 10,000 inhabitants was reduced to less than 1,000. Since this time, the Kulango of Bouna, who have always seen

par les routes de l'or, et que les bourgades, d'après le témoignage de Binger[78], étaient fortifiées, de nos jours, la contrée, faiblement peuplée, enclavée, donne parfois l'impression d'être désertée dans certains secteurs : villages minuscules, étonnamment dispersés, fragilité du réseau de pistes, culs-de-sac imposés par trois frontières (en incluant celle du parc de la Comoé). Un relief monotone, de rares monts de cinq cents à six cents mètres (le Téhéni, le Boutourou, le Yevelé), qui rompent difficilement l'uniformité du paysage. Au nord, une savane peu arborée (*bélengo*), avec des cultures de mil ; au sud commence une forêt encore très claire (*kwayo*), avec des champs d'igname. Au nord, des cases rondes, cependant que le Sud, on l'a dit plus haut, a adopté la maison à impluvium de tradition akan. Ainsi géographiquement contrasté, le territoire est à l'image du peuple lui-même, hétérogène. Et ce contraste se traduit directement sur le plan administratif – l'axe Bondoukou-Bouna n'est bitumé que depuis 1999 ; l'asphaltage de la piste de Bouna à la frontière burkinabè vient juste de commencer, en septembre 2016.

En dépit de l'hétérogénéité du peuplement, cette région fait partie d'un même ensemble. Doté d'un nom : le Zanzan, qui vient probablement de celui d'un village, au bout d'une piste en impasse. Zanzan, à vingt kilomètres au sud de Bondoukou, fut le premier site de l'implantation des Abron lors de leur fuite du Ghana.

Le Zanzan, avec une population d'un million d'habitants environ, se divise lui-même en deux ensembles, deux circonscriptions administratives, recoupant les deux anciens royaumes – qui naturellement n'ont plus aucun pouvoir réel. Comme le disent aujourd'hui les Kulango, « notre peuple, à l'image du corps humain, possède deux yeux, deux oreilles, deux royautés ». Au nord, le Bounkani, ou Gboona Saako, avec Bouna comme capitale, et le souverain actuel, Diarakoroni II. Au sud le Gontougo et le royaume de Gyaman, autour de Bondoukou, avec comme souverain Nanan Adingra Kouassi Adjemane. La langue vernaculaire est le kulango, enseigné à l'école primaire depuis 2002, mais il existe deux dialectes, avec des divergences lexicales (emprunts au dyula dans le Bounkani et à l'abron dans le Gontougo), et une intercompréhension assez relative. Néanmoins, l'on sait bien qu'en Afrique, toute personne est au moins bilingue – voire trilingue ou quadrilingue.

Naissance et expansion du royaume de Bouna (Gboona Saako)

« dɛ bɭ saga taa, faga taa a hɛ turugo I »
« Une seule liane ne fait pas une forêt, il faut se rassembler. »
(proverbe kulango)

D'après la tradition orale[79], la région de Bouna était peuplée de Lorhon, ancêtres des Kulango, à la tête d'une chefferie commandée, au XVIe siècle, par un « prince » : Haïngèrè, plutôt chef de terre (*gôro-insiè*). Mantou, sa sœur, épousa Garzyao, prince d'un royaume voisin, le Dagomba. Conséquence : les Dagomba (aujourd'hui un peuple musulman de 700 000 personnes dans les environs de la ville ghanéenne de Tamale) vinrent s'installer en nombre dans la région de Bouna. De ce mariage naquit, vers 1560, Bounkani, *Gboona*[80] *insiè* (« roi de Bouna »), fondateur et organisateur d'un royaume doté symboliquement d'un trône (*kondja*), sans doute pour imiter les Ashanti du Ghana. Un royaume qui, jusqu'à la colonisation, s'étendait du fleuve Comoé à l'ouest jusqu'au Borongo (ou Volta Noire) à l'est ; et du royaume de Gyaman au sud (frontière aux abords de

themselves as the "traditional owners" of the territory and will often say to anyone who will listen that they are the "first and true owners of the land", have seen a demographic decline, accentuated by an influx of Lobi immigrants who have, according to some, reduced the Kulango to a "minority" group (14,000 Kulango in the Bouna region in 1980, compared with 45,000 Lobi). Lobi immigration has been significant since the beginning of the twentieth century and has recently increased. In 1974, at the time of my first stay, there were signs of tension. While intermarriage between the communities is frequent, hostility began to increase in 2001 and a serious conflict broke out in March 2016.

This demographic decline in the kingdom of Bouna can also be explained by the mass emigration of Kulango people southwards of Zanzan. In the seventeenth century they came to live outside Bondoukou. Rejecting the protection of the Bounkani dynasty, they preferred to leave the country rather than bow before its leaders,[85] and were to form more than half of the population of the future royal kingdom of Gyaman, where their language spread and eventually came to dominate.[86]

Gontougo and the Abron Kingdom of Gyaman

The Gbin (today an ethnic minority speaking Kulango) lay claim to the foundation of this kingdom. Still standing today, in the centre of Bondoukou, in the place known as *Gbinbèni* (in the Donzosso district), is an earth house called "the first house", said to have been built, we are told, by the Gbin "more than a thousand years ago" and so "sacred" that it cannot be entered without libations and sacrifices. Another version has it that the Lorhon set up on this spot, led there by one of their number, Koutougou, from whose name the name of the town is derived.[87] Misheard by the first colonists, the name was transcribed as Bondoukou. Or is this just another legend?

One thing is certain, however: the pattern of occupation seen at Bouna was reproduced here a century later.[88] At the end of the seventeenth century, these "original inhabitants" were conquered by the Abron, an Akan people, originating from a region diametrically opposite to that of the Lorhon: Akwamu, in southeastern Ghana.[89] Initially welcomed by the Nafana of Zanzan (a village near Bondoukou, and already mentioned above), in 1690[90] the Abron people created an independent political unit, the kingdom of Gyaman[91] (a name supposedly meaning "those who have left their country"), under the rule of a sovereign, the *Gyamanhene*. These kings did not make Bondoukou—which remained a trading town—their centre, installing themselves instead elsewhere in places that alternated depending which of the five dynastic families was in power: succession to the throne was through the maternal clan (from uncle to nephew or from brother to half-brother born of the same mother). Each king set up the "capital" of his kingdom in a village of his choice: Zanzan, Yakassé, Amanvi, Tabagne or Hérébo—the present capital—30 kilometres south of Bondoukou. As a result, there is no Abron quarter in Bondoukou and the locals are careful to point out that "the country of the Abron" is "outside", in the villages of the present-day subprefectures of Transua, Assuéfry and Kouassia-Nadjunin.

As in Bouna, it seems that in the Abron kingdom, the Kulango, farmers and artisans were once again "vassals".[92] Was it their destiny to be subordinates? But it was a domination that came about without bloodshed. If it came to fight-

la ville de Niassan) jusqu'au royaume d'Obiré des Gan au nord (au Burkina Faso).

Élément essentiel pour comprendre le développement d'un peuple kulango : la société était hiérarchisée selon trois catégories sociales autrefois nettement délimitées. Au sommet, les *Ibwo* ou dignitaires, du clan royal *Insiébo*. En proviennent les descendants du fondateur de la dynastie – qui avait jadis, à lui seul, une quarantaine de femmes (quatre désormais).

En second lieu, les populations autochtones (agriculteurs, éleveurs, artisans, notamment forgerons) occupaient une position intermédiaire. C'étaient principalement des Lorhon, mais aussi des Goro, des Jabaghaté[81], des Ligbi[82]. Considérés comme des « sujets », subalternes et dépendants, tous furent collectivement nommés *Kulambo*, devenu *Kulango* : ce qui signifie, littéralement, « vassaux » tout comme « hommes libres[83] ». Élément capital : à l'origine, « *kulango* » est donc un statut.

Tout en bas, les *Zaga* (captifs en kulango ; *jon* en dyula) et les *Zaga bobio* (descendants de captifs ; *uroso* en dyula). À l'origine prisonniers de guerre ou individus achetés auprès des caravanes qui traversaient la région, ils constituaient une population énorme : chaque homme libre en possédait une dizaine, le roi plusieurs centaines. Leur statut n'était pas immuable : au bout de quelques générations, acquérant le rang d'hommes libres, ils étaient intégrés comme *Kulambo/Kulango* – aujourd'hui, plus de 80 % des Kulango ont des ancêtres qui étaient des captifs. Totalement assimilés ? La mémoire est vive : combien de personnes avec lesquelles on habite ou on voyage disent de tel individu qu'il est un « descendant d'esclave », bien que rien, dans son maintien, son parler, ne puisse attester une telle appartenance. Situation difficile à évoquer : au souvenir du statut de captif est attaché un sentiment d'humiliation (pour celui qui est « doté » de cet « héritage ») ou de mépris (de la part de ceux qui n'eurent pas de tels ancêtres).

Le roi possédait même ses devins personnels (*kplalisogo*) et ses forgerons-fondeurs attitrés (*daanlèsogo*). Comme le royaume comportait dix-huit chefferies territoriales, il était fortement structuré, avec un chef des armées (*tomon-insié*), des messagers royaux (*zungbesogo*), un chef de la justice (*tamda*), un chef du commerce et du grand marché de Bouna (*yabelégué*), etc. Sur le plan cadastral, la ville de Bouna porte encore la marque des différentes professions et appartenances : Leïmuruso, quartier des *yotlesogizo*, fossoyeurs des membres de la famille royale ; Hinnpanso, quartier des sacrificateurs ; Fansélo, quartier des bijoutiers (*fanlésogo*) ; Malagasso, quartiers des teinturiers ; Coulibalysso, quartiers des Dyula commerçants, etc.

Au cours des siècles, ce royaume kulango de Bouna connut des vicissitudes. La plus grave : en 1896, il fut mis à sac par Sarankyé Mory, fils de Samory. Deux tiers des villages furent rasés, Bouna détruite le 6 décembre 1896[84] (la « Journée maudite »). La population que Binger estimait en 1889 à 10 000 habitants fut réduite à moins de 1 000 personnes. Et les Kulango de Bouna, qui se considèrent toujours comme « propriétaires coutumiers » du territoire et répètent souvent à qui veut l'entendre qu'ils sont les -premiers et vrais occupants du sol », ont connu ensuite un déclin démographique, accentué par l'afflux d'immigrés lobi qui ont, disent certains, réduit les Kulango à l'état de « minorité » (14 000 Kulango dans la région de Bouna en 1980, contre 45 000 Lobi). L'immigration lobi est forte depuis le début du XXe siècle ; elle s'est récemment accrue. En 1974, lors de mon premier séjour, existaient de

ing, their political framework, extending no further than the village, was no match for the organised military might of the invaders. Furthermore, since the latter were liable to capture and enslave their enemies, subjection was preferable to slavery: the Kulango remained free, mixed marriages became common and the majority of Kulango villages escaped Abron domination.[93] Even today, however, the Kulango must pay annual homage to their overlords, and a distinction is made between "Abron villages" and "Kulango villages". That said, the Kulango have rights over the forests and minerals: gold cannot be mined without their agreement. And, in one of those not uncommon twists of history,[94] their language was adopted by the conquerors, Kulango being universally used, even by the Abron aristocracy—the latter, in fact, representing only a minority.[95] This linguistic change only affected the Abron; the Nafana of Soko (7 kilometres from Bondoukou), for example, have retained their mother tongue.

Originally animists, most Kulango have converted to Islam. So apparent is this that Bondoukou, one district in the centre of which is called "Medina", is described as "the town of a thousand mosques". In fact, the number is nearer to thirty—many are prayer rooms in the back courtyards of private homes. This has led to an erosion of cultural identity: the traditional dress, the *kohôra*, has been replaced by the *boubou* (*déléguéba*); the majority of animist beliefs have been abandoned; disapproval of those who are not Muslims, called in Kulango *kafirisèè*—a word derived from the Arabic *kafir*, "unbeliever". Some places, such as a crocodile-infested river (Yébaligba) in the village of Gbanhui are, nevertheless, still venerated. Taboos are maintained, too, as in Sapia where the taking of a particular type of fish (*Silurus glanis*) from the Sransi River is forbidden. But the true cult places, in woods, at the foot of hills, are neglected. More recently, a new type of Kulango "spirit" appears to have emerged, called *jiran*, a word that in all likelihood comes from the Arabic *djinn*.

An interesting characteristic of the region—although not unique to the Ivory Coast—and found not only among the Kulango but also the Koyaka people[96]: Islam coexists with the use of ceremonial masks: *Do* masks, used by Ligbi Muslims at Eid al-Fitr[97]; *gbain* masks with buffalo heads, used to purify the village; and *bedu* masks, among the largest in Africa. These masks have been described in detail by René A. Bravmann,[98] making repetition here redundant. These ceremonies are now dying out, surviving in only a few villages: the *bedu*, for example, is used by the Kulango of Kanguele and Bozangui; the *gbain*, still to be seen in Sandhuei (a Dyula village), Namasa (a Nafana village) and Sagabile (a Kulango village), has long since disappeared from Bondoukou and Bouna; the *do* is now regarded by the Kulango as a *membo ninngo*, a mask used only to celebrate the end of Muslim Ramadan.[99] Despite these changes, it is a phenomenon that highlights the Kulangos' strong feeling for the arts and the variety of their creations in every kind of material: copper alloys, carved wood, the ceramics of the Degha people of Motiamo, and the architecture constructed of rammed earth—the great mosque at Bondoukou was famous at the end of the nineteenth century.[100]

To sum up so far: the word "Kulango" refers both to a language and a community, the result of a long process of fusion but also a category of "free" people living in a relationship of "vassalage" to the aristocracy of the royal lin-

minimes tensions ; et bien que les mariages intercommunautaires soient nombreux, les troubles se sont accentués depuis 2001 ; un grave conflit a éclaté en mars 2016.

Ce déclin démographique dans le royaume de Bouna s'explique aussi par la forte émigration des Kulango vers le sud du Zanzan : dès le XVIIe siècle, ils vinrent s'installer aux abords de Bondoukou. Refusant la tutelle de la dynastie de Bounkani, ils préféraient quitter la contrée plutôt que de s'incliner[85], et formèrent plus de la moitié de la population du futur royaume de Gyaman, où leur langue se répandit, pour dominer toutes les autres[86].

Le Gontougo et le royaume abron du Gyaman

Qui sont les fondateurs de ce royaume ? Les Gbin (ethnie minoritaire aujourd'hui, de langue kulango) en revendiquent la paternité. On peut encore voir, dans le centre de Bondoukou, au lieu-dit nommé *Gbinbèni* (du quartier de Donzosso), une maison de terre, dite « la première case », construite par ces habitants, les Gbin, « il y a plus de mille ans », assure-t-on – tellement « sacrée » que l'on ne peut y pénétrer sans effectuer libations et sacrifice. Légende ? Selon une autre version, des Lorhon s'installèrent sur ce site, conduits par l'un d'eux, Koutougou, qui aurait donné son nom à la ville[87]. Le nom, mal compris par les premiers colons, fut transcrit Bondoukou. Autre légende ?

Une donnée est cependant certaine : le schéma d'occupation, observé à Bouna, se reproduit ici un siècle plus tard[88]. À la fin du XVIIe siècle, ces « autochtones » furent conquis par un peuple akan, les Abron, originaires d'une région diamétralement opposée à celle des Lorhon : l'Akwamu, au sud-est du Ghana[89]. D'abord accueillis par les Nafana de Zanzan (village près de Bondoukou, dont il a déjà été question), ces Abron constituèrent en 1690[90] une unité politique indépendante, le royaume du Gyaman[91] (ce qui signifierait « Ceux qui ont abandonné leur pays »), sous le pouvoir d'un souverain, le *Gyamanhene*. Celui-ci ne s'installa pas à Bondoukou, qui demeura cité marchande, mais dans une localité destinée à changer selon que l'une ou l'autre des cinq branches dynastiques règne, en alternance – la succession au trône s'effectuant dans le clan maternel (d'oncle à neveu ou de frère à frère utérin). Chaque roi installe la « capitale » de son royaume dans un des villages de son choix : Zanzan, Yakassé, Amanvi, Tabagne ou – c'est le cas aujourd'hui – Hérébo, à trente kilomètres au sud de Bondoukou. Bondoukou, une ville où il n'existe par conséquent pas de quartier abron et où les citadins prennent soin de signaler que le « pays abron » est « à l'extérieur », dans les villages des actuelles sous-préfectures de Transua, Assuéfry et Kouassia-Nadjunin.

Dans ce royaume, les Kulango, cultivateurs et artisans, furent soumis, « vassalisés[92] » comme à Bouna : tel est donc leur destin ? Sans effusion de sang : leur dispositif politique, qui ne dépassait pas le cadre du village, ne pouvait rivaliser avec l'organisation militaire des envahisseurs. D'autant que, comme ceux-ci razziaient des captifs, la sujétion était préférable à l'esclavage : les Kulango restaient libres, les mariages mixtes devinrent courants, la majorité des villages kulango échappèrent à la tutelle abron[93] – bien que de nos jours encore, les Kulango doivent présenter un hommage annuel à leurs suzerains, et que les « villages abron » se distinguent des « villages kulango ». Mais les Kulango détiennent des droits sur les forêts et les minerais : l'extraction de l'or ne peut s'effectuer sans leur accord. Et, par un retournement que l'on observe ailleurs dans l'Histoire[94], leur langue fut

eages. These are, on the one hand, the *Gboona-insiɛ* in Bouna[101] and, on the other, the Abron of Gyaman. The Kulango thus form a composite community: attaching themselves to the initial nucleus of the Lorhon people, with the passage of time other local communities of artisans and farmers became integrated with them. It was their shared tongue that facilitated this assimilation, unification coming about initially on the linguistic level. For a long time, they were described by the Ashanti as *N'Guramfo*—"Those who speak N'Guran", which is to say Kulango. Today, most of the incoming communities that have adopted Kulango describe themselves as Kulango.

The word "Kulango" only gained an "ethnic" flavour very late on, in the second decade of the twentieth century, when it was adopted by colonial officials to replace the word "Kpakhala"[102] (as we saw earlier, this was the word used by Dyula interpreters in referring to Kulango). This sudden swing in appellation from Kpakhala or Lorhon to Kulango is very noticeable in the administrative documents of the period.[103] No wonder Louis Tauxier was surprised when he found around 1920 that there were no more Lorhon people in Bondoukou, when they were numerous in the seventeenth century! "They have now disappeared and been substituted by the Kulango who have taken their place and part of their blood through marriage with their daughters. Sometimes they say they are Loros and descendants of the former Loros of Bondoukou . . . sometimes they say they are Kulangos and that they are only Loros through the female line".[104] It is clear that the very idea of a purely "Kulango ethnic group" makes no sense: it is a legacy from the documents of colonial times. And, as we have seen, although the two kingdoms represent political entities with precisely mapped boundaries, they do not for all that correspond to a "people". They are made up of a variety of communities with different origins, cultures and even religions (despite the predominance of Islam, Bondoukou is also a bishopric[105]).

From an artistic point of view, as time went by, the skills of the Lorhon were handed down to the local populations through marriage or apprenticeship. These different influences fed into these highly original Kulango objects. They are the summation of traditions with at least three different origins—if we include the possible influence of the Ligbi. The Kulango adopted these techniques and, with their extraordinary forms, produced dazzling aesthetic syntheses. But, in great art, influences are never *imposed*. Their role is to reveal the way in which art frees itself of these influences.

THE ART OF CASTING AND ALLOYS

"ꞷ bɔrɔfian biin a kpiri u lɛ ꞷ pesige i, bɔrɔfian rɛ pɛɛ yaa hany yiro digɔ i"

"Don't throw away your knife because it wounded you."
"No matter how many machetes go into the fields,
they will not bring back food."

Kulango proverbs

The *Daanlesogo*, "Masters of Fire"

It is impossible today to imagine the importance of the metalworkers of the past in the Kulango villages. The Kulango word used for them, *daanlɛsɔgɔ* (sing. *daalesiɛ*), "the men who cast [metal]", associates the art of smithing with the casting of "bronze". With the arrival of containers in plastic and aluminium, the role of these craftsmen today is very lim-

adoptée par les vainqueurs, le kulango s'imposa à tous, même à l'aristocratie abron – il est vrai minoritaire[95]. Mais ce basculement linguistique ne toucha que les Abron, puisque les Nafana de Soko (sept kilomètres de Bondoukou) ont conservé, eux, leur langue maternelle.

À l'origine animistes, les Kulango se sont le plus souvent convertis à l'islam. À tel point que Bondoukou, dont un quartier du centre s'appelle « Médina », est surnommé « la ville aux mille mosquées ». En réalité une trentaine – beaucoup sont des salles de prière domestiques, dans les arrière-cours. D'où une érosion de l'identité culturelle : rejet de la tenue vestimentaire traditionnelle, le *kohôra*, au profit des boubous (le *délé-guéba*) ; abandon de la plupart des croyances animistes ; dépréciation de ceux qui ne sont pas musulmans, nommés en kulango *kafirisèè* – emprunt à l'arabe *kufar*, « mécréants ». Certes, il existe encore des lieux vénérés, comme, dans le village de Gbanhui, une rivière aux crocodiles (Yébaligba) ; ou des interdits, comme, à Sapia, la prohibition de la pêche aux silures dans la rivière Sransi. Mais les véritables lieux de culte, dans les bosquets, au pied des collines, sont négligés. Et un type de « génie », en kulango, ne se dit-il pas aussi *jiran*, ce qui est vraisemblablement un emprunt à l'arabe *djinn* ?

Trait significatif dans la région, mais non unique en Côte d'Ivoire (la situation est identique chez les Koyaka[96]) : l'islam coexiste avec les masques. Masques du *do* des Ligbi musulmans, lors de l'*Aïd al Fitr*[97] ; masques du *gbain* à tête de buffle, pour purifier le village ; ou les *bedu*, parmi les plus hauts d'Afrique : ces masques ont été longuement décrits par René A. Bravmann[98]. Il ne saurait être question de le répéter ici. D'autant que ces cérémonies, en voie d'extinction, ne survivent que dans quelques villages, le *bedu*, par exemple, chez les Kulango de Kanguele ou de Bozangui ; le *gbain*, qui apparaît encore à Sandhuei (village dyula), Namasa (village nafana) ou Sagabile (village kulango), a depuis longtemps disparu de Bondoukou et Bouna ; et le *do* est considéré par les Kulango comme *membo ninngo*, masque de divertissement, exclusivement musulman[99]. Élément d'importance néanmoins : ce phénomène souligne la profonde attirance des Kulango pour les arts et la diversité de leurs créations, avec tous les matériaux : alliages de cuivre, bois de la statuaire, céramiques des Degha de Motiamo, pisé de l'architecture de terre – la grande mosquée de Bondoukou était renommée à la fin du XIXe siècle[100].

Peut-on résumer ? Le nom « Kulango » désigne à la fois une langue et une communauté, résultat d'un long processus de fusion, mais également une catégorie de personnes « libres », dans une situation de « vassalité » par rapport à l'aristocratie des lignages royaux : d'une part le *Gboona-insiè* à Bouna[101], et d'autre part les Abron du Gyaman. Les Kulango forment ainsi une communauté composite : les Lorhon constituent le noyau initial auquel se sont agrégées, au fil des siècles, d'autres communautés autochtones d'artisans et de cultivateurs. Tous partagent le même idiome : c'est cette communauté de langue qui les a assimilés, l'unification s'étant réalisée d'abord sur le plan linguistique ; les Ashanti les ont longtemps appelés *N'Guramfo* – « Ceux qui parlent le N'Guran », c'est-à-dire le kulango. Dès lors, de nos jours, la plupart des communautés allogènes, qui ont adopté le kulango, se sentent kulango.

Le mot Kulango n'a pris une coloration « ethnique » que très tard, vers 1910 et 1920, lorsqu'il a été adopté par les fonctionnaires coloniaux, pour remplacer celui de Pakhala[102]

ited[106] or has been redirected into car repair work. Even so, their extraordinary ability to transform, in the twinkling of an eye, a shapeless lump of rusty metal into a cylinder head or a fuel injector gives a hint of the talents of their forebears (having broken down on the track between Bouna and Bondoukou, the author of these lines can confirm this).

In farming communities, metalworkers controlled all the means of production. This meant not only field work, with the making of what Kulango call *tagma* (a hoe for earthing up yam plants), but also hunting (the making of traps), the work of artisans (tools for cobblers) and pottery (Kulango women often being potters). Their ability to make weapons meant that they were close to the seat of power. It was the smiths, both among the Kulango and the Senufo, who made masks, giving them technological status and an influence in the area of religion.

From a symbolic point of view, these metalworkers appeared as rulers of the four elements; the fire of their hearths, the clay (earth) of the moulds, the air of the bellows and the water used to cool the pieces of metal. They inspired fear and respect through their technical superiority, their supposed link with the supernatural world and their ability to combine different materials, transforming them from a lump of grey earth into a piece of shining copper. These highly prized special skills seemed to put them in communication with the spirits. These masters of fire enjoyed a privileged status but were seen as dangerous because possessing powers verging on the magic. This gave them enormous influence on a large part of society and the metalworkers' district was always one of the most flourishing in each village. Mobile communities, they came and settled where they were invited, handing down the secrets of their trade from generation to generation and living in relative harmony with the settled peoples for whom they worked and who needed them at every turn.

Among the Bouna Kulango, the *daanlèsogo*, considered to be native to that land and close to the Lorhon, were regarded with even greater respect. Their position in society linked them directly to the members of the royal clan. With a special cult altar where sacrifices were made to their god (*Soloho*[107]), they were also throne bearers (*Bunkani bokondja*) when the king was on official visits. They even called themselves the "king's wives" (sic) (*insiè boyéré*), since the king had the right to choose a wife from amongst them, in the large courtyard where they lived (*daanlèsogo benu*). In return, the king excused them from military duties. Endowed with multiple talents and able to work with iron, silver and copper, they did not make tools so much as ornaments, necklaces, rings and figurines. They could mass-produce lamps, gongs and royal bells—small bells, attached to a king's toes when he was in his death agony, which marked his death as they fell silent. Decorations on all these items could be easily adapted from one metal to another: very simple, even sketchy hammered and coiled motifs on iron would be revived, developed and refined by the brass casters into designs that were not only decorative but also of ritual significance.

Gold, Bronze or Brass?

Once an important centre of gold prospecting,[108] the exploitation of this metal ceased in the region at the beginning of the colonial period,[109] only seeing a revival in recent times. The remains of many gold shafts are to be found near the

(on l'a vu : celui-ci, qui désigne les Kulango, était employé par les interprètes dyula). Ce basculement de Pakhala ou de Lorhon à Kulango saute aux yeux quand on consulte les documents administratifs de l'époque[103]. Ce qui explique la surprise de Louis Tauxier, vers 1920 : plus de Lorhon à Bondoukou, alors qu'ils étaient nombreux au XVIIe siècle ! « Ils ont maintenant disparu et ont été remplacés par des Koulango qui ont pris leur place et ont recueilli une partie de leur sang par le mariage avec leurs filles. Tantôt ils se disent loros et descendants des anciens Loros de Bondoukou [...], tantôt ils s'avouent Koulangos et disent qu'ils ne sont Loros que par les femmes[104]. » Dès lors, la notion même d'une « ethnie » qui serait purement « kulango » est vide de sens : ce concept est hérité des textes coloniaux. Et on l'a vu : bien que les deux royaumes constituent des entités politiques, avec des territoires précis, ils ne correspondent pas davantage à un « peuple », en raison de la diversité des communautés qu'ils rassemblent : d'origines, de cultures, voire de religions (en dépit de la prédominance de l'islam, Bondoukou comporte un évêché[105]).

Sur le plan artistique, au fil du temps, à la suite des mariages et des apprentissages, le savoir-faire des Lorhon fut transmis aux populations locales. Ces métissages ont constitué ces créations plastiques profondément originales, qui assimilent les traditions d'au moins trois origines – si l'on prend en compte l'influence qu'ont pu exercer les Ligbi. Les Kulango adoptèrent ces techniques et, élaborant les formes les plus stupéfiantes, réalisèrent d'éblouissantes synthèses esthétiques. Mais dans un grand art, les influences ne sont jamais *subies* : elles n'ont d'autre importance que de révéler la manière dont cet art s'en libère.

L'ART DE LA FONTE DES ALLIAGES

« ɷ bɔrɔfian biin a kpiri u lɛ ɷ pesige i, bɔrɔfian rɛ pɛɛ yaa hany yiro digɔ i »
« Ne jette pas ton couteau parce qu'il t'a blessé, et toutes les machettes qui vont dans les champs ne rapportent pas à manger. »
Proverbe kulango

Les *daanlèsogo*, « maîtres du feu »

Impossible, aujourd'hui, dans les bourgades kulango, d'imaginer l'importance des métallurgistes d'autrefois : en kulango, le mot qui les désigne, *daanlèsogo* (au sing., *daalesiè*), « hommes de la fusion [du métal] », associe l'art de la forge du fer et la fonte du « bronze ». Avec l'invasion des récipients en plastique et en aluminium, ils sont désormais réduits à un rôle infime[106] ou reconvertis dans la réparation des véhicules. Mais leur éblouissante habileté à transformer en peu de temps de la ferraille rouillée, informe, en culasse ou injecteur, donne quelque mesure du talent de leurs ancêtres (l'auteur de ces lignes, tombé en panne sur la piste entre Bouna et Bondoukou, peut en témoigner).

Dans des économies agricoles, ils contrôlaient tous les moyens de production. Non seulement le travail des champs, avec la fabrication de ce que les Kulango appellent *tagma* (houe pour le buttage des ignames), mais aussi la chasse, avec la confection de pièges ; l'artisanat, avec la réalisation de gouges pour les cordonniers ; la céramique, leurs femmes étant souvent potières. En raison de la fabrication des armes, ils se trouvaient proches du pouvoir. Tant chez les Kulango que chez les Senufo, les forgerons sculptaient aussi les masques, si bien qu'ils détenaient à la fois l'essentiel de la technologie et influaient sur le domaine religieux.

ruins of fortifications. There is nothing surprising about this proximity: we see the same in southern Africa near the walls of Zimbabwe.[110] Currently, at the time of writing (2016), areas of Zanzan where gold is being mined are Doropo, Tambi and Broukro, but there are some hundred other illegal sites, particularly in the Comoé National Park. Regularly closed down by the government on account of the use made of cyanide, they are immediately started up again. After a storm or when a tree has been uprooted by a tornado, the glint of small scraps of gold can be seen, scraps that are gathered in the flood plains by the children.

So far as the use made of gold (*suga*) by the Kulango is concerned, it is radically different from its employment by the Akan people. Among the Ashanti in Ghana and the Akyé[111] and Baule[112] peoples of the Ivory Coast, gold—seen as "sacred" and "living"—is favoured for ornaments by any rich person wishing (as is still the case) to increase their prestige by an ostentatious display of jewels, pectorals and gilded statues.[113] For ceremonial occasions, the exhibition of this precious metal in all its forms is essential not only for the splendour of the festival but also to assert ascendency and gain power.

Among the Kulango of Bouna, by contrast, gold objects are extremely rare. The explanation lies in the fact that there was a taboo (*kigo*) attached to this metal, meaning that no one—neither the king nor the members of the royal clan nor any of the Kulango "subjects"—was allowed to own gold in any form, be it a bracelet, a ring or even a nugget (*suga kukpo*) or gold dust (*suga moromu*).[114] Various reasons can be suggested here for this rather surprising prohibition: perhaps a concentration on the accumulation of this precious metal was detrimental to more productive investment; perhaps, rather than hoarding it, it was important to export it in exchange for more useful goods. It was the case that, although it was forbidden to wear gold on one's person, the economy of *Gboona Saako* was based on mining it[115] and it was the royal clan's chief source of revenue throughout the dynastic period. An almost identical situation prevailed in the Gan kingdom, where it was forbidden for princes and princesses to wear gold.[116] As early as the twelfth century, the Arab traveller al-Idrisi commented in surprise that the Africans preferred copper to gold for their jewellery.[117] The Dogon were even more extreme, Ogotemmêli telling Marcel Griaule that gold, *a metal of secondary rank*, was merely "a younger brother of copper". Copper "is the cluster of rays coming from the rain-clouds when the sun is hidden".[118]

We need no longer wonder then at the rarity of Kulango figurines in gold. More surprising is that there are any at all. One of these, 2.7 centimetres high, similar in workmanship to pieces in copper alloy, is recorded in a book by the Comte de Caylus in 1756 as having been found in Egypt.[119] It is not impossible: when Arab caravans travelled between the Volta and the Nile, an African figurine might well have ended up as one of the ornamental objects in a tomb. Max Itzikovitz was the first to draw attention to this work[120] and ten others discovered in 1929 in an oasis in Libya,[121] identical to the Kulango "bronzes". Subsequently, a gold pendant has appeared in the salerooms and a number of pieces can be found in collections. Are they old?[122] A possible hypothesis to explain their existence might be that they were made by Lorhon/Kulango craftsmen for rich customers in the Abron kingdom of Gyaman where gold, for these Akan people, had a more important role,[123] and where the diviners of Bondoukou not only looked into the

De même sur un plan symbolique avec leur emprise sur les quatre éléments : le feu des braises ; l'argile des moules ; l'air des soufflets de la forge ; l'eau pour refroidir les pièces. D'où la crainte et le respect que ces métallurgistes inspiraient, en raison de leur suprématie technique, de leur lien supposé avec le surnaturel, de leur aptitude à combiner les matières, à les transmuer, pour faire d'un amas de terre grise une pièce de laiton scintillante. Leur savoir-faire, valorisé à l'extrême, semblait les mettre en communication avec les esprits. À la fois craints et honorés, ces maîtres du feu, bénéficiant d'un statut privilégié, étaient perçus comme dangereux, car recelant des pouvoirs proches de la magie. Il en résultait une mainmise sur une grande partie du corps social, et le quartier des métallurgistes était l'un des plus florissants de chaque bourgade. Constituant des communautés mobiles, s'établissant partout où ils étaient sollicités, se transmettant d'une génération à l'autre les secrets du métier, ils vivaient en relative symbiose avec les peuples sédentaires pour lesquels ils travaillaient, et qui avaient besoin d'eux à tout moment.

Chez les Kulango de Bouna, les *daanlèsogo*, considérés comme d'origine autochtone, proches des Lorhon, bénéficiaient même d'une aura accrue. Leur statut les liait directement aux membres du clan royal. Disposant d'un autel cultuel spécifique pour sacrifier à leur divinité (*Soloho*[107]), ils étaient également porteurs du trône (*Bunkani bokondja*) durant les déplacements officiels du roi. Ils se disaient même « épouses du roi » ! [*sic*] (*insiè boyéré*), puisque le souverain avait le droit de prendre femme dans leur cour (*daanlèsogo benu*). En retour, il les dispensait des services de la guerre. Possédant de multiples talents, travaillant à la fois le fer, l'argent, le cuivre, ils fabriquaient moins des outils que des parures, colliers, bagues, figurines, et étaient en mesure de fondre en quantité des lampes, gongs, clochettes royales – celles qui, accrochées aux orteils du souverain lors de son agonie, signalaient son décès. Dès lors, les décorations glissaient aisément d'un métal à l'autre : les motifs plutôt simples, voire sommaires sur le fer martelé et torsadé, étaient repris, développés, affinés par les fondeurs de laiton, dans un dessein non seulement décoratif, mais aussi rituel.

Or, bronze ou laiton ?

La région fut jadis un important centre d'orpaillage[108] mais l'exploitation disparut au début de la période coloniale[109] avant de renaître récemment. De nombreux puits aurifères subsistent souvent près de ruines de fortifications. Nulle surprise en ce qui concerne ce voisinage : il en est de même, en Afrique australe, à proximité des murs de Zimbabwe[110]. Actuellement, en 2016, dans le Zanzan, l'or est extrait à Doropo, à Tambi, à Broukro, mais il existe une centaine de sites d'orpaillage clandestins, notamment dans le parc de la Comoé. Régulièrement fermés par le gouvernement en raison du recours au cyanure, ils sont aussitôt repris par ceux que l'on a fait déguerpir. Et à la suite d'un orage ou lorsqu'un arbre après une tornade a été déraciné, on voit briller, çà et là, quelques bribes que ramassent les enfants dans les terrains alluvionnaires.

Toutefois, les Kulango, en ce qui concerne leur utilisation de l'or (*suga*), sont en opposition radicale avec l'emploi de ce métal chez les Akan. En effet, chez les Ashanti du Ghana ou les Akyé[111] et les Baule[112] de Côte d'Ivoire, l'or, perçu comme « sacré », « vivant », est la parure privilégiée de toute personne riche qui souhaite (c'est encore le cas) accroître son prestige par la présentation ostentatoire de bijoux, pectoraux, statues

future for the sovereign, but also supplied him with protective amulets.[124] On ritual occasions, it appears that certain figurines were solemnly attached to the top of ceremonial parasols[125] and amulets fixed to *assipim* thrones.[126]

Copper Alloys

A preference for copper over gold is hard to understand from a European viewpoint. And yet this is the case in Africa when the object has ritual connotations. There is a famous mask made by the Baule people of the Ivory Coast that is entirely covered by a sheet of brass.[127] Plaques of this same metal decorate the cheeks of antique sacred masks made by the Yaure people, like the one once owned by Paul Guillaume.[128] When carefully polished, brass is exceptionally brilliant and, in the sunlight, shines more brightly than gold as can be seen today among the Fulani people where the women wear enormous earrings that they rub with sand to keep their original brilliance.[129] It should also be remembered that brass as a metal has a protective function, in recognition of which men and women formerly wore brass bracelets on their arms, elbows and ankles.[130] But above all, the outstanding quality of copper alloys is what metallurgists call their "flowability", meaning their effectiveness in filling a mould.

Kulango works are known as "bronzes", but "bronze" is a catch-all term used to describe many African objects, whether from Benin, Ife or Zanzan. "Bronze", with its echoes of the art of Rome and Florence, sounds somehow more precious, more "chic", than brass. A brief reminder: bronze is an alloy of copper and between 5–20% tin. The majority of the Ife heads contain no more than 2–3% tin: in other words, none of these "bronzes" is in fact made of bronze.[131] The material known as "Venetian bronze" consists of 85% copper and 15% zinc: it is in fact brass, which is an alloy of varying proportions of copper and zinc to which is sometimes added lead (1–3%) or nickel. The addition of zinc has three advantages: it lowers the melting temperature, it makes the copper shinier and it increases the strength of the piece. Pure copper has a magnificent reddish colour as can be appreciated in the Kota reliquary figures, but it sometimes lacks strength and can be spoiled by flaws resulting from bubbles during casting.

An alloy will become molten at a relatively low temperature: for a brass containing 90% copper and 10% zinc it needs to be 900° C. The melting point for iron is 1538° C, a temperature unobtainable in Africa with the means at the smiths' disposal. It was for this reason that iron was not melted but heated until red-hot and then hammered. Brass, by contrast, is more easily managed with ovens only capable of lower temperatures. Analysis of different pieces has shown that the metal is generally metal with "a very high copper content, being as much as 98%", with "traces of zinc and tin" and "the presence of arsenic, typically found in pieces of earlier date".[132] But Frank Willett has said that, since the use of the term "bronze" has been for so long systematically applied to all cast metal objects made of copper, we should continue to employ it.[133] A question remains though: where did the mineral come from, since it is infrequently found in Africa?

Sources of Copper

For centuries after the discovery by Europeans of the Guinea coast, things were simple. From the time (1482) that the Portuguese built a castle at Elmina in Ghana[134] and with the arrival of ships at Assinie in the Ivory Coast,[135] copper was

couvertes de feuilles d'or[113]. Pendant ces *mises en scène*, l'étalage du métal précieux sous toutes ses formes est essentiel non seulement pour la magnificence mais aussi pour exercer un ascendant, acquérir un pouvoir par l'entremise du faste.

En revanche, comment expliquer l'extrême rareté des objets en or chez les Kulango de Bouna? En raison d'un interdit (*kigo*) qui frappait ce métal, le roi, les membres du clan royal, de même que tous les «sujets» kulango, ne pouvaient en aucun cas arborer une parure en or, que ce fût sous forme de bracelet, de bague et même de pépite (*suga kukpo*) ou de poudre (*suga moromu*)[114]. Pourquoi cette prohibition qui paraît incongrue? Peut-être parce que l'accumulation du métal précieux se faisait au détriment d'investissements productifs. Peut-être importait-il de ne point le thésauriser, mais de l'exporter pour acheter des biens. Car, si porter de l'or sur soi était interdit, le commerce du *Gboona Saako* était fondé sur son extraction[115] et, pendant toute la période dynastique, il fut la principale source de revenu du clan royal. Situation presque identique dans le royaume des Gan, où princes et princesses ne peuvent arborer de l'or[116]. Déjà, au XIIe siècle, le voyageur arabe al-Idrisi s'étonnait que les Africains préfèrent le cuivre à l'or pour leurs bijoux[117]. Les Dogon vont encore plus loin, puisque Ogotemmêli assure à Marcel Griaule que l'or, *métal de second ordre*, n'est que «le frère puîné du cuivre». Ce dernier seul s'impose comme «le faisceau de rayons sortant des nuages de pluie quand le soleil est caché[118]».

Du coup, il ne faut plus s'étonner de la rareté des figurines en or chez les Kulango. Le plus surprenant est qu'il en ait existé. L'une d'elles, haute de deux centimètres sept, de même facture que les pièces en alliage de cuivre, signalée en 1756 par le comte de Caylus[119], aurait été trouvée en Égypte. Est-ce inconcevable? Lorsque les caravanes arabes se rendaient de la Volta au Nil, une figurine africaine peut très bien avoir complété les ornements d'un tombeau. Max Itzikovitz fut le premier à attirer l'attention sur cette œuvre[120] et sur dix autres, découvertes en 1929 dans une oasis de Libye[121], identiques aux «bronzes» des Kulango. Depuis, un pendentif en or est passé en vente publique, quelques pièces sont conservées dans des collections. Sont-elles anciennes[122]? Comment expliquer leur existence? Peut-être émettre une hypothèse : qu'elles fussent fondues par des artistes lorhon/kulango pour des commanditaires du royaume abron du Gyaman, où l'or, chez ces Akan, tient une place majeure[123], et où les devins de Bondoukou, qui interrogeaient l'avenir pour le souverain, lui fournissaient également des amulettes protectrices[124]. D'autant que des figurines, à l'occasion de cérémonies, étaient solennellement fixées, semble-t-il, au sommet des parasols d'apparat[125] et des amulettes attachées aux sièges *assipim*[126].

Les alliages de cuivre

Préférer le cuivre à l'or est difficilement concevable pour un esprit européen. C'est pourtant le cas en Afrique, lorsque l'objet est vecteur d'une charge rituelle. Fait bien connu : en Côte d'Ivoire, chez les Baule, un masque célèbre est entièrement recouvert d'une feuille de laiton[127]. Chez les Yaure, des plaquettes de ce même métal ornent les joues de masques sacrés anciens – comme celui qui a appartenu à Paul Guillaume[128]. Soigneusement lustré, le laiton bénéficie d'un éclat exceptionnel et, au soleil, brille plus que l'or, comme l'attestent, aujourd'hui, les énormes boucles d'oreilles portées par les femmes peules, qu'elles frottent avec du sable pour leur rendre leur brillance initiale[129]. Mais il ne faut pas oublier aussi que le laiton possède, en tant que tel, une fonction protectrice : c'était

imported in a wide variety of forms: rolls, tubes, bars, sheets and, particularly, large rings that were used as money and also melted down.

Until the sixteenth century, supplies were limited, amounting to some five or six tons a year, so that the number of objects produced was quite small.[136] It is not certain where metalworkers obtained their materials but it may have been present-day Niger where vestiges of copper mines remain.[137] Suffice it to say, the raw material only arrived in small quantities which is why pieces dating from before the eighteenth and nineteenth centuries are rare.

Paradoxically, since independence there has been a return to the same situation. Because of a scarcity of imported brass and its ever-increasing price since 1960, some metalworkers have had to turn to other substitute metals. Aluminium was formerly rejected for ritual objects, being considered inferior. Later, rings and bracelets began to be made of this metal and became very popular with young women both because of their bright shine resembling silver and their modest price. The markets today are full of aluminium pendants, the metal obtained by melting down tin cans. Some children wear them round their necks and they are even used sometimes by diviners.

The Art of the Lost Wax Technique

Every work produced in Africa preserves the dynamism of the initial gesture and the handprint of its maker. Casting metal by the lost wax method offers an infinite number of creative resources. It bears repeating that each object is unique, each one modelled singly: a hint of an incision for the mouth (page 141), two marks made with a fingernail on the wax to represent the pupils (pages 134, 166, 168–9, 222–3, 245, 247), the trapezoid shape at the figurine's base modelled by thumb sliding over index finger (pages 99, 110, 126–7, 189), the thin cylinders to form the arms (pages 110, 121, 168–9, 196, 232) or to produce the filaments of wax for the extremely elongated necks of some of the figures (pages 118–9, 121, 135, 207) the result of rolling with middle and little fingers. Some effects of torso, head or leaping feet are produced by simply pinching with the fingers (pages 126–7), particularly with an alloy as malleable as brass which will *espouse* the place where the wax was, for the wax, in Africa is never "lost" but always collected for reuse. Adapting itself perfectly to the mould and flowing into its most torturous crevices, brass will willingly assume the most varied and unexpected shapes, the surface effects varying from piece to piece (pages 179, 186, 222–3, 231). Does it liberate the artist from the limitations supposedly imposed by working in wood with an adze? Whatever the case, here the hand has free rein, implying a dexterity verging on genius. We should not underestimate the artistic implications of a gesture that depends on more than mere technique. Using a knife called a *uzukɔ*, a master metalworker can add all the ornamental details he wishes, the malleability of the material allowing him to do this with great precision (pages 99, 118–9, 191). The decoration is sometimes incised (pages 99, 126–7, 191, 231, 245) and sometimes applied in relief (pages 112, 210, 228). Spirals, half-spirals or lines indicate hair (pages 99, 191, 202, 207). The final result will not necessarily be identical to the work as originally conceived. Successive stages will modify it, sometimes blurring the finer details of a face (pages 108–9, 141, 161, 162, 175) or adding something unexpected (pages 112 and 187), the clay reproducing more or less exactly the bumps, cracks and details of the wax.

le cas jadis des anneaux de ce métal que femmes et hommes portaient au bras, au coude, aux chevilles[130]. Enfin, la première qualité des alliages de cuivre réside en ce que les métallurgistes nomment leur *coulabilité*. Selon le langage technique, leur « aptitude à remplir le plus efficacement une empreinte ».

Les œuvres des Kulango ne seraient donc pas des « bronzes » ? En effet, à propos des objets africains, qu'ils proviennent du Bénin, d'Ifè ou du Zanzan, le terme de « bronze » est employé sans discernement. Le mot « bronze » n'est-il pas plus valorisant, ne fait-il pas plus « chic » que laiton, avec des références à Rome et à Florence ? Bref rappel : le bronze est un alliage de cuivre et d'au moins 5 % d'étain – jusqu'à 20 %. La plupart des têtes d'Ifé ne contiennent pas plus de 2 % à 3 % d'étain : il en découle qu'aucun des « bronzes » n'en est un, véritablement[131]. Même ce que l'on appelle « bronze vénitien » contient 85 % de cuivre et 15 % de zinc : c'est donc un laiton, alliage de cuivre et de zinc, selon des proportions variables, mais avec, parfois, des éléments additionnels, plomb (1 à 3 %), nickel. L'ajout de zinc, qui abaisse la température du point de fusion, apporte trois avantages : il rend le cuivre plus lumineux ; il augmente la solidité de la pièce – le cuivre pur, de magnifique couleur rougeâtre, comme le montrent les reliquaires des Kota, manque quelquefois de résistance, et il se produit des défauts de coulée, des bulles.

L'alliage nécessite une température de fusion relativement peu élevée. Pour un laiton contenant 90 % de cuivre et 10 % de zinc : 900° C. Alors que le point de fusion du fer est de 1 538° C, température qui ne pouvait être atteinte en Afrique avec les moyens dont les forgerons disposaient – ce qui explique qu'il n'était pas fondu, mais chauffé au rouge pour être martelé. Dès lors, sur ce continent, dans des fours qui ne peuvent atteindre une haute température, le laiton est plus facile à façonner. Les pièces qui ont été analysées révèlent que le métal est, le plus souvent, « un cuivre à très forte teneur allant jusqu'à 98 % », tandis que « le zinc et l'étain se présentent en traces », avec « la présence d'arsenic, classiquement retrouvé dans les pièces anciennes[132] ». Il est vrai que Frank Willett accorde que, puisque le terme de « bronze » est systématiquement appliqué, depuis longtemps, à tous les objets en métal fondu composé de cuivre, il convient de continuer à user de ce terme[133]. Reste une énigme : d'où venait le minerai, puisque l'Afrique en est pauvre ?

D'où venait le cuivre pour l'alliage ?

Pour les siècles qui ont suivi la découverte des côtes de Guinée par les Européens, les choses sont simples. Dès qu'en 1482 les Portugais construisirent un château à Elmina au Ghana[134] ; dès que d'autres bateaux accostèrent à Assinie en Côte d'Ivoire[135], le cuivre parvint sous les formes les plus variées : rouleaux, tuyaux, barres, plats. Manilles surtout : ces gros bracelets, qui servaient de monnaies, étaient eux aussi refondus.

Jusqu'au XVIe siècle, l'approvisionnement était limité, de l'ordre de cinq à six tonnes par an, si bien que la production d'œuvres demeurait faible[136]. Où les fondeurs pouvaient-ils s'approvisionner ? Peut-être dans l'actuel Niger où il existe plusieurs vestiges de mines de cuivre[137]. Toutefois, la matière première n'était transportée qu'en faibles quantités, ce qui explique la rareté des pièces très anciennes par rapport aux créations du XVIIIe et XIXe siècles.

La situation n'est-elle pas la même, paradoxalement, depuis l'indépendance ? En raison de la rareté du laiton importé, depuis 1960, et de son coût croissant, certains fondeurs ont recours à d'autres métaux de rechange. Jadis, l'aluminium était méprisé pour des objets rituels, considéré comme

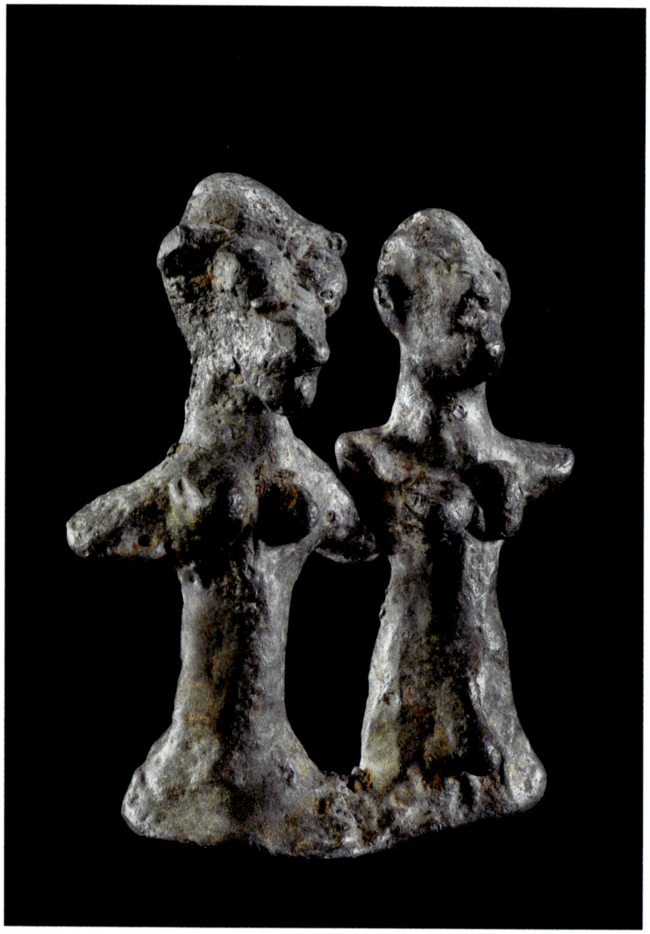

Whether working in gold or copper, this method of casting has remained unchanged since ancient Egyptian times. It can be briefly summarised—for those who are not familiar with the technique—in its six stages. 1) The Kulango metalworker makes a model in beeswax of the piece he wants to produce. This art is similar to modelling in clay, just as Rodin did for the faces of his statues. In this case, the different parts of the body are often modelled one after another and then assembled (page 245). A conical stem is fixed to the body to act as the channel through which the molten metal will be poured. 2) The wax model is then coated with palm oil and covered with a mixture of clay and fibre. Several layers are applied, starting with a mixture that is almost liquid and then becoming gradually thicker. 3) After drying in the sun, the clay is heated to melt the wax. 4) The craftsman melts pieces of metal in a crucible over a fire kept burning by a pair of bellows made of wood and leather. As soon as the metal becomes molten, he holds the crucible with a pair of tongs and pours the contents through the opening in the mould, the mould being partly buried in the ground. The metal flows into the space left by the wax inside the clay shell. 5) The mould is cooled in water and them broken open: inside is an object resembling the original wax model. Resembling, but not identical. Let us remember, because it is important, that one should never underestimate the possible accidents and irregularities of form, things that may ruin the piece, give an unexpected grace or result in an atypical figurine (page 213). 6) The object is finally trimmed, hammered, rubbed with the juice of green lemons, polished with sand and then the abrasive leaves of a tree of the ficus genus, *ficus exasperata*, known in neighbouring Ghana as the *sandpaper leaf tree*. This was once used to sand off irregularities, a task of great tediousness. Nowadays, commercially available emery cloth makes the job easier. Too easy: the result gives the object a certain rigidity, "coldness" and uniformity.

« vil ». Puis des bagues et des bracelets ont été fabriqués, les jeunes filles en raffolaient en raison de leur éclat qui faisait penser à l'argent – et à cause de leur prix modeste. Aujourd'hui, sur les marchés, on trouve partout des pendentifs en aluminium : le métal provient de la fonte de boîtes de conserve. Certains enfants les portent autour du cou, quelques devins y ont même recours.

Fondre à la cire : une technique ? Plutôt un art

Comme, en Afrique, toute œuvre conserve le dynamisme du geste initial et les traces de la main, la fonte à la cire présente des ressources créatrices infinies. D'autant que – faut-il le rappeler ? – l'objet est unique, toujours modelé séparément : une incision minimale pour la bouche (page 141), deux traits de l'ongle sur la cire pour réaliser les prunelles (pages 166, 134, 168-169, 245, 222-223, 247), un glissement du pouce sur l'index pour modeler le trapèze à l'embase de la figurine (pages 99, 110, 189, 126-127), des frictions sur l'auriculaire et le majeur pour dessiner les fins cylindres des bras (pages 110, 196, 121, 168-169, 232) ou produire des filaments de cire qui restitueront l'allongement extrême de certains cous (pages 118-119, 135, 121, 207). Telle forme du torse, de la tête, des pieds élancés, vient d'un simple pincement des doigts (pages 126-127, 217), surtout avec un alliage aussi malléable que le laiton qui *épousera* la place de la cire – en Afrique, elle n'est jamais « perdue », puisque récupérée. S'adaptant parfaitement au moule, à ses anfractuosités les plus labyrinthiques, le laiton adoptera avec docilité les formes les plus variées, inattendues, avec parfois des effets de surface différenciés (pages 186, 231, 179, 222-223). Est-ce une délivrance des contraintes imposées par la taille du bois avec l'herminette ? En tout cas, puisque la liberté des doigts est entière, qu'elle suppose une dextérité qui tient du prodige, il importe d'insister sur la portée artistique de gestes qui ne relèvent pas de la pure technique : en usant du couteau *uzuko*, un grand fondeur multiplie à plaisir les détails d'ornementation que la malléabilité de la matière lui permet de rendre avec précision (pages 99, 118-119, 191). La décoration est tantôt incisée (pages 99, 191, 231, 245, 126-127), tantôt fixée en relief (pages 112, 210, 228). Des spirales, demi-spirales ou des rayures dessinent la chevelure (pages 99, 191, 202, 207). Tout sera-t-il restitué à l'identique ? Il serait vain de l'affirmer, car les étapes successives modifient l'œuvre telle qu'elle se préfigurait, estompent les finesses des visages (pages 108-109, 162, 161, 175, 141), ajoutent des imprévus (pages 112, 187), l'argile s'appariant plus ou moins exactement aux reliefs, aux creux, aux détails de la cire.

Qu'il s'agisse de l'or ou du cuivre, le mode de fabrication est identique depuis l'ancienne Égypte jusqu'à nos jours. Les gestes sont-ils si bien connus ? Pour rapidement les décrire, il suffit de rappeler que le travail s'effectue en cinq étapes. 1) L'orfèvre kulango fabrique avec de la cire d'abeille la pièce qu'il veut exécuter, la pétrit. Un art qui relève du modelage, à l'instar d'un Rodin qui d'abord façonne les visages dans la glaise. Mais les différentes parties du corps sont souvent modelées l'une après l'autre, puis assemblées (page 245). Sur le corps est fixée une tige conique qui constituera le canal destiné à l'écoulement du métal en fusion. 2) Le modèle de cire est alors enduit d'huile de palme, puis entouré d'une pâte d'argile mêlée à de la filasse. Plusieurs couches sont appliquées, en premier lieu presque liquides, puis épaisses. 3) Après séchage au soleil, l'argile est chauffée pour que fonde la cire. 4) L'artisan fait fondre des morceaux de métal dans un

ROYAL FIGURINES, TALISMANS AND GOLD-WEIGHTS: ROLE AND USE

"*Ungo a niin bɔɔ lɛ tukpuyo bu kpangɔ I*"
"When you have a head you don't wear your hat on your knee."
Kulango proverb

Never mere ornaments, decorative objects of the past in Africa always had a specific role. Going back to Cellini's masterpiece (mentioned at the beginning of this work) commissioned by François I—now in Vienna[138]—we will recall that, despite being made to decorate the royal table, its function was simply to contain salt.[139]

When considering African art, it has long been established that there is no absolute correlation between function and form. Just as a function can be fulfilled by different, sometimes interchangeable, artefacts, so, too, can a single artefact have a variety of functions.[140] Over a period of time, such an object may be assigned a role that is the direct opposite of the original one.[141] This was more likely to happen with small objects than with masks or statues. Such is the case in the western Ivory Coast with the brass figurines made by the We people.[142] There is no reason to think things would be any different with Kulango figurines. Moreover, shifts from one function to another occurred here on a larger scale, no longer within the context of the dense forest or a single village but from one town to another, in the open savannah landscape, as the objects passed from one market trader to the next.

While the presence of a ring on the back or at the side of an object is a clear indication that it was designed as a pendant, the fact that most Kulango figurines do not have one does not prove that they were not worn. Instead, they were hung from a leather cord passed through the arched arms—evidence for this can be seen on pieces showing traces of rubbing in the armpits (pages 104, 134, 161) or others with broken elbows (pages 104 and 201).

What is clear is that a talisman is *never assigned to a specific place*. Easily portable, it can be placed in a variety of locations in the home, attached to a stool, in the kitchen, near the three threshold stones, fixed to a lintel or on the door jambs leading to the bedroom or, as has already been mentioned, arranged on an altar. If installed permanently, no one would dream of stealing it. The author of this present volume found, when moving into a house in Bouna, that a talisman—clearly old because it bore signs of weather damage—was already hanging on the door. Over a period of two years, it remained untouched.

Tell-tale Amulets for the King's Forty Wives

In Bouna, these figurines had–and sometimes still have—a role as royal insignia for the many members of the dynasty known as *Bunkani yédibuo*[143] or "grandchildren of Bounkani", the founder. Limitations of space mean that a unique and little-known example must suffice.

In order to underline that it was strictly forbidden for people of royal blood to intermarry (*ibuo*),[144] and that it was obligatory for them to marry *kulango*, which is to say, people of inferior rank,[145] several figurines had a role in two joint rituals. Since at one time several of the king's forty wives[146] lived in different and sometimes quite distant parts of the estate, and so possibly exposed to temptation, they had to demonstrate that they were the true "mothers of princes" (*insiɛ buo*). But how to prove this? During pregnancy, each woman

creuset à l'aide d'un feu activé par un soufflet binaire en bois et en cuir. Dès que le métal est en fusion, il prend le creuset à l'aide de pinces en fer et verse le contenu dans l'orifice du moule, partiellement enfoncé dans le sol : le métal coule dans le vide laissé par la cire à l'intérieur de la coque d'argile. 5) Après refroidissement à l'eau, le moule est brisé : on obtient un objet semblable au modèle en cire. 6). Absolument semblable ? Répétons, car c'est significatif, qu'il ne faut jamais sous-estimer les accidents éventuels et les irrégularités de la forme, qui peuvent soit ruiner la réalisation, soit lui conférer une grâce inattendue ou faire surgir une figurine atypique (page 213). Les Kulango ébarbent ensuite l'objet, le martèlent, le travaillent avec du jus de citron vert, le polissent avec du sable puis les feuilles abrasives d'un arbre de la catégorie des ficus, le *ficus exasperata*, appelé au Ghana voisin *sandpaper leaf tree*. Il permettait autrefois de nettoyer les défauts : un travail fastidieux. Aujourd'hui, des toiles achetées dans le commerce font plus volontiers l'affaire. Trop aisément : elles conduisent à une certaine raideur de l'objet, une « froideur », une uniformité.

FIGURINES ROYALES, TALISMANS ET POIDS À PESER L'OR. LES FONCTIONS DES OBJETS

« Ungo a niin bɔɔ lɛ tukpuyo bu kpangɔ I »
« Quand on a une tête, ce n'est pas le genou
qui porte le chapeau. »
Proverbe kulango

Ces objets étaient-ils de simples parures ? En Afrique ancienne, les objets ornés possèdent toujours un rôle précis. Du reste, à quoi fut employé le chef-d'œuvre (dont il fut question tout au début) commandé à Cellini par François Ier – actuellement au musée de Vienne[138] ? Sur la table royale, il contenait banalement du sel[139].

Néanmoins, on le sait depuis longtemps à propos des arts africains : il n'existe nulle corrélation absolue entre fonction et forme. De même qu'une fonction peut être exercée par différents artefacts, parfois interchangeables, de même un artefact identique peut exercer plusieurs fonctions divergentes[140]. Telle création, au fil des décennies, peut même se voir assigner un rôle antithétique[141]. Un atout des petits objets, plus que pour les masques ou les statues. C'est le cas, à l'ouest de la Côte d'Ivoire, avec les figurines en laiton des We[142]. Comment la situation serait-elle différente avec celles des Kulango ? D'autant que chez eux, les glissements d'une fonction à l'autre s'effectuaient sur une plus large échelle, non plus dans le cadre de la forêt dense, à l'intérieur d'un même village, mais d'une bourgade à une autre, sur un territoire de savane, au gré des reventes sur les marchés.

Pourrait-on dire que la présence d'anneaux de suspension, à l'arrière ou sur l'un des côtés, démontre clairement que ce sont des pendentifs ? Le fait qu'ils n'en disposent pas ne prouve pas qu'ils ne fussent pas portés. C'est le cas pour la plupart : une lanière de cuir, passée sous les bras arqués, jouait ce rôle – comme en témoignent les pièces avec des traces de frottement aux aisselles (pages 134, 104, 161) ou d'autres au coude brisé (pages 201 et 104).

De toute façon, un talisman n'est *jamais assigné à un lieu spécifique*. Facilement porté, il peut être placé en divers emplacements de la maisonnée, attaché à un siège, dans la cuisine, près des trois pierres du foyer, il peut être fixé à un linteau, aux montants de la porte qui conduit à la chambre ou, comme on l'a déjà évoqué, disposé sur un autel. S'il est

was required to wear a splendid amulet, the "support" of a divinity called *Nabédio*,[147] meaning "Surveillance". This amulet had the powers of informer and accuser and was believed to bring about the death of the woman if her husband was not in fact the father of the expected baby. Refusal to wear the amulet was tantamount to a confession and the infant was denounced as a bastard (*jèsambio*). Called *Gbogoma* ("Baboon"), he was condemned to live shunned by his half-brothers. A similar punishment might conclude a ritual meal[148] held during a ceremony to celebrate the dynasty and involving the sacrifice of a bull by the king's diviners on an altar also called *Nabédio*[149] on which stood several figurines. The young princes (*ibio*) who were to be installed as "guardians of the royal ancestors" (*daobésiè*) would ask their mothers to confirm that they were truly the "sons of their father" (*biodindi*). To prove this, the mother was required to eat a piece of the sacrificed bull before the assembled company. If she refused, it was an admission of guilt; if she ate it and had lied about the child's paternity, it would poison and kill her.

Gold-weights

Some of these figurines were found among the Abron people, kept in boxes and used as gold-weights—these were standard measures representing the value of a certain quantity of the gold dust used to make payments. The much missed Tim Garrard asserted that such pendants were torn from the necks of thousands of slaves imported from the savannah,[150] but I have never had confirmation of this, either from the people of the country or from travellers' accounts. Whatever the case, as the objects changed in function, they were clipped to reduce their weight or, conversely, given decorative additions to increase it (page 197). Such additions often consisted of a necklace (*leminadirige*), as is the case of a magnificent figurine sometimes wrongly taken to represent a prisoner (page 137). Binger, writing on 15 February 1889, suggests that there was an important monetary frontier to the west of Bondoukou, separating, to the north, the area where transactions took place using cowry shells[151] and, to the south, the area using gold: "Aouabou[152] is the last village to the south where these shells are used: elsewhere the currency is gold dust and nuggets".[153]

With the beginning of colonisation in the late nineteenth century, transactions involving gold-weights quickly became obsolete. They are rarely mentioned and no exhaustive inventory of these objects has ever been carried out. Since the majority are geometric in shape,[154] it seems unlikely that those with figurative designs were used as accurate weights.[155] It is notable that the subjects involving anthropomorphic figures in the Pierluigi Peroni Collection are entirely different from those found among the Ashanti. There are no scenes illustrating proverbs nor any of those commonly produced by the Anyi and the Baule showing domestic life, copulating couples, hunters or drummers. It would appear that, in this area, too, another kind of frontier existed—an aesthetic frontier.

The Figurines of the "Tellers of Hidden Things"

The majority of these brass miniatures were part of the equipment used for divination by the diviners-healers, the *kplalisogo* (or, in other dialects, *kparesogo*), "those who reveal hidden things" (sing. *kplalisiè* or *kparesiè*[156]; *kplalisèèyèrè* in the case of a woman). It is interesting to note that the root of this Kulango word is close to that used by

suspendu à demeure, personne ne tentera de le voler. Quand il a emménagé dans une maison de Bouna, l'auteur de ces lignes a découvert qu'un talisman, ancien car endommagé par les intempéries, était déjà accroché au portail : en deux ans de séjour, personne ne l'a jamais touché.

Des amulettes délatrices pour les quarante épouses du roi

À Bouna, ces figurines jouaient autrefois, et jouent parfois encore, les rôles d'insignes royaux, aux mains des nombreux membres de la dynastie, les *Bunkani yédibuo*[143], « petits-enfants de Bounkani », le fondateur. Afin de ne pas outrepasser le cadre de ce volume, voici un seul et unique exemple, peu connu.

En fonction de l'interdiction absolue de mariage entre personnes de sang royal (*ibuo*)[144], et de l'obligation d'épouser des *kulango*, c'est-à-dire des individus de rang inférieur[145], plusieurs figurines étaient impliquées dans deux rituels joints. Comme la quarantaine d'épouses du roi[146] vivaient jadis dans divers secteurs, quelquefois éloignés, du domaine, et en proie à d'éventuelles tentations, elles devaient attester qu'elles étaient bien les vraies « mères des princes » (*insiè buo*). Comment le prouver ? Chacune devait porter en bandoulière pendant le temps de sa grossesse une splendide amulette, « support » d'une divinité (nommée *Nabédio*[147], ce que l'on peut traduire par « Surveillance ») : une amulette dénonciatrice, accusatrice, censée la tuer si son mari n'était pas le géniteur authentique de l'enfant auquel elle allait donner naissance. Refuser de l'arborer était un aveu : le bébé était dénoncé comme bâtard (*jèsambio*). Appelé *Gbogoma* (« Babouin »), il était condamné à vivre ostracisé parmi ses demi-frères. Même punition éventuelle lors du repas communiel[148] qui, au cours d'une cérémonie de reviviscence du lignage, suivait le sacrifice d'un bœuf effectué par les devins du roi sur l'autel appelé aussi *Nabédio*[149] où étaient plantées quelques figurines. Les jeunes princes (*ibio*) qui allaient être promus « gardiens des mânes royaux » (*daobésiè*) priaient leur mère de confirmer qu'ils étaient bien les vrais « fils de leur père » (*biodindi*). Comment faire ? Simplement consommer aux yeux de tous un morceau de ce bœuf sacrifié. Si la mère refusait, c'était à nouveau l'aveu d'une faute ; si elle acceptait de manger et qu'elle avait menti sur l'ascendance de l'enfant, elle mourait empoisonnée.

Poids à peser l'or

Certaines de ces figurines se retrouvèrent chez les Abron, dans des coffrets, en guise de poids à peser l'or – ces « étalons » qui représentaient la valeur d'une certaine quantité de poudre avec laquelle était effectué un paiement. Le regretté Tim Garrard assurait que les pendentifs étaient arrachés au cou des milliers d'esclaves importés de la savane[150], mais je n'ai jamais pu en avoir la confirmation, soit de la part de personnes sur place, soit dans les récits de voyage. Quoi qu'il en soit, comme les objets changeaient de fonction, ils étaient rognés pour acquérir un poids adéquat ou, à l'inverse, on ajoutait un élément décoratif (page 197), souvent un collier (*leminadirige*), comme c'est le cas sur une magnifique figurine que l'on aurait tort de prendre pour un portrait de captif (page 137). En fait, c'est à l'ouest de Bondoukou, que Binger, le 15 février 1889, estime que se situe une frontière monétaire majeure, celle qui sépare, au nord, la zone où les transactions s'effectuaient avec des cauris[151] et, au sud, celle de l'or : « Aouabou[152] est le dernier village vers le sud où ces coquilles aient cours : ailleurs la monnaie consiste en poudre d'or et en pépites[153]. »

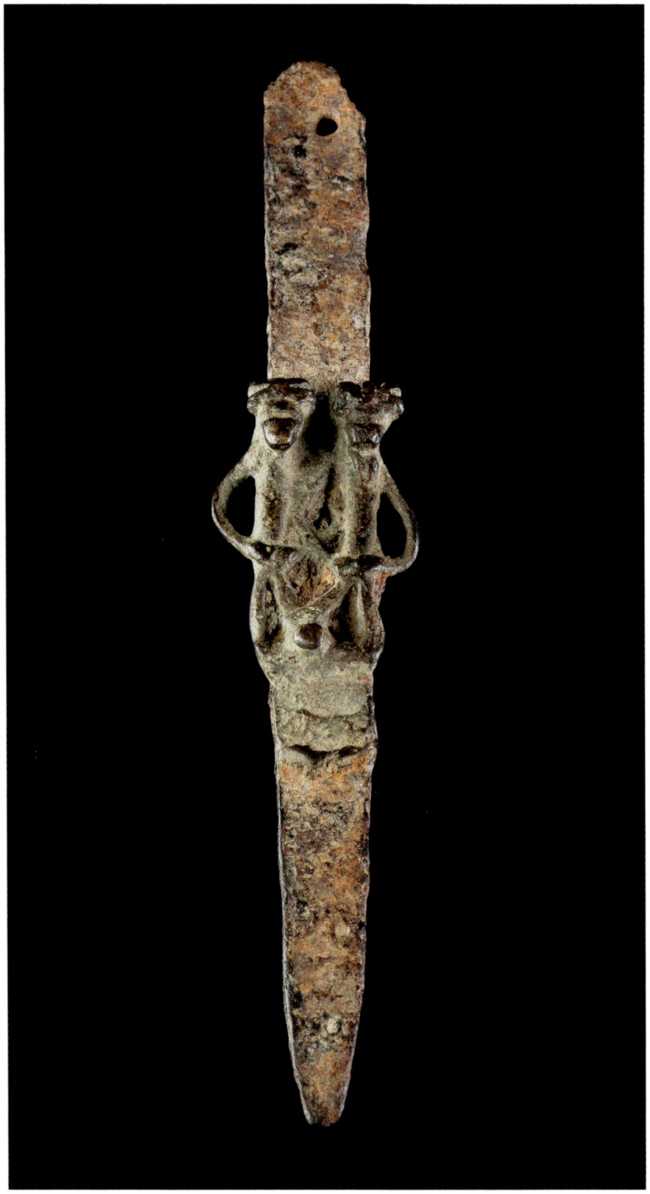

the Gan people in Burkina Faso to refer to the "little spirits", the *kperee 'gbeebe*[157]—evidence of ancient links between these two peoples.

Another word in Kulango refers more specifically to mediums: *hisogo* (sing. *hinsiè*). With the gradual loss of ancient traditions, these diviners—working under the guardianship of their personal divinities—have become rare even though many Kulangos continue to be fervent believers in divination, turning to it when facing misfortunes. As everywhere in Africa,[158] this activity was the prerogative of a professional: someone versed in the techniques of soothsaying, reader of hidden signs, interpreter of dreams, spiritual counsellor, specialist in herbal medicines and solver of day-to-day problems. The holder of this position was chosen by the spirits, an event that manifested itself as what an onlooker might mistake for a nervous breakdown, a passing moment of madness or an epileptic fit: the person's body shakes and jerks while appearing to listen intently to hidden voices. Under the influence of this state, the medium begins to run about and then plunges into the bush or, alternatively, remains immobile for hours in a cataleptic trance[159]—indications that he is in contact with, and possessed by, the spirits. Returning to the village or awakening from the trance, he regains full possession of his actions. But just as this individual is *inhabited* by his spirits, so, too, do the spirits need to *live* with him through the intermediaries of figurines. The diviner will either order these directly from a metalworker or, sometimes, buy them ready-made. To impregnate them with magical power, the diviner dips them in a special decoction and makes a sacrifice to them. To increase their power, he may rub them briefly against two wooden statues that represent messengers, representatives and "supports" or go-betweens for the spirits.[160]

Mais à la fin du XIXe siècle, dès les débuts de la colonisation, les transactions avec les poids à peser l'or tombèrent vite en désuétude, si bien que les témoignages sont rares et qu'aucun inventaire exhaustif de ces objets n'a jamais été réalisé. Comme la plupart sont de forme géométrique[154], on peut se permettre de douter que les poids figuratifs aient eu une réelle fonction pondérale[155]. Du reste, les figurines anthropomorphes de la collection de Pierluigi Peroni sont foncièrement différentes des sujets habituels chez les Ashanti. Nulle scène illustrant des proverbes, ni aucune de celles, nombreuses chez les Anyi et les Baule, de vie domestique, de coït, de chasse, de tambourinaires – ce qui indique bien qu'il existe aussi, dans ce domaine, un autre type de frontière, esthétique cette fois.

Les figurines des « diseurs des choses cachées »

Le plus grand nombre de ces miniatures de laiton faisaient partie du matériel de divination de devins-guérisseurs, les *kplalisogo* (ou, selon les dialectes, *kparesogo*), « ceux qui révèlent les choses cachées » (au sing. *kplalisiè ou kparesiè*[156] ; *kplalisèèyèrè* s'il s'agit d'une femme). Il est intéressant de noter que la racine de ce mot kulango est proche de celle du terme qui désigne, au Burkina Faso, chez les Gan, les « petits génies », appelés *kperee 'gbeebe*[157], ce qui témoignerait de liens anciens entre les deux peuples.

Il existe même en kulango un autre mot, qui désigne plus spécifiquement les médiums, *hisogo* (sing. *hinsiè*). Travaillant sous l'égide de leurs divinités personnelles, ils sont devenus rares depuis l'érosion des traditions, bien que beaucoup de Kulango restent de fervents adeptes de la divination et y aient recours dès qu'ils sont confrontés à une infortune. Comme partout en Afrique[158], cette activité était l'apanage d'un professionnel : connaisseur des techniques d'augures, lecteur de l'invisible, interprète des rêves, conseiller spirituel, spécialiste d'herbes médicinales, il aidait aussi à régler de simples soucis de vie quotidienne. Comment était-il intronisé dans son métier ? En étant désigné par les génies eux-mêmes. Ce qu'un observateur extérieur pourrait interpréter comme une crise nerveuse, un accès de folie passagère, une attaque d'épilepsie : le corps qui tremble, s'agite de soubresauts, les oreilles tendues pour écouter des voix occultes. Sous l'influence de cet état, l'impétrant se met à courir avant de s'enfuir dans la brousse, ou reste immobile pendant des heures, frappé de catalepsie[159] – signe qu'il est en contact avec des esprits qui le possèdent. De retour dans le village, rendu à la vie consciente, il retrouve la pleine possession de ses actes. Mais de même que l'individu est *habité* par ses génies, de même les génies entendent *habiter* avec lui, par l'entremise de figurines. Le devin passe commande à un fondeur, mais il lui arrive d'acheter directement, tout prêts, ces attributs. Pour qu'ils s'imprègnent de puissance magique, il les trempe dans une décoction et leur offre un sacrifice. Pour accroître davantage leur pouvoir, il arrive qu'il les frotte un moment contre deux statuettes en bois qui servent de messagers, de relais et de « supports » aux esprits[160].

Afin d'établir un diagnostic, il place les figurines dans un panier (*anci*) ou une calebasse spécifiques (*heje*), avec d'autres objets attitrés : couteaux ornés (*uzuko*), cauris (*cècèbugo* ou *bivuno*), carapaces de tortues (*togo*), têtes de serpents séchées (*ungo hiwo*), osselets (*zuukpo*), cailloux spéciaux (*niiko*), etc. Durant la séance, il agite plusieurs fois le contenu, puis le jette brusquement sur le sol : la répartition des objets dessine des combinaisons qui sont autant de réponses aux problèmes de l'existence, naissances, maladies. Ou pour savoir – grandes angoisses – si un candidat va, ou non, réussir son brevet des

To make a diagnosis, the diviner will place the figurines in a special basket (*anci*) or calabash (*heje*) with other appropriate objects: decorated knives (*uzukɔ*), cowry shells (*cɛcɛbugo* or *bivuno*), tortoise shells (*tɔgɔ*), dried snakes' heads (*ungo hiwɔ*), knucklebones (*zuukpo*), special pebbles (*niiko*), etc. During the séance, he shakes the contents several times then suddenly tips them onto the ground: the way in which the objects fall provides the answers to problems of life, birth and sickness. Other burning questions will be posed too: Will I pass my school exam, my degree? Will it be dangerous to travel to Abidjan? This type of divination is not dissimilar to others that vary only in the nature of the artefacts used and some of the forms of the ritual: mice pushing small sticks on a plaque (Yaure oracle[161]), foxes tracing marks on geometric figures drawn in the sand (Dogon, Fulani) or, most frequently, the casting of cowry shells, and so on. Whatever the method, the role of the officiant is to interpret the arrangement of the objects, the configuration. These customs explain how it is that, among the Kulango, after many years of usage—the diviner's office may be passed on or inherited—the surface of the figurines may be highly polished (pages 115, 141, 161, 163, 175, 189), worn, eroded (pages 108–9, 130, 232), chipped (page 233) or sometimes broken (pages 134 and 135).

When seeking a consultation, a client will bring not only the required payment[162] but also a white cock to be sacrificed before the figurines while offerings of food are made, an egg, boiled yam (*dɔngmɔ baka*) or yam with palm oil (*dɔgɔ digɔ*), stewed cassava (*agba fooun*) or rice (*mali*). After these preliminaries, the diviner consults his spirits and then prescribes a remedy or suggests a solution. Often, it turns out that it is the spirits themselves who are the cause of the ills. In order to appease them, the diviner will advise the client to wear, or place in their house, a figurine that will act as a talisman.[163] Sometimes, it happens that it is the pendants already belonging to the client which are laid before the diviner. During the séance, these objects are placed on a small altar or on the ground.

In the kingdom of Bouna, the role of the *kplalisiè* is, in certain circumstances, crucial. It is particularly important to know what kind of sacrifice (*salé saako*) the earth needs to be purified, "healed" (*miteni saako*), when the soil has been "wounded" (*kpata saako*) by a transgression or a crime. (The same Kulango word, *saako*, is used to mean "earth" and "territory, kingdom" and, as a supernatural, chthonian power, something both benevolent and malevolent.) More important than the sky god (literally *iégoinsié*, "king of the sky"[164]), it is vital to invoke it so that, by "curing" it, the fields will be fertile and the women fecund. Appeal is similarly made to the Earth when an important person dies, when death seems to call the natural order into question. Furthermore, when a king dies in Bouna—where the altar dedicated to the Earth, *Gbango*, is the responsibility of the chief, the *goro-insié*—it appears that the only people allowed to make sacrifices on this altar are those belonging to a Kulango clan (the *Konkonde*). Chicken in a sauce made with shea leaves is placed on the altar to cleanse it (*nyoré pino*) of the stain inflicted on the earth by the death of the king. This is followed by the killing of various domestic animals, a bull, a red cock, a donkey (or a dog in the place of slaves). The relationship between the royal dynasty and the Kulango people is renewed in the course of these ceremonies, on the occasion of a dialogue between the living and the guardian powers represented by the figurines, within which earth (*saako*) and ancestors (*punu*) are united.

collèges, son baccalauréat, ou si un voyage vers Abidjan représente, ou non, un danger. Ce type de mantique en rejoint d'autres, qui ne se différencient que par la nature des artefacts et quelques modalités : des souris modifiant la place de bâtonnets sur une plaquette (oracle des Yaure[161]), des renards traçant des graphes sur des figures géométriques dessinées sur le sable (les Dogon, les Peul) ou, le plus souvent, un simple lancer de cauris, etc. Dans tous les cas, l'officiant doit interpréter des agencements, une configuration. Ce qui explique que, chez les Kulango, au terme d'un usage qui peut durer longtemps – puisque la charge d'un office de devin peut s'hériter, être cédée –, la surface des figurines soit infiniment polie (pages 163, 189, 115, 161, 175, 141), ou élimée, érodée (pages 130, 108-109, 232), parfois ébréchée (page 233), et que certaines soient brisées (pages 135 et 134).

En vue de la consultation, le client apporte, en plus de la somme exigée[162], un coq blanc qui est sacrifié devant les figurines, alors qu'une offrande est effectuée, sous la forme d'un œuf, d'igname bouillie (*dongmo baka*) ou à l'huile de palme (*dogo digo*), d'un ragoût de manioc (*agba fooun*), de riz *(mali*). À la suite de ces préliminaires, le devin, après avoir consulté ses génies, prescrit un remède, suggère une solution. Souvent, il s'avère que ce sont les génies eux-mêmes qui sont la cause des maux, si bien que pour les apaiser, il conseille à son client de porter ou de garder à son domicile une figurine qui sera son talisman[163] – dans certains cas, ce sont les pendentifs personnels du client qui sont disposés devant le devin. Pendant la séance, ces objets sont exposés sur un petit autel ou sur le sol.

Dans le royaume de Bouna, le rôle du *kplalisiè* est crucial en certaines circonstances. Notamment pour savoir quel sacrifice (*salé saako*) la Terre exige pour être purifiée, « guérie » (*miteni saako*), lorsque le sol a été « meurtri » (*kpata saako*) par une transgression ou un crime – chez les Kulango, le même mot, *saako*, désigne la terre comme territoire, royaume, et comme puissance surnaturelle, chthonienne, à la fois bénéfique et maléfique. Puisqu'elle est plus importante que le dieu du ciel (littéralement *iégoinsié*, « roi du ciel[164] »), il incombe de l'invoquer afin de la « soigner » pour obtenir la fertilité des champs et la fécondité des femmes, ou lorsqu'un notable meurt et que par ce décès l'ordre naturel est remis en cause. Plus encore, lors de la disparition du roi, à Bouna – où l'autel dédié à la Terre, nommé *Gbango*, relève du chef de terre, le *goro-insié* –, il apparaît que seuls peuvent sacrifier sur cet autel ceux qui appartiennent à un clan kulango (les *Konkonde*). Du poulet et de la sauce confectionnée avec des feuilles de karité sont déposés pour purifier (*nyoré pino*) l'autel de la souillure infligée à la Terre par la mort du roi. A lieu ensuite l'immolation d'animaux domestiques : un bœuf, un coq rouge, un âne ou un chien (à la place d'esclaves). C'est au cours de ces cérémonies que se renouent les rapports entre la dynastie royale et les Kulango, à l'occasion d'un dialogue des vivants et des puissances tutélaires que les figurines évoquent. N'associent-elles pas la terre (*saako*) et les ancêtres (*punu*) ?

Korabohula et pinu[165] (amulettes en kulango)

Il arrive que la nécessité de porter une protection s'impose sans passer par la consultation d'un devin, par la brusque rencontre d'un génie dans les bosquets, qui exige qu'on le symbolise par une amulette. Il existe à ce sujet plusieurs mythes d'origine dans le nord-est de la Côte d'Ivoire. Comme la place manque ici pour les raconter, on se rapportera à ceux que Daniela Bognolo a recueillis chez les Gan[166], et qui sont presque identiques, à quelques variations près, chez les Kulango.

Korabohula and Pinu[165] (Kulango for Amulets)

The need for protection on one's person will also arise without having to visit the diviner, for a sudden encounter in the forest with a spirit means that it must be symbolised in an amulet. Several origin myths of the northeastern Ivory Coast relate to these beliefs. Since there is no space to relate these here, the reader is referred to those compiled by Daniela Bognolo amongst the Gan people,[166] and which are almost identical, with a few minor differences, to those of the Kulango.

We should not shy away from the use of the word "amulet". This was an essential protection against adversity, ensuring the assistance of the spirits and warding off hostile forces. It hardly needs repeating that, for the Kulango, as elsewhere in Africa, these objects were no mere good-luck trinkets. Evil, intangible presences are everywhere, shadowing the steps of the living at every moment, all the more pernicious because invisible. Some have already been referred to: the casters of evils spells and the devourers of "doubles" or souls (*deresogo*). Hence the need to build a protective shield, worn on almost every part of the body, even the most secret—not only round the neck and waist but on the arm, above the elbow, on the calf or ankle and across the chest. Today, many Kulango talismans are worn hidden beneath people's clothes, so protecting them from hostile eyes. Some are sewn onto a square of leather (almost always removed by antique dealers when the object is being sold). These pieces (figurines, rings, bracelets) are sometimes bought in the markets of Bouna and Bondoukou from stallholders or Muslim healers (*sogo*), but they do not have any powers until an animist *kplalisiè* or *kparesé* has "activated" them—or, as a Christian might say, "blessed" them.[167]

These amulets are required to fulfil a large number of wishes, soothe many sufferings and resolve conflicts. Not only major dangers but also the uncertainties of everyday life are catered for. But while each object is endowed with a power, only its owner knows what that power is: it is not easy to find out unless the owner is a close friend or unless one has asked the *kplalisiè* selling it beforehand about its operative worth. Try this experiment: offer a Kulango an object (ring, bracelet or figurine) to express your gratitude. Without fail, before thanking you, the first thing he will ask is "What evil will this ward off? In what area? Is it really active? Is it 'powerful'?" And when you reply that it is just a present, that you do not know what power it has or what is its zone of influence, you will see in your companion's eyes a combination of scepticism and regret, tinged with a hint of desolation.

While it may not be possible to link a particular talisman to a particular function, nevertheless three areas of existence are always involved: love and fertility; children; war.

As far as relationships are concerned, talismans can intervene to a greater or lesser extent: encouraging reciprocal love; preventing betrayals; healing infertility or impotence. Binger, in his previously mentioned travel journal, writes in reference to these "amulets" that they "have the power" to "give many children".[168] In this way, they are analogous with the *akuaba* statuettes Akan women in Ghana used to carry on their backs as if they were real babies, or the Baule *blolo bian*.[169] But, as we saw earlier, these amulets have an even greater importance for a woman suffering multiple miscarriages or losing several babies after birth. Such relentless misfortune being a sign of the endurance of the evils called down on the woman by the spell caster, it is important for her to protect herself with a variety of talismans, worn on different parts of the body and particularly around the waist

Que l'on ne se méprenne pas sur l'emploi du mot amulette, secours essentiel pour combattre l'adversité, se concilier le secours des esprits, assurer une défense contre les forces hostiles. Est-ce enfoncer une porte ouverte que de rappeler que chez les Kulango comme ailleurs en Afrique, ce n'est pas un colifichet porte-bonheur ? Car innombrables sont les présences néfastes, insaisissables, qui rôdent en permanence près des vivants, d'autant plus pernicieuses qu'elles sont invisibles – tels, on l'a vu plus haut, les jeteurs de sortilèges et les mangeurs de « doubles » ou d'âmes (*deresogo*). D'où la nécessité de construire sur soi un « arsenal » protecteur, sur presque tous les lieux du corps, même les plus secrets. Non seulement au cou, à la ceinture, mais au bras, au-dessus du coude, au mollet, à la cheville, en travers de la poitrine. Beaucoup de talismans kulango sont aujourd'hui cachés sous les vêtements, justement pour les protéger des regards maléfiques. Certains sont cousus sur un carré de cuir (presque toujours enlevé par les marchands au moment de la revente de l'objet). Ces objets (figurines, bagues, bracelets) sont parfois achetés sur les marchés de Bouna et Bondoukou à des marchands et guérisseurs musulmans (nommés *sogo*), mais ne deviennent opérants que lorsqu'un *kplalisiè* ou *kparesé* animiste les a « activés » – un chrétien dirait « bénis[167] ».

Multiples sont les vœux que ces amulettes sont chargées d'exaucer, les souffrances qu'elles entendent apaiser, les conflits qu'elles sont vouées à régler : tous les impondérables de la vie quotidienne sont concernés, et pas seulement les dangers majeurs. Mais si chaque objet est doté d'un pouvoir, celui-ci n'est connu que de son seul possesseur : il est difficile de le découvrir si l'on n'est pas un intime ou si l'on n'a pas préalablement demandé quelle était sa valeur opératoire au *kplalisiè* qui l'a vendu. Tentez cette expérience : offrez un objet (bague, bracelet, figurine) à un Kulango pour témoigner votre reconnaissance. Immanquablement, la première chose qu'il demandera aussitôt, avant même de remercier, sera : quel mal cet objet est-il susceptible d'affronter ? Dans quel domaine agit-il ? Est-il vraiment actif ? Est-il « puissant » ? Et quand vous répondez que c'est juste un cadeau, que vous ne connaissez pas son pouvoir ni sa zone d'influence, vous lisez dans les yeux de votre compagnon à la fois scepticisme, regret, et un peu de désolation.

S'il est vain de relier tel talisman à telle fonction, il reste que trois domaines de l'existence sont toujours concernés : l'amour et la fécondité, les enfants, la chasse et le combat.

Sur le plan des relations amoureuses, les talismans comportent plusieurs degrés d'intervention : favoriser la naissance des sentiments ; contrecarrer les infidèles ; guérir de l'infertilité ou de l'impuissance. Dans son récit de voyage déjà cité, Binger, en évoquant ces « amulettes », précisait qu'elles « ont la vertu » de « donner beaucoup d'enfants[168] ». Elles offrent ainsi des analogies avec les statuettes *akuaba* que les femmes akan du Ghana qui désiraient être mères portaient dans le dos, comme elles eussent porté leur vrai enfant – ou comme les *blolo bian* des Baule[169]. Mais, comme on l'a vu plus haut, ces amulettes sont encore plus importantes quand une femme est sujette aux fausses couches ou si elle a perdu, à plusieurs reprises, des bébés après leur naissance : un tel acharnement du destin manifestant une ténacité dans la haine que lui voue un jeteur de sortilèges, il importe qu'elle s'arme de multiples talismans, en divers endroits du corps, la taille et l'abdomen surtout, ou le poignet et la cheville comme l'attestent des photographies récentes[170]. De nos jours encore, les femmes ayant eu beaucoup d'enfants offrent leurs amulettes (ou les cèdent, assez cher) à des primipares.

and abdomen and also around the wrist and ankle as can be seen in recent photographs.[170] It is still the custom for women who have had many children to offer their amulets (or sell them for quite a high price) to first-time mothers.

When a figurine represents a person, it is shown as bursting with health and energy (pages 121 and 207), or even leaping up as if to cut through the air (pages 154–5). As mentioned earlier, nowadays children wear pendants representing animals, generally flat and made of aluminium, around their necks.[171] Also seen occasionally are small shop-bought brass padlocks, believed to keep children attached to the world of the living.

Hunters, too, surround themselves with precautionary measures. Contrary to what one might suppose, these talismans are less about ensuring a successful hunt than concerned with protecting them from the now vengeful life force of the hunted animal. This force is released from the prey at the moment of its death, as its blood is spilt. By contrast, the spirit of a sacrificial animal (always a domestic animal, chicken or kid) will never attack the officiant. Before shooting his prey, a hunter will quickly touch his amulet, in a gesture both propitiatory and apologetic.

When a Kulango says that he is "bullet-proof" thanks to his amulets, he genuinely believes what he asserts; he is certain the bullets will slide over his clothes. Evidence of this can be seen from the numbers of such objects worn by many people, including the soldiers themselves, during the periods of fighting in the Ivory Coast since 2001. This usage continues an old tradition already recorded in the eighteenth century at the Gyaman court[172]; a living tradition leading to acts of great daring by fighters believing they are invincible. One example is that of the Dozos and their actions in Bouna in April 2016 as well as their seizure of the nearby city of Kong a few years earlier. The Dozos are not an ethnic group but a confraternity (*Dozoya*) of hunters and "warriors". Insisting that game hunting, when they are able to turn themselves into *gbangmangan* (Kulango for leopard), is their chief activity, they say their courage comes from their ancestors who fought in both World Wars. Some claim to be "initiates", possessors of "mystical knowledge"; their opponents accuse them of being mercenaries. Their uniforms of thick brown cloth are covered with large numbers of amulets, an exuberant display that they say represents their "armour", their shield. During the recent fighting in the country, a Kulango told me: "I saw a man shoot a Dozo at close range but he was wearing so many talismans that the bullet slid right off him." These amulets fall into a variety of categories: small leather cases; cowry-shell necklaces; horns; teeth of wild animals; or often metal figurines that clank and clatter on the soldier's chest. Some of the last ones are hidden in leather cases or wrapped in chameleon skins to protect them in their turn from evil spells. Along with the dances and parades of the *sacraboutou*, the major Kulango "warrior" festival, another feature is the procession of the best hunters, their faces blackened with charcoal.

CONCLUSION. "CHARMS"

"*Baa zɛɛ bingo lɛ kɷɔi hɔ gbɛlɛgɔ i*"
"You never beat on the edge of a drum:
always in the centre of the skin."
Kulango proverb

Does the efficacy of a figurine not also come from its aesthetic appearance? The more striking it is, the more likely it

Lorsqu'il s'agit d'une figurine représentant un personnage, il s'impose comme un être en pleine santé, vibrionnant (pages 121 et 207), voire s'élançant comme pour fendre l'air (pages 154-155). Quant aux enfants, on l'a déjà dit, des pendentifs animaliers, généralement plats, en aluminium, sont aujourd'hui suspendus à leur cou[171] ; mais il existe aussi, plus rarement, de petits cadenas en laiton, achetés dans le commerce, qui sont supposés les « amarrer » dans le monde des vivants.

Les chasseurs s'entourent également de précautions. Contrairement à ce que l'on peut penser, ces talismans ont moins pour dessein de faciliter une poursuite difficile que de les protéger de la force vitale, devenue vengeresse, du gibier. Une force qui se libère à l'instant de la mort de l'animal, lors de l'épanchement de son sang – tandis que pour un sacrifice (toujours d'un animal domestique, poulet ou cabri) les principes spirituels de la victime ne s'attaquent jamais à l'officiant. C'est pourquoi le chasseur, avant de tirer sur sa proie, touche rapidement l'amulette, dans un geste doté d'une double portée, à la fois propitiatoire et d'excuse.

Lorsqu'un Kulango dit qu'il est « à l'épreuve des balles » grâce à ses amulettes, il croit vraiment à ce qu'il affirme : il est persuadé que les projectiles glisseront sur ses vêtements. En témoigne le nombre de ces protections portées pendant les troubles qui ont agité la Côte d'Ivoire après 2001. Les militaires eux-mêmes arboraient des talismans. Mais leur port est une tradition ancienne, déjà en usage au XVIIIe siècle à la cour du Gyaman[172]. Une tradition vivante qui conduit à la surenchère, à la croyance en l'invincibilité. Tels les Dozos qui se sont manifestés récemment, en avril 2016, à Bouna, et qui, il y a quelques années, avaient pris le contrôle de la ville voisine de Kong. Qui sont-ils ? Non point une ethnie, mais une confrérie (*Dozoya*) de chasseurs et de « guerriers ». S'ils assurent que la recherche du gibier est leur activité principale, qu'ils peuvent pour cela se transformer en *gbangmangan* (léopard en kulango), ils prétendent qu'ils tiennent leur valeur de leurs ancêtres, anciens combattants dans les deux guerres mondiales. Certains se disent « initiés », dépositaires de « savoirs mystiques » ; leurs opposants les accusent d'être mercenaires. Leurs combinaisons d'épaisse toile brune sont parsemées, surchargées d'amulettes, avec exubérance, en un véritable déploiement qui constitue pour eux, disent-ils, une « armure », une carapace. Pendant les troubles récents du pays, un Kulango me disait : « J'ai vu un homme tirer à bout portant sur un Dozo, il portait tant de talismans que la balle a glissé sur lui. » Ces amulettes sont de diverses catégories : étuis de cuir cousus ; colliers de cauris ; cornes, dents d'animaux sauvages ; ou encore, souvent, ces figurines de métal qui résonnent et cliquettent sur les plastrons – bien que certaines soient dissimulées dans des étuis de cuir ou enveloppées dans des peaux de caméléons pour les protéger, elles aussi, des sortilèges. Ce que l'on voit également à l'occasion du *sacraboutou*, grande fête « guerrière » des Kulango, avec danses et parades, au cours de laquelle les chasseurs émérites défilent, le visage noirci de charbon de bois.

CONCLUSION. DES « CHARMES »

« Baa zɛɛ bingo lɛ kɔɔi hɔ gbɛlɛgɔ i »

« On ne frappe jamais sur les bords d'un tambour :
toujours au centre de la peau. »

Proverbe kulango

L'efficacité d'une figurine ne provient-elle pas aussi de son esthétique ? Plus elle frappe par son élégance, plus elle est

is to protect its owner. The more it conforms to Kulango criteria of beauty, the more it will, as they say in Ivory Coast French, *fonctionner* (work). This correlation between artistic worth, emotional charge and medical or ethical "return"—something very characteristic in African art—is not unique to the Kulango: it is found among many other peoples sharing the notion of the "aesthetics of the Spirits".[173]

But among the Kulango, the spirits of the bush—hideous and deformed in the "natural" state—demand to be idealised according to artistic criteria worthy of their importance. Just as Charles IV of Spain, his wife and their thick-lipped children invited the greatest painter of his century, Goya, to come and paint them on at least fifteen different occasions despite their unfortunate hooked noses, it was not to be *represented*, but *transmuted*. Or *sublimated*, exactly like these nature spirits who, unlike the king and his family, possess the gift of metamorphosis, being able, as we have seen, to transform themselves at will.

This process of inversion comes about on all levels, but it is through art that the final transmutations take place: the spirit's "negativity" is transformed into positive energy, its "madness" into clairvoyance, its "ugliness" into artistic form. As sculpture converts the spirit's harmful power into something of worth and harmony, so too must it transform its deformities into *distinction*—in all senses of the word—and its excitability, turbulence and instability into ataraxia. It is notable that, among the Kulango, spirits are almost always symbolised with the features of individuals who are meditative, vigilant and watchful, in order to show, through the intensity of their presence, their role as intercessors. Uncontrollable and angry in the bush, it is said that they require to be shown in the most peaceful position possible, that of contemplative expectancy. Their energy—ever-present but held back—is conveyed through the delicacy and tautness of the lines.

It used to be claimed that Africans never formulated value judgements. This is clearly not the case. On the contrary, the Kulango have specific words used to describe their feelings when seeing a beautiful pendant or pleasing figurine. Like the ancient Greeks, they use the same word for "Beautiful" and "Good". This, in the Kulango language, is *cèrè* (cɛrɛ), a word directly opposite to *jia* which means both "ugly" and "bad".[174]

Like the famous *kalos kagathos* (καλὸς κἀγαθός), *beautiful-good*, of ancient philosophy,[175] this Kulango word cɛrɛ (graceful, charming, pretty, honest, kind, good) does not simply refer to the beauty of an object but also to its moral value as well as to the ethical qualities of the person who loves or makes beautiful things. Beauty is an act of goodness, earning merit for anyone who perceives it or, better, performs it.[176] That which is harmonious and agreeable to the eye, that gives pleasure to the person who sees or touches a pendant, for example, draws close to an ideal. And this pleasure is both aesthetic and physical. Did not Plato, talking of a beautiful object, speak of "erotic" pleasure?[177] These figurines are objects to be used as well as looked at, with a texture that is rough or smooth, a surface with unexpected irregularities, a material with its own sonority. The curved shoulders, the rounded breasts, the fortuitous grace of the curls and plaits of the hair, the worn features of the face—all these elements are bursting with sensuality (pages 99 and 161). For an object of this kind to be effective, it is not enough for it to be harmonious: it must also be *tactile*. Who has not dreamed of caressing a Michelangelo? Restoring this

apte à jouer un rôle protecteur. Plus elle répond aux critères de la beauté selon les Kulango, plus elle pourra, comme on le dit en français de Côte d'Ivoire, « *fonctionner* ». Cette corrélation entre valeur artistique, charge émotionnelle et « rentabilité » médicale ou éthique, assez spécifique aux arts d'Afrique, n'est pas propre aux Kulango : on la retrouve chez d'autres peuples, avec la notion d'« esthétique des esprits[173] ».

Mais chez les Kulango, les génies de la brousse, hideux et difformes à l'état « naturel », tiennent à être magnifiés selon des critères plastiques qui répondent à leurs exigences propres. Tout comme Charles IV d'Espagne, son épouse et les infantes lippues, lorsque, malgré leur affreux nez busqué en bec d'aigle, ils font venir, au moins quinze fois, le plus grand peintre du siècle, Goya : ils n'entendaient pas être *représentés*, mais *transmués*. Ou *sublimés*, exactement comme ces esprits de la nature qui bénéficient, eux, d'un don que ne possédait pas la famille du roi : celui de la métamorphose, puisque, comme on l'a vu, ils peuvent se transformer à volonté.

Processus d'inversion qui s'accomplit sur tous les plans, mais c'est l'art qui réalise les ultimes transmutations : en transformant la « négativité » du génie en charge positive, sa « folie » en clairvoyance, sa « laideur » en réussite plastique. De même que la sculpture convertit en valeur et en harmonie la puissance malfaisante de l'esprit, de même il importe de transformer ses difformités en *distinction* – dans tous les sens du mot. Et faire de sa nervosité, de sa turbulence et de son instabilité une ataraxie. Aussi, chez les Kulango, les génies sont presque toujours symbolisés sous les traits d'individus méditatifs, vigilants, au repos, à l'affût, afin de manifester, par l'intensité de leur présence, leur rôle d'intercesseurs. Indomptables et coléiques dans la brousse, ils exigent, dit-on, qu'on les montre dans la position la plus apaisée possible, celle d'une attente recueillie : la finesse et la tension des lignes visent à exprimer leur énergie, mais jugulée.

On a prétendu, naguère, que les Africains ne formulaient jamais aucun jugement de valeur. On voit qu'il n'en est rien. Bien plus : les Kulango disposent de mots précis pour décrire ce qu'ils éprouvent en face d'un joli pendentif, d'une figure qui leur plaît. Et, comme les Grecs anciens, n'emploient-ils pas le même terme pour désigner le « Beau » et le « Bien » ? C'est, en langue kulango, le vocable *cèrè* [*cèrè*] – qui s'oppose diamétralement au mot *jia* – qui signifie, lui, à la fois « laid » et « mauvais » ou « méchant[174] ».

Comme le célèbre *kalos kagathos*, *beau-et-bon*, de la philosophie antique[175], ce terme kulango de *cèrè* (gracieux, charmant, joli, honnête, gentil, bienfaisant) ne désigne pas simplement une qualité de l'objet, qui serait seulement ravissant, mais une valeur morale qu'il dégage, ainsi que la qualité éthique de celui ou celle qui aime ou fait de belles choses. La beauté est une forme de bonté, un bien avantageux pour celui qui la perçoit ou mieux, l'accomplit[176]. De fait, tout ce qui est harmonieux, agréable à l'œil, tout ce qui procure du plaisir à celui qui regarde – ou qui manipule le pendentif – se rapproche d'un idéal. Et ce plaisir est à la fois esthétique et physique. Platon ne parlait-il pas, à propos d'un bel objet, de plaisir « érotique[177] » ? Au sens où c'est un objet dont on *use* aussi bien qu'on le regarde, qui offre la rugosité ou la douceur de sa texture, l'inattendu de ses accidents de surface, la sonorité de sa matière : galbe des épaules, rondeur des seins, grâces fortuites des boucles et des tresses de la chevelure, traits usés du visage, autant d'éléments qui dégagent une irrépressible sensualité (pages 99 et 161). Pour qu'un tel objet soit efficace, il ne suffit pas qu'il soit harmonieux : il importe égale-

dual nature to sculpture, the immense advantage of Kulango art is that it is both visible and sensuously tangible, intelligible both to the eye and the hand, seen and felt. The owner of the talisman is no passive spectator; it is his duty to *live* the object by cohabiting with it (pages 141 and 175).

In translating this perfect harmony, these figurines seek to caress the skin with a *tactile experience of form*. Even though, after long periods of use, they bear the intimate and permanent marks of successive owners, it is also these signs of wear—the work of that great sculptor, time[178]—that transmutate the talismans. The patina of Verdigris, the deposit of carbonate and acetate that imprint the passage of time onto the surface, similarly transfigure it, turning it into something just as manifest as the hand of the creator. "Verdigrised bronzes charm us because in them the work of time is not less visible than that of art; they have undergone a metamorphosis due to oxidization"[179] (pages 104, 131, 179, 209, 227, 241). Thus, paradoxically, the appeal comes from the presence of this corrosion, from the cracks and splits (pages 132, 134, 135). "For mutilations, too, have a style".[180]

Thus the figurine, appealing to the gods on behalf of humans, can be seen as a *charm*—in all senses of the word. It is the material and psychic link with a magic action and, at the same time, something that, triumphing over time, seduces us with its grace. Acting in several directions at once, its effects involve firstly the owner who repeatedly touches it in search of reassurance and who is calmed simply by feeling it, arriving at a state of what is called in Kulango *hɛɛra*—tranquillity, peace of mind. Secondly, it affects the guardian spirit, eager to collaborate. Lastly, it acts on the caster of spells, vile source of hostility, seeking to ward off the evil at the same time as using its elegance to dazzle, confuse and disarm.

ALAIN-MICHEL BOYER

ment qu'il soit *palpable*. Qui n'a rêvé de caresser un marbre de Michel-Ange ? Immense prérogative de l'art des Kulango, qui restitue à la sculpture sa double nature : être à la fois visible et sensuellement tangible, intelligible tant par l'œil que par le toucher, ostensible et charnelle. Si bien que le possesseur du talisman n'est plus spectateur passif, il a pour charge de *vivre* l'objet en cohabitant avec lui (pages 175 et 141).

En traduisant l'accord parfait, ces figurines ont donc pour dessein de flatter l'épiderme, par une *expérience tactile de la forme*. Quitte à ce qu'après de longs contacts, ils portent intimement, et à jamais, la marque des détenteurs successifs. C'est l'usage également qui transmue les talismans, grâce à ce grand sculpteur : le temps[178]. La patine de vert-de-gris, le dépôt de carbonate et d'acétate qui inscrit la durée sur la surface, la transfigurent tout autant : elle devient aussi ostensible que les gestes du créateur.—« Les bronzes verdis nous atteignent parce que la présence du temps y est aussi visible que celle de l'art – parce qu'ils sont la métamorphose faite oxyde » [179] (104, 131, 179, 209, 227, 241). L'attrait provient alors, paradoxalement, de la présence de cette corrosion, des fêlures, des cassures (pages 132, 134, 135). Les « mutilations », de même, ne créent-elles pas « un style[180] ? »

Dès lors, la figurine, s'adressant aux dieux pour mieux émouvoir les hommes, devient bien un *charme* – dans tous les sens du terme. À la fois parce qu'elle est le moyen matériel et psychique d'une action magique, et parce que, triomphant des siècles, elle s'impose par sa grâce, sa séduction. Dans plusieurs directions simultanées : d'abord à l'intention de son possesseur, qui la manipule à l'infini pour se rassurer, qui se tranquillise par le seul toucher, afin d'atteindre ce que l'on nomme, en kulango, *hèèra*, la quiétude, la paix de l'âme ; ensuite à l'adresse du génie protecteur, ravi de collaborer ; et même, enfin, à l'égard du jeteur de sortilèges, l'abominable source d'hostilité, qu'elle vise non seulement à conjurer, mais également à éblouir, à troubler, à désarmer par son élégance.

ALAIN-MICHEL BOYER

1. Paris, Musée du Quai Branly-Jacques Chirac. For the three "colossal" statues of the former kingdoms of Abomey and Allada, see Alain-Michel Boyer, "L'art de cour des royaumes du Dahomey", in Boyer 2006, pp. 124–7.
2. Malraux 1951, p. 130. English Trans. Stuart Gilbert, *The Voices of Silence*. London: Paladin, 1974, p. 132.
3. *Ibid.*, p.137. Eng. Trans. p. 138.
4. *Ibid.*, p. 20. Eng. Trans. p. 22
5. *Ibid.*, p. 25. Eng. Trans. p. 27
6. For Louis-Gustave Binger and African art, see Boyer 2009, pp. 74–113.
7. Binger 1892, vol.1, p. 241.
8. *Ibid.*, vol. 1, pp. 249–50.
9. Capitaine Noire, *Origine des forgerons dans le Yatenga*, Dakar, IFAN, MIC 1069, doc. XIII, O-10, 1904. In J.-B.Kiéthéga 1993, vol. II, p. 42. and Coulibaly 2006. See also Germaine Dieterlen, "Contribution à l'étude des forgerons en Afrique occidentale", École pratique des hautes études, Annuaire 1965–66, vol. 73, 1964, pp. 3–28.
10. Chapé 1903, vol. 3, no. 18, p. 250. See RAAI (Ross Archives of African Images).
11. Labouret 1931, p. 476.
12. It was at exactly this time that André Blandin (met several times by the writer of this volume in Béoumi, Bouna and Bondoukou, between 1974 and 1980) left the Ivory Coast for good, having spent more than twenty years there collecting large numbers of metal objects, selling them in galleries in Paris each time he returned to France. Employed by AVB (the company dealing with the relocation of inhabitants following the installation of the Kossou dam), he had the good fortune to have efficient methods of transport available to him. His work brought him into contact with people likely to own figurines. The pieces published in his books represent only a minute part of those he sold, hawking them—"like a Dyula", as he said to me—on the streets of the fifth arrondissement in Paris, sometimes even displaying them in suitcases on the pavement, the gallery owners initially unhappy to invite him into their shops.
13. For the Gyaman kingdom, see Terray 1995 and Boyer 2006, pp. 121–3.
14. Term derived from the French administrative model.
15. Schaedler 1997.
16. See Diabaté 1979.
17. Alain-Michel Boyer, "L'art du Komaland", in Boyer 2006, second ed. 2008, pp. 82–3.
18. Jean-Baptiste Bacquart, *L'Art tribal d'Afrique noire*. Paris: Assouline, 1998, pp. 56–7, fig. 3.
19. Freeman 1892, pp. 119–47.
20. Freeman 1897, pp. 221–43.
21. Guinea worm (*Dracunculus medinensis*), a long thin parasite found in contaminated water causing dracunculosis.
22. See the photograph and discussion in Bravmann 1974, pp. 85–6.
23. See the figurines reproduced in Durieu; also Goy 2005; also Bognolo 2010.
24. Serra 2013.
25. Serra 2015.
26. Glar 2015, pp. 88–101.
27. As described by Glar 2015, p. 3.
28. See Grunne 2014, pp. 150–1.
29. The literal translation might be rendered as "tension towards squatting" but is too simplistic to capture the word's essence.
30. With a string rather than an obstetrician's scissors.
31. Rather than an indentation as in continental Europe and the US.
32. For a discussion of the symbolism of the navel in African statues, see Alain-Michel Boyer, in *Arts de la Côte d'Ivoire* (Jean Paul Barbier, dir.). Geneva: Éditions Barbier-Mueller, 1993, vol.1, pp. 345–6.
33. Père 2004, p. 228. See the photographs pp. 513–7 and (in Mattet 2016) the photograph of such a statue made in Geneva at the Musée Barbier-Mueller, in 2010, by Kokondé Farma, official sculptor to the present sovereign, portraying his predecessor, the deceased King Anyîma, 28th king of the Gan.
34. See Schaedler 1997, p. 136.
35. See Goy and Itzikovitz 2012, p. 149.
36. See: "Ornement", in Alain-Michel Boyer, *Les Arts d'Afrique*. Paris: Hazan, 2006, p. 78. and: Alain-Michel Boyer, *Comment regarder les arts d'Afrique*. Paris: Hazan, 2017, p.78.
37. See photographs of wooden statuettes made by the Degha, Numu and Abron in Bravmann 1974, pp.86, 96 and 98.
38. A very old wooden Kulango statuette (nineteenth century or earlier) can be seen in the Musée d'Ethnographie in Geneva (inv. ETAF 066157). For other works in wood, see the catalogue *Abron-Koulango 2011*, Saint-Maur/ Ramatuelle, alain.dufour@galeries.com. A photograph of a representation of a Kulango couple, once belonging to Hubert Goldet, appears in *Catalogue vente collection Hubert Goldet* 2001, p. 30, no. 50. See another statue, from a private collection, in *Arts d'Afrique, voir l'invisible*, exhibition cat., Bordeaux, Musée d'Aquitaine, Paris, Hazan, 2011, cat. 78, p. 98.
39. See Bruyninx 1993, vol. 1, p. 227.
40. This resemblance is not unique to this piece, appearing quite frequently on other Kulango equestrian figurines.
41. See the representations of Barbary sheep found at Tadrart Akakus (Libya) and the eland of Southern Africa (Barneveld site), in Boyer 2006, pp. 20 and 29.
42. For a discussion of the role of bulls, buffalo and antelopes in mask design, see Boyer 2011.
43. Caylus 1756, vol. 2, plate 1, no. V. Max Itzikovitz was the first person to draw attention to this text (Itzikovitz 1975, pp. 8–11; Itzikovitz 1981, pp. 14–5). Anne Claude de Caylus (1692–1765), one of the leaders, with Winckelmann, of the "return to the antique" (his vast work, *Recueil*

1. Paris, musée du quai Branly-Jacques Chirac. Sur trois statues « colossales » des anciens royaumes d'Abomey et d'Allada, voir Alain-Michel Boyer, « L'art de cour des royaumes du Dahomey », *in* Boyer 2006, p. 124-127.
2. Malraux 1951, p. 130.
3. *Ibid.*, p. 137.
4. *Ibid.*, p. 20.
5. *Ibid.*, p. 25.
6. Sur Louis-Gustave Binger et les arts africains, voir Boyer 2009, p. 74-113.
7. Binger 1892, t. 1, p. 241.
8. *Ibid.*, p. 249-250.
9. Capitaine Noire, *Origine des forgerons dans le Yatenga*, Dakar, IFAN, MIC 1069, doc. XIII, 0-10, 1904. Cité par J.-B. Kiéthéga 1993, t. II, p. 42. Voir également Coulibaly 2006. Et aussi Germaine Dieterlen, « Contribution à l'étude des forgerons en Afrique occidentale », École pratique des hautes études, Annuaire 1965-1966, t. 73, 1964, p. 3-28.
10. Chapé 1903, vol. 3, n° 18, p. 250. Voir RAAI (Ross Archives of African Images).
11. Labouret 1931, p. 476.
12. C'est précisément à cette date qu'André Blandin (rencontré par l'auteur de ces lignes à plusieurs reprises, à Béoumi, Bouna, Bondoukou, entre 1974 et 1980) quitta définitivement la Côte d'Ivoire, après l'avoir parcourue pendant plus de vingt ans, à la recherche d'innombrables objets en métal qu'il revendait dans des galeries parisiennes lors de ses retours en France. Employé à l'AVB (société chargée du déplacement des populations à la suite de la mise en eau du barrage de Kossou), il avait la chance de disposer d'un efficace moyen de transport, et son travail le mettait en communication avec des personnes susceptibles de posséder des figurines. Les pièces qu'il a publiées dans ses livres ne représentent qu'une infime partie de celles qu'il a directement écoulées, à la sauvette, et, il me l'a raconté, « comme un dyula », dans des valises parfois étalées à même le trottoir des rues du Ve arrondissement, les galeristes ne se souciant pas, au début, de le faire entrer dans leurs boutiques.
13. Sur le royaume du Gyaman, voir Terray 1995 et Boyer 2006, p. 121-123.
14. Terme provenant du modèle administratif français.
15. Schaedler 1997.
16. Voir Diabaté 1979.
17. Alain-Michel Boyer, « L'art du Komaland », in Boyer 2006, rééd. 2008, p. 82-83.
18. Jean-Baptiste Bacquart, *L'Art tribal d'Afrique noire*, Paris, Assouline, 1998, p. 56-57, Fig. 3.
19. Freeman 1892, p. 119-147.
20. Freeman 1897, p. 221-243.
21. Ver de Guinée (*Dracunculus medinensis*), parasite long et mince qui, se logeant dans la jambe, est responsable d'une affection, la dracunculose.
22. À ce sujet, voir une photographie et un développement dans Bravmann 1974, p. 85-86.
23. Voir les figurine reproduites dans Durieu et Goy 2005 ; et Bognolo 2010.
24. Serra 2013.
25. Serra 2015.
26. Glar 2015, p. 88-101.
27. C'est ce qu'écrit Glar 2015, p. 3.
28. Voir Grunne 2014, p. 150-151.
29. On pourrait traduire ce mot littéralement par l'expression « tension vers l'accroupissement », mais l'acception, en français, prend une dimension vraiment trop triviale.
30. Avec une ficelle, et non avec un ciseau d'obstétricien.
31. Et non d'une dépression comme en Occident.
32. Pour un développement sur la symbolique du nombril dans la statuaire africaine, voir Alain-Michel Boyer, dans *Arts de la Côte d'Ivoire* (Jean Paul Barbier, dir.), Genève, Éditions Barbier-Mueller, 1993, t. 1, p. 345-346.
33. Père 2004, p. 228. Voir les photographies p. 513-517. Voir également (dans Mattet 2016), la photographie d'une telle statue réalisée à Genève, au musée Barbier-Mueller, en 2010, par Kokondé Farma, sculpteur attitré de l'actuel souverain, et qui représente le prédécesseur de celui-ci, le roi défunt Anyîma, 28e roi des Gan.
34. C'est en partie le cas de Schaedler 1997, p. 136.
35. Voir Goy et Itzikovitz 2012, p. 149.
36. Voir : « Ornement », in Alain-Michel Boyer, *Les Arts d'Afrique*, Paris, Hazan, 2006, p. 78. Voir également : Alain-Michel Boyer, *Comment regarder les arts d'Afrique*, Paris, Hazan, 2017, p. 78.
37. Voir des photographies de statuettes en bois des Degha, des Numu et des Abron *in* Bravmann 1974, p. 86, 96 et 98.
38. Une statuette kulango en bois, très ancienne (au moins du XIXe siècle), figure au musée d'Ethnographie de Genève (inv. ETAF 066157). Pour d'autres œuvres en bois, voir le catalogue *Abron-Koulango 2011*, Saint-Maur / Ramatuelle, alain.dufour@galeries.com. Un couple kulango, qui a appartenu à Hubert Goldet, est photographié dans *Catalogue vente collection Hubert Goldet* 2001, p. 30, n° 50. Voir une autre statue, provenant d'une collection particulière, dans *Arts d'Afrique, voir l'invisible*, cat. exp. Bordeaux, musée d'Aquitaine, Paris, Hazan, 2011, cat. 78, p. 98.
39. Voir Bruyninx 1993, t. 1, p. 227.
40. Cette ressemblance n'est pas propre à cette pièce ; elle est habituelle, et on la retrouve sur d'autres figurines équestres des Kulango.
41. Voir les « mouflons à manchettes » du Tadrart Akakus (Libye) et de l'éland du Cap (site de Barneveld), *in* Boyer 2006, p. 20 et 29.
42. Pour un commentaire sur le rôle des bœufs, buffles, antilopes dans l'élaboration des masques, voir Boyer 2011.
43. Caylus 1756, t. 2, planche 1, n° V. Max Itzikovitz fut le premier à attirer l'attention sur ce texte (Itzikovitz 1975, p. 8-11 ; Itzikovitz 1981, p. 14-15). Anne Claude de Caylus (1692-1765), un des artisans, avec Winckelmann, du « retour à l'antique » (son *Recueil d'antiquités*, monumental, comporte sept volumes), est aussi un écrivain de talent, auteur de *Contes orientaux*,

d'antiquités, has seven volumes), was also a talented writer, author of *Contes orientaux*, a pastiche of *A Thousand and One Nights* and realist stories, the best of which is *Histoire de M. Guillaume, cocher*, recently republished. On the death of his mother in 1729, he began to amass an important collection of antiquities, leaving it at his death to the Cabinet des Médailles, now the Département des Monnaies, Médailles et Antiques of the Bibliothèque nationale de France (BnF).

44. Wilfried Glar was the first to highlight this type of symbiosis, Glar 2014.

45. See Père 2004, pp. 205–7.

46. There are other "monkey villages" in the Ivory Coast: others also in the east are near Bondoukou, in the "sacred" forest of Tabagne and at Tangamourou (near Tanda). There is one in the centre of the country at Gbétitapéa (11 kilometres from Daloa on the Issia road). Several are found in the west in the Man region, in Gbepleu and Taï. But Soko is unusual since the monkeys, living alongside the inhabitants, appear in large numbers on the village square on Fridays.

47. This is the word used by Madeleine Père in her work on the Gan (she includes not only figurines, but also bracelets and ring): see Père 2004, p. 197. She writes: "The wrought iron or copper figurines, found mainly in the fields where people are working, are considered to be representations of spirits whose names have been forgotten. A person who finds one will consult the diviners to try to find out its name. Having got a name, he will strive to revive the cult of that spirit" (*ibid.*).

48. Or, in other dialects, *dèrèsèèhèèn* (masc.) and *dèrèsèyèrè* (fem).

49. For the *ordalie* ritual in the Ivory Coast, see Boyer 2016, pp. 88–90.

50. The same happens amongst the Gan. See Père 2004, p. 198.

51. See Binger 1892, chapter XIV, pp. 267–8. It was Daniela Bognolo who pointed out this similarity: "The Charms and Amulets of Voltaic People: Spiritual Struggle with Dangers from Invisible Beings", *in Small; Hidden World of Africa*. Krakow: Ksiegarnia Akademia, 2016, pp. 97–8.

52. For twinship in African art see Alain-Michel Boyer, "Le double et la gémellité", in Boyer 2006, pp. 191–7.

53. See Blandin 1988, pp. 84 and 97.

54. See Glar 2015 p. 100.

55. See Père 2004, pp. 214–7, 221 and 233.

56. See the famous pair of spirits used in divining in the Metropolitan Museum of Art, New York (Internet: inv. 1978.412.390 and 391.1978.412.391) and Alain-Michel Boyer, "Couple de statues, Baule, Côte d'Ivoire", Sotheby catalogue, Paris, for auction on 14 December 2016.

57. Among animist peoples at least. The Nanaï of the Amour River basin, for example, wore metal amulets, *edehe*: "According to traditional shamanic beliefs, each individual has a 'heavenly wife' (for men) or 'celestial husband' (for women) who protects humans on earth. The figures with triangular heads represent women and were worn by men as a symbol of his 'celestial wife'; the bornze *edehe* with heads that are more rounded at the top probably represent male spirits and were worn by women" (Richard Margolis, "Ritual Bronzes of the Amur Region of Eastern Siberia", *Tribal Art*, no. 81, Autumn 2016, pp. 118–20 Trans. from French edition).

58. See Alain-Michel Boyer, *Baule*. Milan: 5 Continents, 2008, pp. 20–9.

59. See Blackmun Visona 1993, vol.1, pp. 378–9. And Boyer 19 May 2016, p. 30.

60. Boyer 2016, pp. 211–9.

61. *Ibid.*, p. 210.

62. For the Yoruba "twins", and for twinship in general, see Alain-Michel Boyer, "Le double et la gémellité", in Boyer 2006, pp. 191–7.

63. For a photograph of wrought iron "couples" of this kind in the market in Katiola, see Jean Paul Barbier-Mueller (ed.), *Arts of the Côte d'Ivoire* (English edition). Geneva: Musée Barbier-Mueller, 1993, vol. 1, p. 386.

64. As also frequently happens among the Gan. See, for this subject, Père 2004, pp. 192 and 202; Bognolo 2005, p. 130; Mattet, "L'histoire du peuple gan", in Mattet 2016.

65. Binger 1892, vol. 1, pp.249–50.

66. As used by Jean-Louis Boutillier in his book (Boutillier 1993).

67. Père 1993, vol. II, p. 43.

68. *Ibid.*, p. 42.

69. This was also the case with the Guro in the central Ivory Coast, also known as Lôs, Lorubè, Kwéni, etc. On this, see Claude Meillassoux, *Anthropologie économique des Gouro de Côte d'Ivoire*. Paris: Mouton, 1964, pp. 33–46; Boyer 2016, p. 40.

70. At one time this was often also the case in rural areas of France and Italy.

71. Boutillier 1993, pp. 281–2.

72. See Person, "En quête d'une chronologie ivoirienne", 1964 p. 328; Goody 1964, p. 196.

73. See Père 1988, p. 56; Père 2004, p. 47.

74. On the Mali empire and its end, see Boyer 2006, pp. 88–9.

75. See Garrard 1998, p. 36.

76. *Ibid.*

77. Based on an origin myth (that of "Queen" Pokou who sacrifices her child in the Comoé River), it began to be taught in schools after independence on the instruction of the president, Félix Houphouet-Boigny. For the Baule pseudo-kingdom, see Garrard, in *Arts of the Côte d'Ivoire* (Jean Paul Barbier-Mueller, ed.) 1993, vol.1, pp. 290–6. The colonial administrator A. Nebout wrote in 1899: "The different peoples of Baoulé have no political organisation: it is perfect anarchy. They have no chief and the richest and most powerful have no command beyond the confines of their villages" ("Notes sur le Baoulé", 1900, reproduced in *Arts d'Afrique noire*, no. 15, 1975, p. 30).

78. Binger, in 1892: "Every day we meet several caravans, some coming from Kong, the others from the land of Bouna, with ivory, cotton, salt, some items of local metalwork and the beautiful Macina wools" (Binger 1892, vol. 2, p. 191). Many other nineteenth-century travellers emphasise the commercial importance of Bouna and Bondoukou and the frequency and density of trading of people and goods with the towns of the Sahel:

pastiche des *Mille et Une Nuits*, et de récits réalistes, dont un chef-d'œuvre, *Histoire de M. Guillaume, cocher*, récemment réédité. Il avait commencé, à la mort de sa mère, en 1729, une importante collection d'antiquités, qu'il a léguée au Cabinet des médailles, l'actuel département des Monnaies, Médailles et Antiques de la Bibliothèque nationale de France (BnF).

44. C'est Wilfried Glar qui, le premier, a mis l'accent sur ce type de symbiose, Glar 2014.

45. Voir Père 2004, p. 205-207.

46. Il existe d'autres « villages de singes » en Côte d'Ivoire : à l'est encore, près de Bondoukou, dans la forêt « sacrée » de Tabagne ; ou à Tangamourou (près de Tanda). Ou au centre du pays, à Gbétitapéa (à onze kilomètres de Daloa sur la route d'Issia). À l'ouest surtout, dans la région de Man, notamment à Gbepleu et à Taï. Mais Soko est un cas à part puisque les cercopithèques, qui vivent au contact des hommes, apparaissent sur la place du village, en grand nombre, le vendredi.

47. C'est le terme dont use Madeleine Père chez les Gan (elle inclut non seulement les figurines, mais aussi les bracelets et les bagues) : voir Père 2004, p. 197. Et elle ajoute : « Les figurines en fer forgé ou en cuivre, que l'on découvre le plus souvent dans les champs au cours des travaux, sont considérées comme des représentations d'esprits dont le nom est perdu. Celui qui en trouve une, recherche son nom par consultation des devins et, lorsqu'il est renseigné, il s'évertue à reconstituer son culte » (*ibid.*).

48. Ou, selon les dialectes, *dèrèsèèhèèn* (au masculin) et *dèrèsèyèrè* (au féminin).

49. Sur le rituel de l'ordalie en Côte d'Ivoire, voir Boyer 2016, p. 88-90.

50. Le phénomène est identique chez les Gan. Voir Père 2004, p.198.

51. Voir Binger 1892, chapitre XIV, p. 267-268. C'est Daniela Bognolo qui a attiré l'attention sur cette similitude : « The Charms and Amulets of Voltaic People : Spiritual Struggle with Dangers from Invisible Beings », *in Small; Hidden World of Africa*, Cracovie, Ksiegarnia Akademia, 2016, p. 97-98.

52. Sur la gémellité dans l'art africain, voir Alain-Michel Boyer, « Le double et la gémellité », *in* Boyer 2006, p. 191-197.

53. Ce que suppose Blandin 1988, p. 84 et 97.

54. C'est ce que pense Glar 2015, p. 100.

55. Voir Père 2004, p. 214-217, 221 et 233.

56. Voir le célèbre couple de génies pour devin du Metropolitan Museum of Art, New York (sur Internet : inv. 1978.412.390 et 391.1978.412.391) et Alain-Michel Boyer, « Couple de statues, Baule, Côte d'Ivoire », catalogue Sotheby's, Paris, vente du 14 décembre 2016.

57. Du moins chez les peuples animistes. Ainsi chez les Nanaï du bassin du fleuve Amour, qui portaient des amulettes en métal, les *edehe* : « Les croyances chamaniques traditionnelles voulaient que chaque individu possède une "épouse céleste" (pour les hommes) et un "époux céleste" (pour les femmes) qui protègent les humains sur terre. Les figures dont la tête est triangulaire au sommet représentent une femme et étaient portées par un homme en guise de symbole de son "épouse céleste" ; les *edehe* en bronze dont le sommet de la tête est plus arrondi désignent très probablement des esprits masculins et étaient portés par une femme » (Richard Margolis, « Bronzes rituels de la région de l'Amour et de la Sibérie », *Tribal Art*, n° 81, automne 2016, p. 118-120).

58. Voir Alain-Michel Boyer, *Baule*, Milan, 5 Continents, 2008, p. 20-29.

59. Voir Blackmun Visona 1993, t. 1, p. 378-379. Et Boyer 19 mai 2016, p. 30.

60. Boyer 2016, p. 211-219.

61. *Ibid.*, p. 210.

62. Sur les « jumeaux » des Yoruba, et sur la gémellité en général : Alain-Michel Boyer, « Le double et la gémellité », *in* Boyer 2006, p. 191-197.

63. Pour une photographie de tels « couples » en fer forgé sur le marché de Katiola, voir Jean Paul Barbier-Mueller (éd.), *Arts de la Côte d'Ivoire*, Genève, musée Barbier-Mueller, 1993, t. 1, p. 386.

64. À l'instar de ce qu'il advient fréquemment chez les Gan. Voir, à ce sujet, Père 2004, p. 192 et 202. Voir aussi Bognolo 2005, p. 130. Et Mattet, « L'histoire du peuple gan », *in* Mattet 2016.

65. Binger 1892, t. 1, p. 249-250.

66. C'est du reste celle qui est adoptée par Jean-Louis Boutillier dans son livre (Boutillier 1993).

67. Père 1993, t. II, p. 43.

68. *Ibid.*, p. 42.

69. Ce fut le cas aussi, par exemple, pour les Guro du centre de la Côte d'Ivoire, également appelés Lôs, Lorubè, Kwéni, etc. À ce sujet, voir Claude Meillassoux, *Anthropologie économique des Gouro de Côte d'Ivoire*, Paris, Mouton, 1964, p. 33-46. Et Boyer 2016, p. 40.

70. Ce qui était aussi souvent le cas, dans les campagnes françaises et italiennes, jadis.

71. Boutillier 1993, p. 281-282.

72. Voir Person, « En quête d'une chronologie ivoirienne », 1964 p. 328 ; et Goody 1964, p. 196.

73. Voir Père 1988, p. 56. Voir aussi Père 2004, p. 47.

74. Sur l'empire du Mali et sa disparition, voir Boyer 2006, p. 88-89.

75. Voir Garrard 1998, p. 36.

76. *Ibid.*

77. Fondé sur un mythe d'origine (celui de la « reine » Pokou qui sacrifie son enfant dans la Comoé), il a été valorisé à l'école après l'indépendance, par le pouvoir présidentiel de Félix Houphouët-Boigny. Sur le pseudo-royaume baule, voir Garrard, in Jean Paul Barbier-Mueller (éd.), *Arts de la Côte d'Ivoire*, 1993, t. 1, p. 290-296. Voir ce qu'écrivait l'administrateur colonial A. Nebout en 1899 : « Les diverses peuplades du Baoulé n'ont aucune organisation politique : c'est la plus parfaite anarchie. Elles n'ont pas de chef ; les personnages les plus puissants et les plus riches ne commandent guère que leur village » (« Notes sur le Baoulé », 1900, reproduit *in Arts d'Afrique noire*, n° 15, 1975, p. 30).

78. Binger, en 1892 : « Nous rencontrons chaque jour plusieurs caravanes, les unes venant de Kong, les autres du pays de Bouna, avec de l'ivoire, du coton, du sel, quelques articles de ferronnerie de fabrication indigène

Caillié, Mungo Park. Above all, Heinrich Barth ("Bouna is a town famous for its teaching and its schools . . . ", *Voyages et découvertes dans l'Afrique septentrionale et central*. Brussels/ Paris: Lacroix-Bohné Libraires, 1859, vol. 3, p. 496) and Moskowitz (the first European to enter Bouna in 1894, see *Bulletin du Comité de l'Afrique Française*, no. 10, 1894, p. 151. Report by Jean-Baptiste Marchand to the governor of the Ivory Coast, 18 May 1894, ANSOM, Afrique III [23]).
79. See Boutillier 1993, pp. 22–67.
80. Bouna, in Kulango, is pronounced Gboona (or sometimes Gboonan). Spelled Bona in English.
81. See Boutillier 1993, pp. 61 and 284.
82. *Ibid.*, pp. 285–6.
83. Henri Labouret, in *Nouvelles notes sur les tribus du rameau lobi*, Dakar, IFAN, 1958, pp. 24–5, says that they are also called Nabé or Nembaï; Maurice Delafosse, in *Les Frontières de la Côte d'Ivoire, de la Côte de l'or et du Soudan*. Paris: Masson & Cie, 1908, also calls them Zazéré (p. 136).
84. For the destruction wreaked by Samory Touré's soldiers in the Ivory Coast, see Boyer 2011, pp. 20–1.
85. Boutillier 1993, p. 60. and Bravmann 1974, p. 78.
86. Terray 1984, p. 553.
87. Boutillier 1993, p. 34.
88. In this region of Africa, the process whereby a group of emigrants (often small in number) leave their land of origin to create a kingdom obeys certain repeated rules. The three historical stages are the same, the only difference being the identity of the protagonists: the native land is left because of a dynastic dispute; during the journey, other communities attach themselves to the initial cell; at the end of their travels, the newcomers (?) establish their dominance over the local population, absorbing the prevailing culture of the place even as they subject them (see Terray 1995, p. 215).
89. Bowdich 1819.
90. Terray (n.d.), p. 1.
91. For the kingdom of Gyaman, see Terray 1995; Boyer 2006, pp. 121–3.
92. Terray "La captivité dans le royaume abron du Gyaman", in C. Meillassoux (ed.), *L'Esclavage en Afrique précoloniale*. Paris: Maspéro, pp. 446–8. Also Alland Jr. 1984, p. 74.
93. Alland Jr. 1984, p. 68.
94. Bringing to mind the famous lines by Horace, when the Mediterranean world came under Roman rule: *Graecia capta ferum victorem cepit* (Having been conquered, Greece conquered her fierce enemy).
95. Terray 1975, pp. 85–135.
96. See Boyer 2011, pp. 104–15.
97. Festival marking the end of Ramadan.
98. Bravmann 1974.
99. *Ibid.*, p. 172.
100. For a photograph, see Internet: Wikipedia, article on Bondoukou.
101. See Boutillier 1993, p. 11.
102. The early explorers (Monnier, Fergusson) do not use the word Kulango.
103. Direction des Archives nationales de Côte d'Ivoire, ministère de l'Intérieur et de l'Intégration nationale: "Rapports mensuels, Colonie de Côte d'Ivoire, Circonscription de Bondoukou, 1 EE 189 (4)".
104. Tauxier 1921, p. 42.
105. See Kouman 1984.
106. The whole of West Africa has been affected. The Senufo, even more than the Kulango, were highly skilled metalworkers. In the village of Koni, to the north of Korhorgo, in 1980, there were some fifteen blast-furnaces and more than a hundred workers. By 2016, abandoned and non-operative, these furnaces resemble collapsed termite mounds. The villagers no longer buy the agricultural implements once made by the *fonombeli* (miners and smiths).
107. Boutillier 1993, p. 287.
108. Terray 1989, pp. 1–2.
109. Kiéthéga 1993, p. 97; Terray 1989, p. 2.
110. For the art of Zimbabwe, see Alain-Michel Boyer, "Architecture et statuaire du Zimbabwe/ Art and Architecture of Zimbabwe", *Arts & Culture*, no. 2, 2001, pp. 93–103; Alain-Michel Boyer, "Le royaume de Zimbabwe", in Boyer 2006, pp. 92–9.
111. For gold and the Akyé, see Boyer, 19 May 2016, pp. 26–33 (the statue is now in the Musée du Quai Branly-Jacques Chirac).
112. See Boyer 2008, pp. 76–7.
113. Boyer, 19 May 2016, p. 28.
114. Boutillier 1993, p. 166.
115. *Ibid.*, p. 245.
116. It appears, however, that the king of the Gan, and he alone, could wear gold. See Père 2004, pp. 68–9. But see the comments made in 2010 by Prince Koffi Farma, spokesperson for the present king of the Gan, S.M. Tukpà Batou, in Mattet 2016.
117. al-Idrisi (Muhammad Ibn Muhammad), *Description de l'Afrique et de l'Espagne*. Leiden: Brill, 1866. Quoted by Till Förster, in *Erde und Erz*, Karl-Ferdinand Schaedler (ed.). Munich: Panterra Verlag, 1997, p. 93.
118. Griaule [1948] 1966, p. 113.Eng. Trans. *Conversations with Ogotemmêli: an introduction to Dogon religious ideas*. London: Oxford University Press, 1965, p. 106.
119. Reproduced as an engraving in vol. 2, pl. XI, of his *Recueil d'antiquités égyptiennes, étrusques, grecques, romaines* (7 vols, 1752–67).
120. Itzikovitz 1975, pp. 8–11.
121. Itzikovitz 1981, pp. 4–15.
122. Some may have been cast after 1975 by metalworkers using photographs for models. Since the early 1980s, piles of *Arts d'Afrique noire* and photocopies of books on African art were to be seen in metal workshops.
123. On the gold of this kingdom, see Terray 1989. For photographs of Abron gold objects and ornaments, see also Alain-Michel Boyer, "Le royaume des Abron du Gyaman", in Boyer 2006, pp. 121–3.
124. See Terray 1982, p. 266.

et de belles laines du Macina» (Binger 1892, t. 2, p. 191). Beaucoup d'autres voyageurs du XIXe siècle insistent sur l'importance commerciale de Bouna et de Bondoukou, sur la fréquence et la densité des échanges de biens et de personnes avec les villes du Sahel : Caillié, Mungo Park. Heinrich Barth surtout («Bouna est une ville très célèbre pour son enseignement et ses écoles...», *Voyages et découvertes dans l'Afrique septentrionale et centrale*, Bruxelles / Paris, Lacroix-Bohné Libraires, 1859, t. 3, p. 496) et Moskowitz (premier Européen à pénétrer dans Bouna en 1894, voir *Bulletin du Comité de l'Afrique Française*, n° 10, année 1894, p. 151. Rapport de Jean-Baptiste Marchand au gouverneur de la Côte d'Ivoire, 18 mai 1894, ANSOM, Afrique III [23]).

79. Voir Boutillier 1993, p. 22-67.

80. Bouna, en kulango, se prononce Gboona (ou parfois Gboonan). Les anglophones l'orthographient Bona.

81. Voir Boutillier 1993, p. 61 et 284.

82. *Ibid.*, p. 285-286.

83. Henri Labouret, *in Nouvelles notes sur les tribus du rameau lobi*, Dakar, IFAN, 1958, p. 24-25, affirme qu'ils se nomment également Nabé ou Nembaï; Maurice Delafosse, *in Les Frontières de la Côte d'Ivoire, de la Côte de l'or et du Soudan*, Paris, Masson & Cie, 1908, les désigne aussi, p.136, sous le nom de Zazéré.

84. Sur les destructions opérées par les troupes de Samory Touré en Côte d'Ivoire, voir Boyer 2011, p. 20-21.

85. Boutillier 1993, p. 60. Voir également Bravmann 1974, p. 78.

86. Terray 1984, p. 553.

87. Boutillier 1993, p. 34.

88. Dans cette région de l'Afrique, le processus par lequel un groupe d'émigrants (souvent peu nombreux) laisse son pays d'origine pour créer un royaume obéit à des règles analogues. Le schéma historique, en trois étapes, se répète; seule se modifie l'identité des protagonistes : le lieu natal est quitté en raison d'une querelle dynastique; au cours du voyage, des communautés s'agrègent à la cellule initiale; à l'issue de l'errance, les nouveaux venus établissent leur tutelle sur des populations déjà installées et, tout en les soumettant, s'imprègnent de l'apport culturel en vigueur (voir à ce sujet : Terray 1995, p. 215).

89. Bowdich 1819.

90. Terray s. d., p. 1.

91. Sur le royaume du Gyaman, voir Terray 1995. Et Boyer 2006, p. 121-123.

92. Terray, «La captivité dans le royaume abron du Gyaman», *in* C. Meillassoux (éd.), *L'Esclavage en Afrique précoloniale*, Paris, Maspéro, p. 446-448. Et Alland Jr. 1984, p. 74.

93. Alland Jr. 1984, p. 68.

94. Faut-il citer le célèbre vers d'Horace, au moment où le monde méditerranéen est tombé au pouvoir de Rome? *Graecia capta ferum victorem cepit* : «La Grèce conquise a conquis son farouche vainqueur.»

95. Terray 1975, p. 85-135.

96. Voir Boyer 2011, p. 104-115.

97. Fête qui marque la fin du ramadan.

98. Bravmann 1974.

99. *Ibid.*, p. 172.

100. Voir la reproduction sur Internet : Wikipedia, article sur Bondoukou.

101. Voir Boutillier 1993, p. 11.

102. Effectivement, les premiers explorateurs (Monnier, Fergusson) n'emploient pas le terme de Kulango.

103. Direction des Archives nationales de Côte d'Ivoire, ministère de l'Intérieur et de l'Intégration nationale : «Rapports mensuels, Colonie de Côte d'Ivoire, Circonscription de Bondoukou, 1 EE 189 (4)».

104. Tauxier 1921, p. 42.

105. À ce sujet, voir Kouman 1984.

106. Ce qui a touché toute l'Afrique de l'Ouest. Ainsi des Senufo qui, plus encore que les Kulango, furent des métallurgistes émérites. Dans ce centre qu'était Koni, au nord de Korhogo, en 1980, plus de cent ouvriers s'activaient autour d'une quinzaine de hauts fourneaux en activité. En 2016, abandonnés et inutilisables, ceux-ci ressemblent à des termitières effondrées. Aucun villageois n'achète plus les instruments agraires que fabriquaient les *fonombeli* (extracteurs de minerai et forgerons).

107. Boutillier 1993, p. 287.

108. Terray 1989, p. 1-2.

109. Kiéthéga 1993, p. 97. Et Terray 1989, p. 2.

110. Sur l'art du Zimbabwe, voir Alain-Michel Boyer, «Architecture et statuaire du Zimbabwe / Art and Architecture of Zimbabwe», *Arts & Culture*, n° 2, 2001, p. 93-103. Et Alain-Michel Boyer, «Le royaume de Zimbabwe», *in* Boyer 2006, p. 92-99.

111. Sur l'or chez les Akyé, voir Boyer 19 mai 2016, p. 26-33 (la statue se trouve maintenant au musée du Quai Branly-Jacques Chirac).

112. Voir Boyer 2008, p. 76-77.

113. Boyer 19 mai 2016, p. 28.

114. Boutillier 1993, p. 166.

115. *Ibid.*, p. 245.

116. Il semble toutefois que le roi des Gan, et lui seul, puisse porter de l'or. Voir Père 2004, p. 68-69. Voir cependant ce qu'affirme, en 2010, le prince Koffi Farma, porte-parole de l'actuel roi des Gan, S. M. Tukpà Batou, *in* Mattet 2016.

117. Al-Idrisi (Muhammad Ibn Muhammad), *Description de l'Afrique et de l'Espagne*, Leyde, Brill, 1866. Cité par Till Förster, *in Erde und Erz*, Karl-Ferdinand Schaedler (éd.), Munich, Panterra Verlag, 1997, p. 93.

118. Griaule [1948] 1966, p. 113.

119. Elle est reproduite, sous la forme d'une gravure, dans le t. 2, pl. XI, de son *Recueil d'antiquités égyptiennes, étrusques, grecques, romaines* (7 vol., 1752-1767).

120. Itzikovitz 1975, p. 8-11.

121. Itzikovitz 1981, p. 4-15.

122. Certaines peuvent avoir été fondues depuis 1975 par des orfèvres, à partir de modèles photographiés – dès le début des années 1980,

125. For these "figurines", see Terray (n.d.), p. 9; Terray 1982, p. 265.
126. Bravmann 1974.
127. See Boyer 1 December 2010, pp. 18–21.
128. See Boyer 2016, p. 189, fig. 127. For another mask decorated with brass plaques, see in the same volume p.186, fig.124.
129. For photographs of this type of earring, see Boyer 2007b, pp. 43 and 58.
130. *Ibid.*, p. 55.
131. Boyer 2006, p. 106.
132. See Boyer 2007a, pp. 43–61.
133. " . . . none of the Ife 'bronzes' are bronze at all. They are either coppers or brasses, but since the term bronze is usually applied . . . this term (i.e. bronze) will continue to be used". Willett 1967, p. 55.
134. El Mina: the name would seem to indicate the presence of a mine but, in fact, it was chosen because of the large quantities of metals passing through.
135. See Delaporte 1772, vol. XV, pp. 11–3.
136. It is true that Théodore Monod discovered, at Maaden Ijjafen, in the western Sahara, south of Mauritania, the remains of a thousand-year-old caravan of camels, probably travelling from Morocco, swallowed up by the sands. It had been transporting 2,000 ingots of brass, copper rods and cowry shells to the Gulf of Guinea: radio-carbon analysis has given a date for the excavated objects of 1080 AD (Théodore Monod, "Le Ma'den Ijâfen: une épave caravanière ancienne", in *Actes du premier colloque d'archéologie africaine*, Fort-Lamy, pp. 34–52, 1969). But Frank Willett (Willett [1967] 1971, p. 56) makes the important point that the composition of this brass does not in any way correspond to that of previously analysed sculptures.
137. The following text may partly answer this mystery. It is the account by Ibn Battuta, Arab geographer and traveller of his long journey begun in 1325. In 1352–3, he was staying in the Mali Empire. Reaching what he calls Kawkaw (from his description this was probably Gao), on the banks of a river that he believes to be the Nile (he confuses the Nile and the Niger, as did other contemporary travellers), he set off eastwards until he reached a city he calls Takaddâ, where, he comments, "the water to the village passes through the copper mines, changing its colour and its taste".
We can feel sure that this Takaddâ is present-day Teguida (or, more correctly, Teguida-n-Tesseum or Teguida-n-Tagaït), in the Niger. The present site is in the middle of salt works, 184 kilometres to the town of Adagez.
To quote Ibn Battuta again: "A copper mine is to be found outside Takkadâ. The mineral is extracted from the ground, then transported to the town. It is melted down in the home: it is a job performed by slaves, men and women. When the copper is obtained, it is made into bars one and a half spans long, some thin and some thick. The latter are sold by the *mithqâl* of 400 hundred bars, the former by the *mithquâl* of 600 or 700 bars" (Ibn Battuta, *Voyages et périples, in Voyageurs arabes*. Paris: Gallimard, 1995, p. 1045 ["Bibliothèque de la Pléiade"]). Takaddâ (or Teguida) stands at a crossroads where many roads and tracks lead to the south, something Ibn Battuta explicitly mentions: "The copper is exported to the town of Kubar situated in the land of the pagan Blacks, to Zaghay and to the land of Barnû, 40 days from Takaddâ" where "the king does not appear before his subjects, only addressing them from behind a curtain" (*ibid.*, p. 1046). And there were other routes, towards Djenné, and towards the southwest as far as Kulango territory.
138. Vienna, Kunsthistorisches Museum
139. See *Vie de Benvenuto Cellini écrite par lui-même*. Paris: Éditions Crès, pp. 405–6 and 446–51 (Eng. Trans. by JC & P Bondanella, *My Life*. Oxford: Oxford World Classics, 2009) and André Malraux, Écrits sur l'art. Paris: Gallimard, 2004, vol. 2, p. 475 ("Bibliothèque de la Pléiade").
140. See Boyer 2015, pp. 199–235.
141. For example, among the Dan, it happens that a mask, in use for a long time, is diverted for its original role to be used for another (comedian-mask, singer-mask, police-mask) simply because its owner has died. This may happen three or four times with the same artefact.
142. See Bruyninx 1993, p .227.
143. Boutillier 1993, p. 183.
144. *Ibid.* This is also stated by Père 2004, p. 58: "A prince can only marry a commoner or the descendant of a captive, but never a princess or viceversa."
145. Boutillier 1993, pp. 184 and 186.
146. One of the main factors in the decline of royalty today is the small number of wives taken by the king—a paltry four!
147. Boutillier 1993, p. 191.
148. For the ritual dimension of such meals, see Boyer 2014, pp. 94–106.
149. Boutillier 1993, p. 190.
150. Garrard 1993, in Jean Paul Barbier-Mueller, *Arts de la Côte d'Ivoire*, vol. 2, p. 57.
151. Cowry shells are still used by the Kulango, but solely for divining purposes ("throwing the cowries" is a practice also found elsewhere in the Ivory Coast).
152. Village situated on roughly the same longitude as Bondoukou, to the west and not far from the Comoé River. Today it is called Famienkro ("Village of the king") and inhabited by Anufoué people (see Raymond Deniel, *Une société paysanne de Côte d'Ivoire: les Ano, tradition et changement*. Abidjan: INADES, 1976).
153. Binger 1892, vol. II, p. 241. For this "monetary frontier", see also Terray 1982, p. 255.
154. See Garrard 1980.
155. Rattray, one of the first scholars to study gold-weights, had already expressed this doubt as early as the 1920s. See Rattray [1927] 1959.
156. Also called *kpalisèèhèèn* (masc.) and *kplalisèèyèrè* (fem.).
157. See Père 2004, p. 65.
158. This is even truer of the Gan who interpret the real name of their ethnic group, *kaa* (pl. *kaaba*), as meaning "Those who divine" (see Père 2004, p. 225).

on pouvait trouver, dans les ateliers de fondeurs d'Abidjan ou de Bouaké, des piles d'*Arts d'Afrique noire*, ainsi que des photocopies de livres d'art africain, à profusion.

123. Sur l'or dans ce royaume, voir Terray 1989. Pour des photographies d'objets et parures en or chez les Abron, voir également Alain-Michel Boyer, « Le royaume des Abron du Gyaman », *in* Boyer 2006, p. 121-123.

124. Voir encore Terray 1982, p. 266.

125. Voir au sujet de ces « figurines », Terray s. d., p. 9. Et Terray 1982, p. 265.

126. Bravmann 1974.

127. Voir Boyer 1er décembre 2010, p. 18-21.

128. Voir Boyer 2016, p. 189, fig. 127. Voir dans le même volume un autre masque décoré de plaquettes de laiton, p. 186, fig. 124.

129. Pour des photographies de telles boucles d'oreilles, voir Boyer 2007b, p. 43 et 58.

130. *Ibid.*, p. 55.

131. Boyer 2006, p. 106.

132. Voir Boyer 2007a, p. 43-61.

133. Willett [1967] 1971, p. 55 (« Aucun des "bronzes" d'Ifè n'est en réalité un véritable bronze. Ce sont soit des pièces en laiton, soit des pièces en cuivre. Mais étant donné que le terme "bronze" est appliqué à tous les objets en métal fondu composé principalement de cuivre, nous continuerons à employer ce terme tout au long de cet ouvrage »).

134. El Mina : un nom qui pourrait faire croire que s'y trouvait une « mine » mais qui fut choisi en raison de la grande quantité de métaux qui transitaient.

135. Voir Delaporte 1772, t. XV, p. 11-13.

136. Certes, Théodore Monod trouva, à Maaden Ijjafen, à l'ouest du Sahara, au sud de la Mauritanie, les restes d'une caravane de chameaux, venant vraisemblablement du Maroc, restée engloutie mille ans dans les sables, et qui transportait vers le golfe de Guinée deux mille lingots de laiton, des baguettes de cuivre, des cauris : la datation au radio-carbone a donné, pour l'ensemble de ces fouilles, 1080 apr. J.-C. (Théodore Monod, « Le Ma'den Ijâfen : une épave caravanière ancienne », *in Actes du premier colloque d'archéologie africaine*, Fort-Lamy, 1969, p. 34-52). Mais Frank Willett (Willett [1967] 1971, p. 56) souligne, donnée essentielle, que la composition de ce laiton ne correspond en rien à celle de sculptures analysées jusque-là.

137. De laquelle s'agissait-il ? Voici un texte essentiel : les écrits d'Ibn Battuta, géographe et voyageur arabe, qui entreprit en 1325 un long périple, jusqu'à ce qu'en 1352-1353, il séjourne dans l'empire du Mali. Arrivé à ce qu'il appelle Kawkaw (d'après ses évocations, il s'agit sans nul doute de Gao), au bord d'un fleuve qu'il croit être le Nil (il confond Nil et Niger, comme d'autres voyageurs de l'époque), il part vers l'est, jusqu'à une cité qu'il nomme Takaddâ, où, note-t-il, « l'eau de la ville traverse les mines de cuivre, ce qui la fait changer de couleur et de goût ». Il est possible d'assurer que cette Takaddâ est l'actuel village de Teguida (nommé plutôt Teguida-n-Tesseum ou Teguida-n-Tagaït), au Niger. Le site actuel se trouve au milieu de salines, à cent quatre-vingt-quatre kilomètres à l'ouest de la ville d'Adagez. Lisons Ibn Battuta : « Une mine de cuivre se trouve à l'extérieur de Takkadâ. Le minerai est extrait du sol, puis transporté à la ville. On le fond à domicile : c'est un travail dont se chargent les esclaves, hommes et femmes. Quand on a obtenu du cuivre rouge, on en fait des barres d'un empan et demi de long, les unes minces, les autres épaisses. Ces dernières sont vendues à raison d'un *mithqâl*-or les quatre cents barres, les premières d'un mitquâl les six cents ou sept cents barres » (Ibn Battuta, *Voyages et périples*, *in Voyageurs arabes*, Paris, Gallimard, coll. « Bibliothèque de la Pléiade », 1995, p. 1045). Or, Takaddâ (ou Teguida) est placé à un carrefour de routes et de nombreuses pistes se dirigeaient vers le sud, dont parle explicitement Ibn Battuta : « On exporte le cuivre vers la ville de Kubar située dans le pays des Noirs païens, vers Zaghay et vers le pays de Barnû, à une distance de quarante jours de Takaddâ » où « le roi n'apparaît à ses sujets, ni ne s'adresse à eux qu'à travers un rideau » (*ibid.*, p. 1046). Et il existait d'autres pistes, vers Djenné, et vers le sud-ouest, jusqu'au pays kulango.

138. Vienne, Kunsthistorisches Museum.

139. Voir *Vie de Benvenuto Cellini écrite par lui-même*, Paris, Éditions Crès, p. 405-406 et 446-451. Voir aussi André Malraux, *Écrits sur l'art*, Paris, Gallimard, coll. « Bibliothèque de la Pléiade », 2004, t. 2, p. 475.

140. Voir Boyer 2015, p. 199-235.

141. C'est le cas, par exemple, chez les Dan : il advient qu'un masque, en activité depuis longtemps, soit détourné de son rôle initial pour en assurer un autre (masque comédien, masque chanteur, masque policier), simplement parce que son propriétaire est mort, et cela jusqu'à trois ou quatre reprises pour un même artefact.

142. Voir Bruyninx 1993, p. 227.

143. Boutillier 1993, p. 183.

144. *Ibid.* C'est aussi ce qu'affirme Père 2004, p. 58 : « Un prince ne peut épouser qu'une roturière, ou descendante de captif(ve), mais jamais une princesse ou vice-versa. »

145. Boutillier 1993, p. 184 et 186.

146. Aujourd'hui, l'un des facteurs principaux de déclin de la royauté est le faible nombre d'épouses du roi : à peine quatre !

147. Boutillier 1993, p. 191.

148. Sur la dimension rituelle des repas communiels, voir Boyer 2014, p. 94-106.

149. Boutillier 1993, p. 190.

150. Garrard 1993, in Jean Paul Barbier-Mueller (éd.), *Arts de la Côte d'Ivoire*, Genève, musée Barbier-Mueller, t. 2, p. 57)

151. Les cauris sont encore en usage chez les Kulango, mais exclusivement pour des consultations divinatoires (c'est le « lancer des cauris », répandu ailleurs en Côte d'Ivoire).

152. Village situé approximativement sur la même longitude que Bondoukou, à l'ouest, non loin de la Comoé. Il se nomme aujourd'hui Famienkro (« Village du roi ») et est peuplé d'Anufoué (voir Raymond Deniel, *Une société paysanne de Côte d'Ivoire : les Ano, tradition et changement*, Abidjan, INADES, 1976).

159. This can be compared with possession among the Baule, see Boyer 2008, pp. 32–3.
160. Two such two wooden statuettes can be seen in the Numu village of Brawhami: Bravmann 1974, p. 97, fig. 19.
161. See Alain-Michel Boyer, "L'art divinatoire", in Boyer 2016, pp. 223–41.
162. Minimal by Western standards but high for Africans, something that explains why the villagers—not only for traditional reasons—are inclined to consult the *kpalisiè* rather than go to a sometimes distant dispensary or hospital.
163. The same is true for the Gan. See Père 2004, p. 197.
164. Sky: *iégo*.
165. Singulier: *pinio*.
166. See Bognolo 2005, p. 115; Bognolo 2010, *passim*.
167. As it is necessary to be well armed against misadventure, allies are essential. The use of figurative talismans like those in the Peroni Collection does not exclude the use of Muslim amulets, too. These are made by the *marabouts* of the Ligbi people but used also by animists. Called *soubalakari* to protect against spells, *nedoudougoulakari* to avoid insults leading to fights or *neguelakari* against a whole number of disasters (fire, drought, sickness), they contain some words from the Koran sprinkled with medicines, folded and placed in a leather pocket (see Bravmann 1974, pp. 90 and 134–5).
168. Binger 1892, vol. 1, p. 250.
169. See Boyer 2008, pp. 20–9.
170. See, particularly, Blandin 1988.
171. See photographs in *ibid.*, pp. 94 and 105.
172. See Terray (n.d.), p. 20.
173. For "esthétique des esprits", see Boyer 2006, pp. 143–9.
174. There is another word in Kulango, *kpoko*, also meaning both "ugly" and "bad".
175. Aristotle's *kalokagathia*. See Aristotle, *Eudemian Ethics*, Book VIII, chapter 3.
176. Plato, *Alcibiades*, 113c–114e.
177. Plato, *Philebus*, 46b–47b.
178. See Marguerite Yourcenar, *Le Temps, ce grand sculpteur*. Paris: Gallimard, 1991, p. 273 ("Bibliothèque de la Pléiade").
179. Malraux 1951, p. 369.
180. *Ibid.*, p. 65, repub. p. 262. Eng. Trans, p. 67.

153. Binger 1892, t. II, p. 241. Au sujet de cette « frontière monétaire », voir également Terray 1982, p. 255.
154. Voir Garrard 1980.
155. Rattray, l'un des premiers chercheurs à écrire sur les poids à peser l'or, en doutait déjà au cours des années 1920. Voir Rattray [1927] 1959.
156. Appelés aussi *kpalisèèhèèn* (masculin) et *kplalisèèyèrè* (féminin).
157. Voir Père 2004, p. 65.
158. C'est encore plus le cas chez les Gan, puisque ceux-ci définissent le vrai nom de leur ethnie : *kaa* (plur.: *Kaaba*) par l'expression : « Ceux qui devinent » (voir Père 2004, p. 225).
159. À comparer avec la possession chez les Baule. Voir Boyer 2008, p. 32-33.
160. Voir, chez les Numu du village de Brawhami, ces deux statuettes en bois, *in* Bravmann 1974, p. 97, fig. 19.
161. Voir Alain-Michel Boyer, « L'art divinatoire », *in* Boyer 2016, p. 223-241.
162. Minime selon les standards occidentaux, mais élevée pour des Africains, ce qui explique que les villageois – pour des raisons traditionnelles aussi – sont enclins à consulter le *kpalisiè* plutôt que de se rendre dans un dispensaire ou dans un hôpital, souvent éloigné.
163. Même chose chez les Gan. Voir Père 2004, p. 197.
164. Le ciel : *iégo*.
165. Singulier : *pinio*.
166. Voir Bognolo 2005, p. 115. Et Bognolo 2010, *passim*.
167. Comme il est nécessaire d'être bien armé contre l'adversité, tous les alliés sont nécessaires : l'usage des talismans figuratifs, comme ceux de la collection Peroni, n'exclut pas le recours à des amulettes musulmanes que confectionnent les marabouts chez les Ligbi, mais qu'utilisent aussi les animistes. Appelées *soubalakari* pour annihiler les sortilèges, *nedoudougoulakari* pour éviter les insultes qui conduisent aux conflits, *neguelakari* contre une infinité de calamités (l'incendie, la sécheresse, les maladies), elles contiennent un verset du coran saupoudré de médecines, plié dans une gaine de cuir (voir Bravmann 1974, p. 90 et 134-135).
168. Binger 1892, t. 1, p. 250.
169. Voir Boyer 2008, p. 20-29.
170. Voir notamment dans le livre de Blandin 1988.
171. Voir des photographies *in ibid.*, p. 94 et 105.
172. Voir Terray s. d., p. 20.
173. Sur l'« esthétique des esprits », voir Boyer 2006, p. 143-149.
174. Il existe, en kulango, un autre mot, *kpoko*, qui signifie, lui aussi, à la fois « laid » et « mauvais » ou « méchant ».
175. C'est la *kalokagathia* d'Aristote. Voir Aristote, *Éthique à Eudème*, livre VIII, chapitre 3.
176. Platon, *Alcibiade*, 113c-114e.
177. Platon, *Philèbe*, 46b-47b.
178. Voir Marguerite Yourcenar, *Le Temps, ce grand sculpteur*, Paris, Gallimard, coll. « Bibliothèque de la Pléiade », 1991, p. 273.
179. André Malraux, *Les Voix du silence*, Paris, Gallimard, 1951, p. 369 ; rééd. coll. « Bibliothèque de la Pléiade », 2004, p. 596.
180. *Ibid.*, p. 65, rééd., p. 262.

page 99
PLP-KUL-004 | 6,2 cm

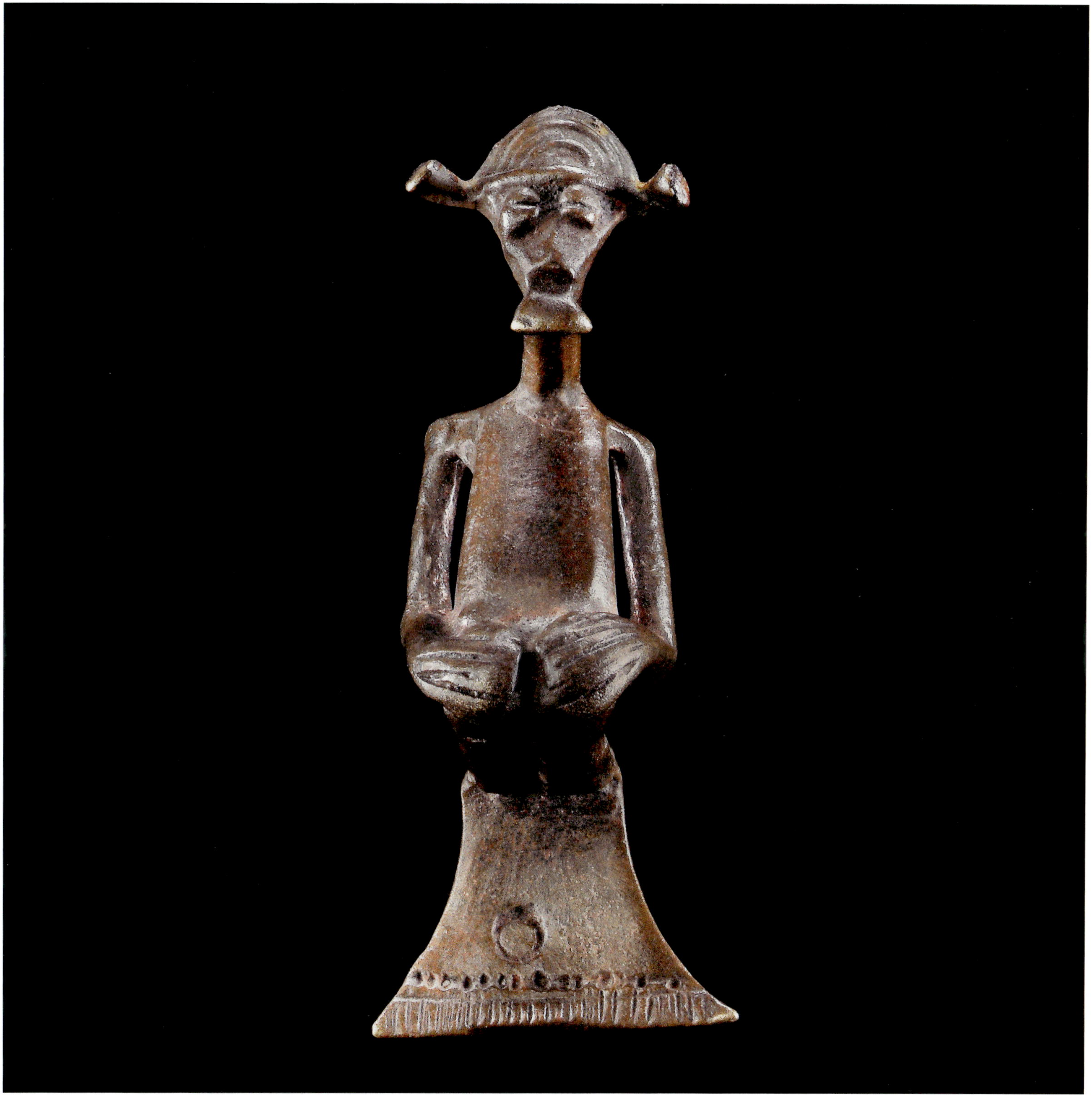

page 101
PLP-KUL-112 | 5,2 cm

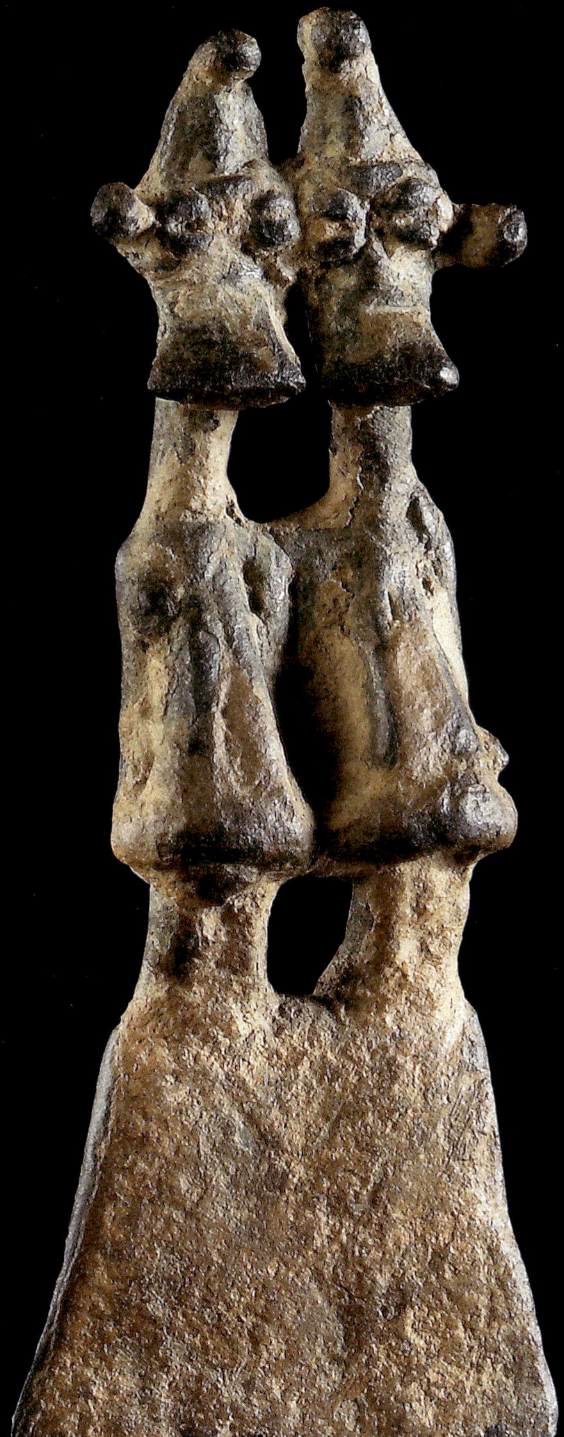

page 103
PLP-KUL-242 | 4 cm

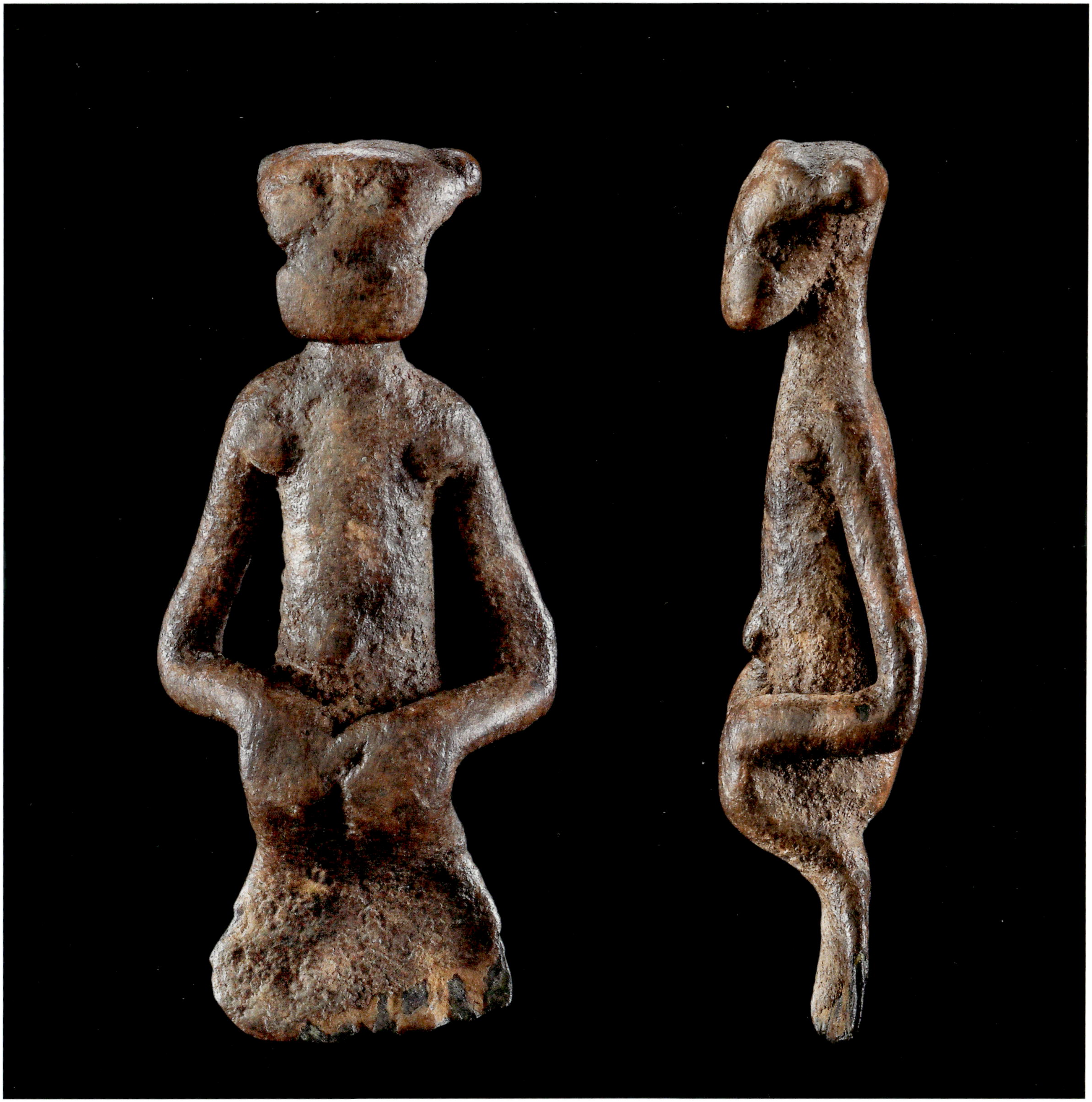

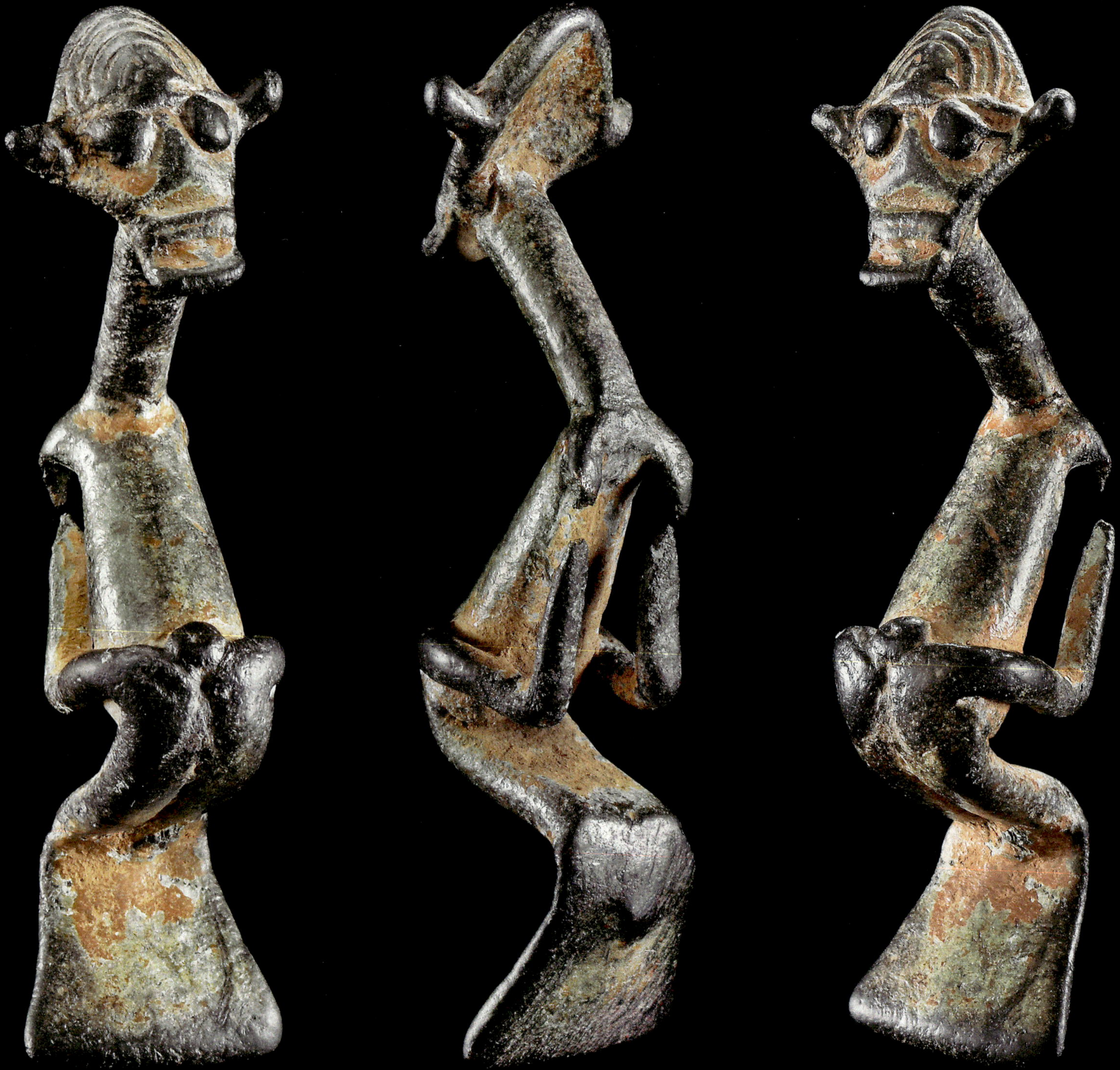

page 104
PLP-KUL-152 | 6,1 cm

page 106
PLP-KUL-069 | 5,6 cm

page 107
PLP-KUL-090 | 4,2 cm

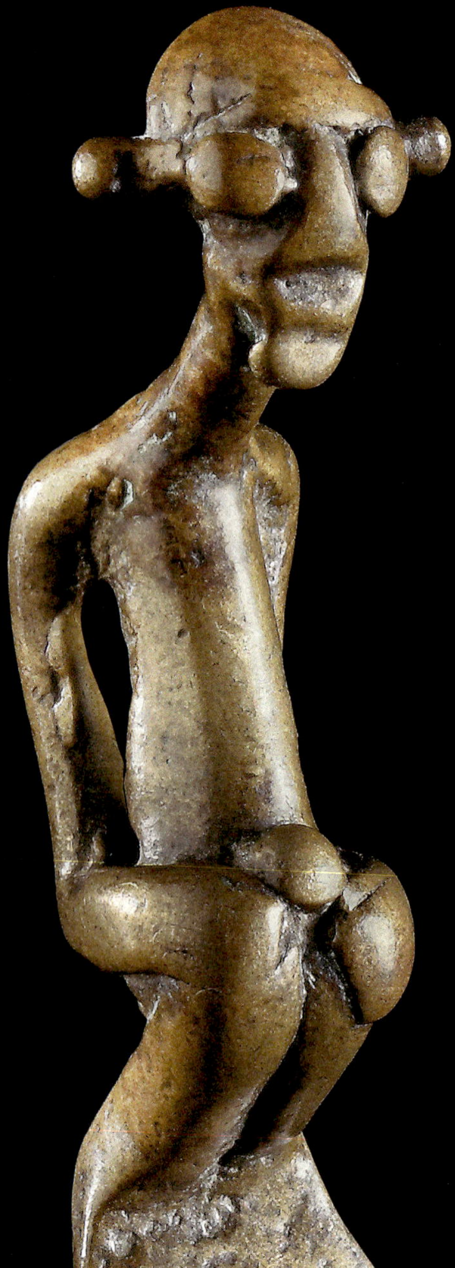

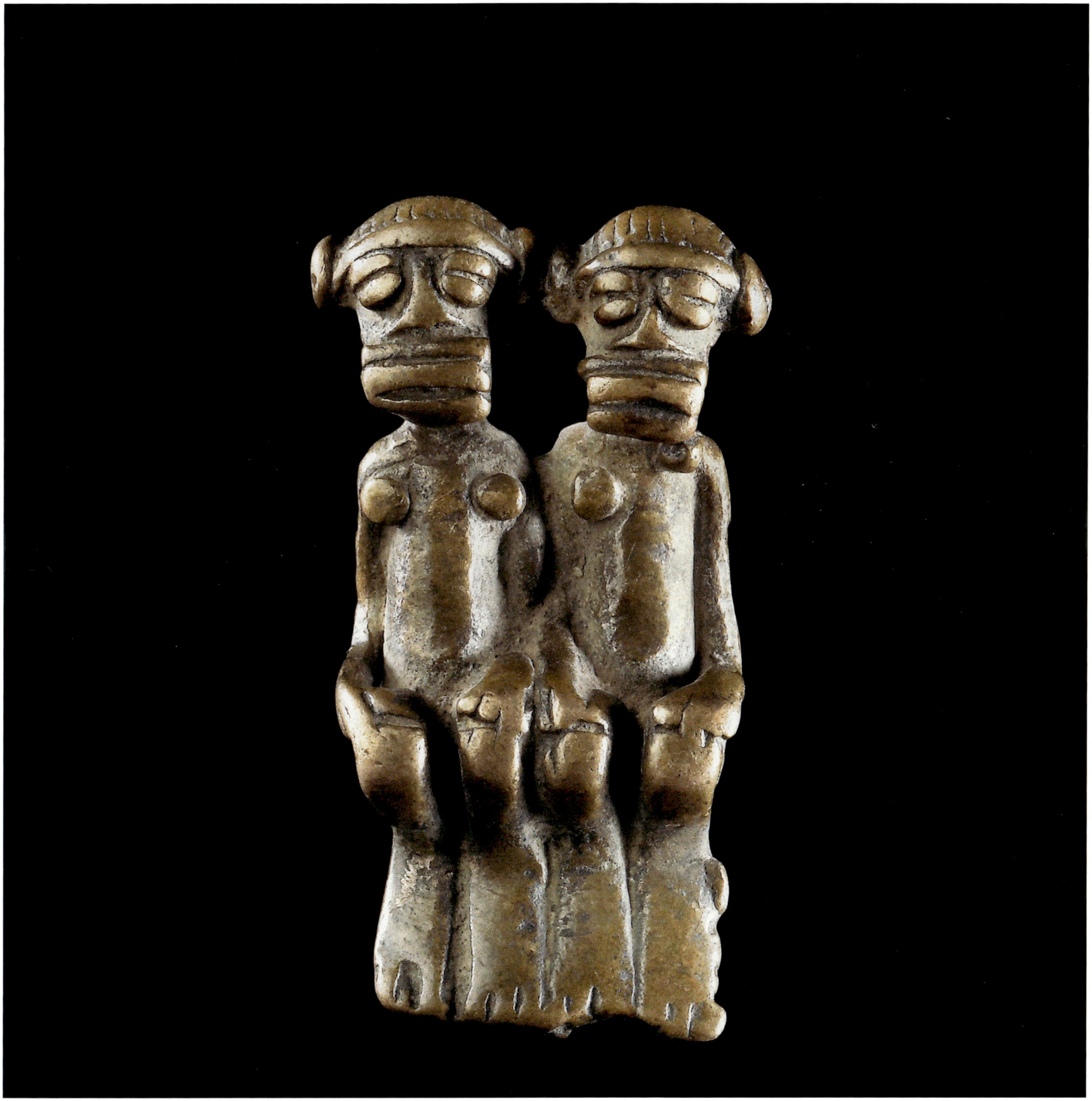

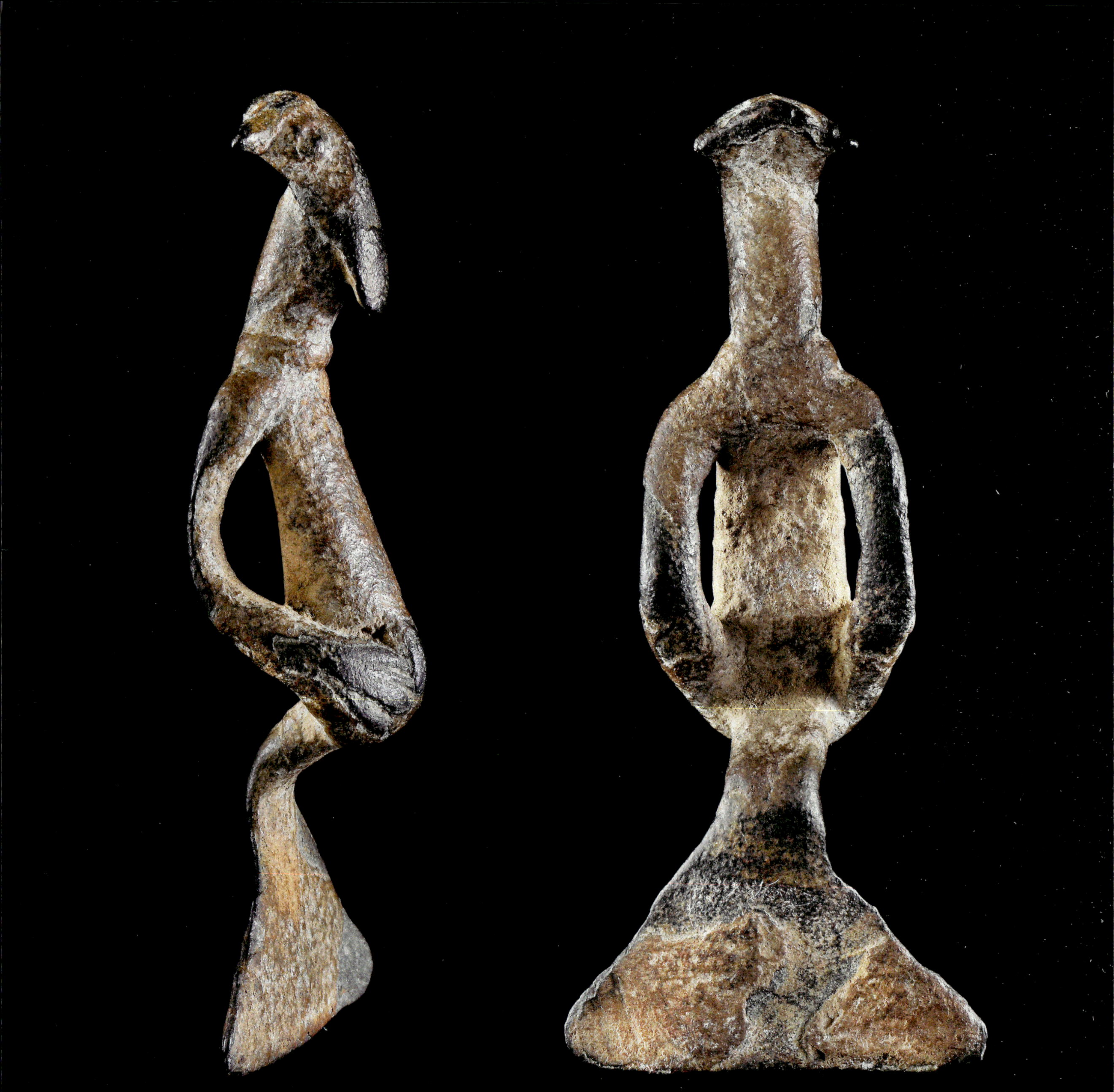

pages 108-109
PLP-KUL-050 | 6,5 cm

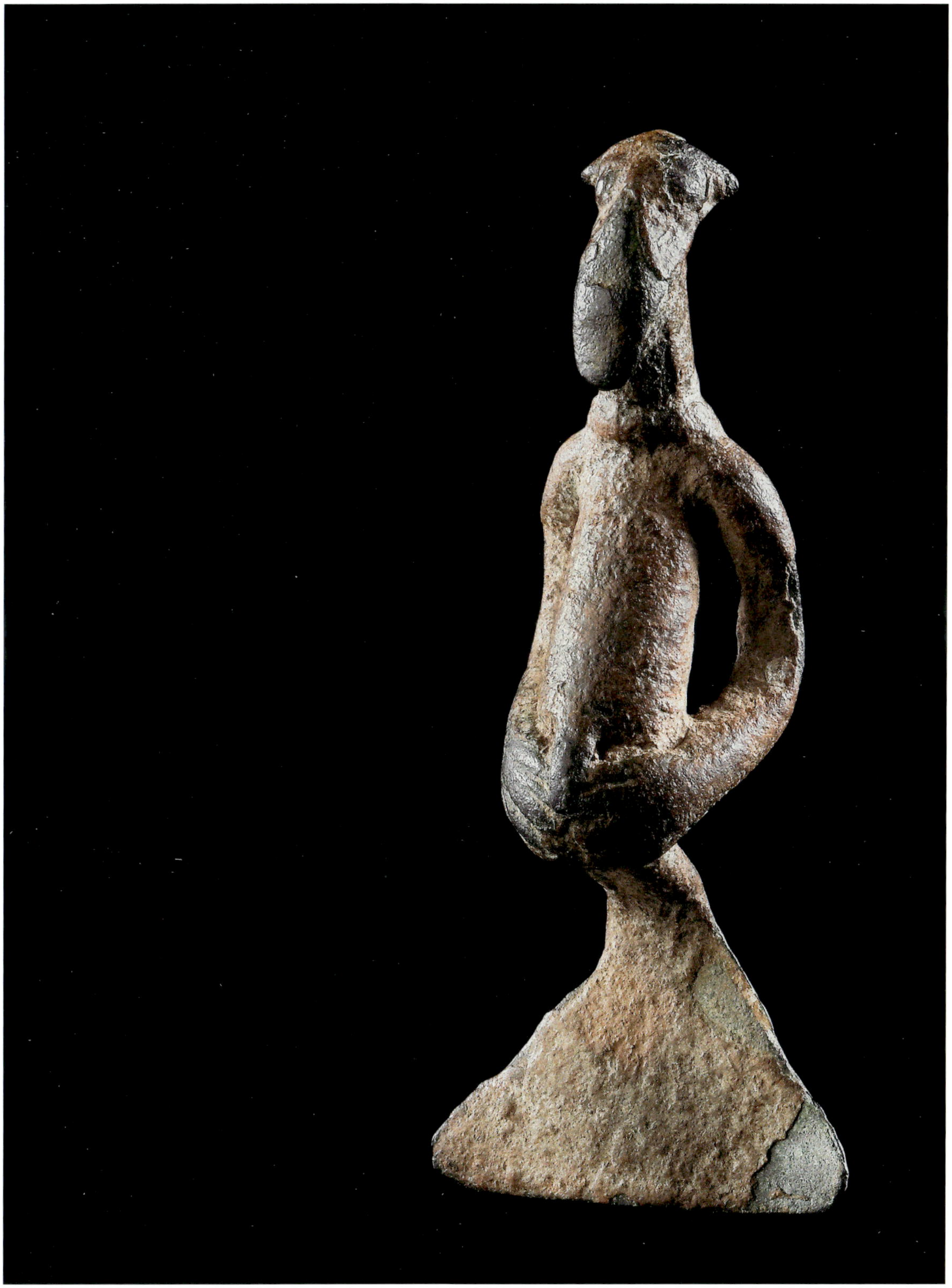

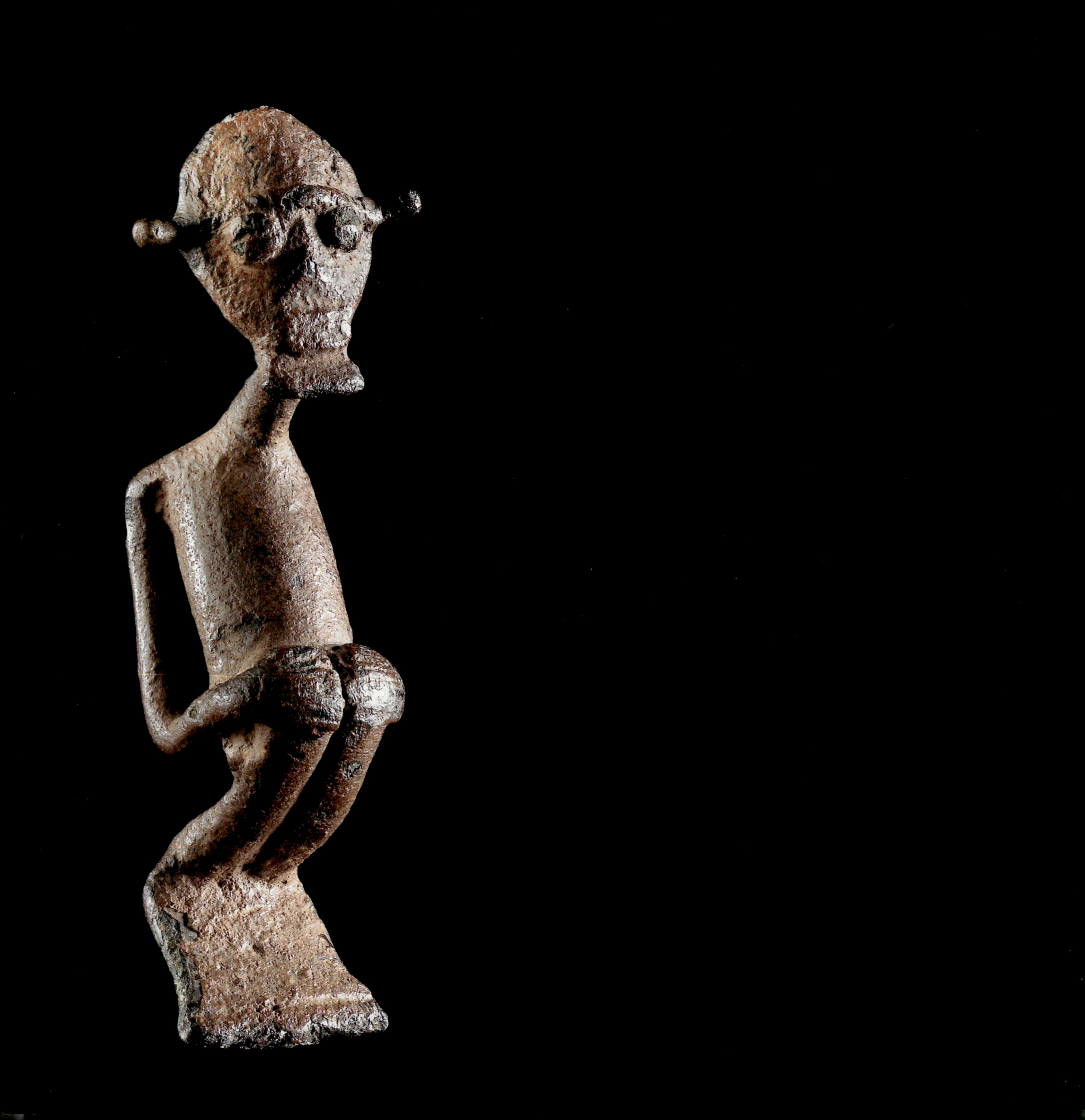

page 110
PLP-KUL-006 | 6,7 cm

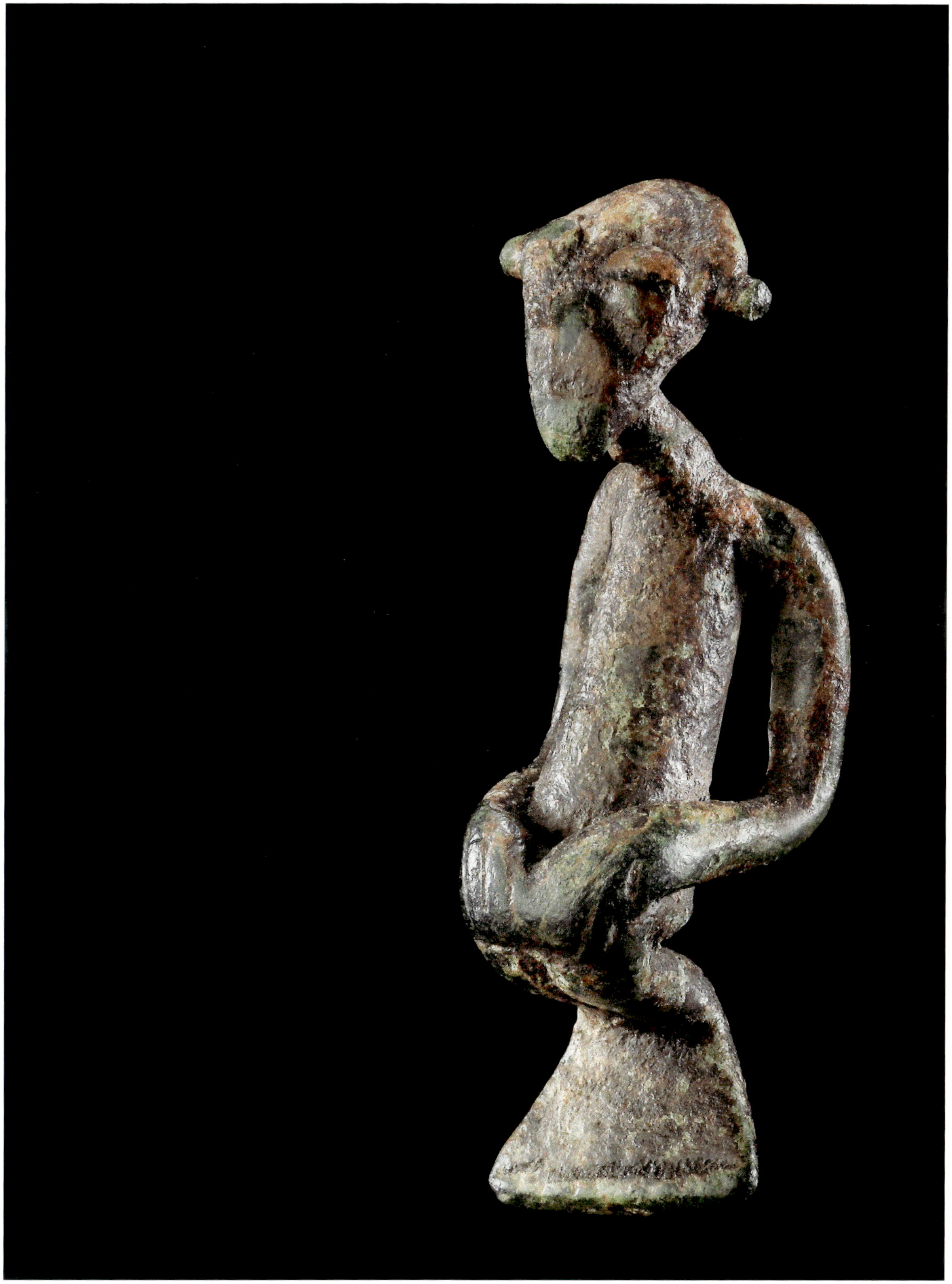

page 111
PLP-KUL-147 | 4 cm

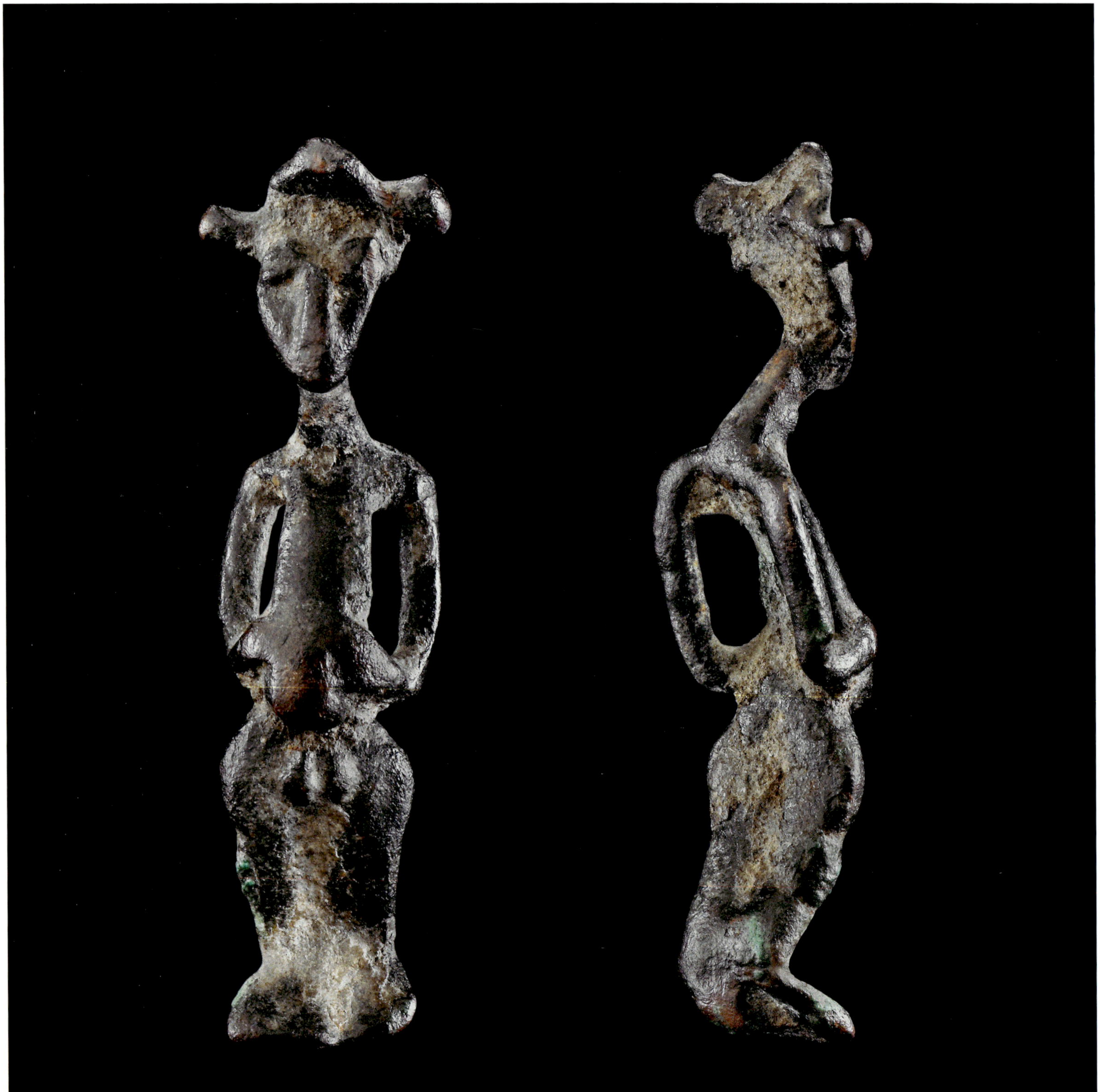

page 112
PLP-KUL-060 | 3,8 cm

page 114
PLP-KUL-214 | 7,2 cm

page 115
[a] PLP-KUL-229 | 2,8 cm
[b] PLP-KUL-067 | 3,3 cm
[c] PLP-KUL-233 | 3,4 cm
[d] PLP-KUL-075 | 2,9 cm

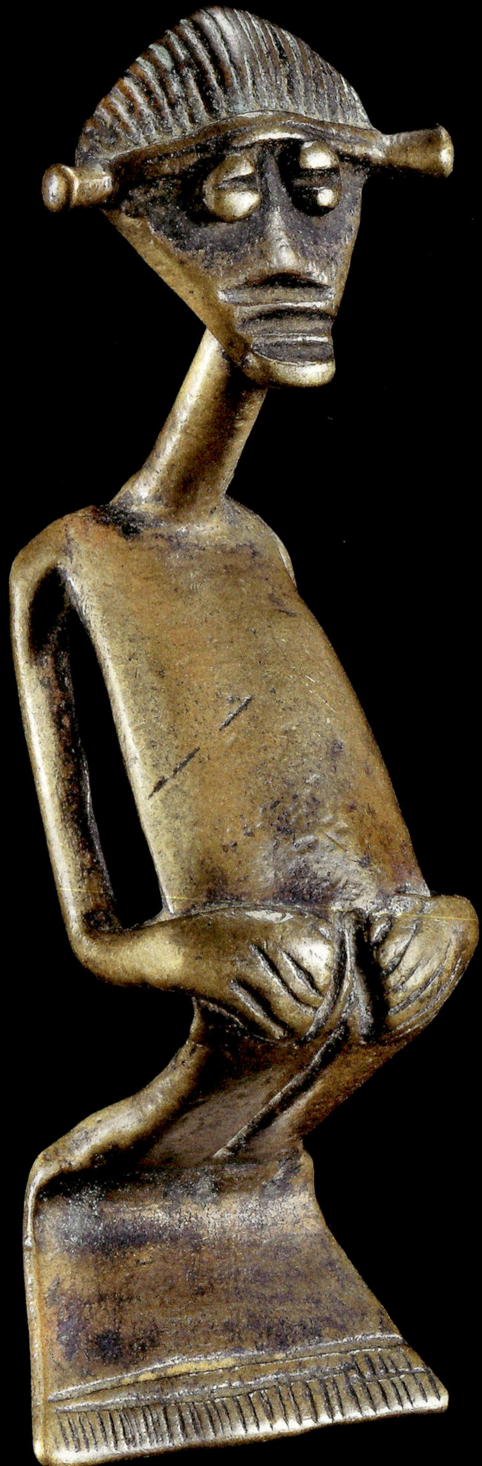

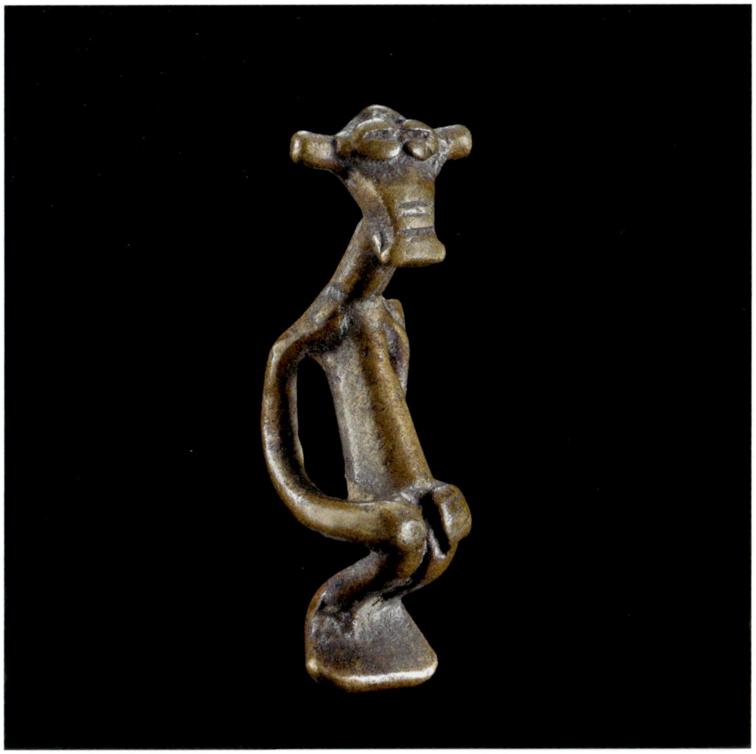
a

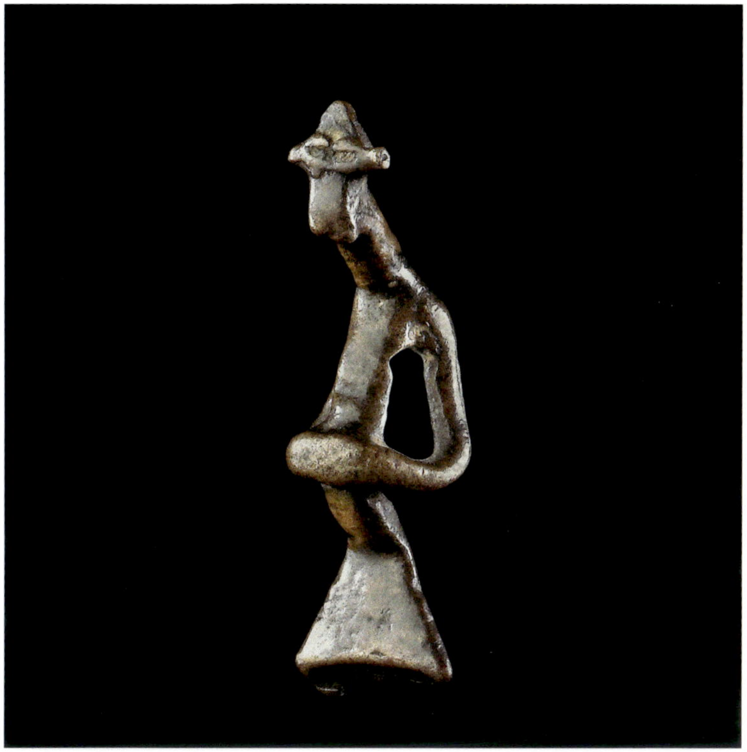
b

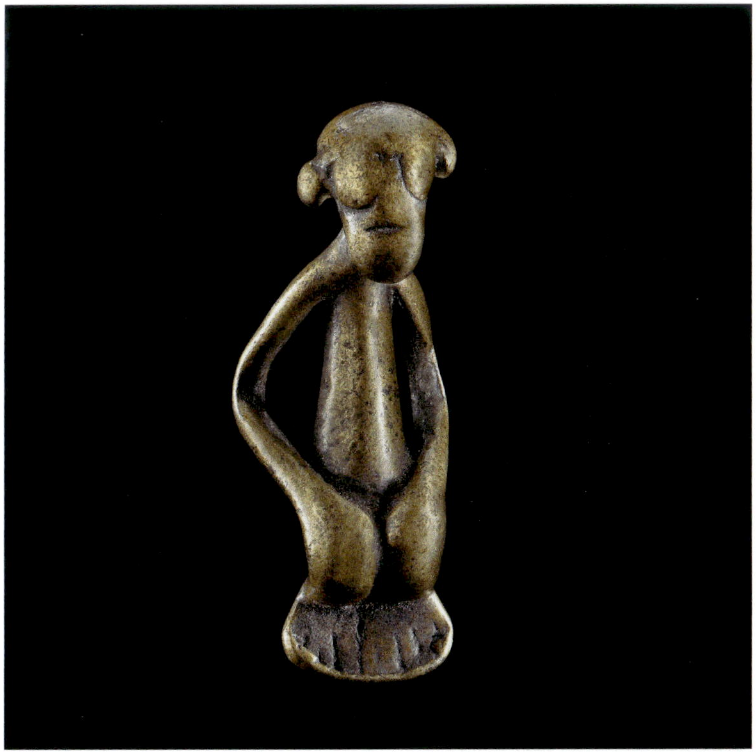
c

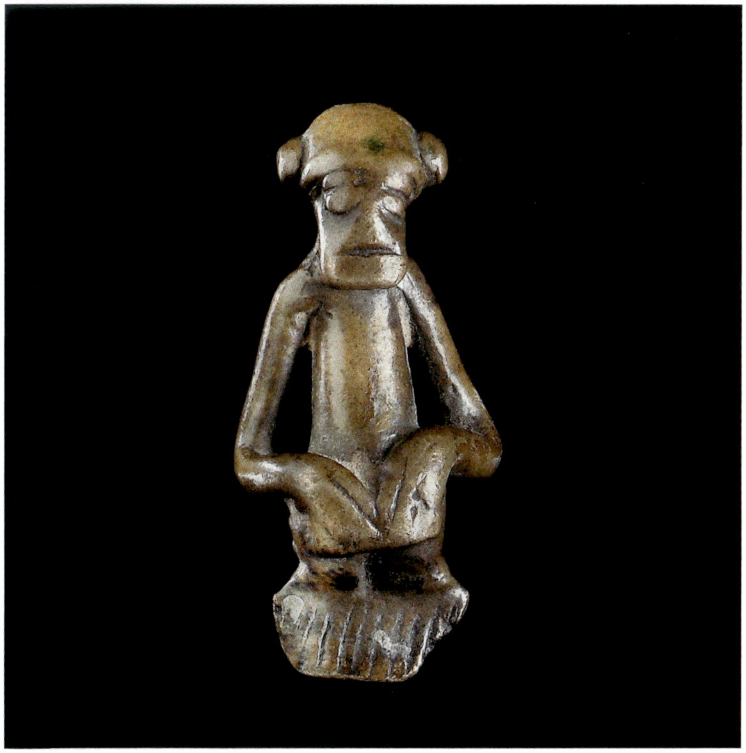
d

page 117
PLP-KUL-221 | 5,5 cm

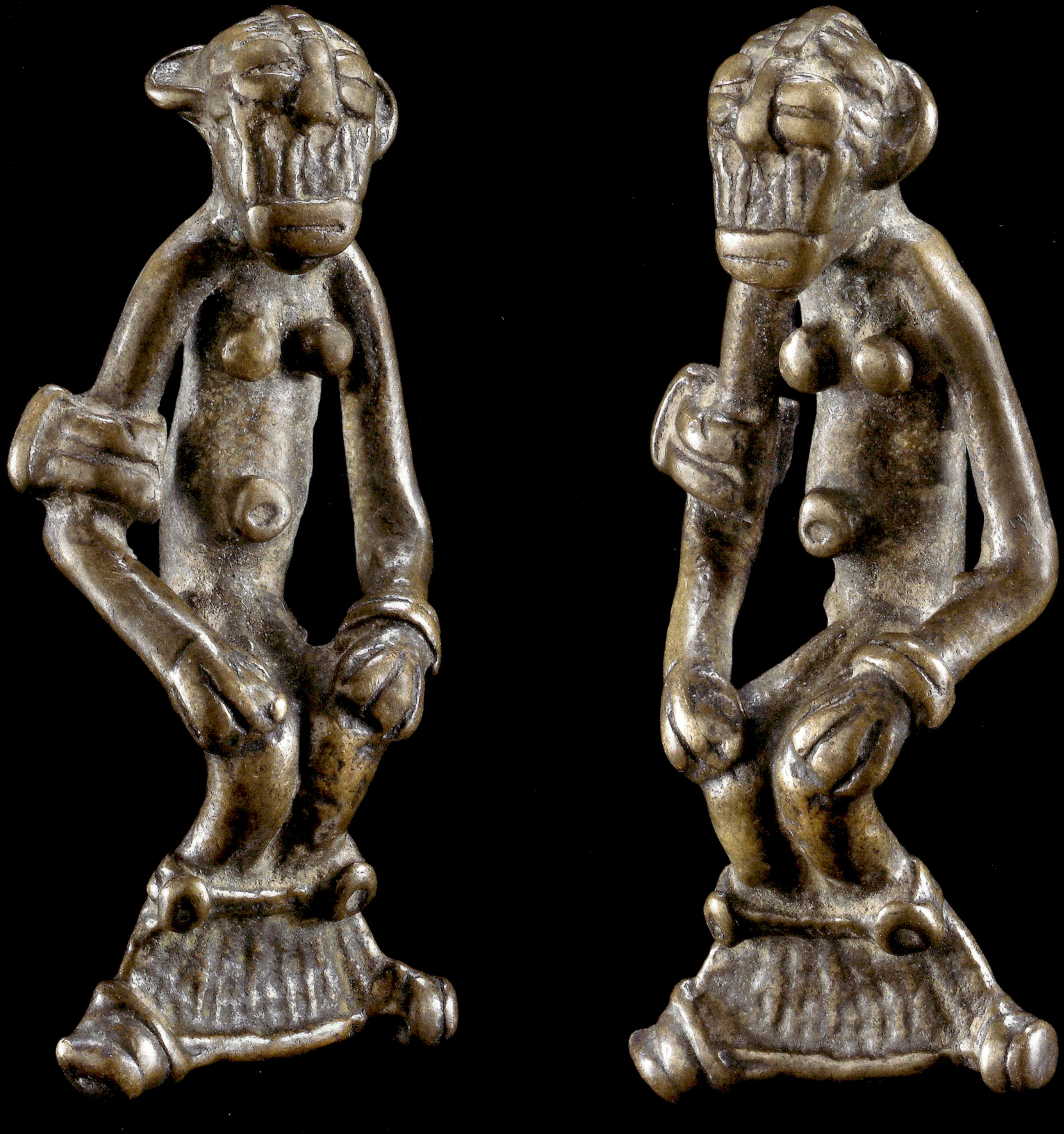

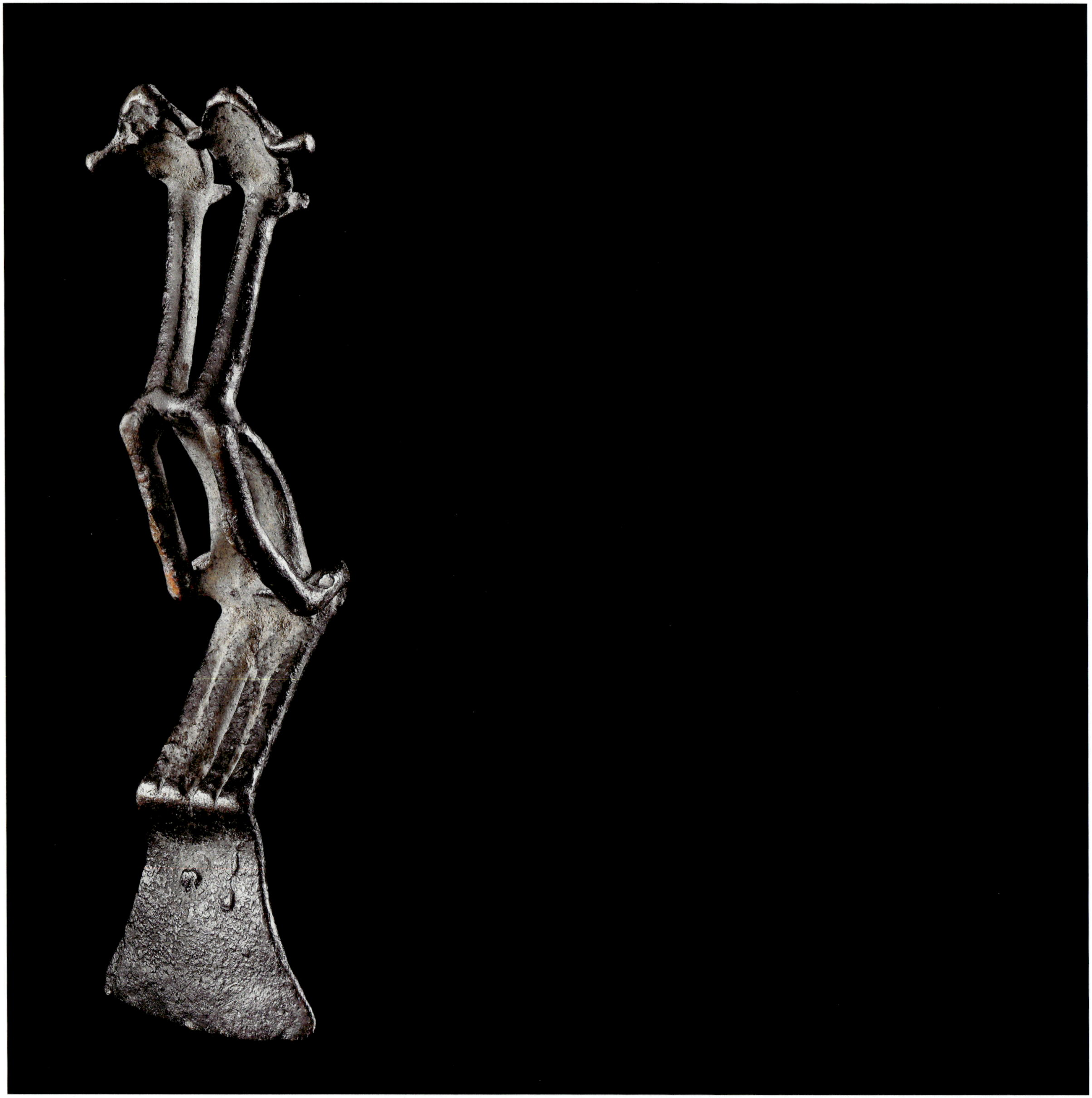

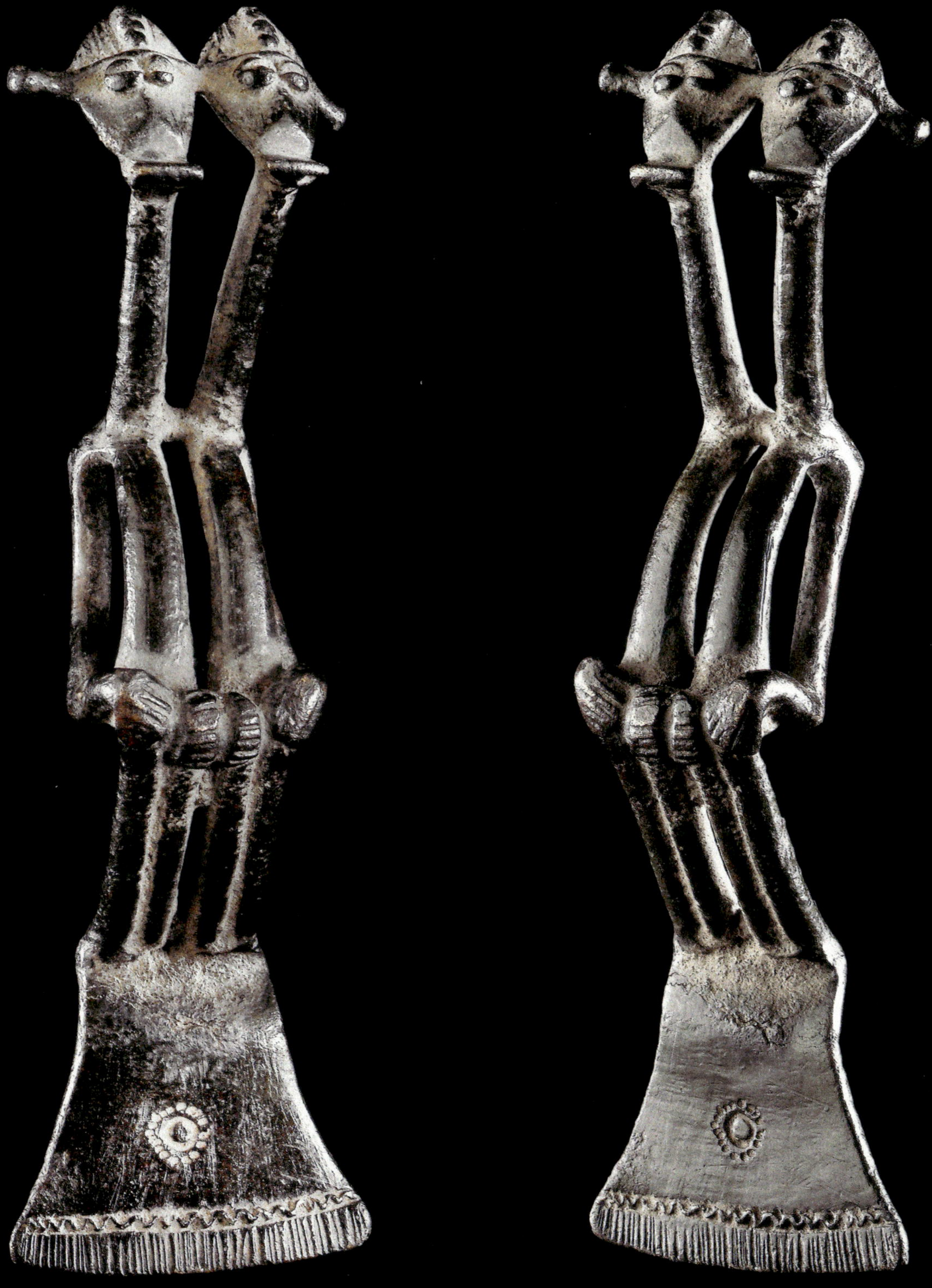

pages 118-119
PLP-KUL-018 | 8,5 cm

page 121
PLP-KUL-033 | 9,5 cm

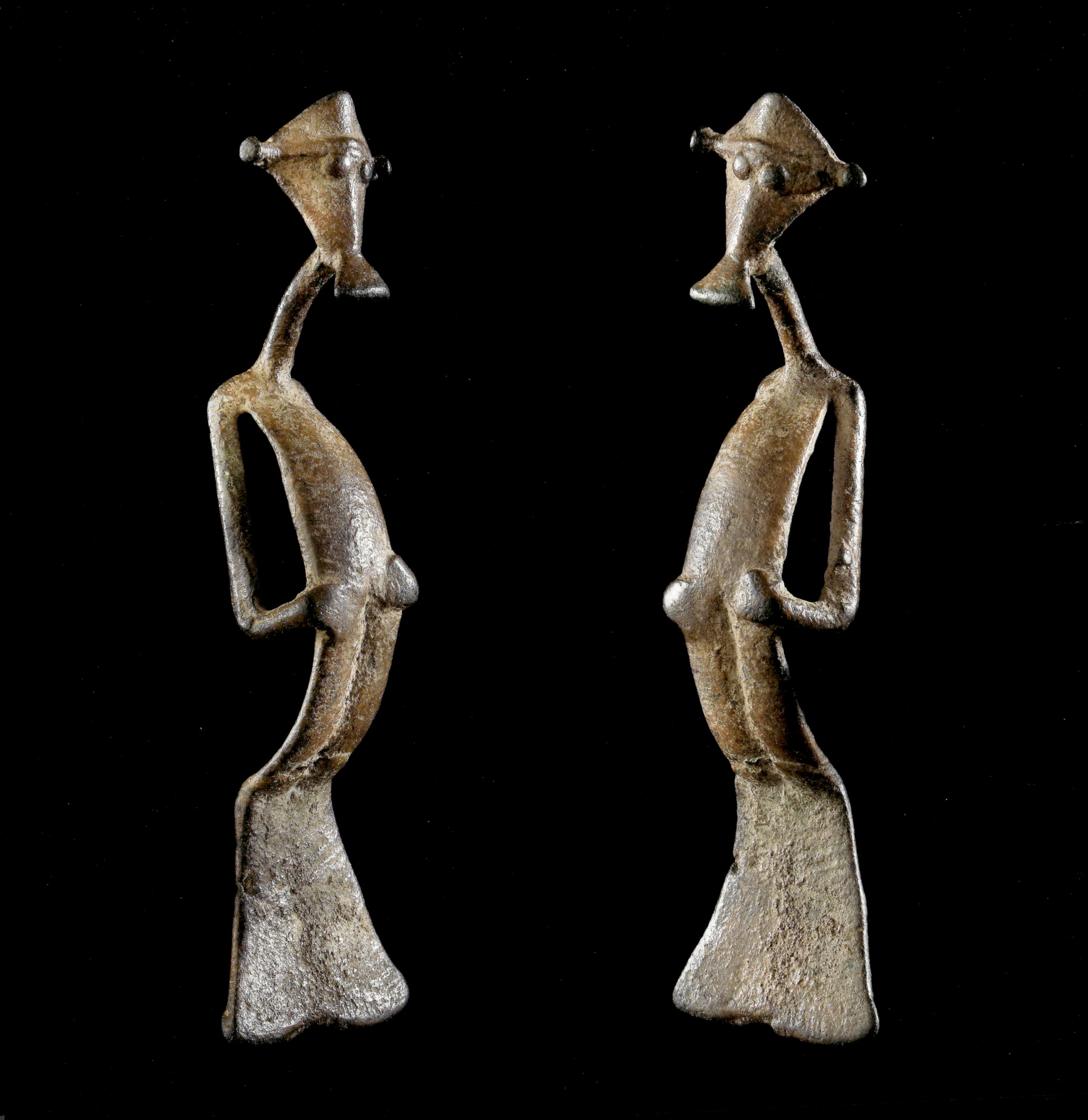

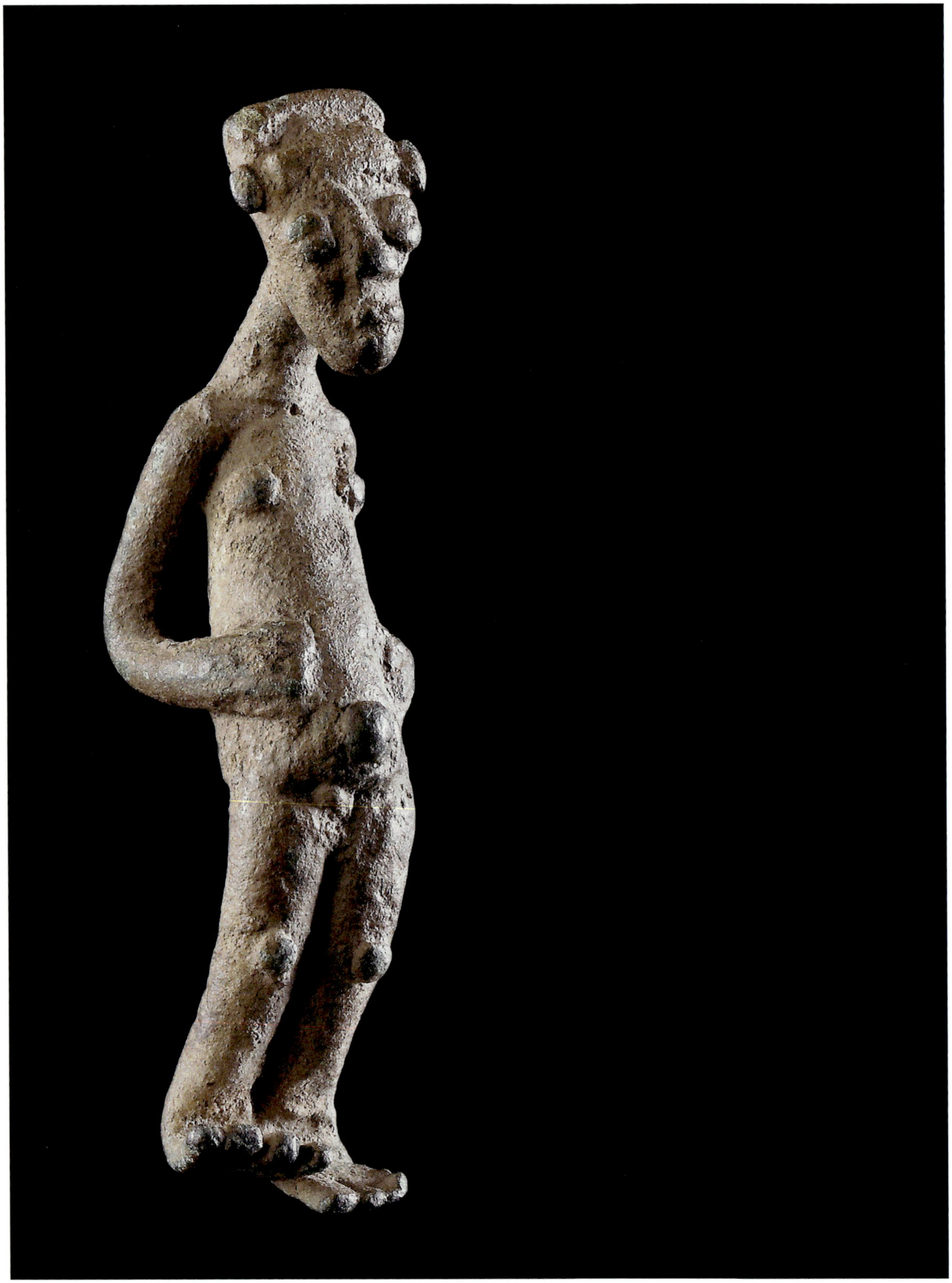

page 122
PLP-KUL-095 | 5,7 cm

page 123
PLP-KUL-049 | 4,6 cm

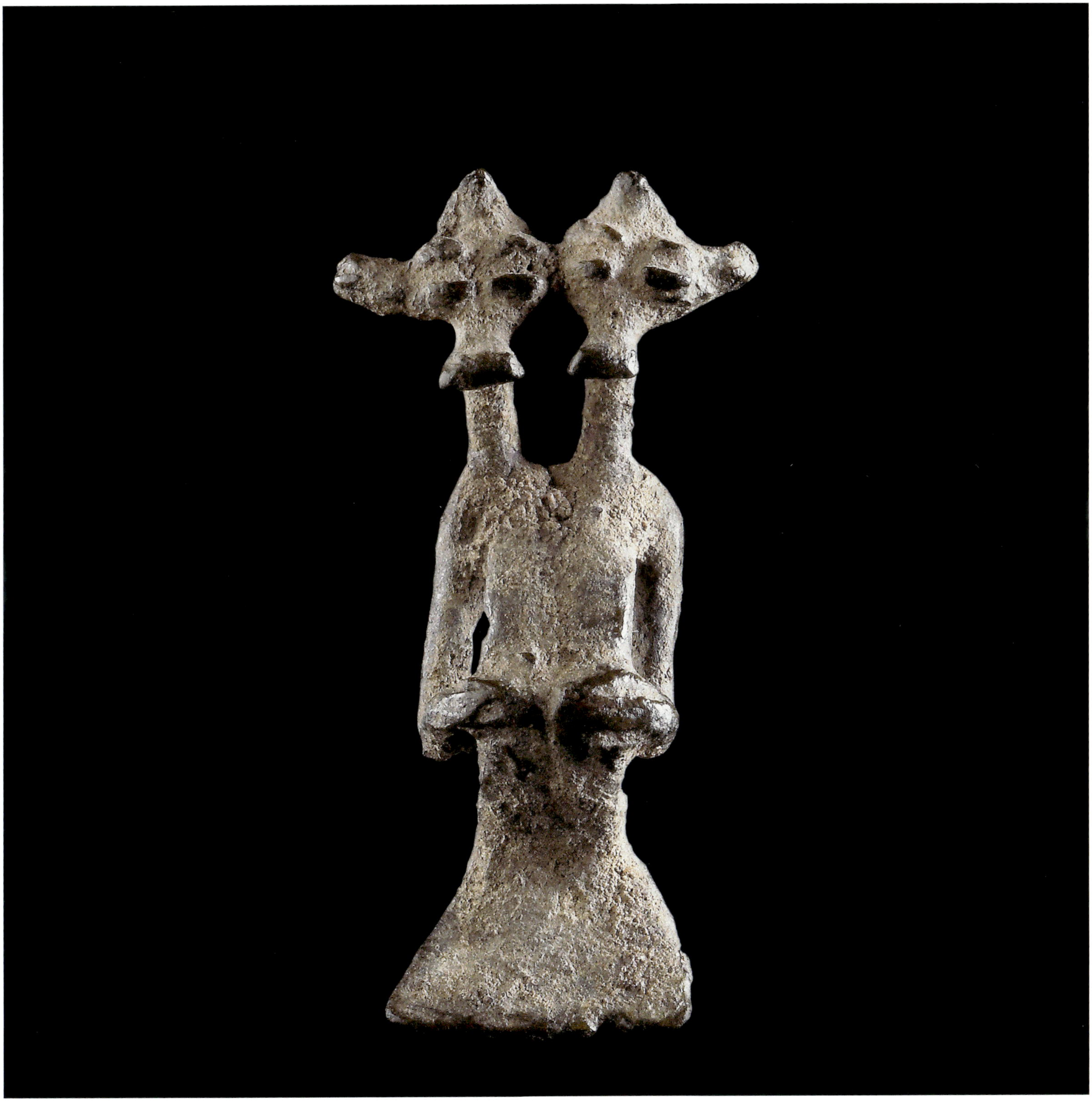

page 125
PLP-KUL-239 | 4,5 cm

pages 126-127
PLP-KUL-220 | 6,6 cm

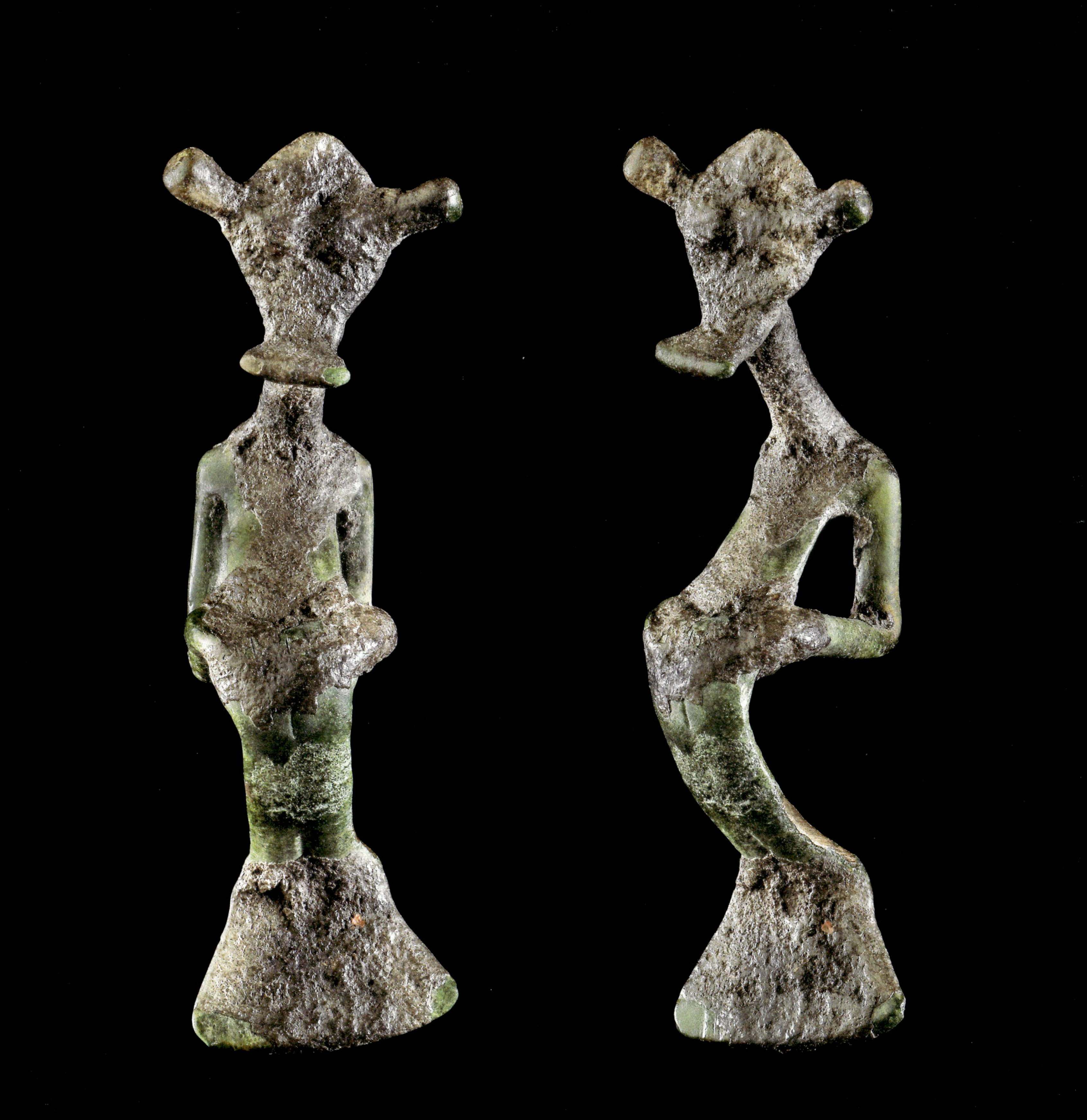

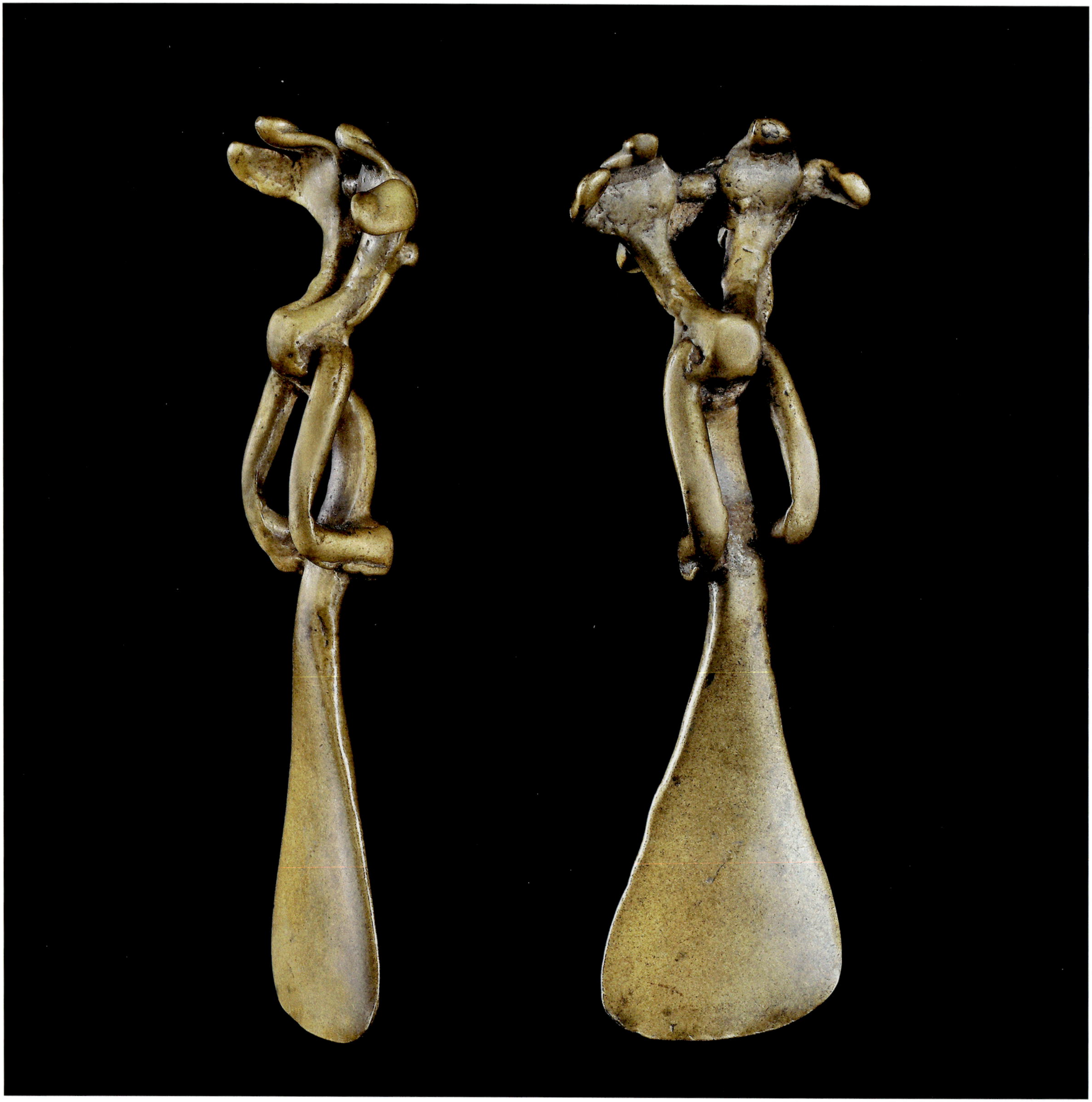

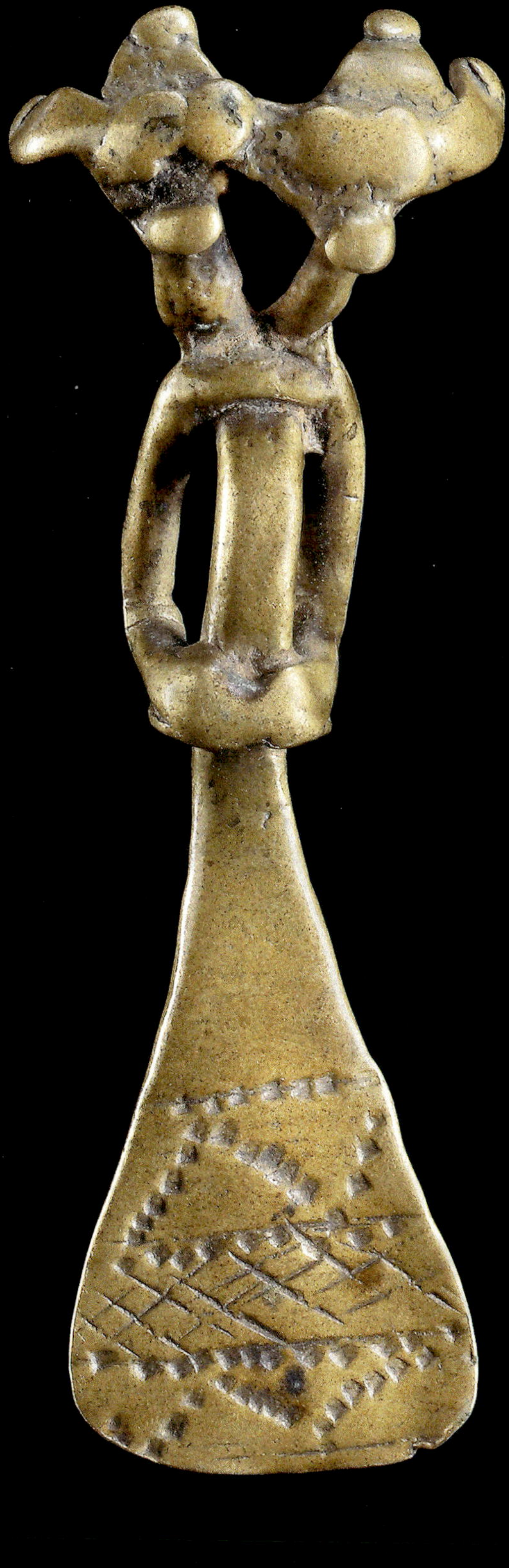

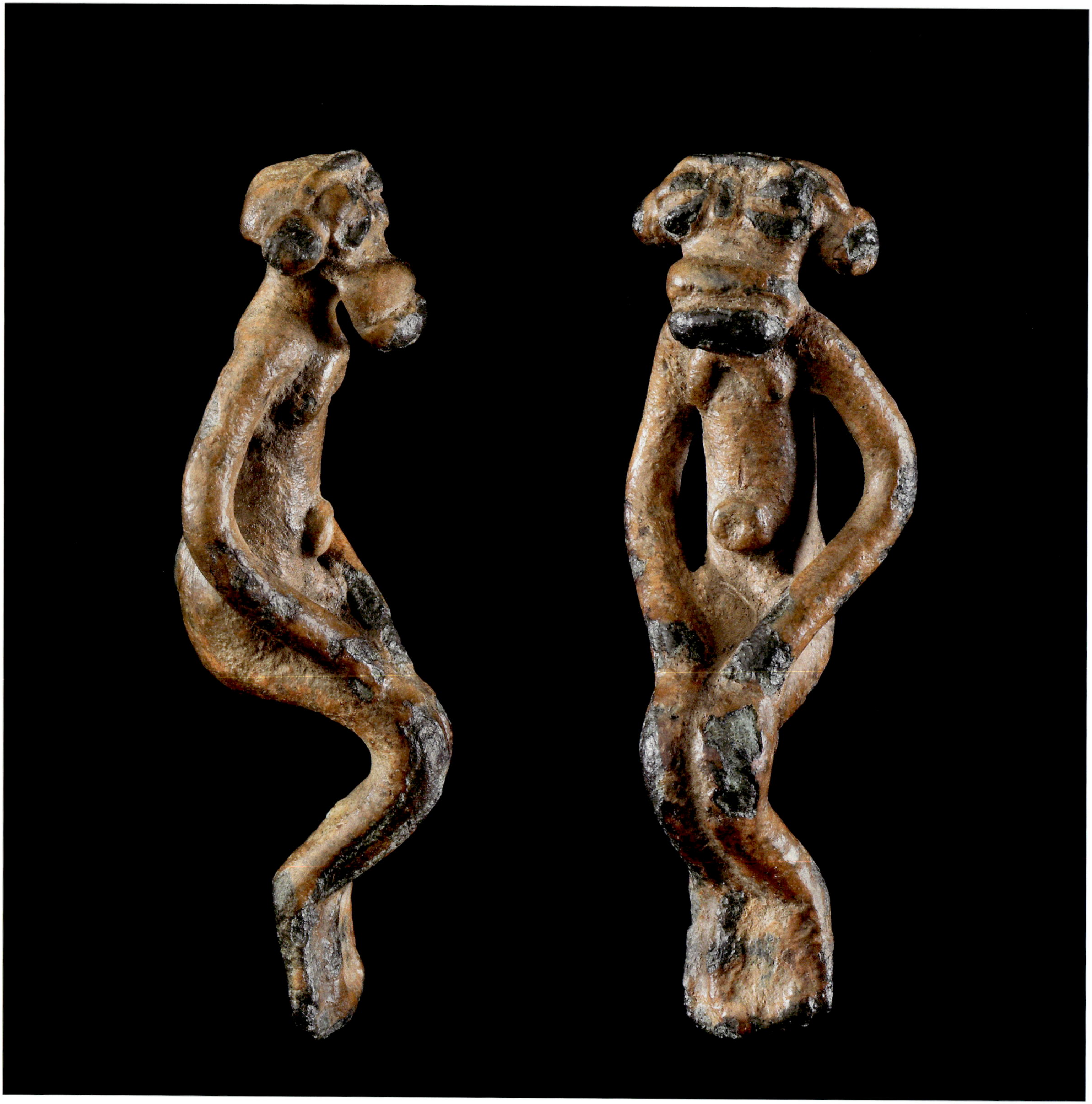

page 128
PLP-KUL-240 | 4,6 cm

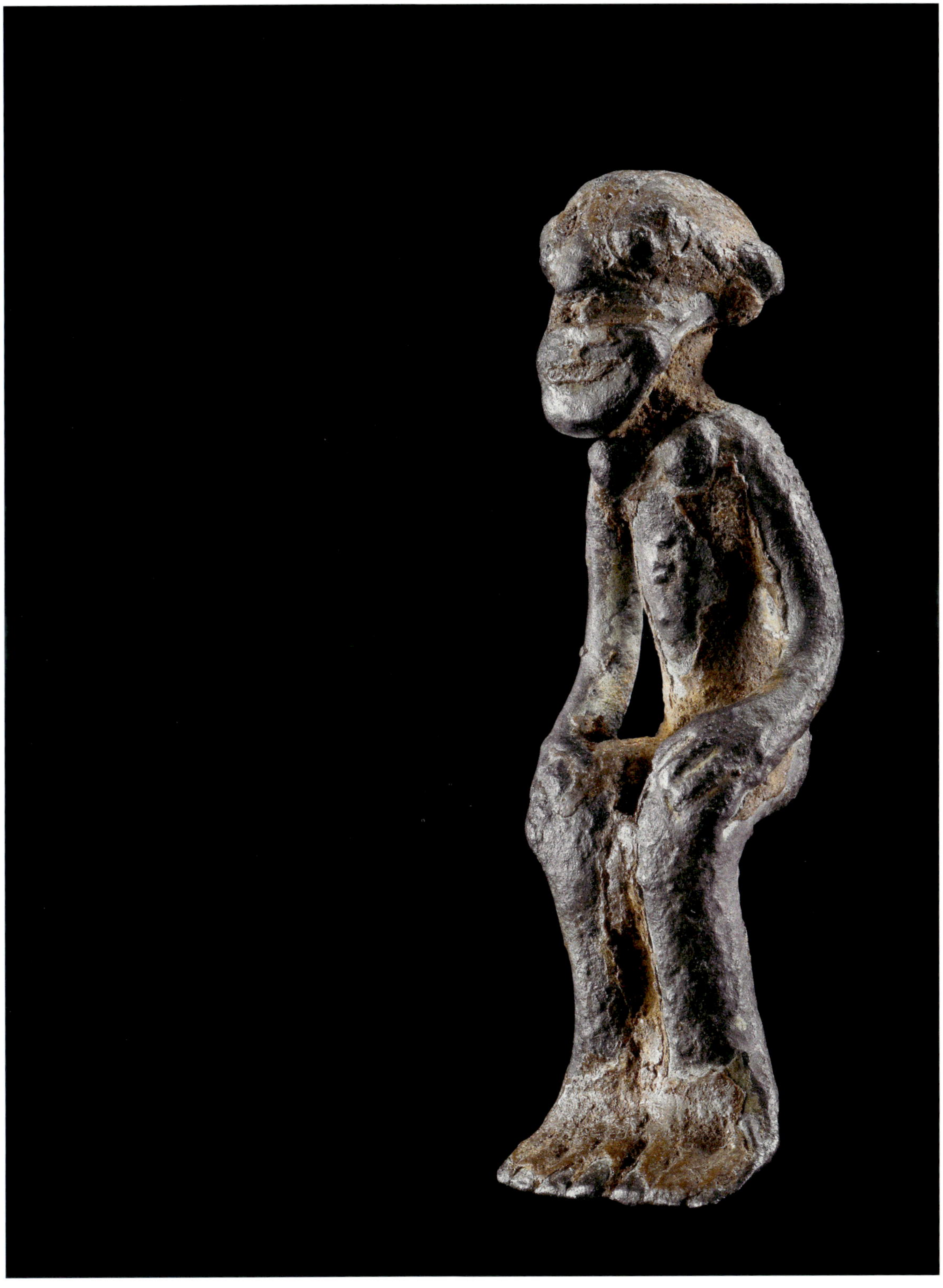

page 129
PLP-KUL-199 | 4,9 cm

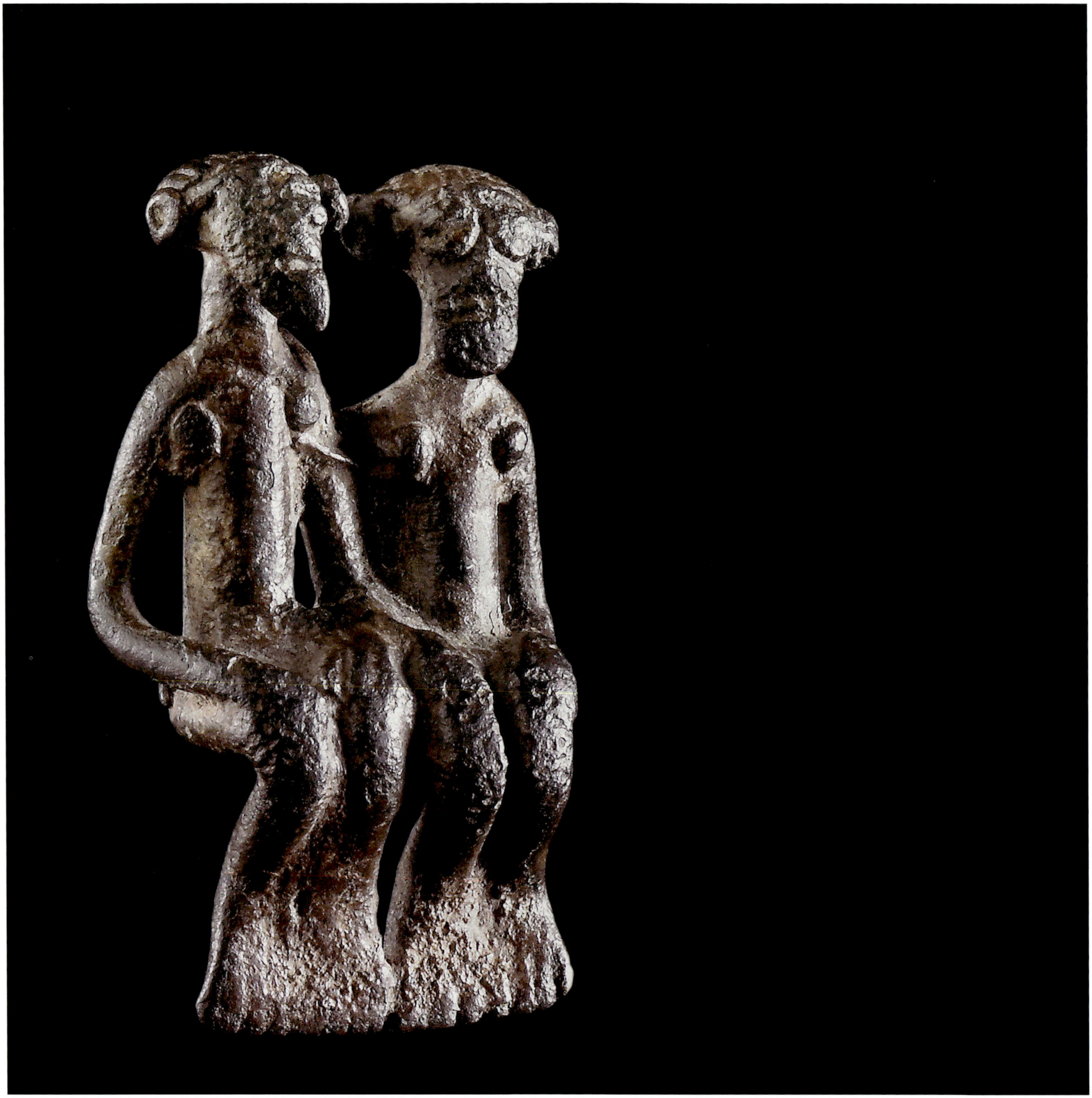

page 130
PLP-KUL-016 | 3,9 cm

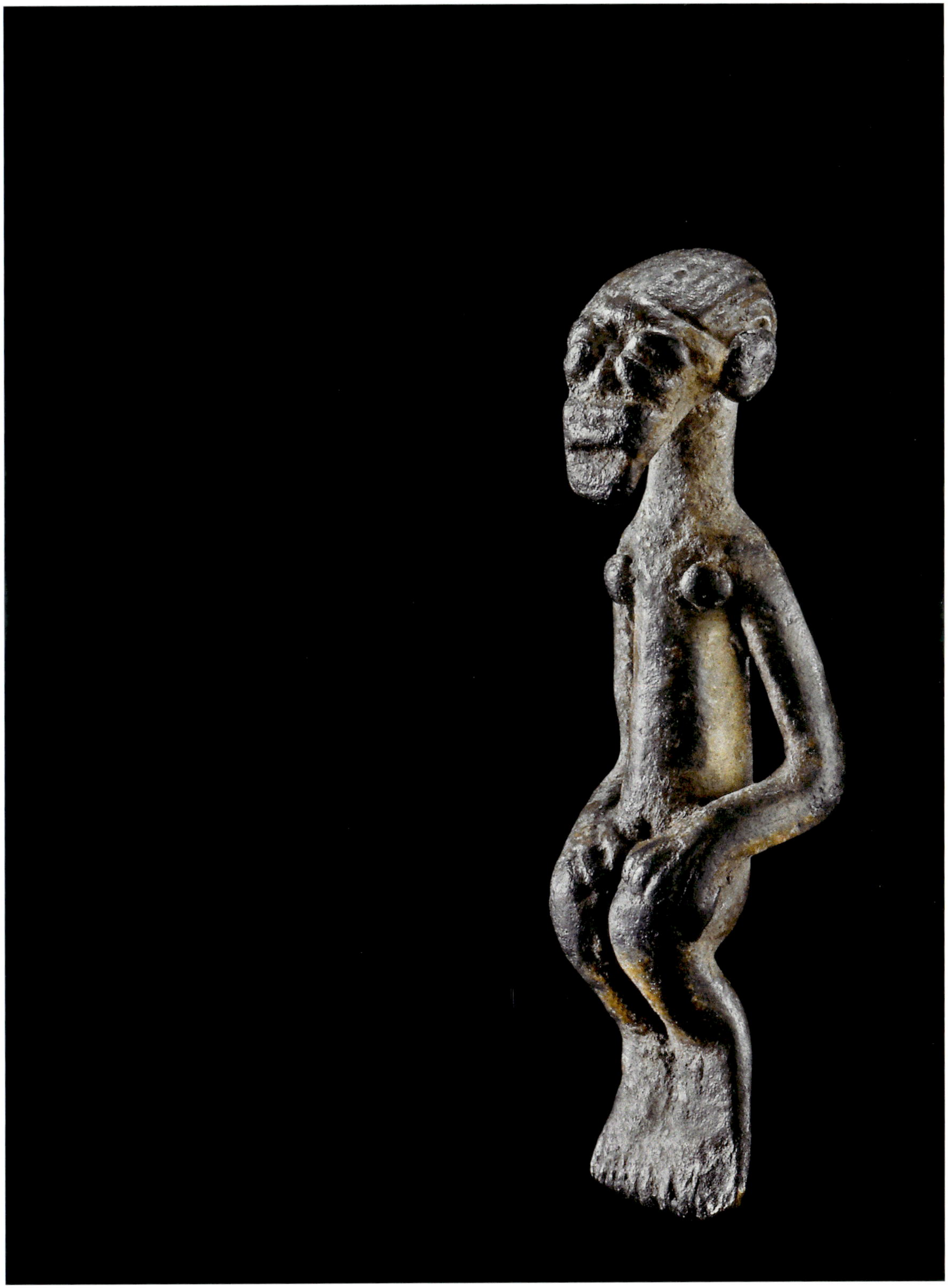

page 131
PLP-KUL-182 | 3,1 cm

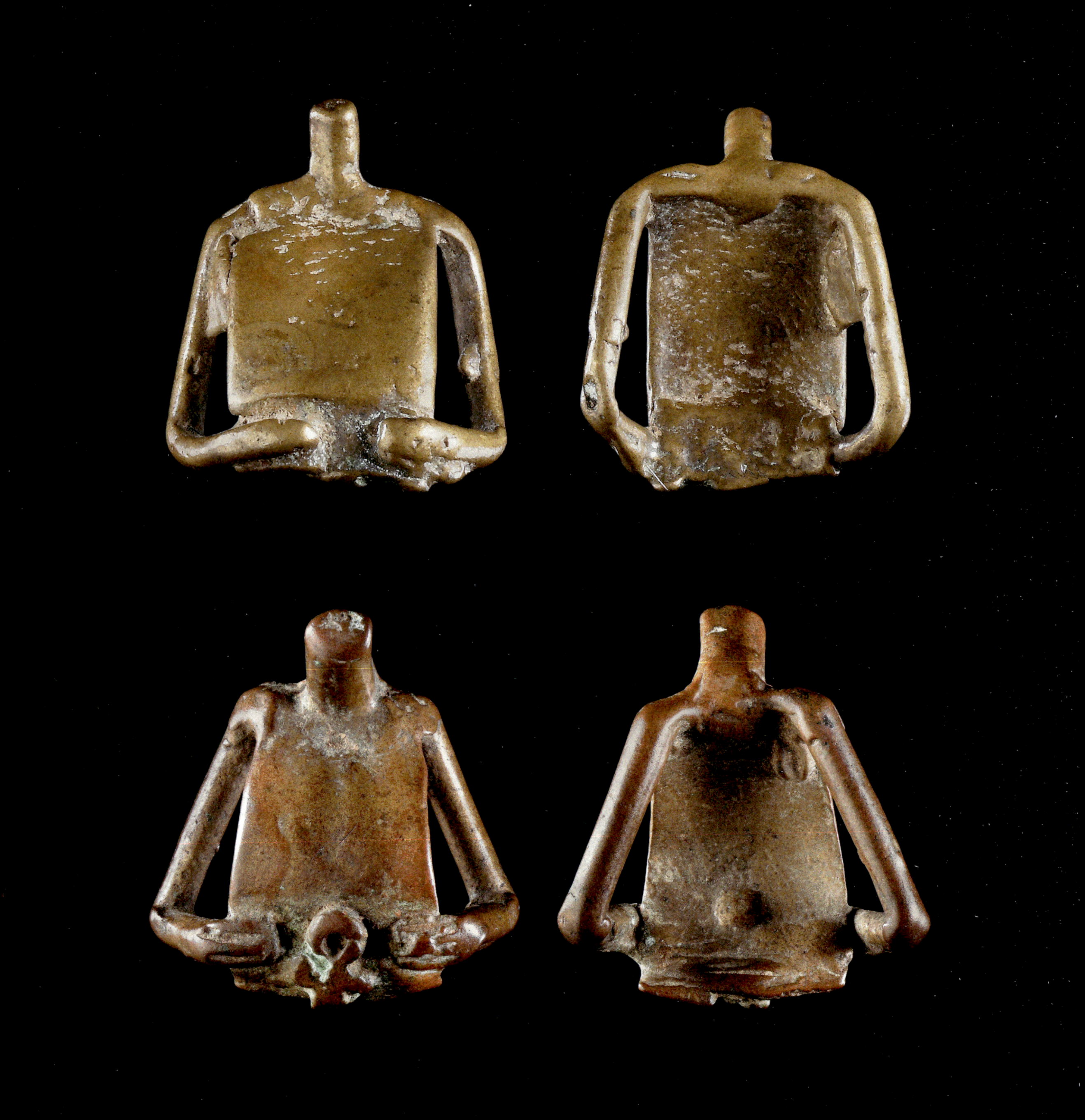

page 132
PLP-KUL-104 | 2,7 cm
PLP-KUL-124 | 3,3 cm

page 134
PLP-KUL-032 | 4,1 cm

page 135
PLP-KUL-030 | 4,3 cm

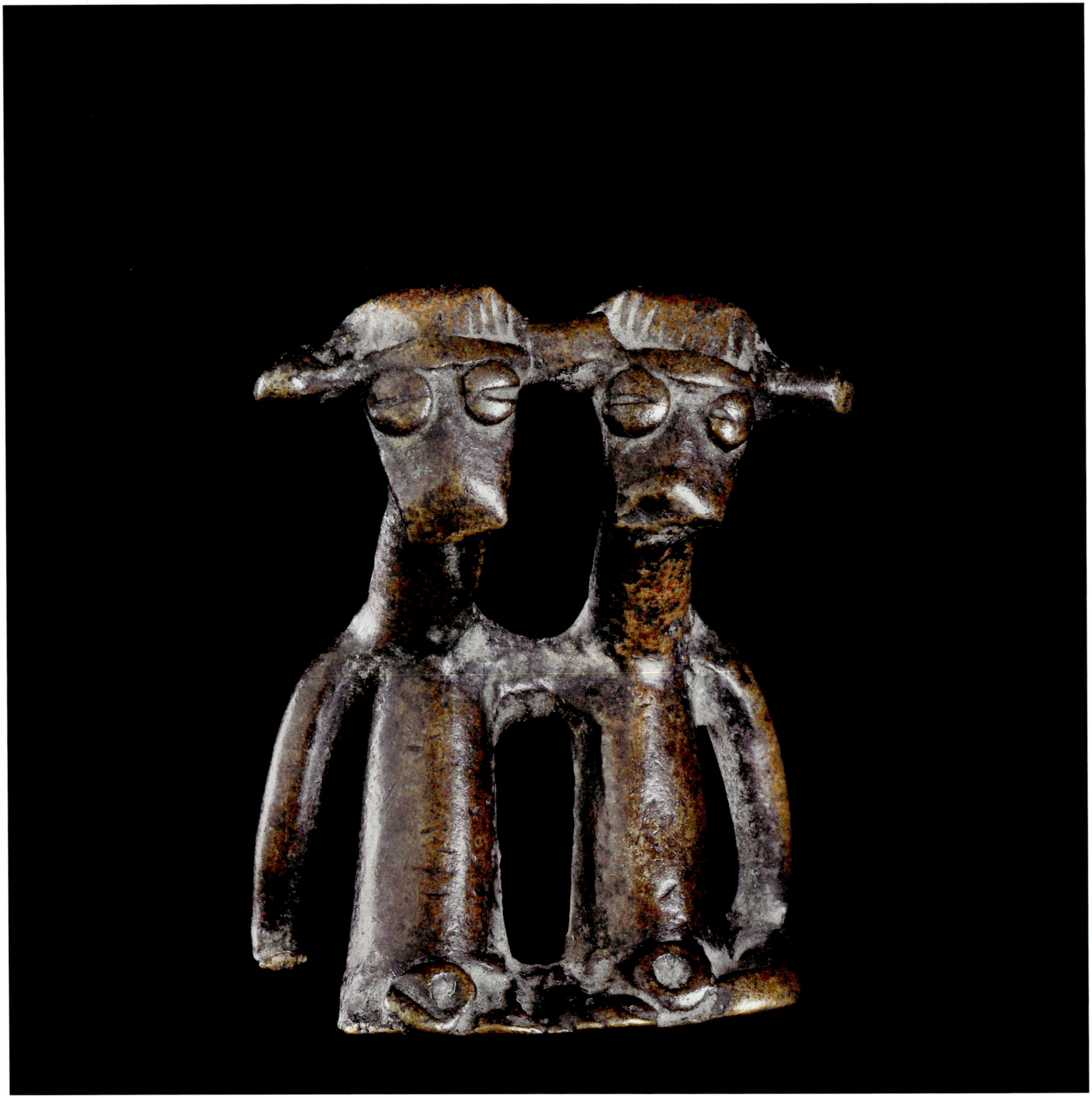

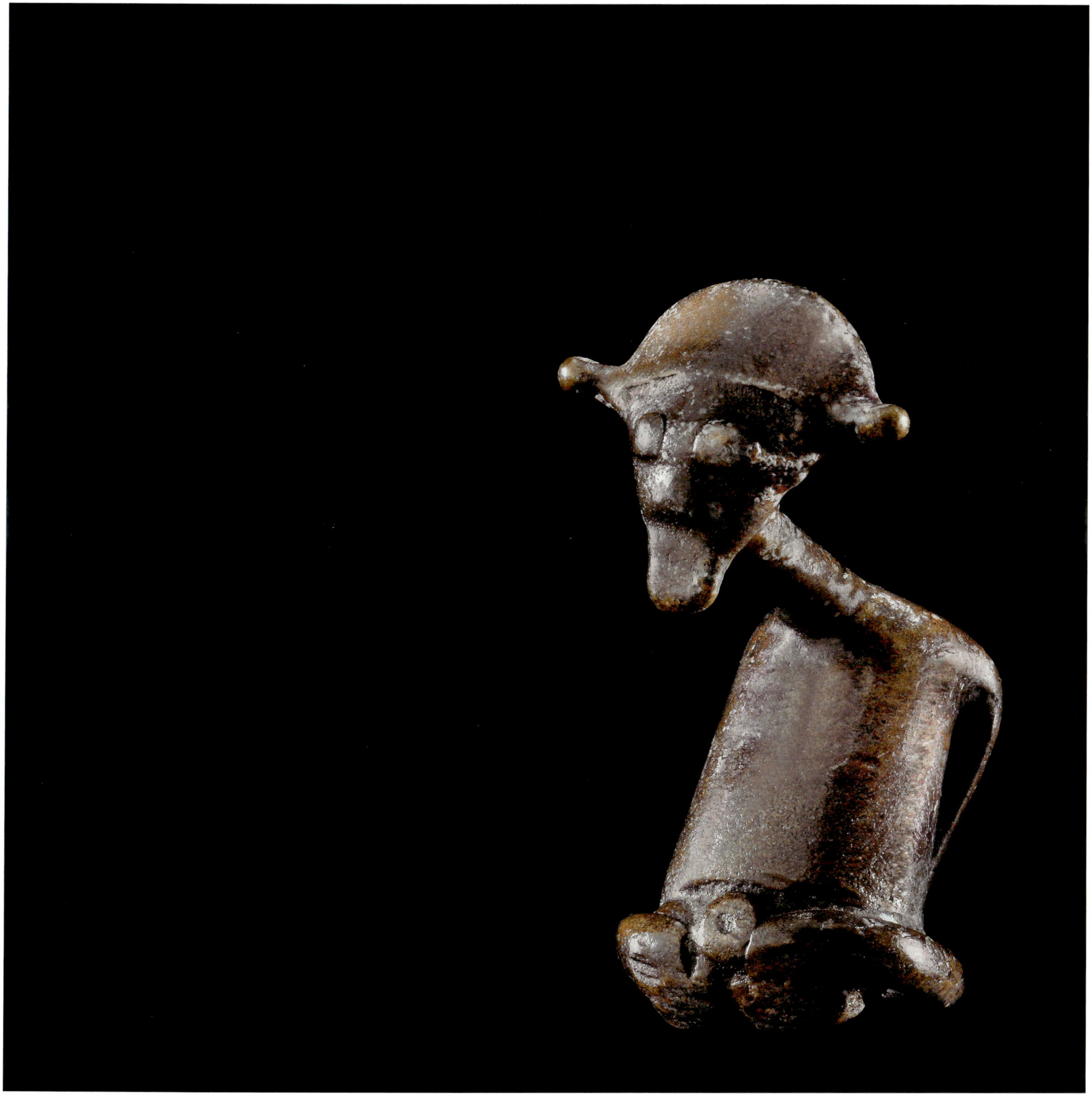

page 137
PLP-KUL-200 | 6 cm

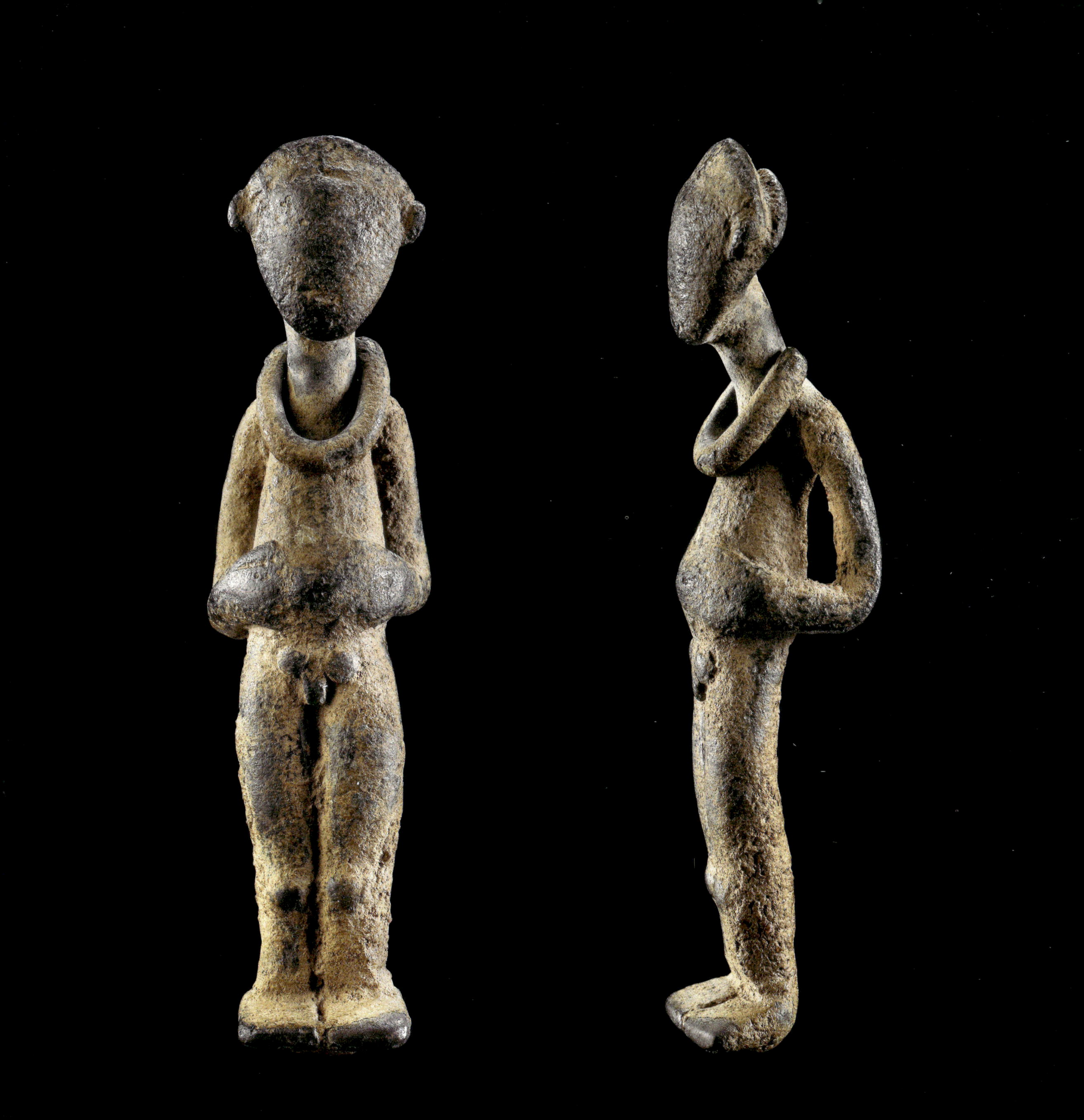

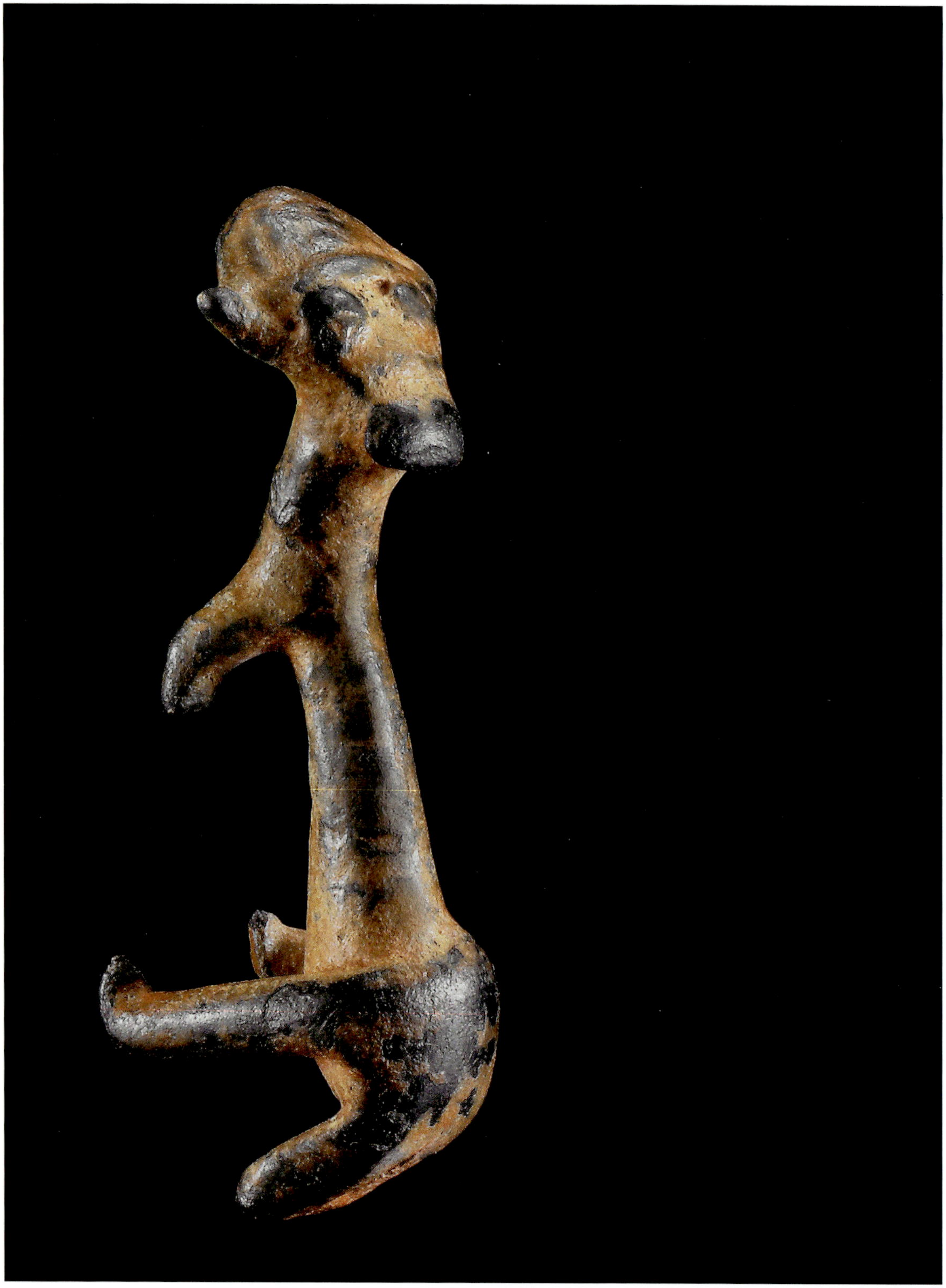

page 138
PLP-KUL-190 | 2,8 cm

page 139
PLP-KUL-197 | 3,8 cm

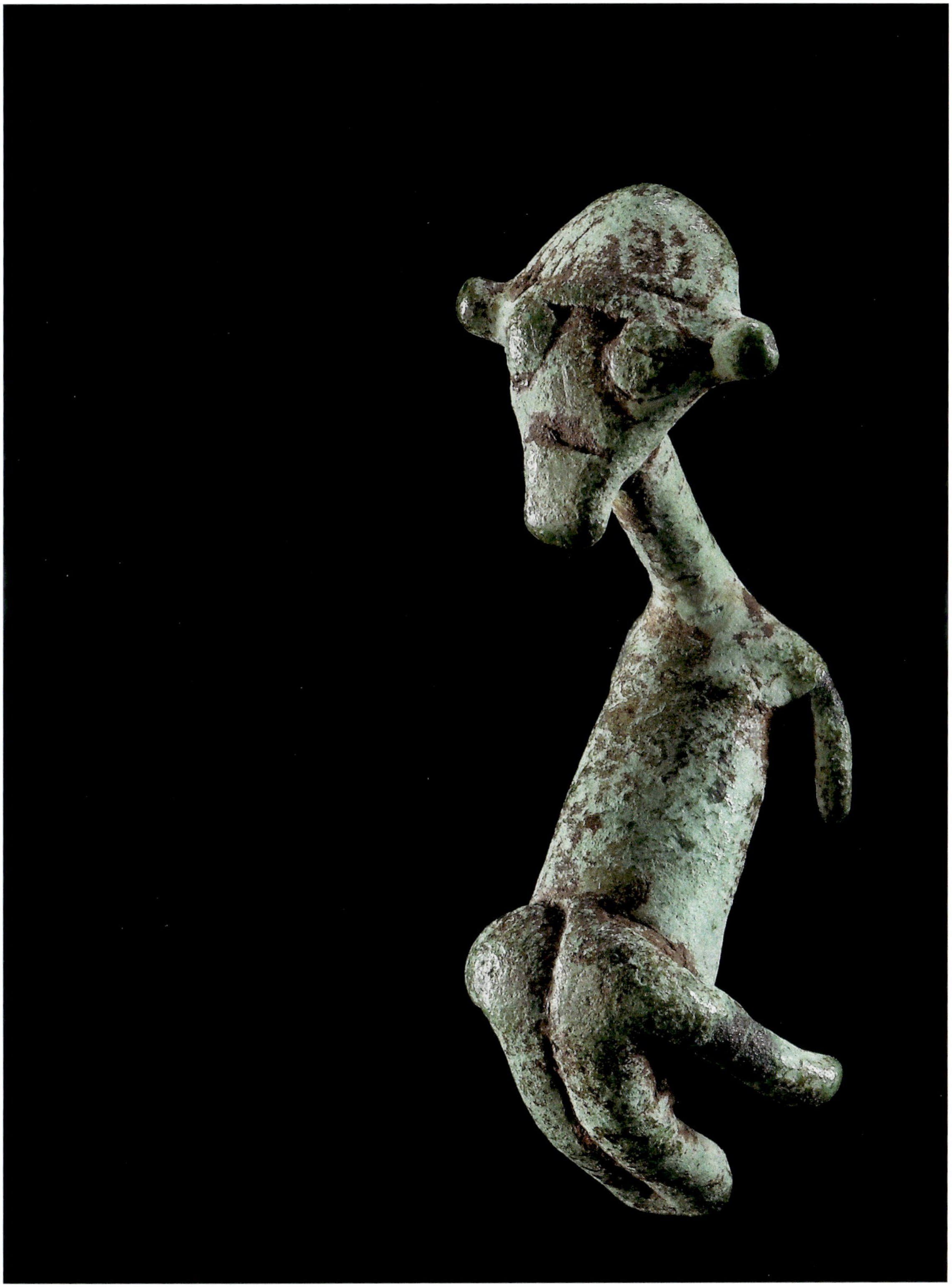

page 141
PLP-KUL-111 | 5,5 cm

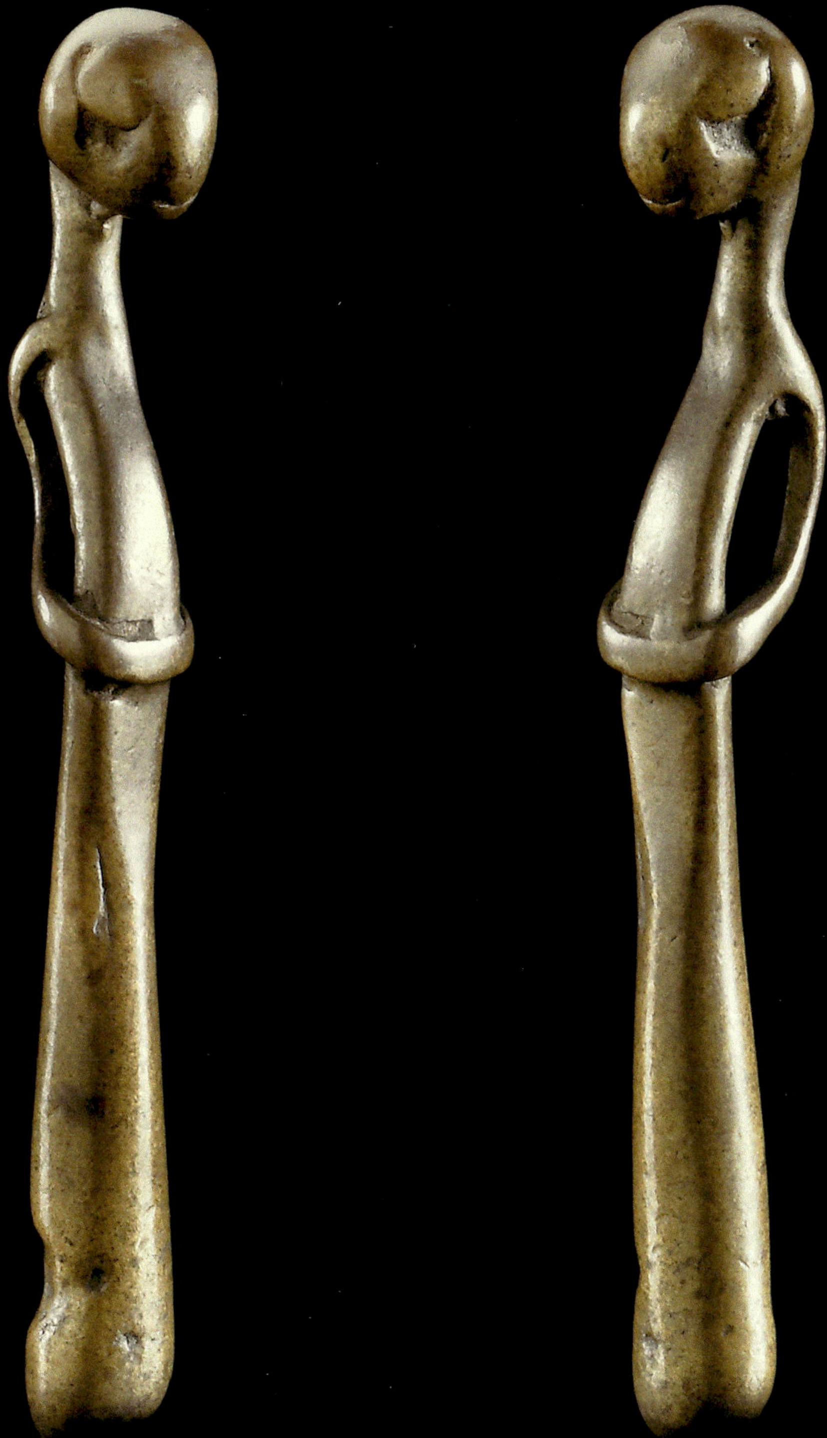

page 143
PLP-KUL-227 | 7,1 cm

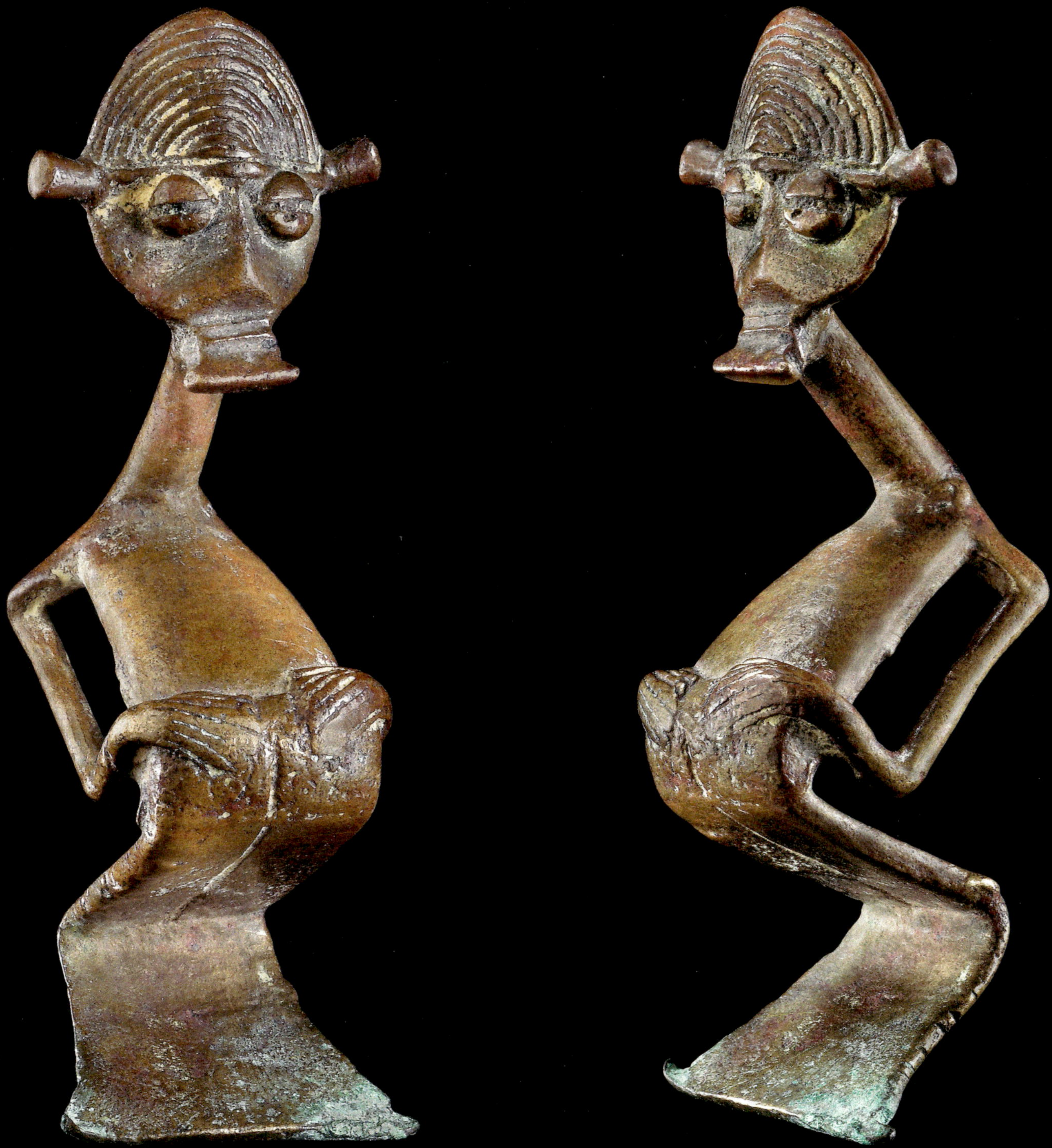

page 145
PLP-KUL-077 | 5,1 cm

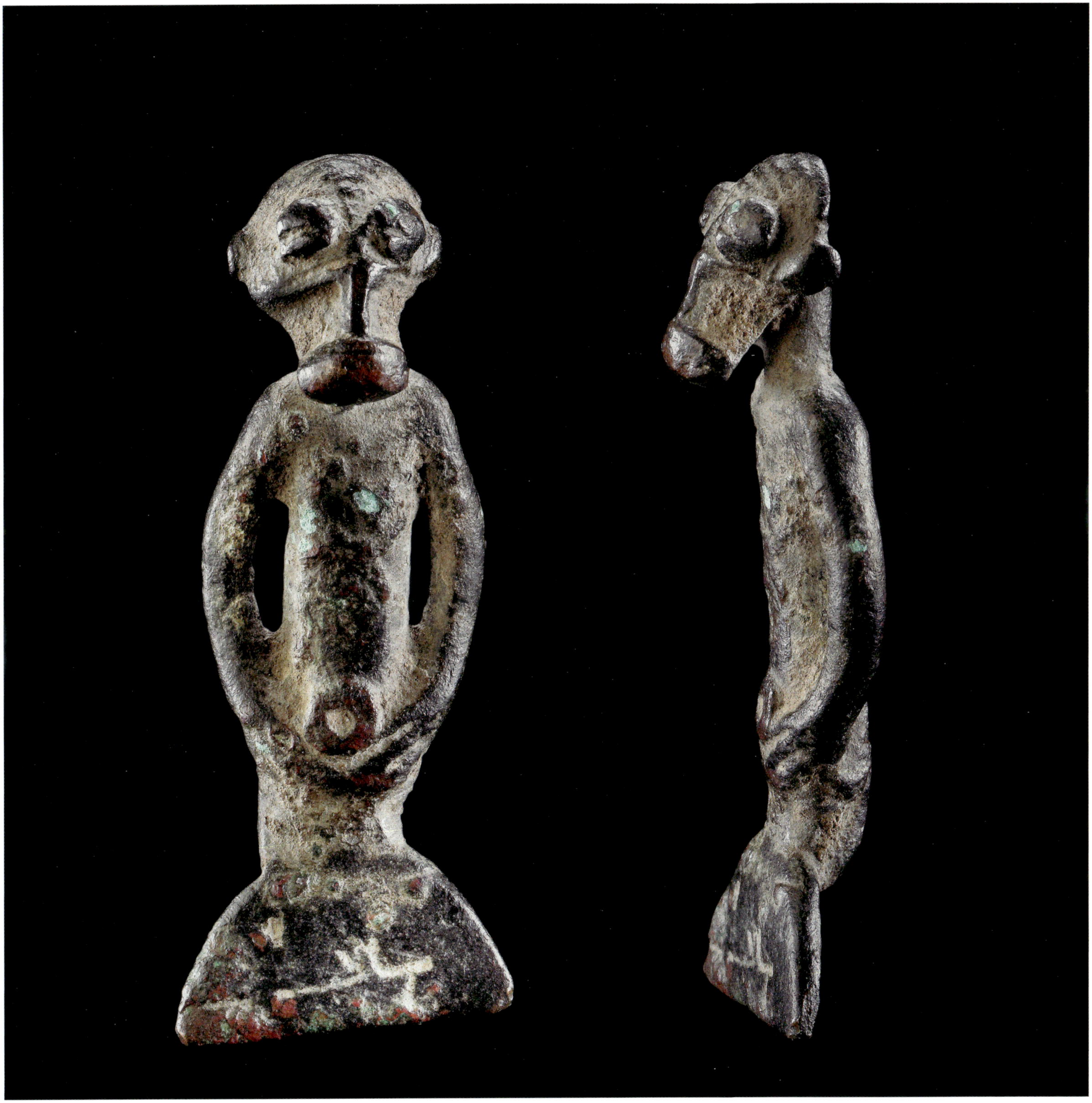

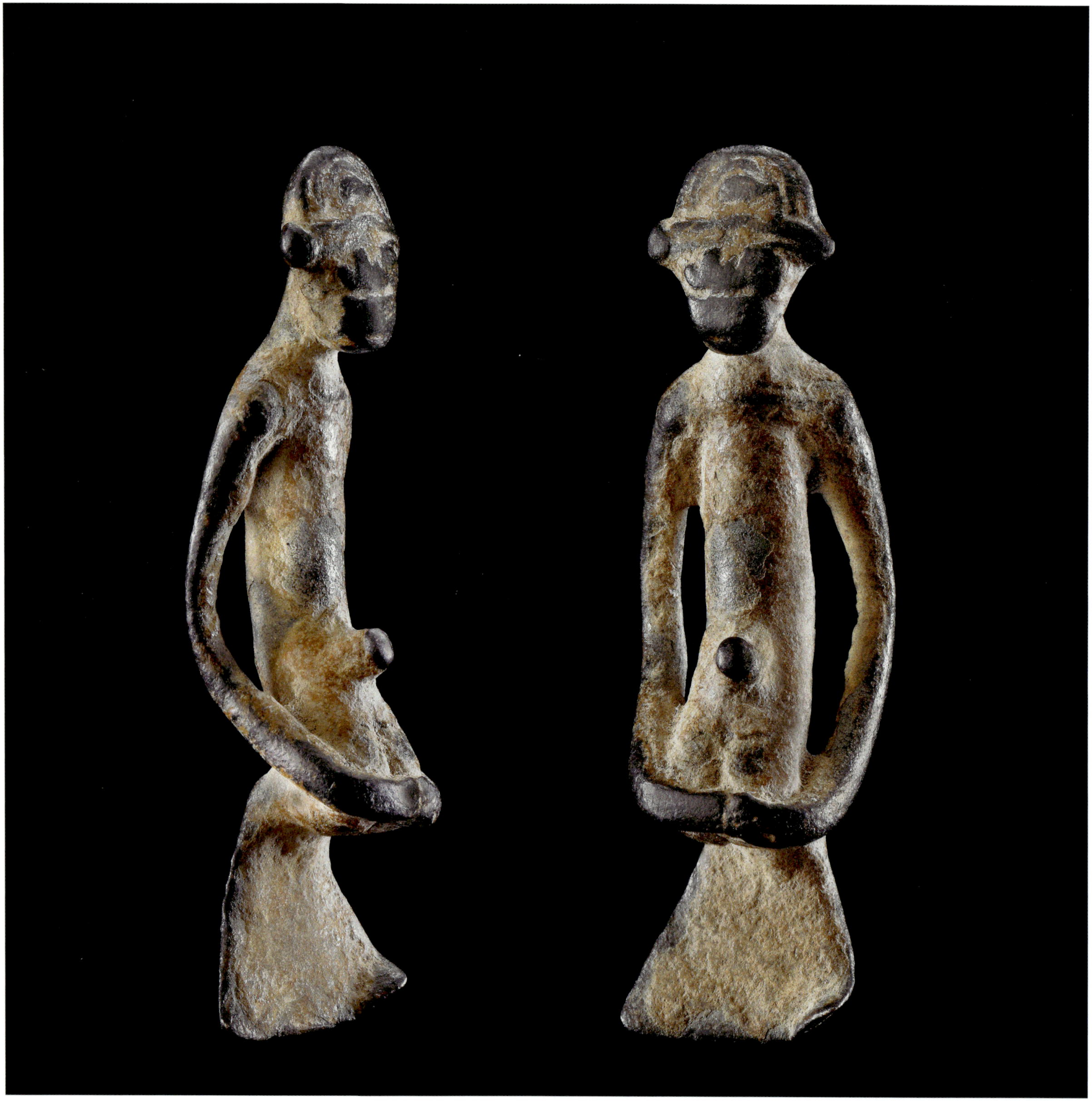

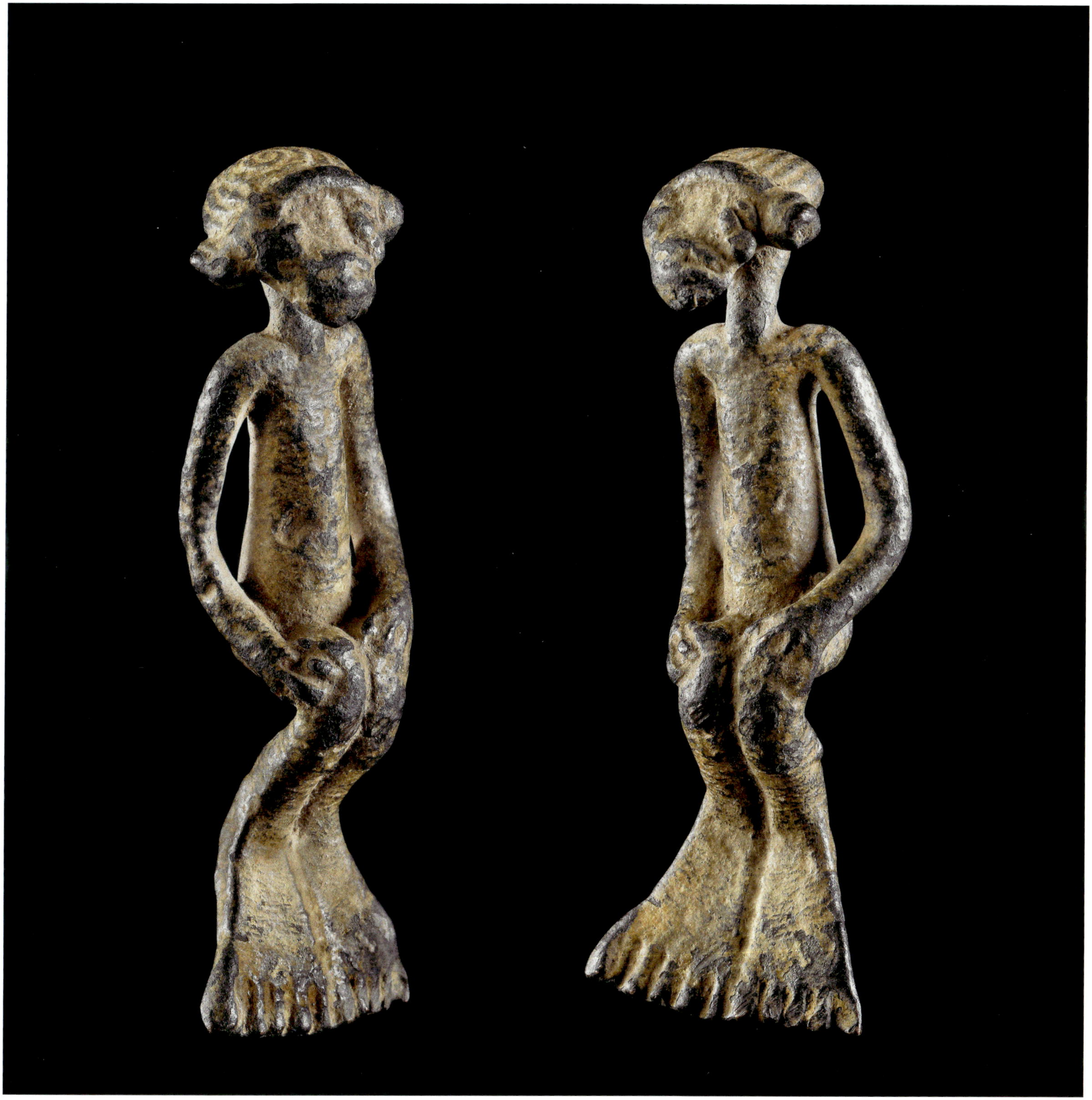

page 146
PLP-KUL-209 | 5,6 cm

page 147
PLP-KUL-099 | 5,5 cm

page 149
PLP-KUL-228 | 6 cm

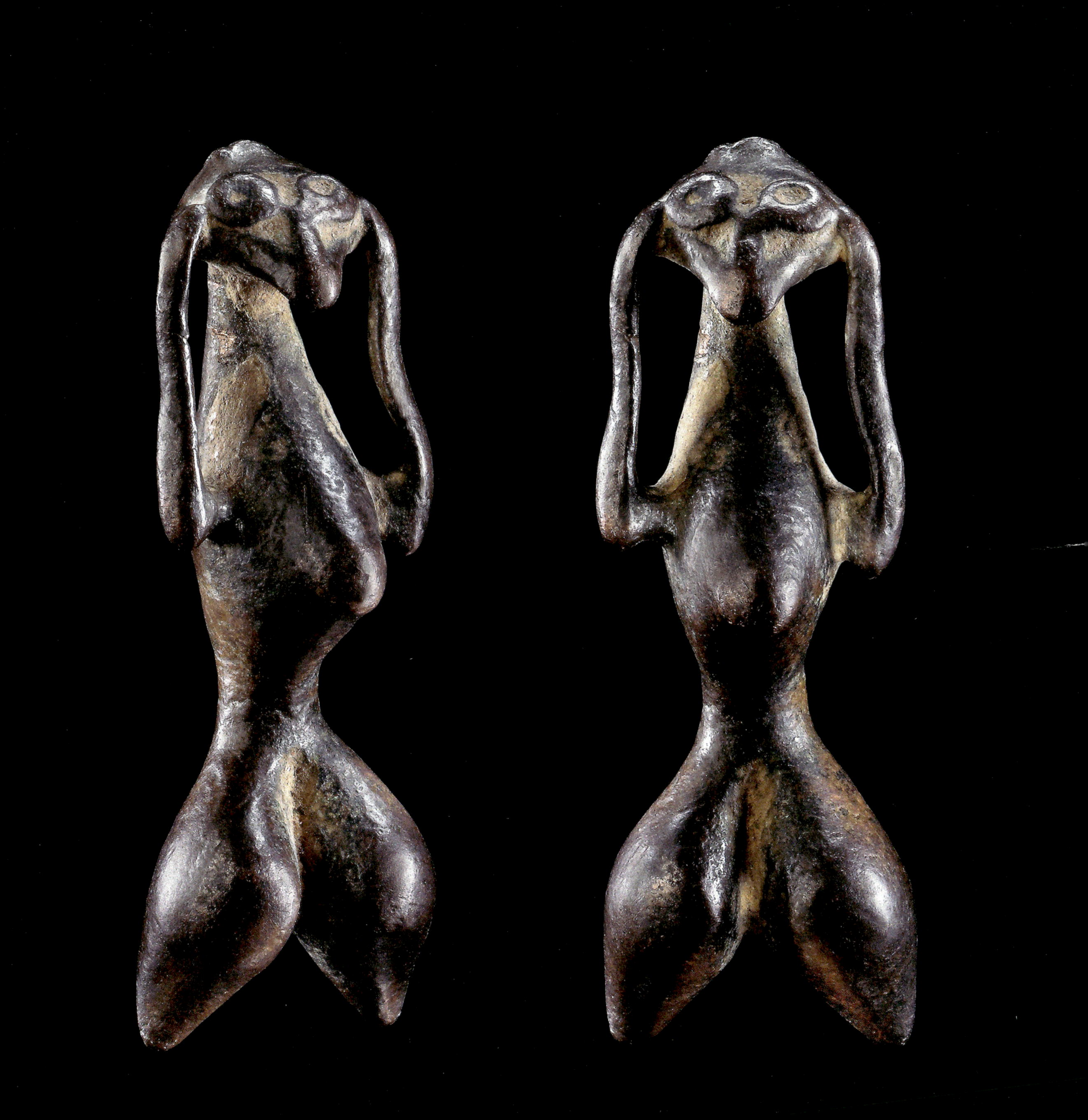

page 151
PLP-KUL-125 | 4,6 cm

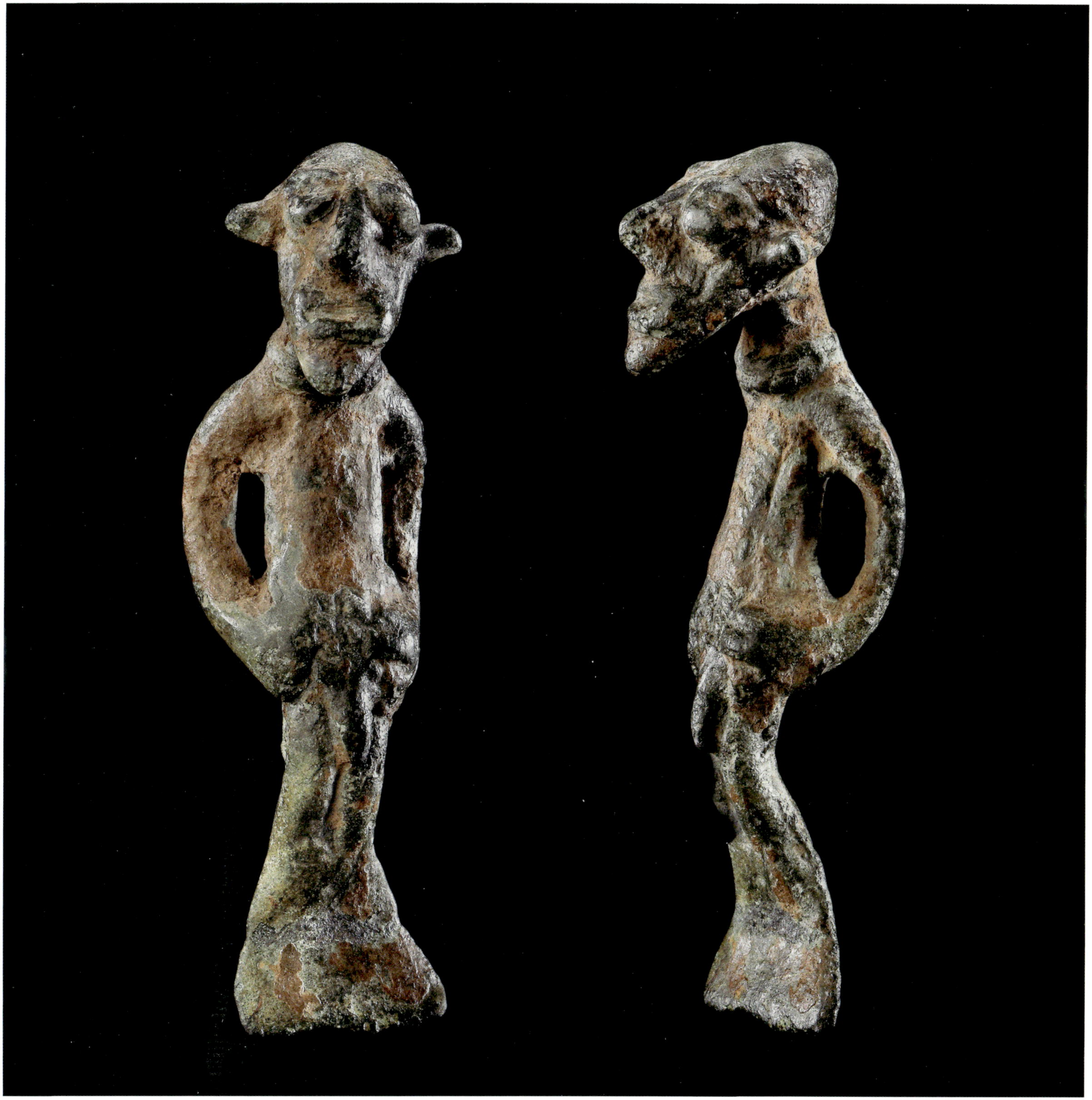

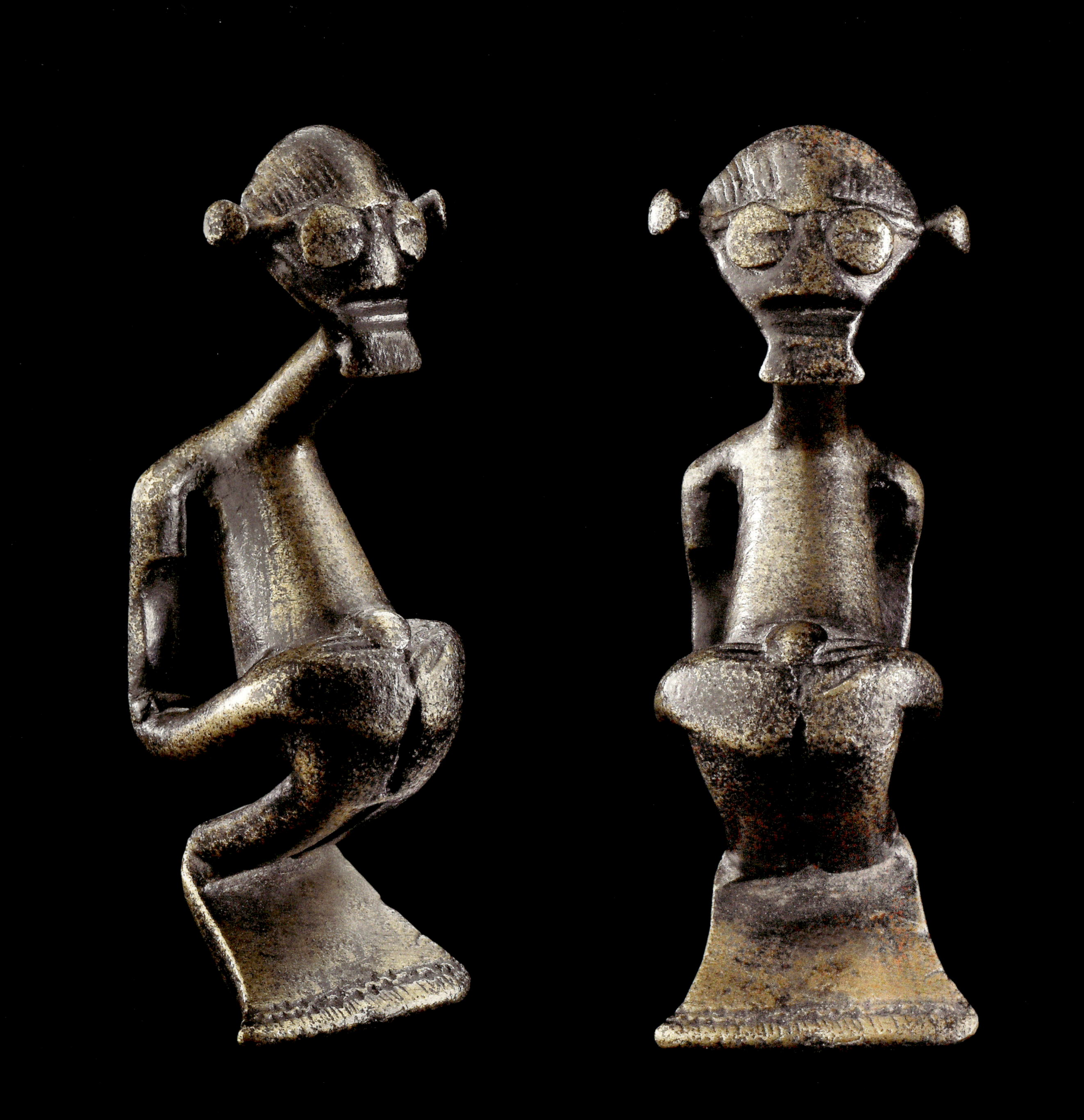

page 152
PLP-KUL-036 | 6,3 cm

pages 154-155
PLP-KUL-140 | 2,9 cm

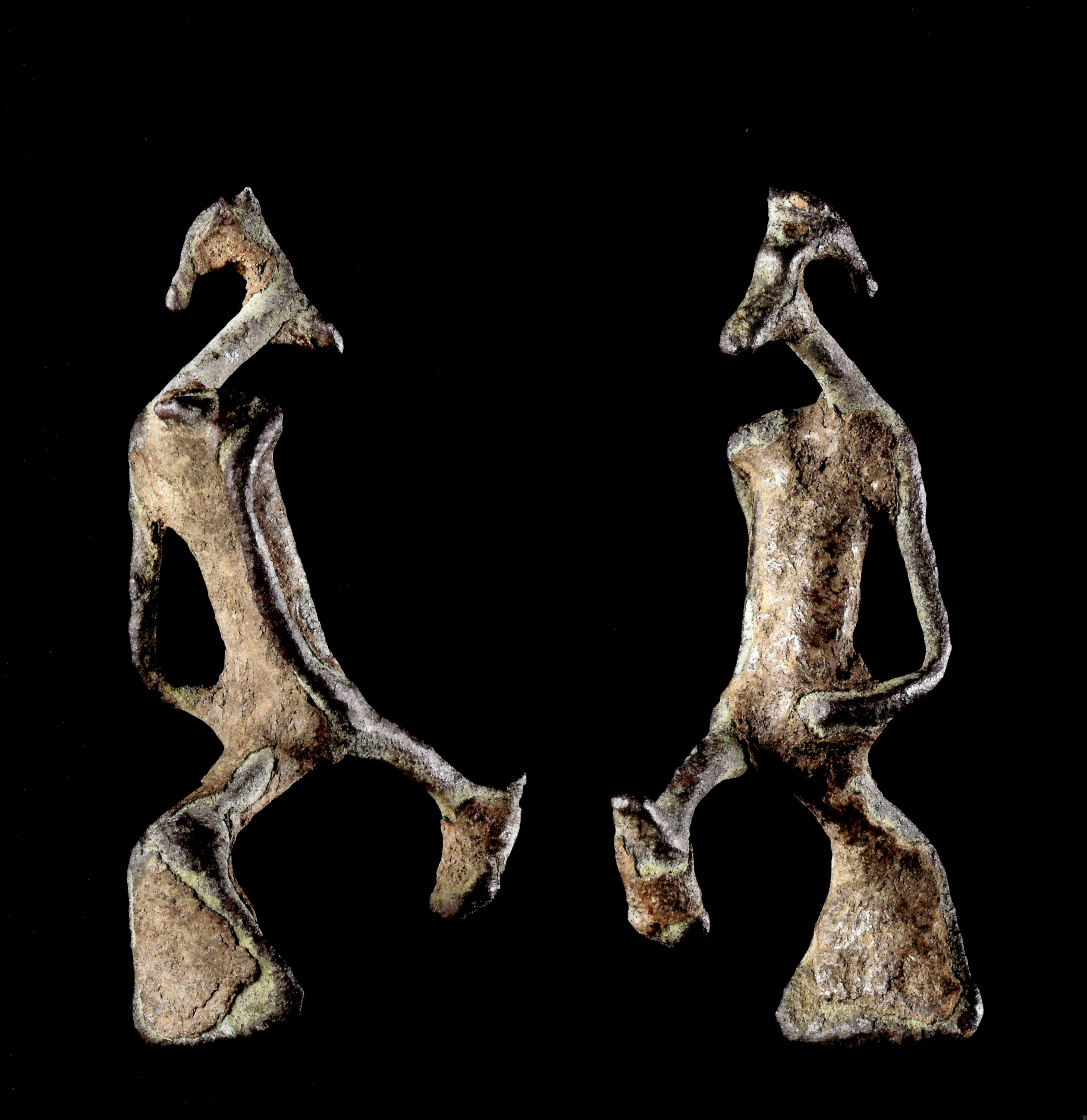

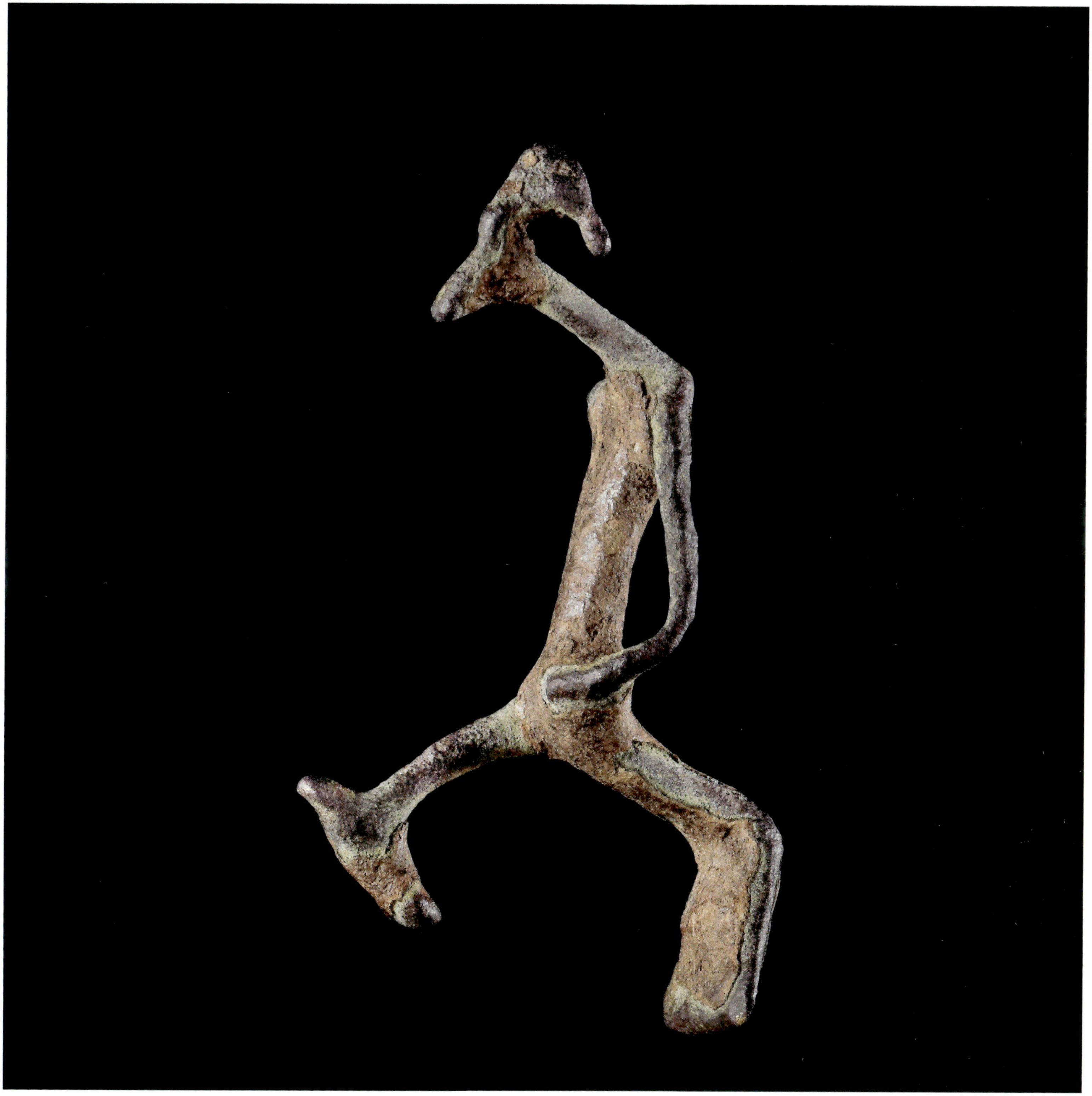

page 157
PLP-KUL-183 | 4,6 cm

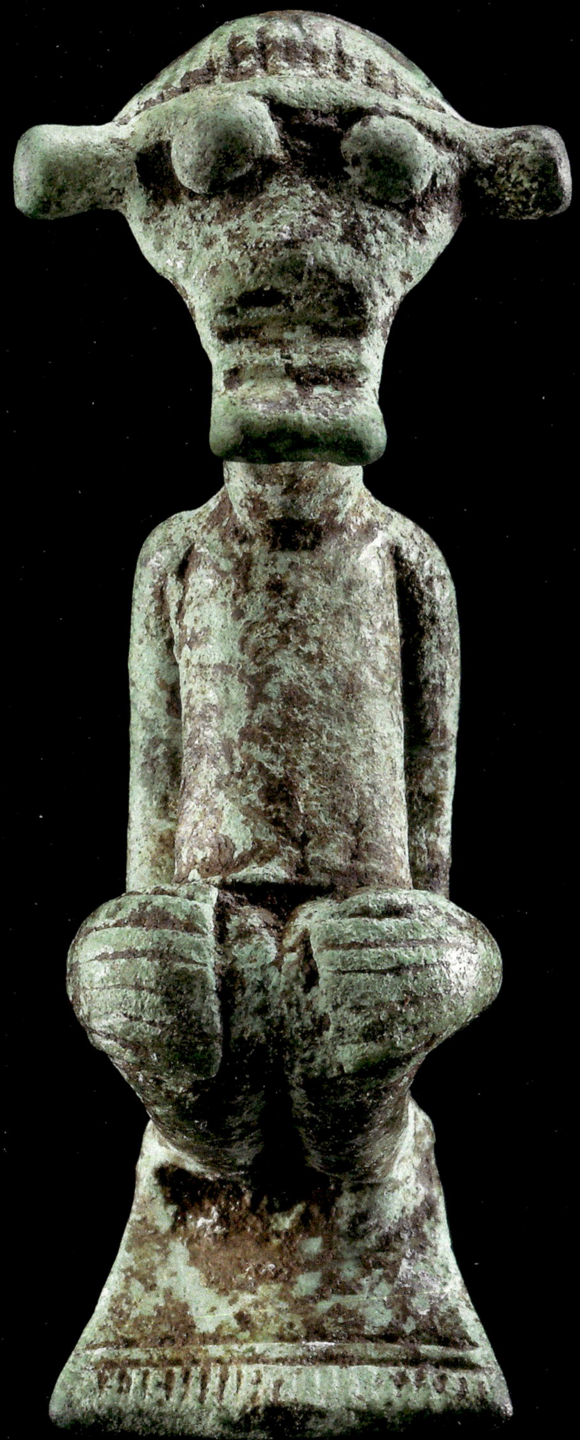

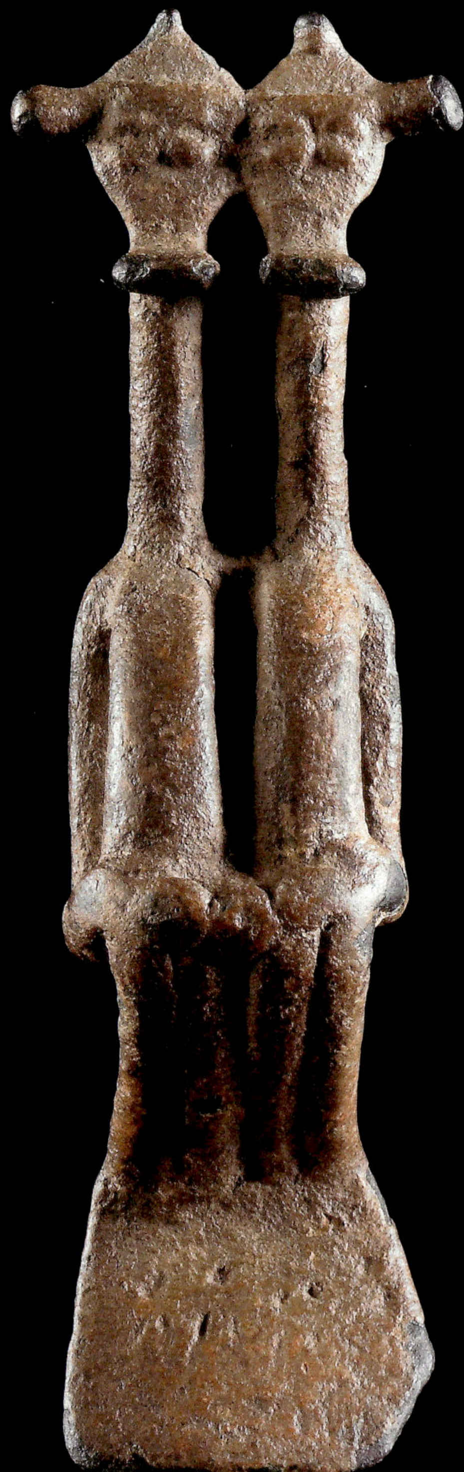

page 158
PLP-KUL-126 | 6,7 cm

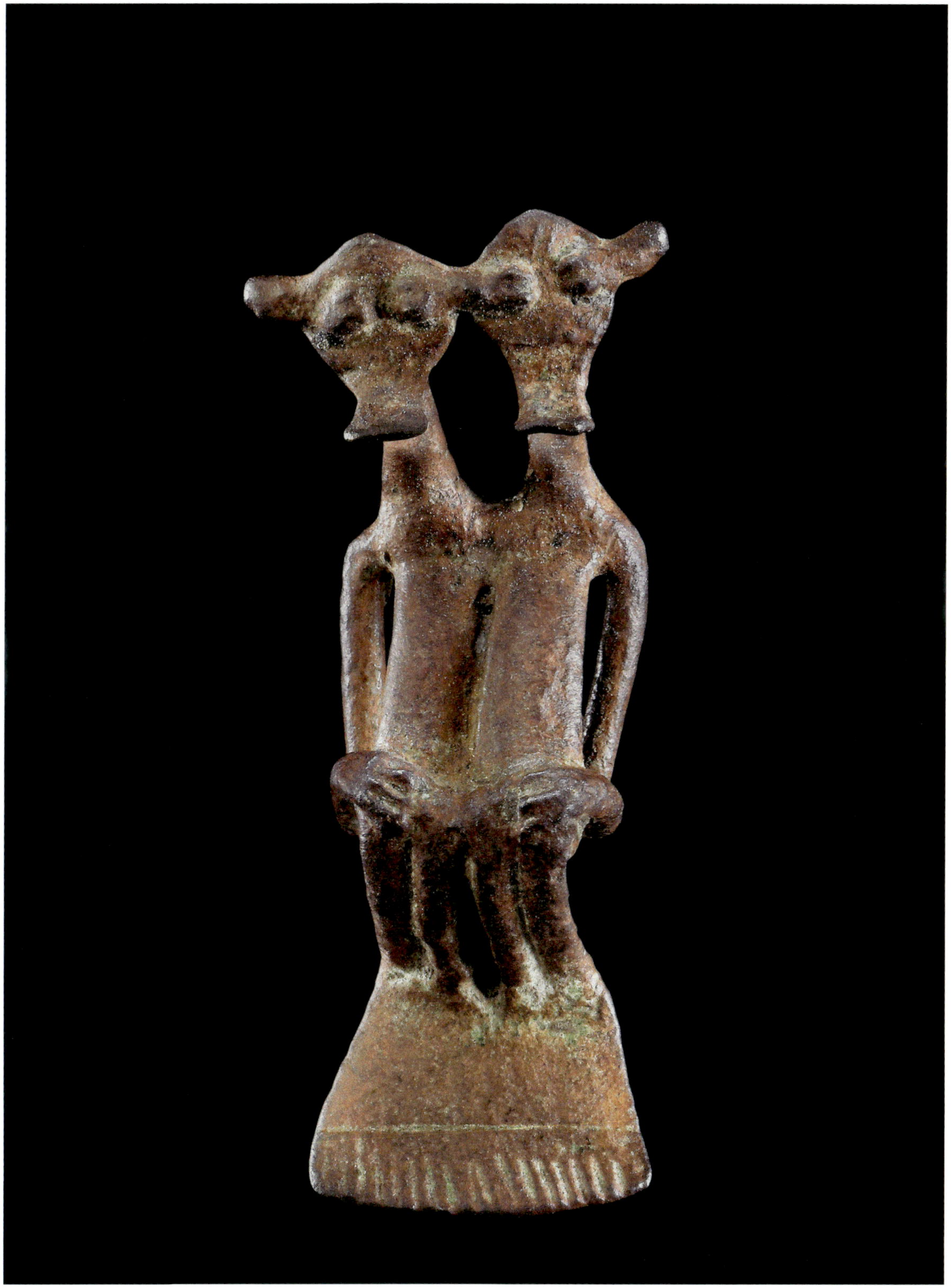

page 159
PLP-KUL-238 | 4,1 cm

page 161
[a] PLP-KUL-088 | 2,6 cm
[b] PLP-KUL-212 | 3,1 cm
[c] PLP-KUL-202 | 2,8 cm
[d] PLP-KUL-056 | 2,7 cm

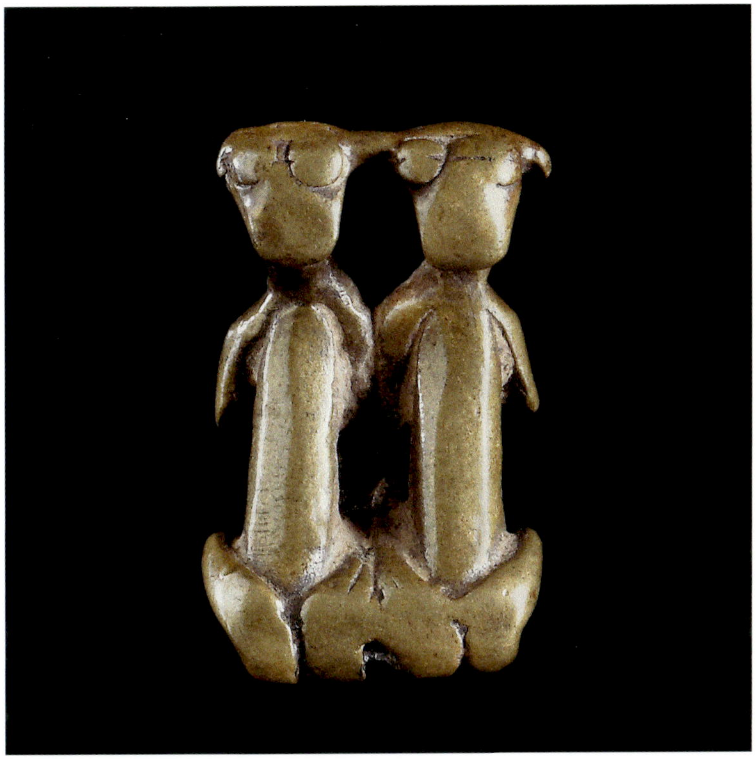
a
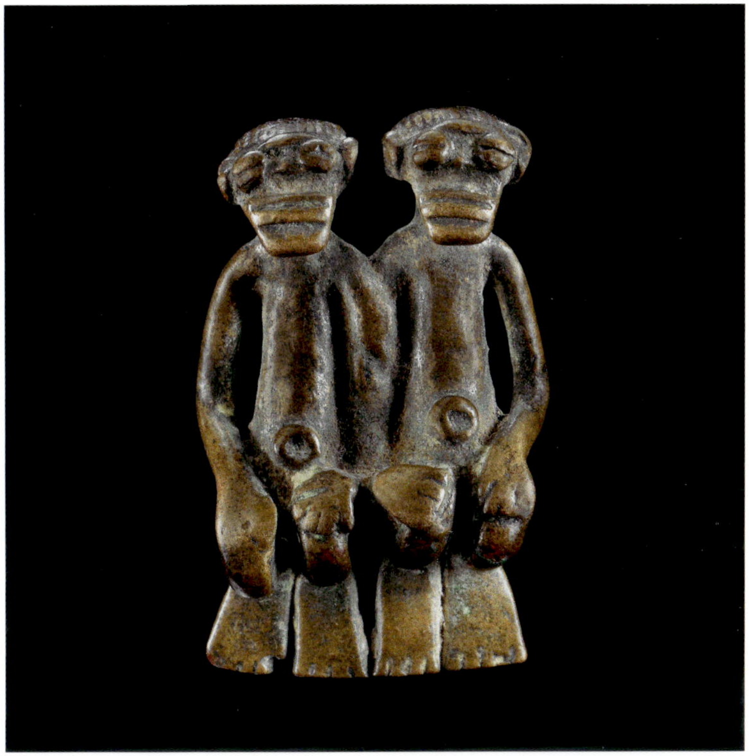
b
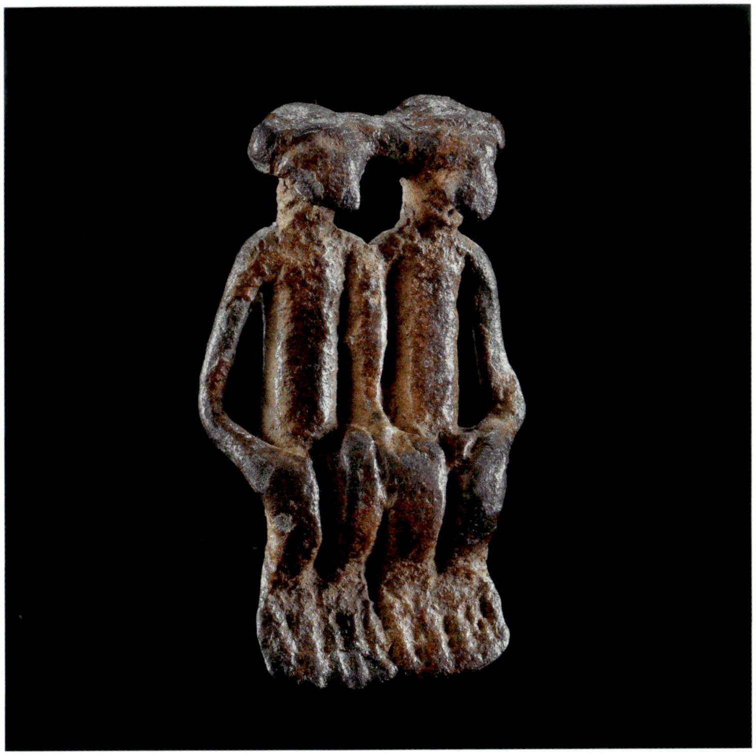
c
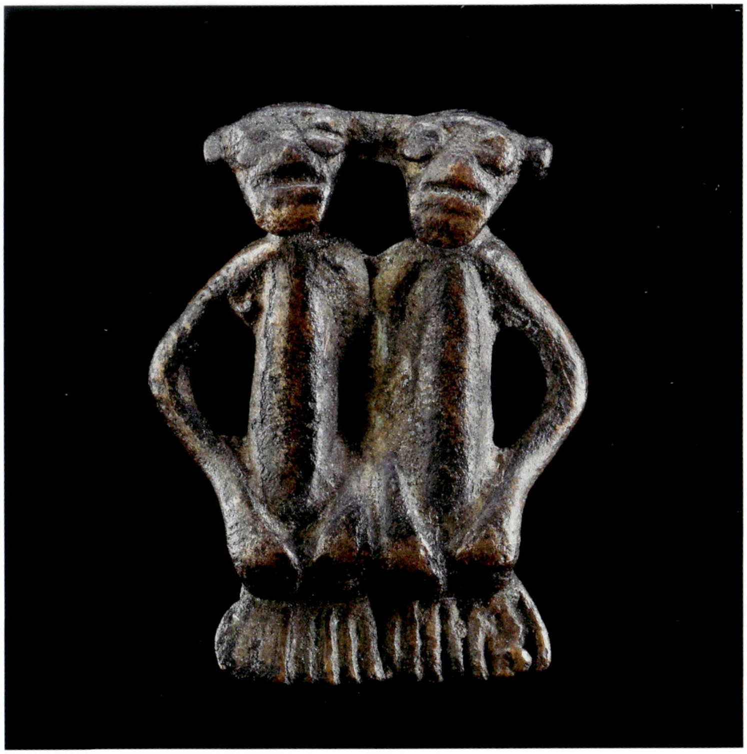
d

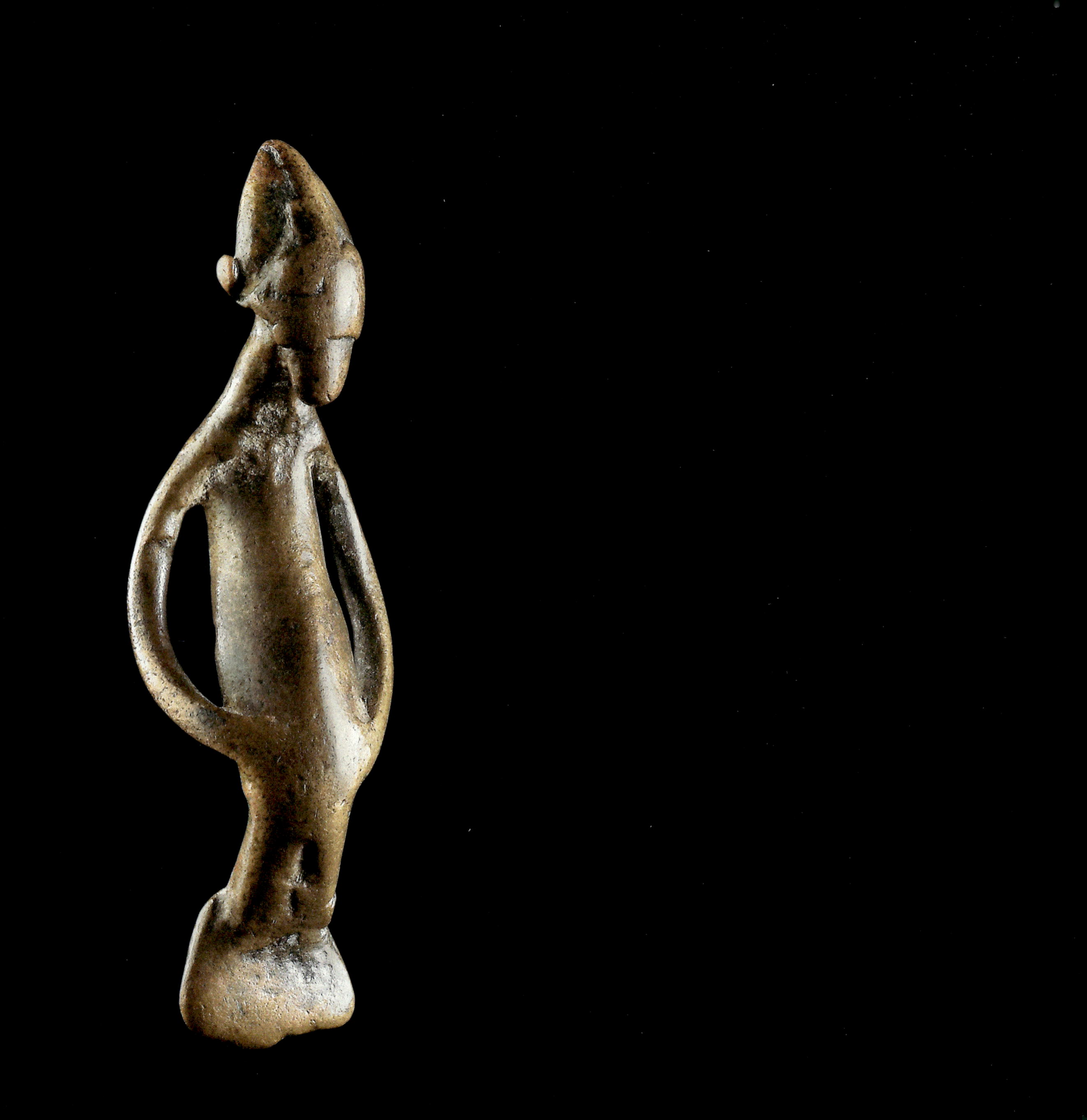

page 162
PLP-KUL-062 | 5 cm

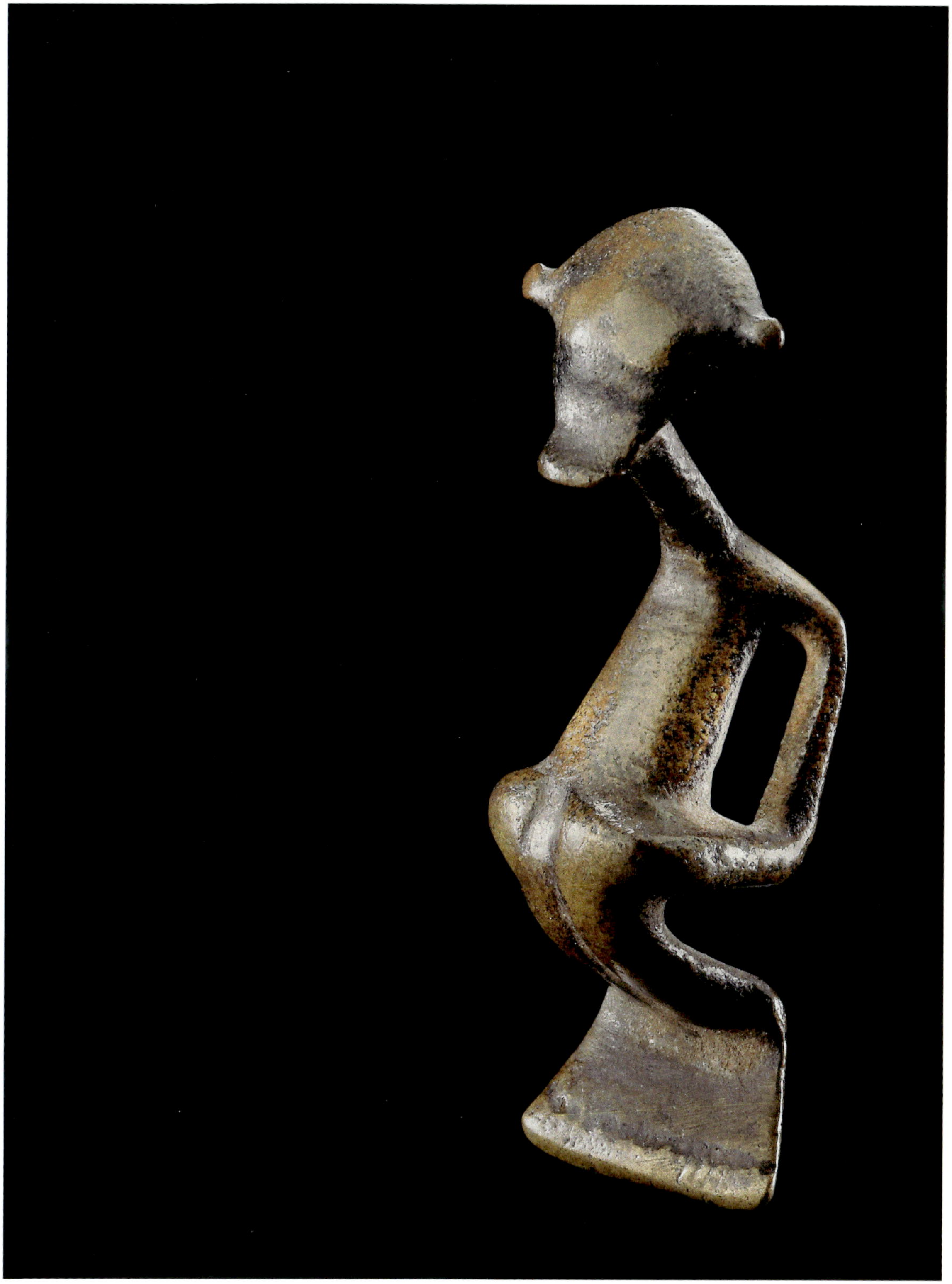

page 163
PLP-KUL-038 | 4,2 cm

page 165
PLP-KUL-234 | 5,3 cm

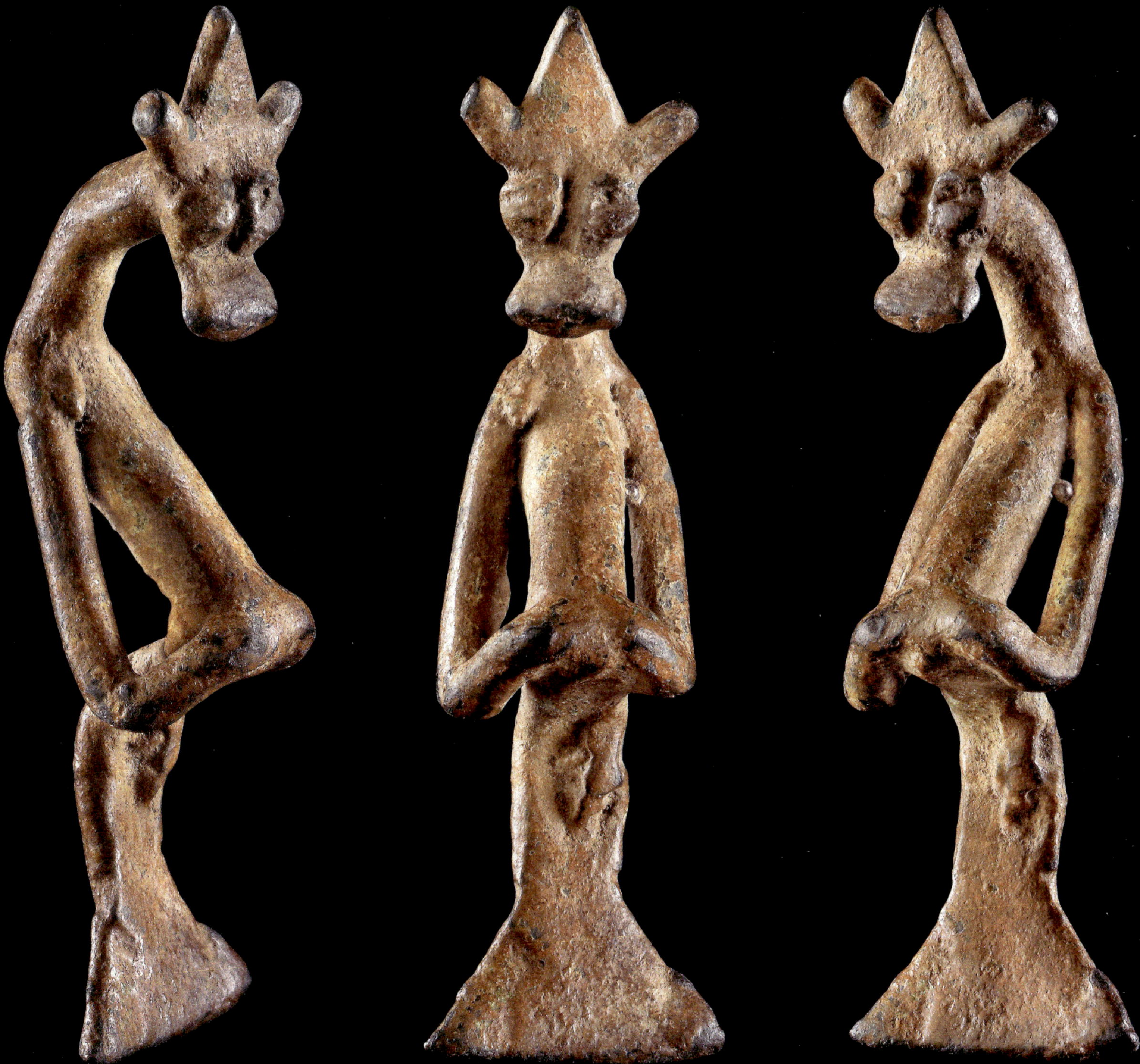

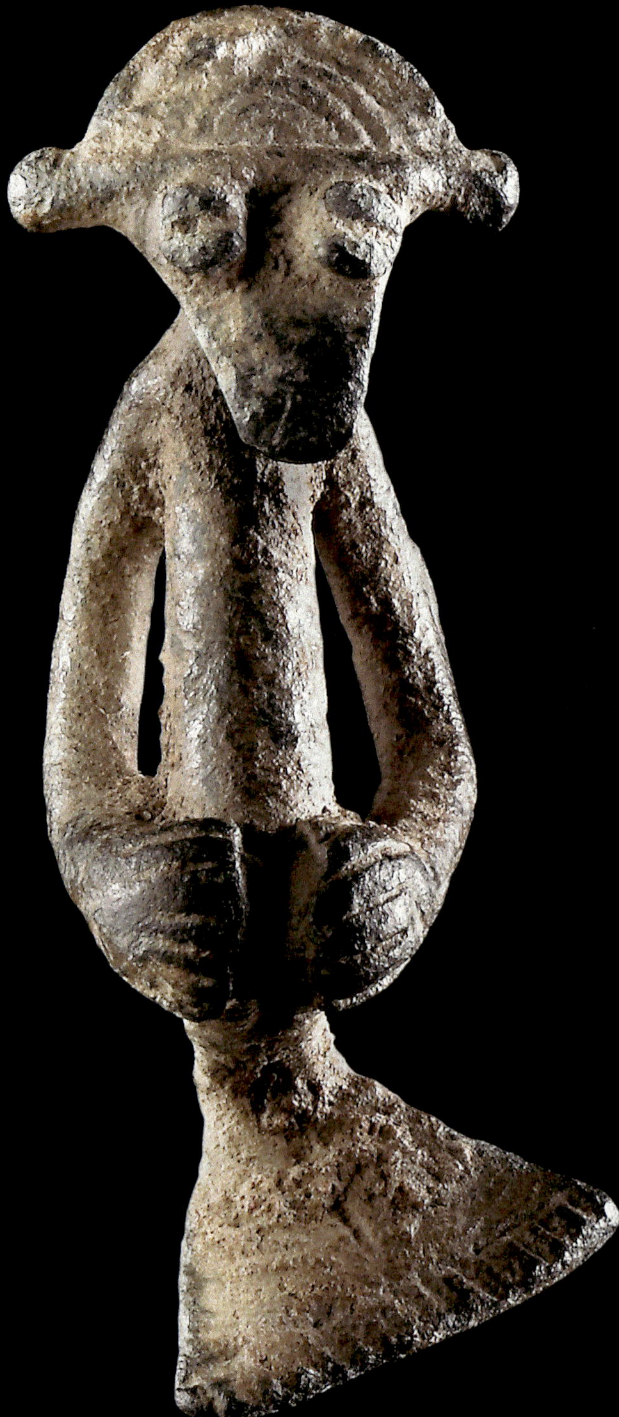

page 166
PLP-KUL-027 | 4,6 cm

pages 168-169
PLP-KUL-040 | 7,2 cm

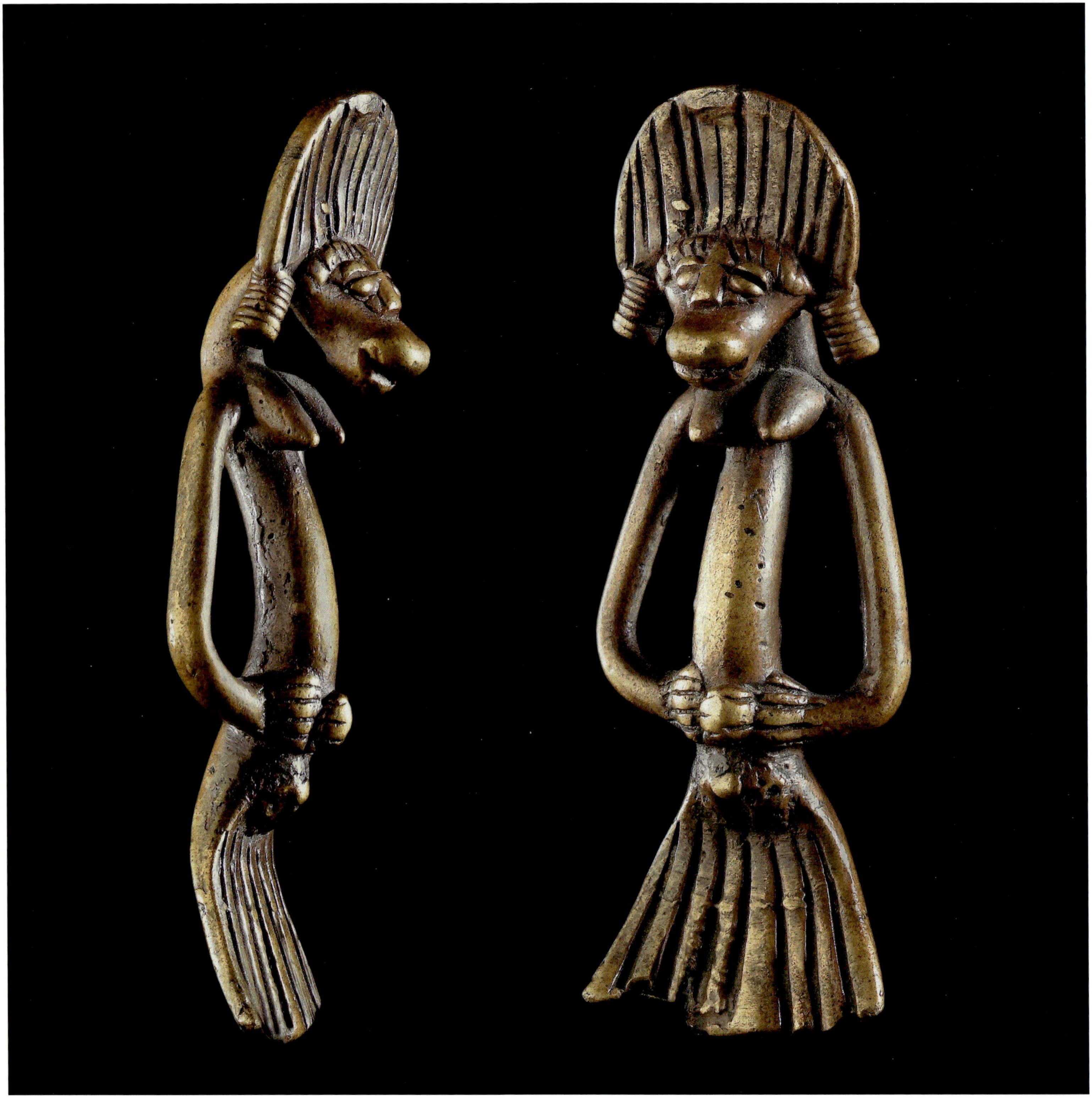

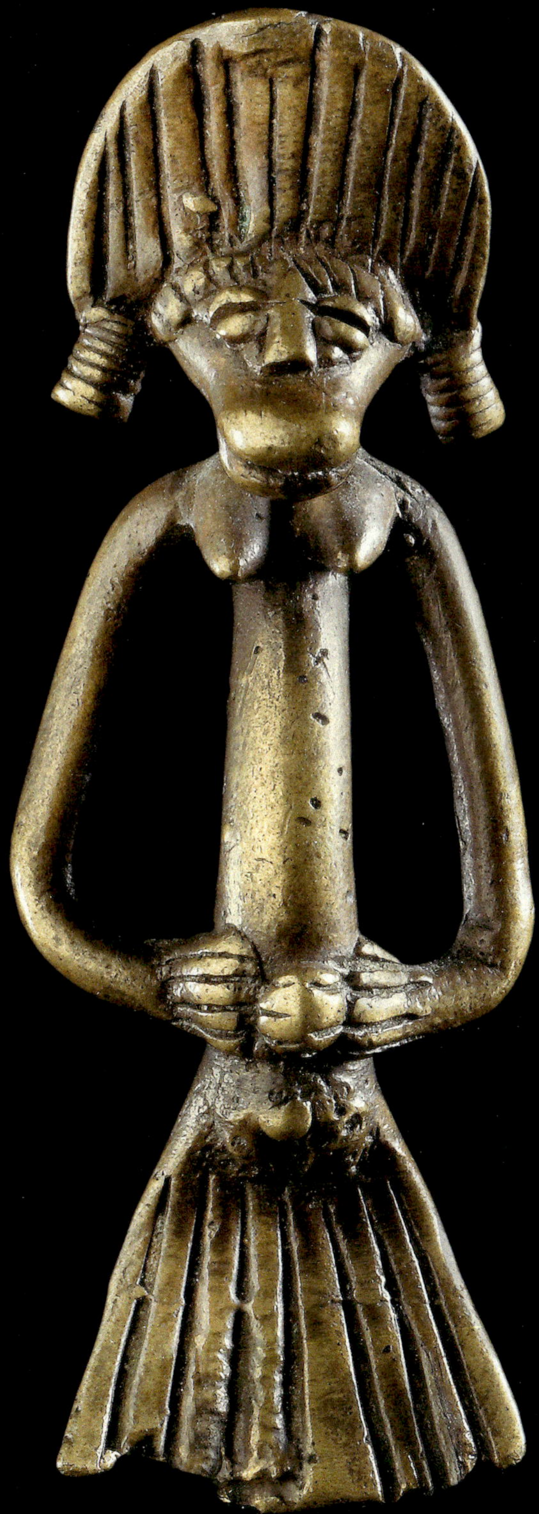

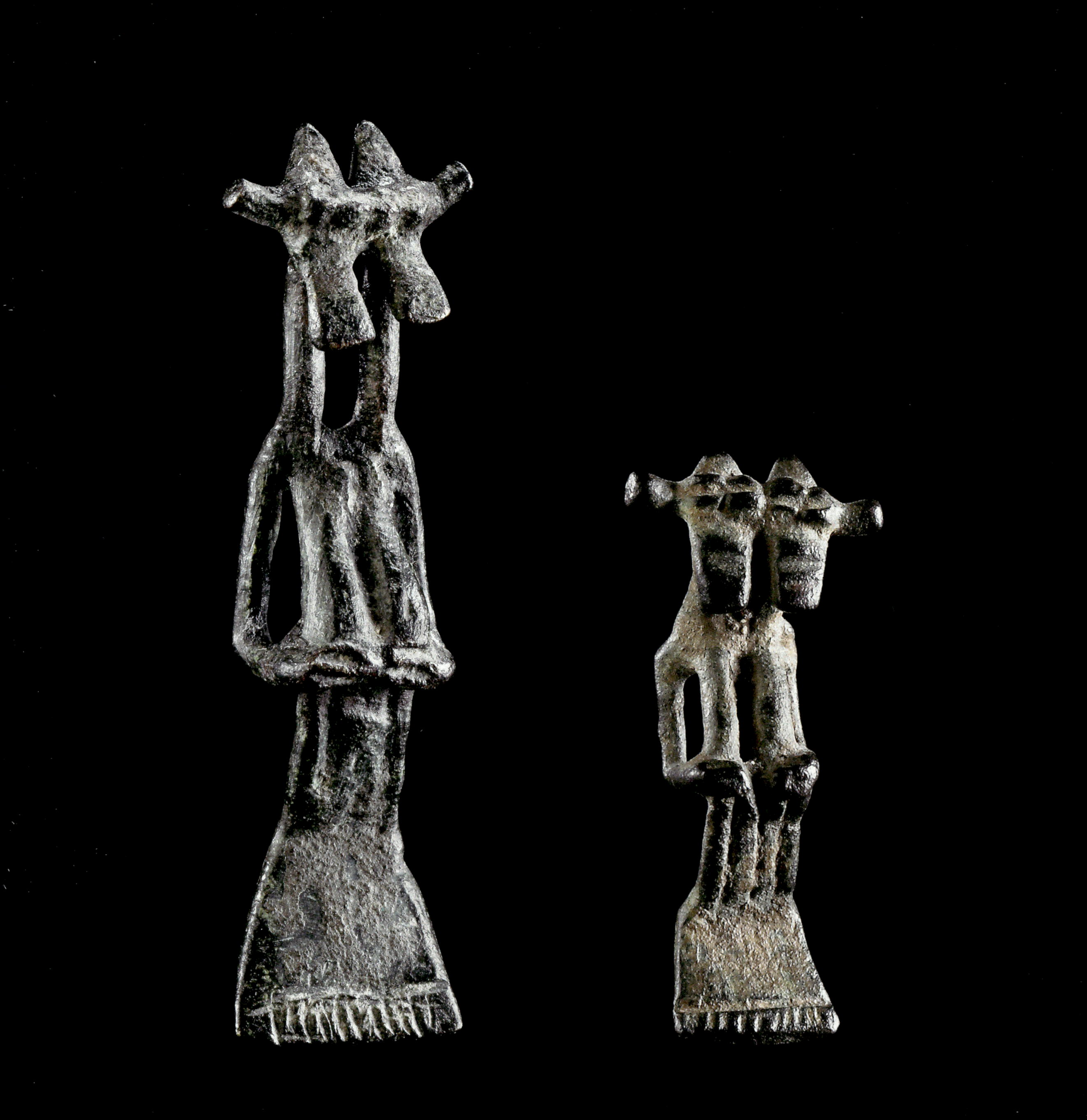

page 170
PLP-KUL-078 | 4,3 cm
PLP-KUL-046 | 3,1 cm

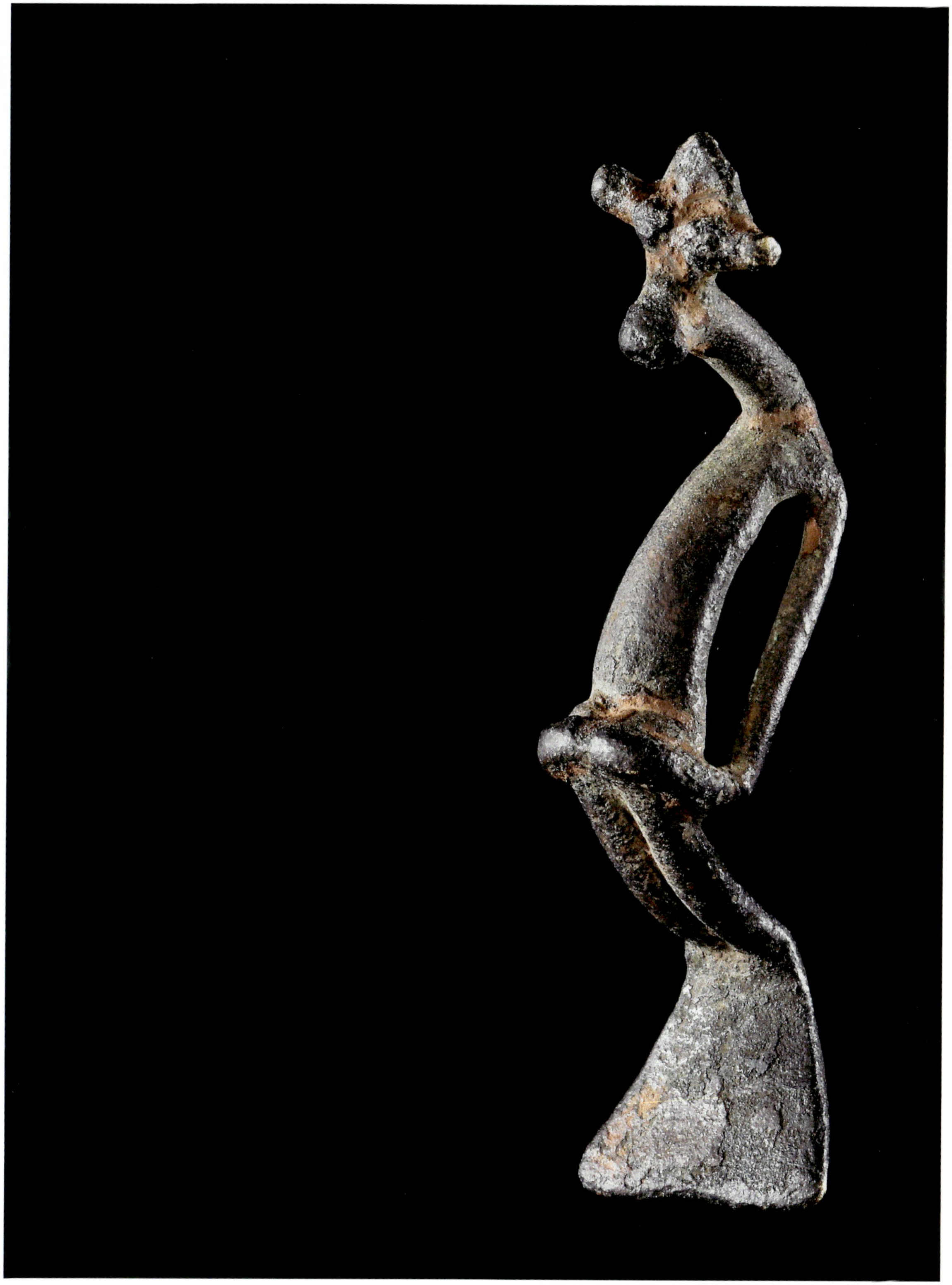

page 171
PLP-KUL-158 | 5,6 cm

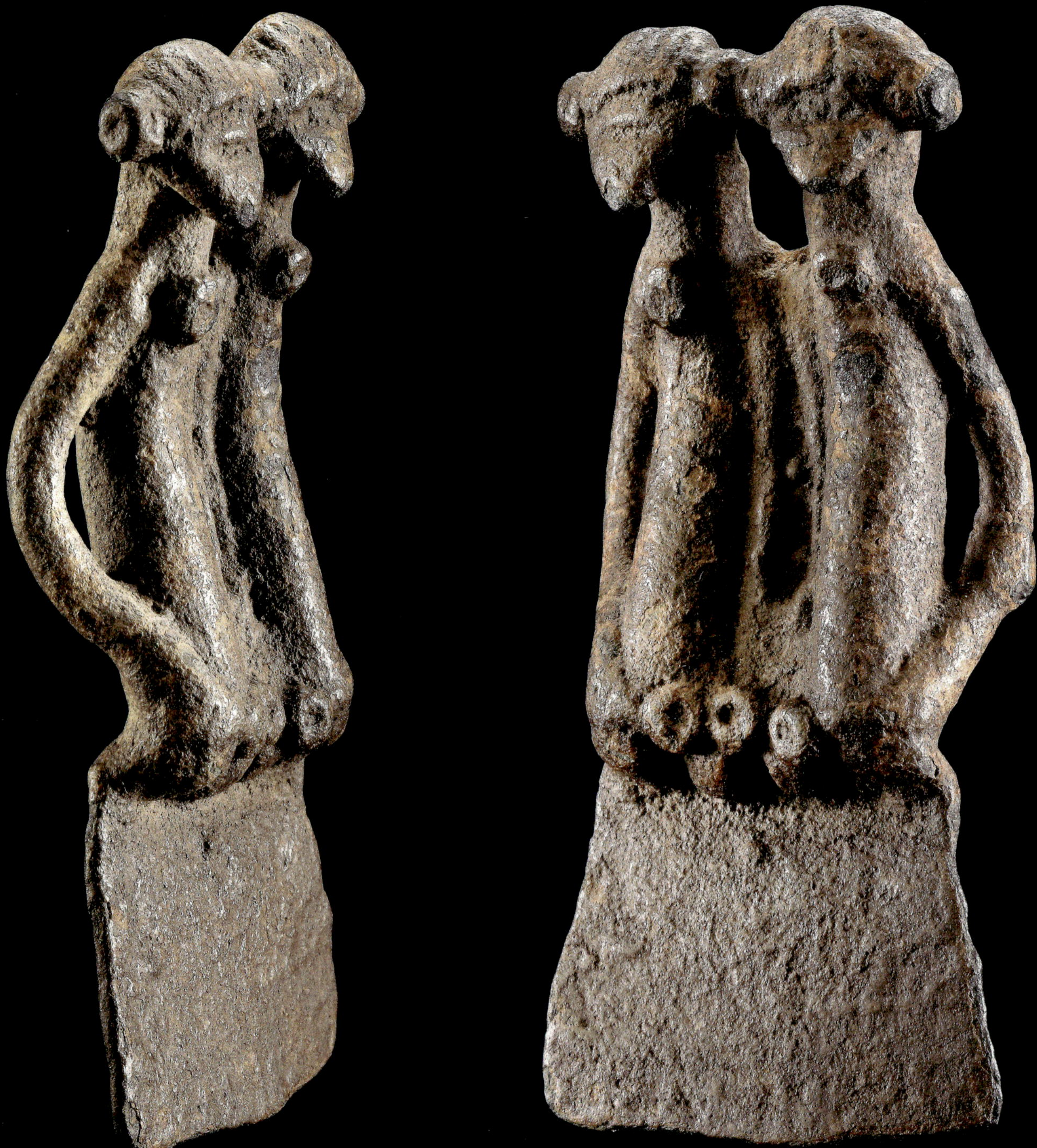

page 172
PLP-KUL-195 | 6,4 cm

page 174
PLP-KUL-225 | 5,5 cm

page 175
PLP-KUL-102 | 5,3 cm

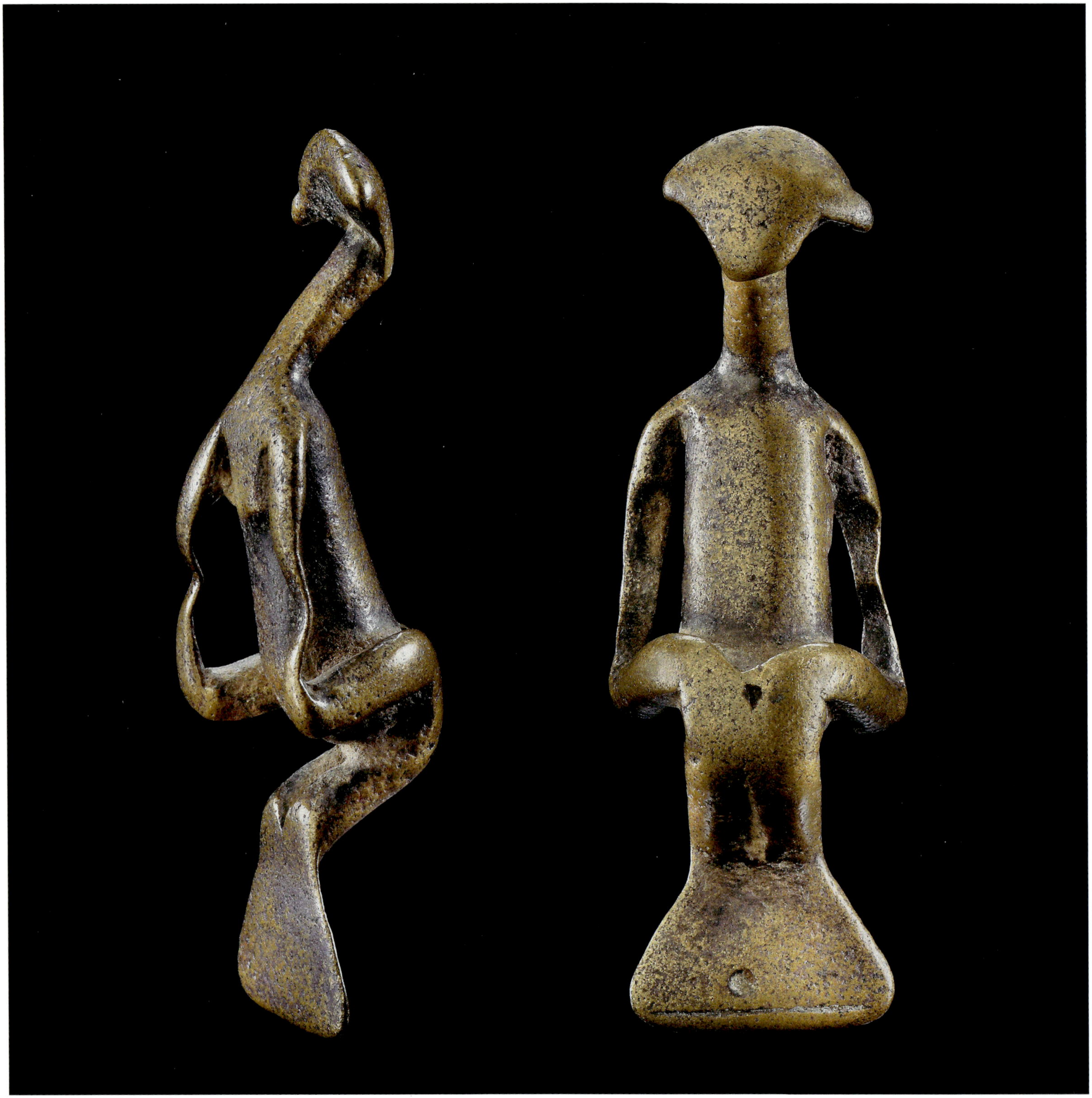

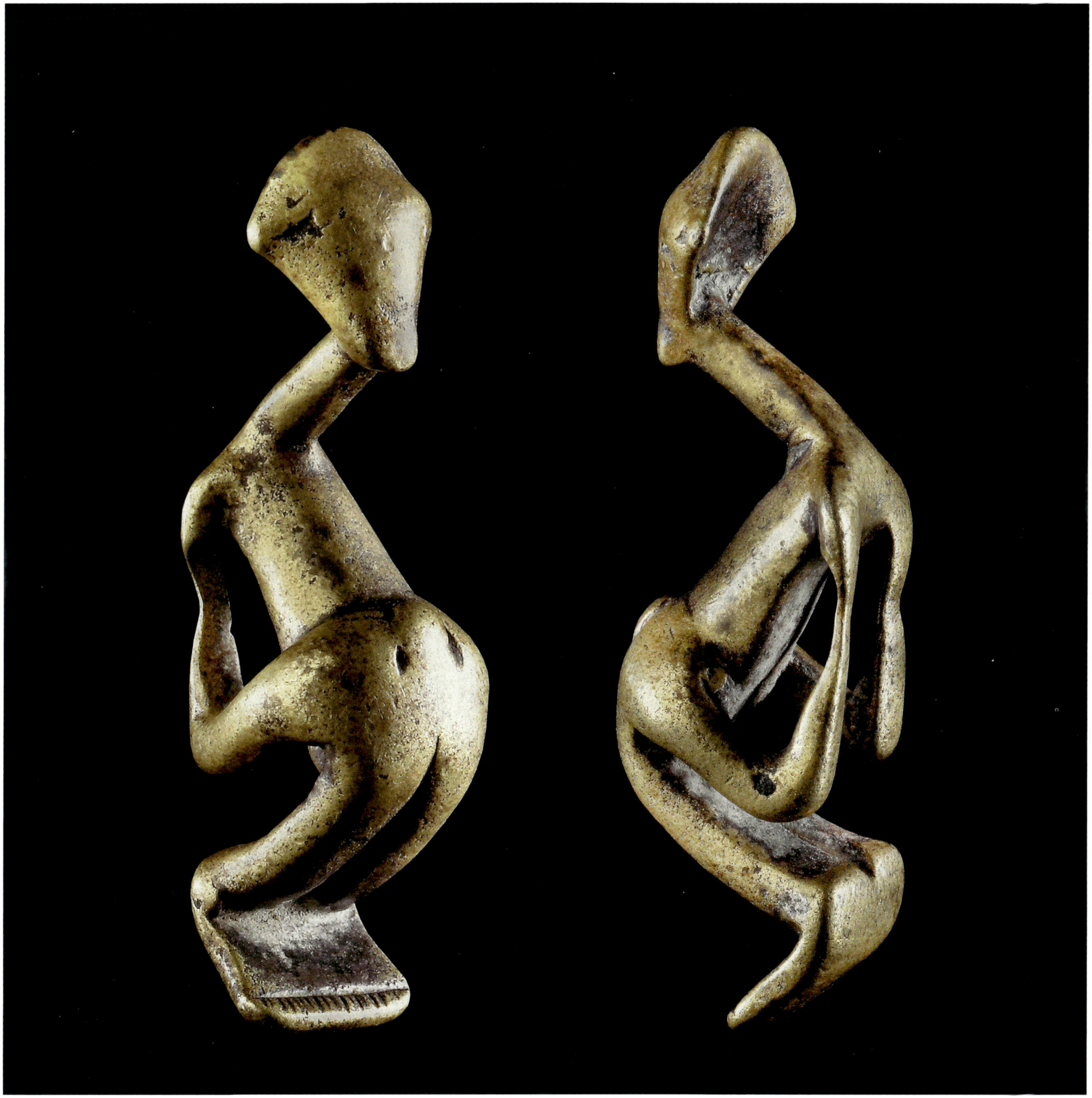

page 177
PLP-KUL-243 | 5,4 cm

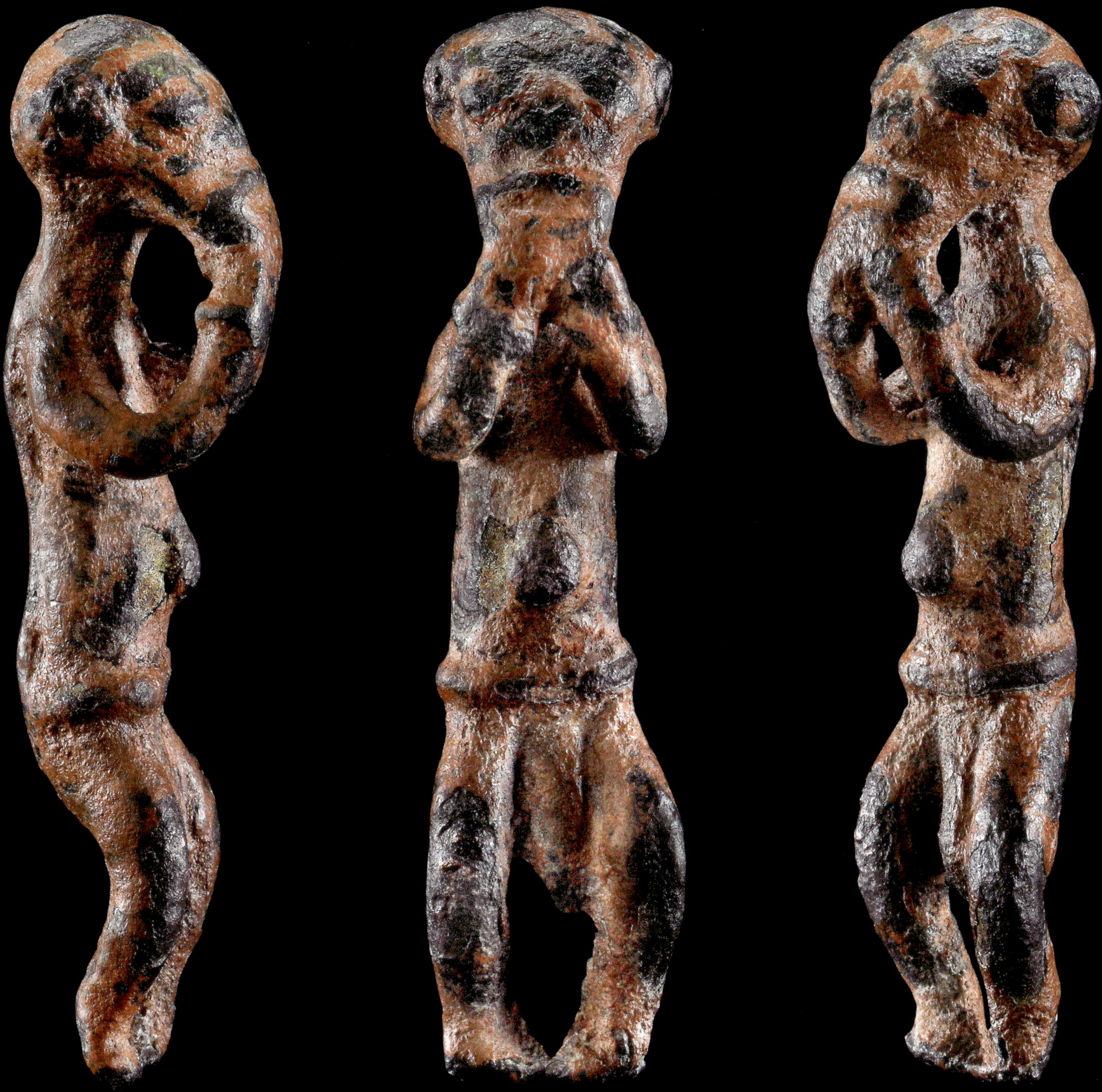

page 179
PLP-KUL-155 | 3,9 cm
PLP-KUL-180 | 3,8 cm

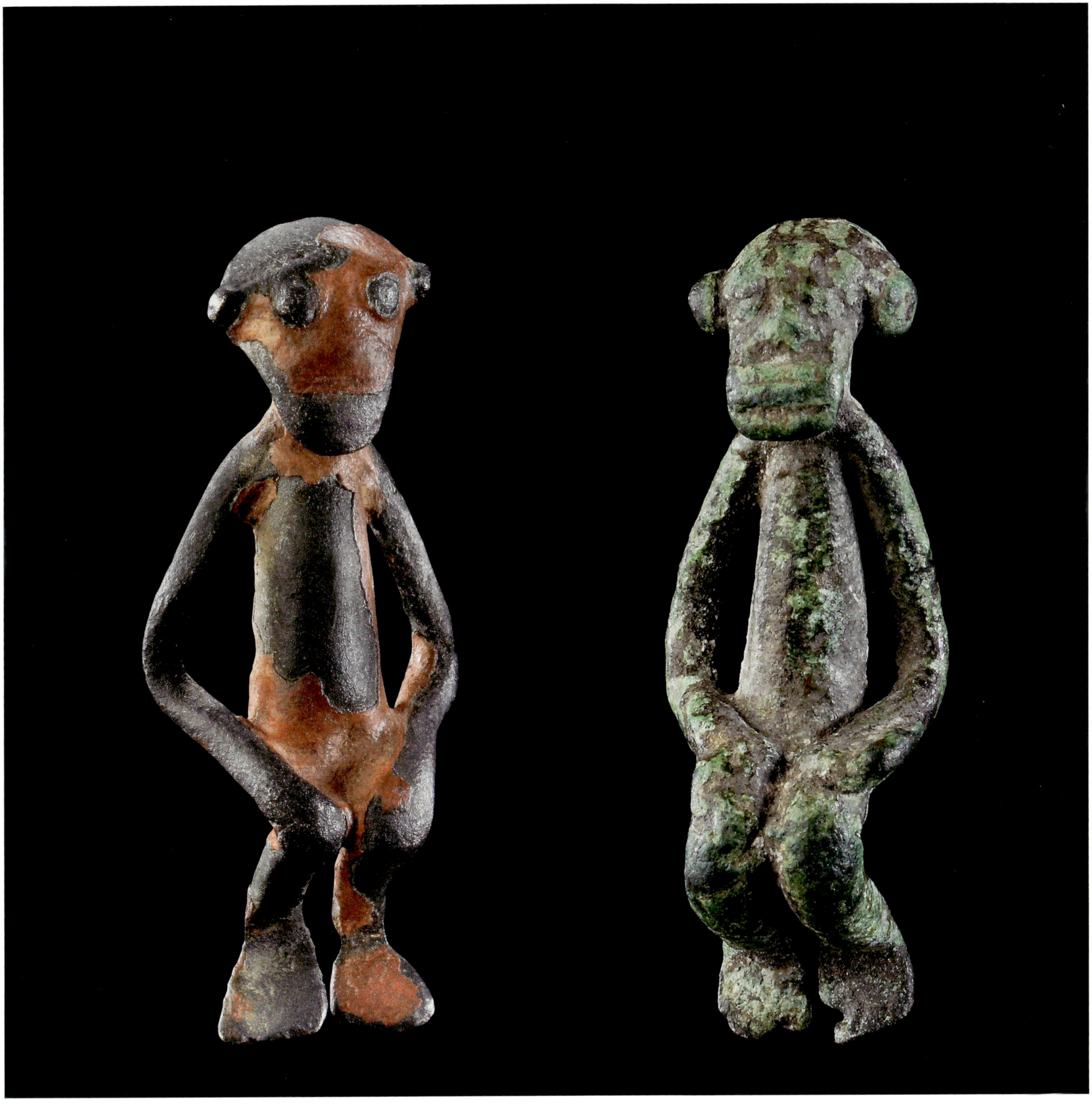

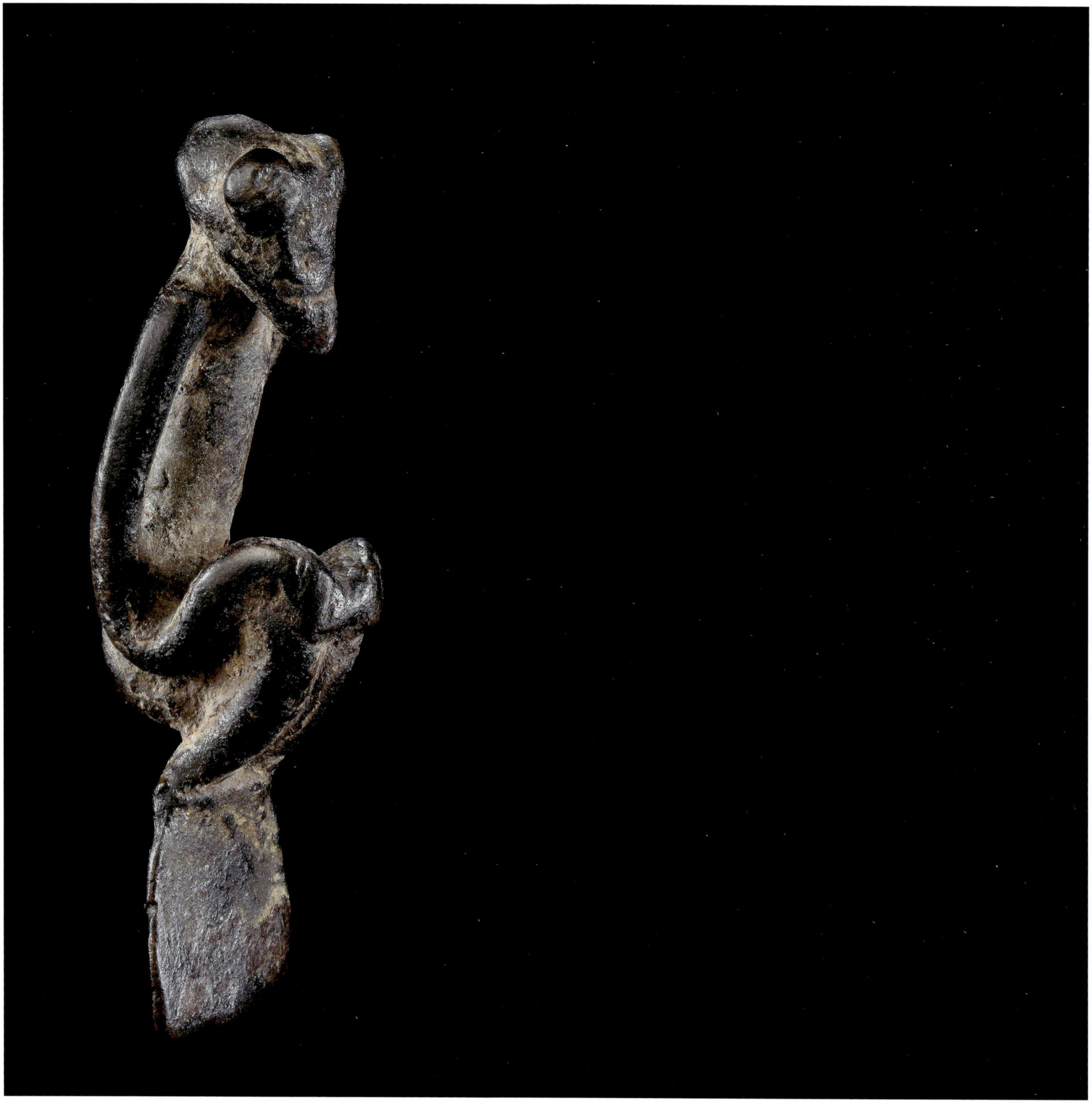

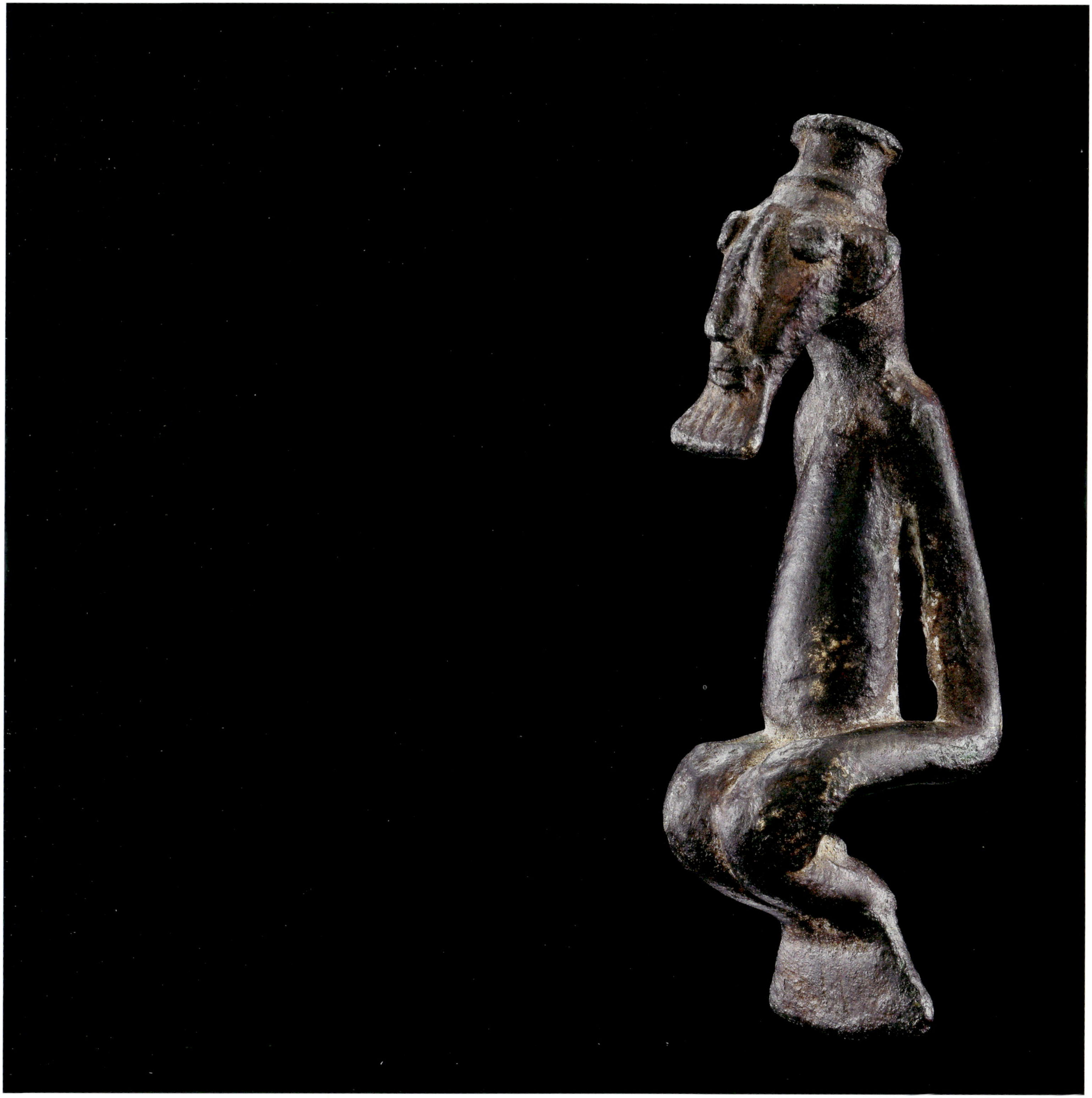

page 180
PLP-KUL-019 | 7 cm

page 181
PLP-KUL-205 | 5,7 cm

page 183
PLP-KUL-084 | 6 cm

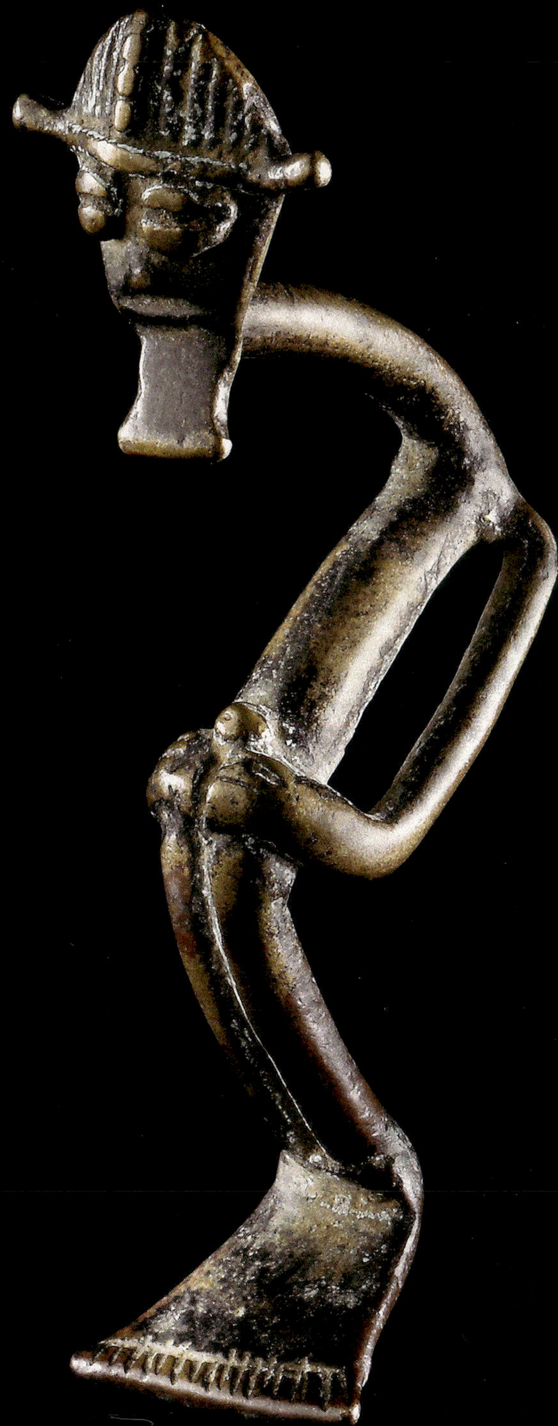

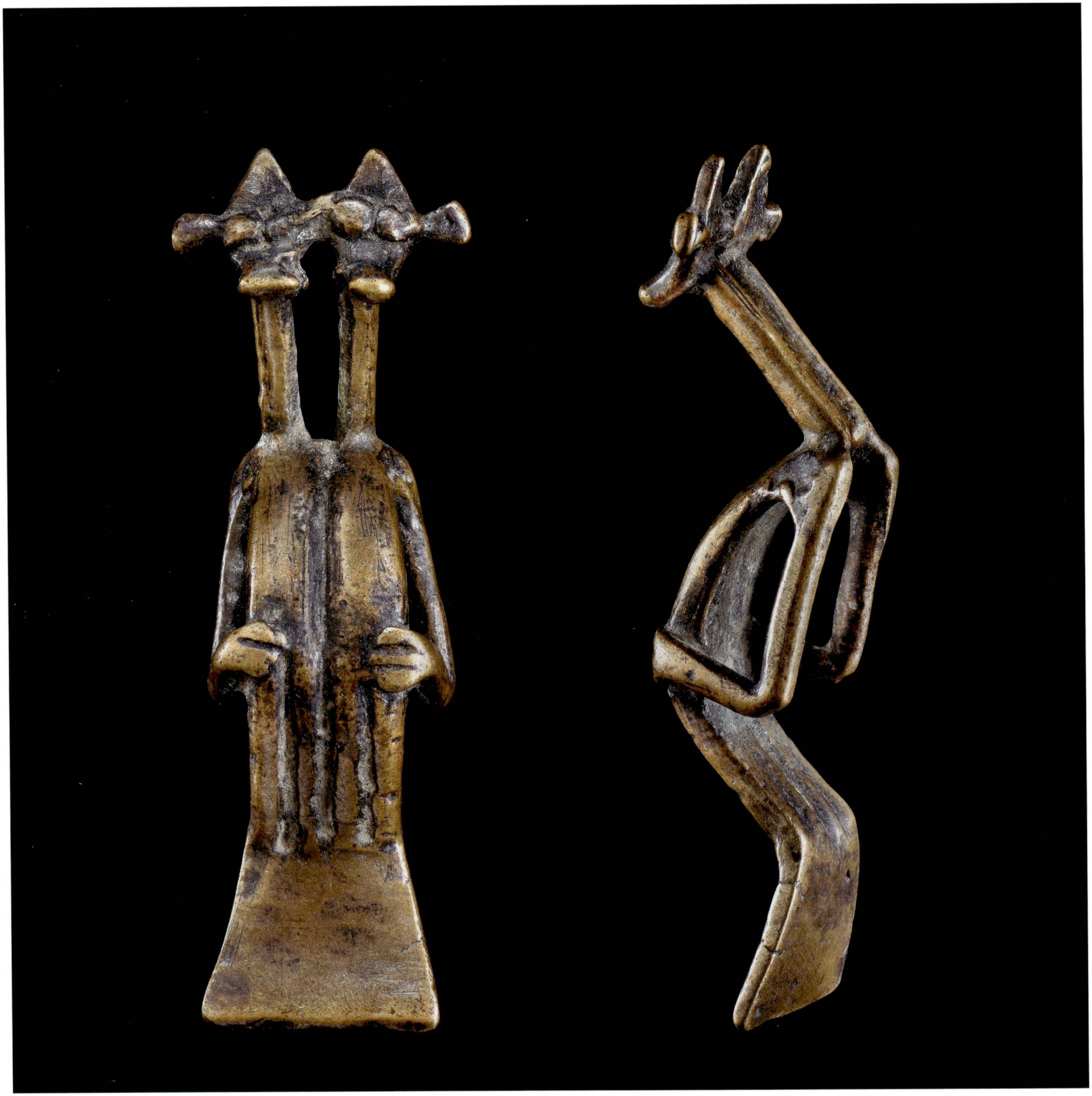

page 184
PLP-KUL-216 | 5,6 cm

page 186
PLP-KUL-041 | 4,1 cm

page 187
PLP-KUL-210 | 4,1 cm

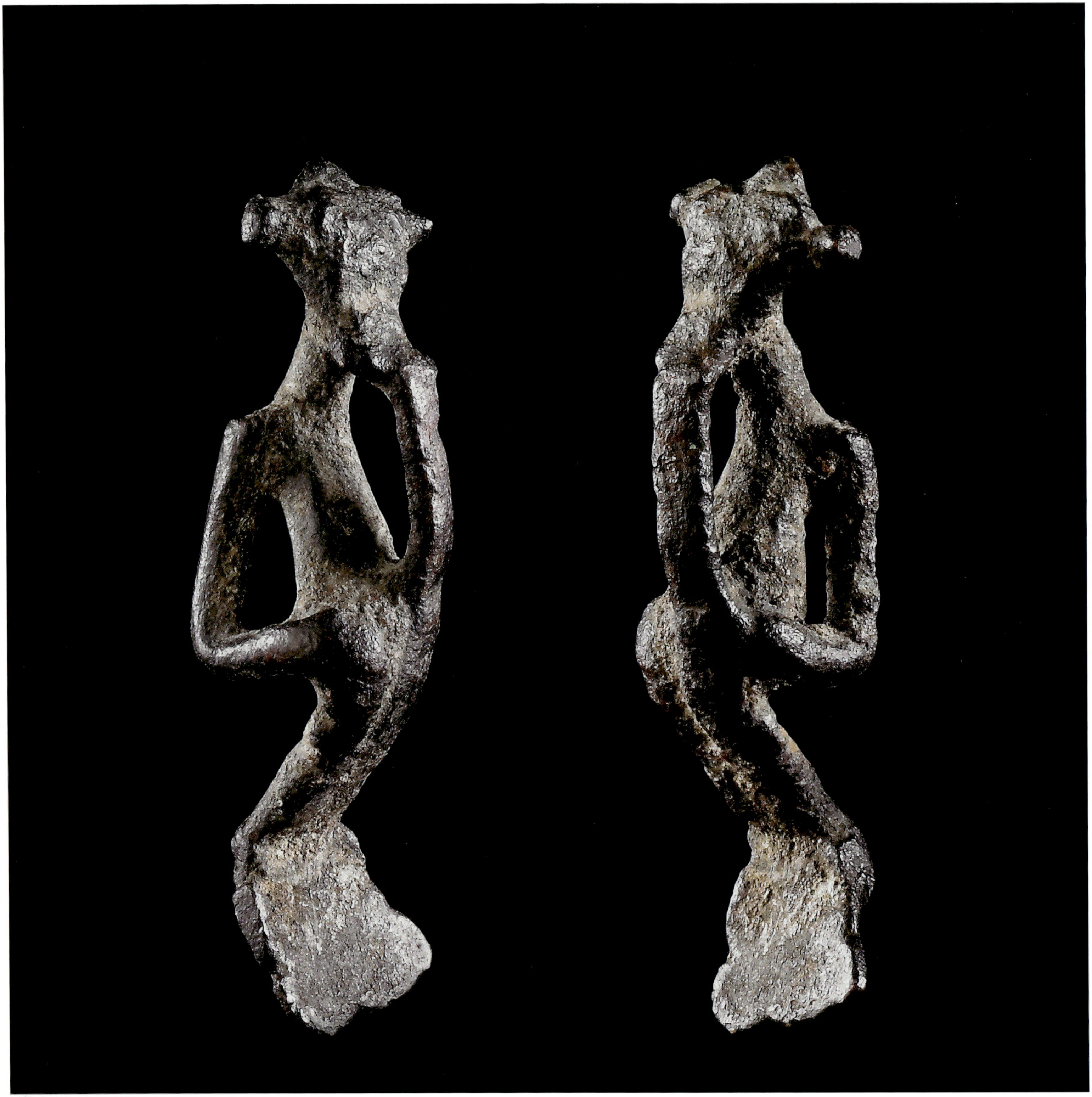

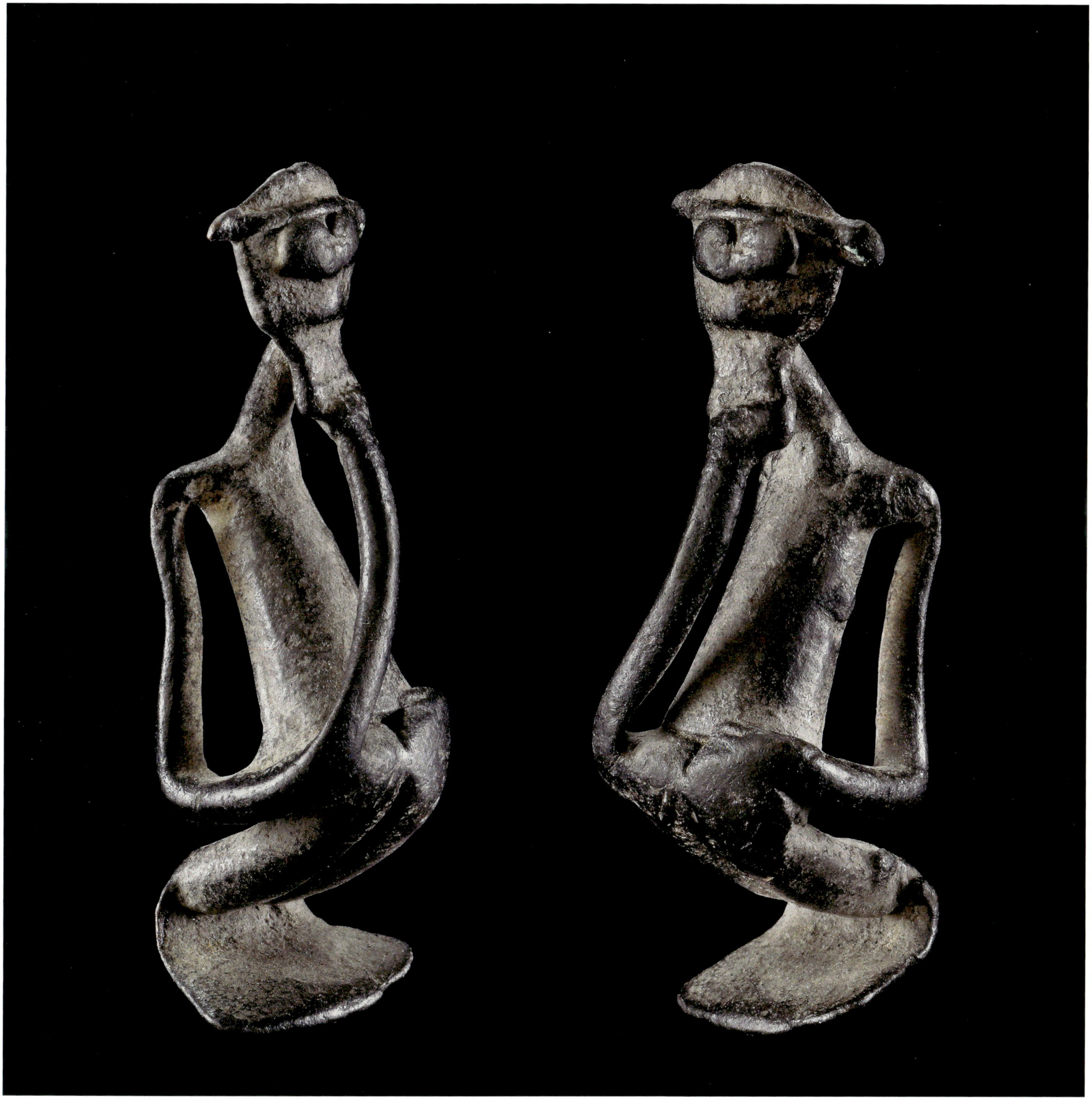

page 189
PLP-KUL-074 | 4,9 cm

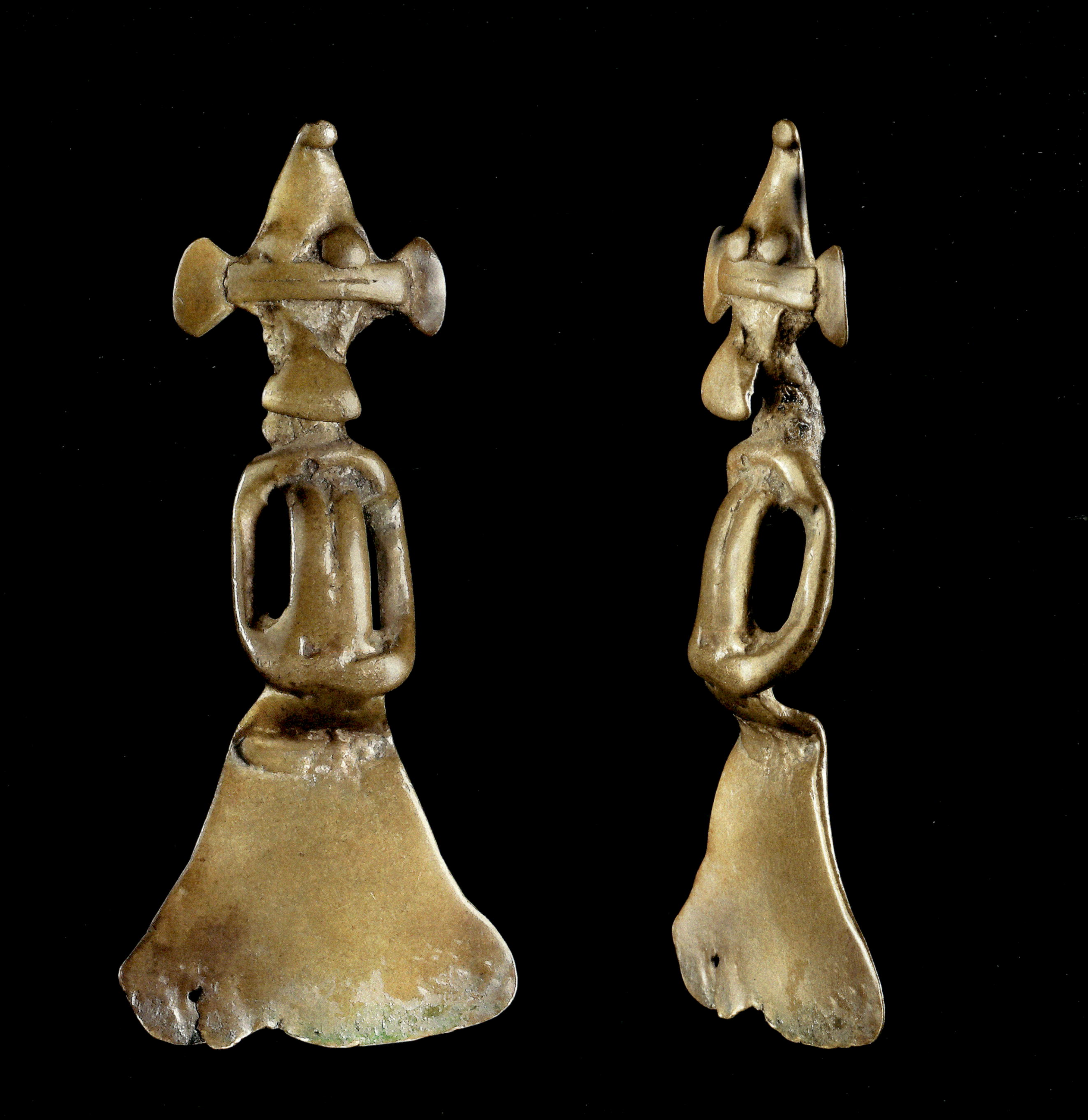

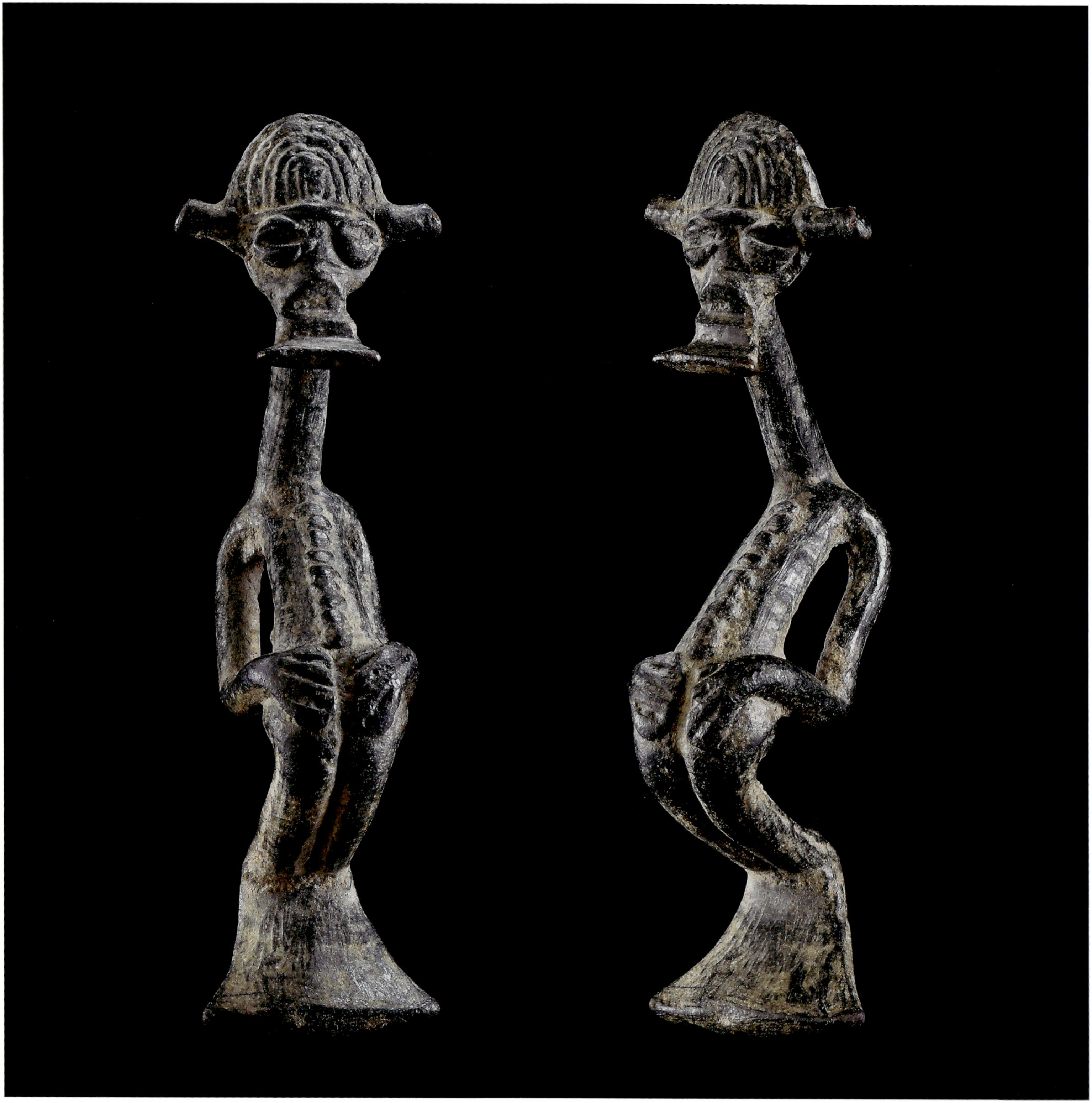

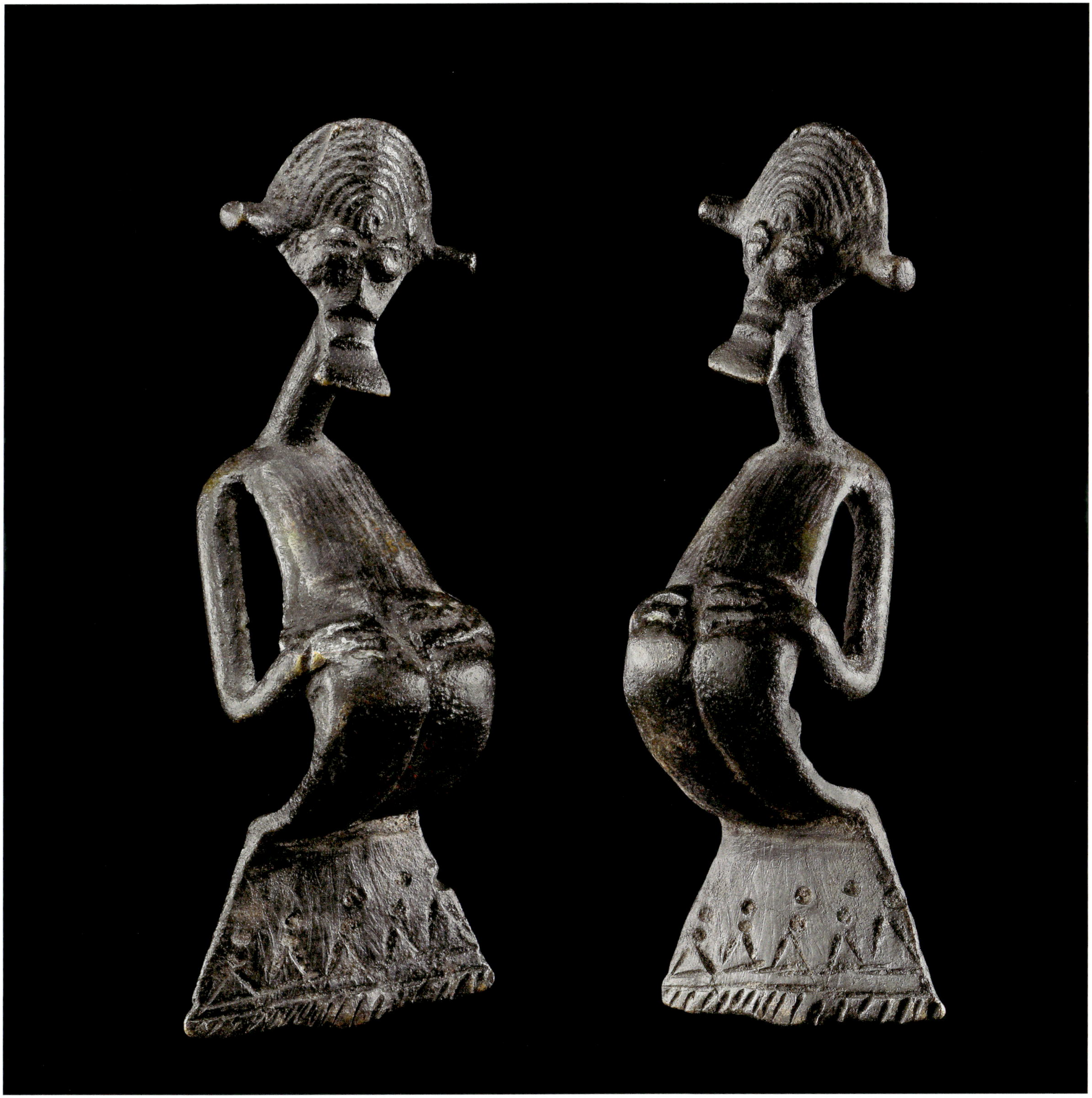

page 190
PLP-KUL-226 | 6,4 cm

page 191
PLP-KUL-037 | 7,4 cm

page 193
PLP-KUL-144 | 6,5 cm

page 194
[a] PLP-KUL-108 | 4,7 cm
[b] PLP-KUL-156 | 4,1 cm
[c] PLP-KUL-086 | 4,3 cm

page 195
[a] PLP-KUL-055 | 3,6 cm
[b] PLP-KUL-115 | 4,4 cm
[c] PLP-KUL-029 | 4,1 cm

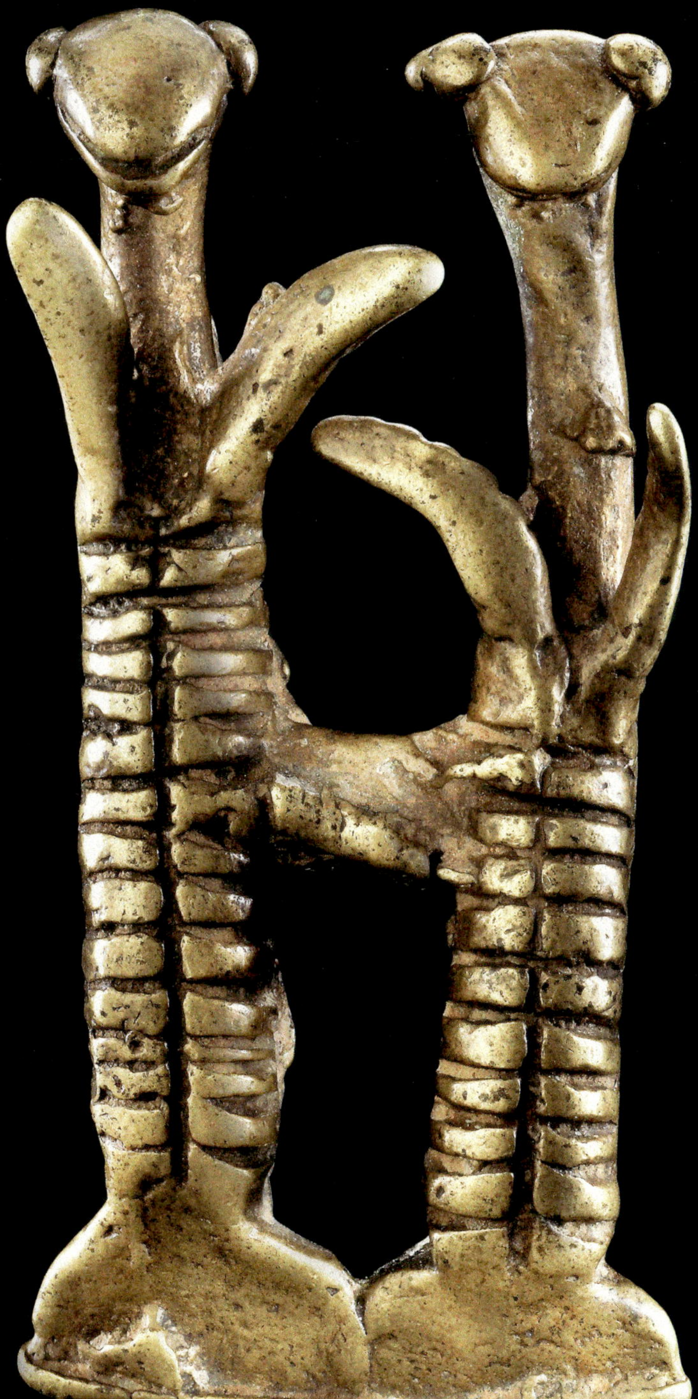

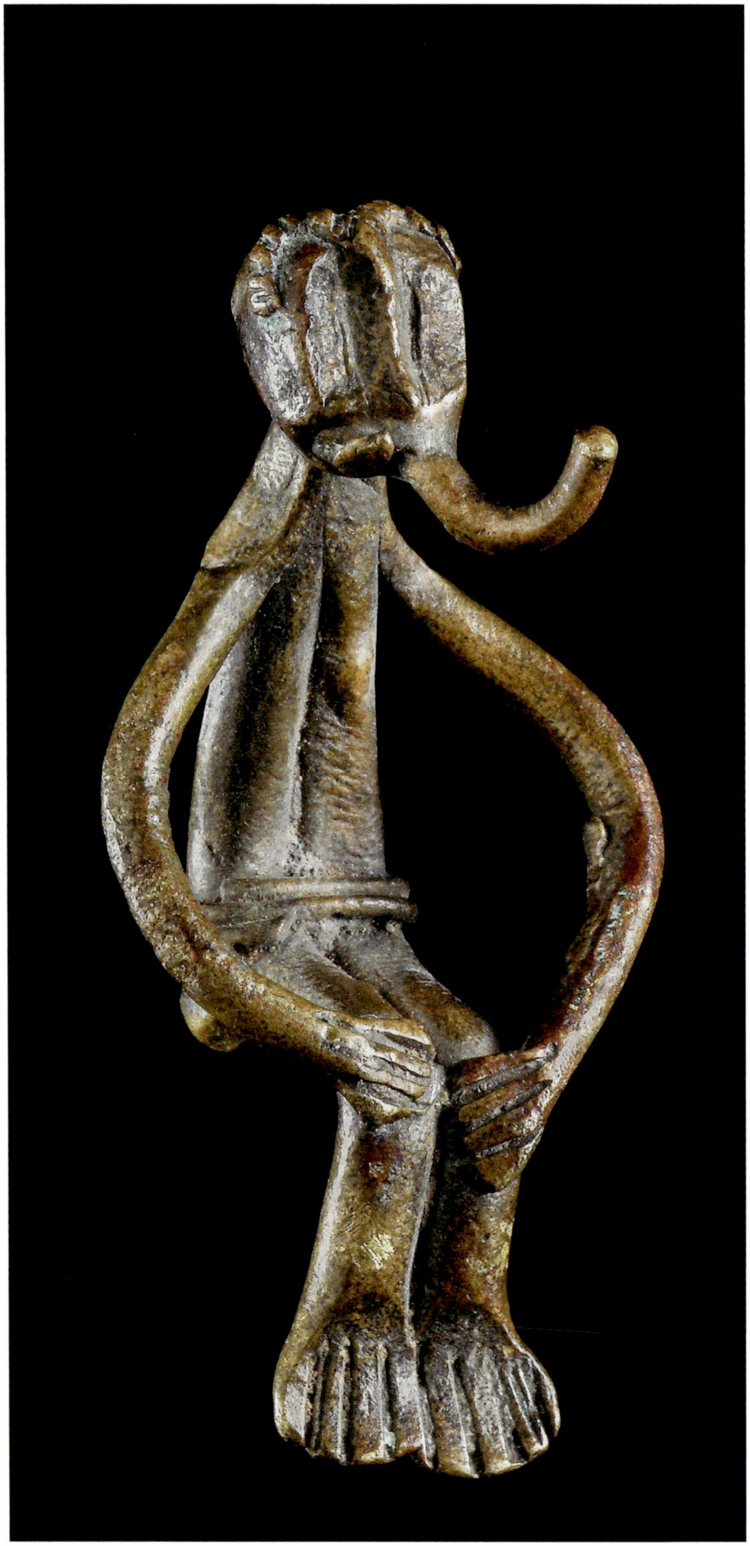
a

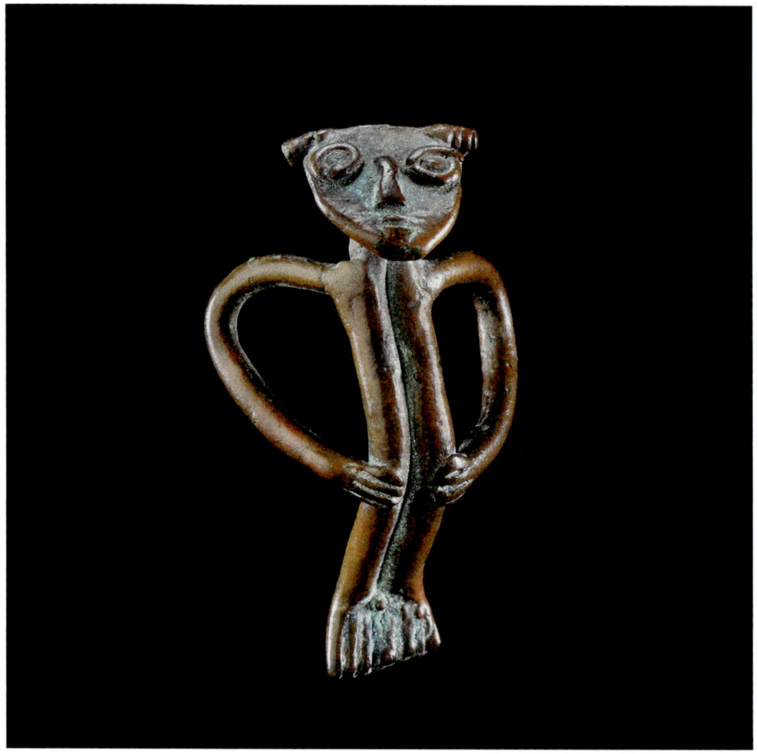
b

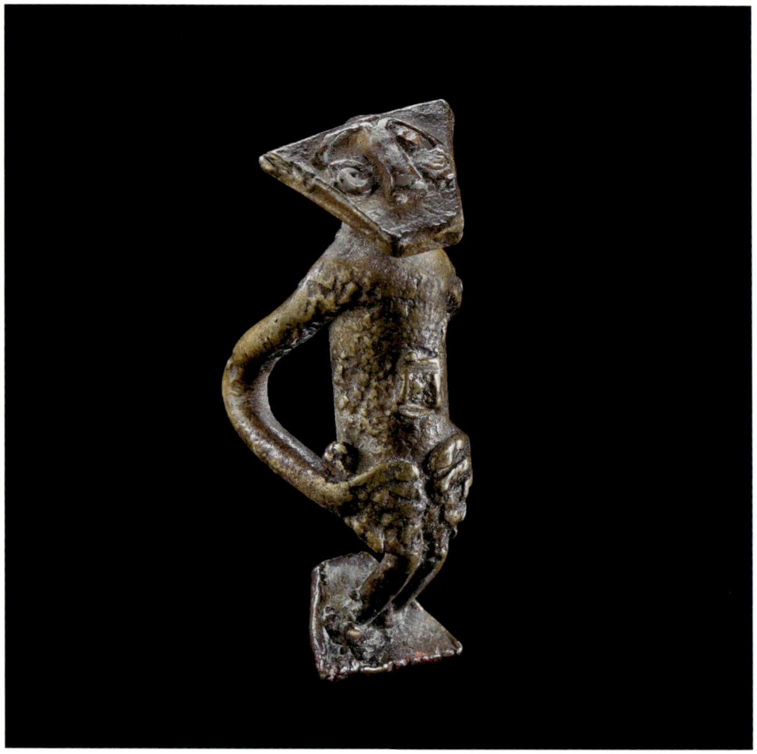
c

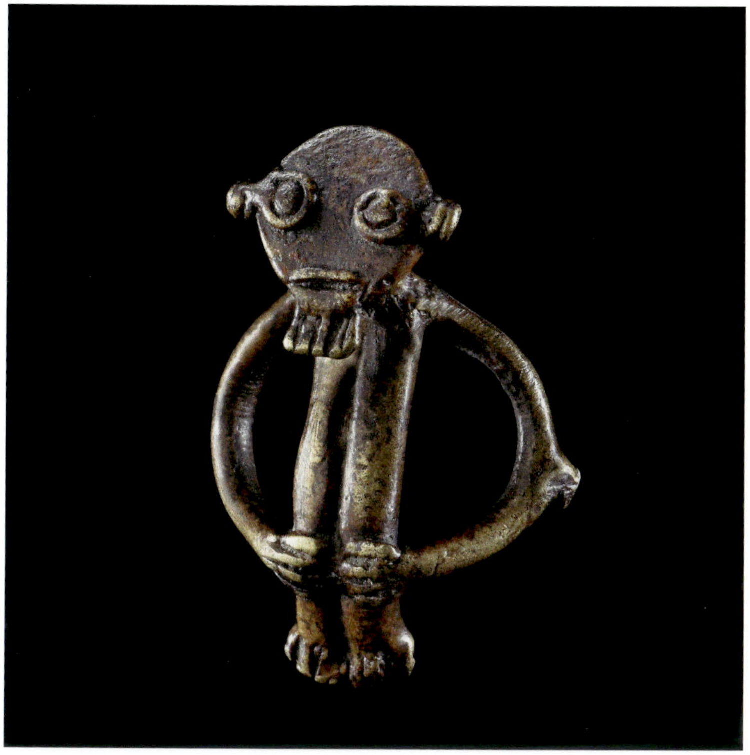

a

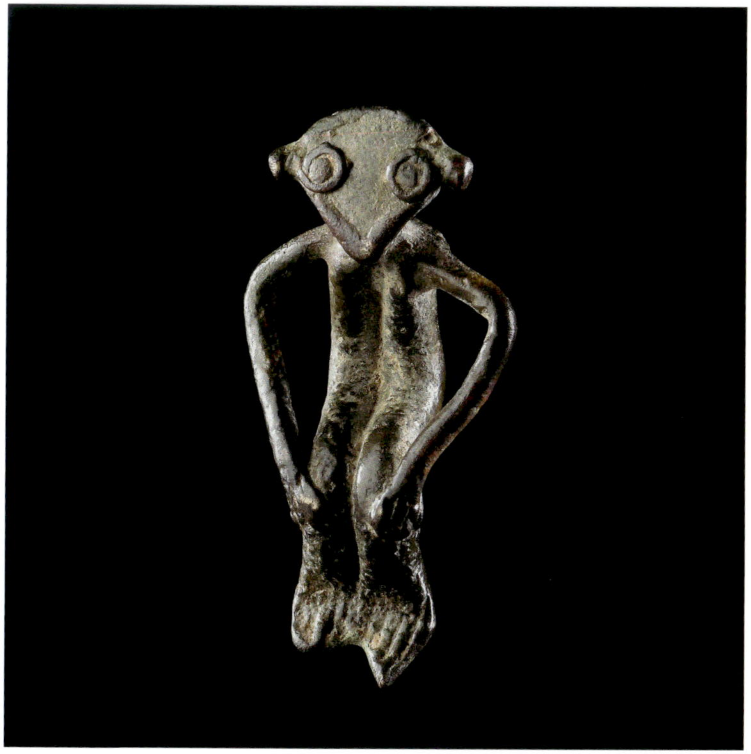

b

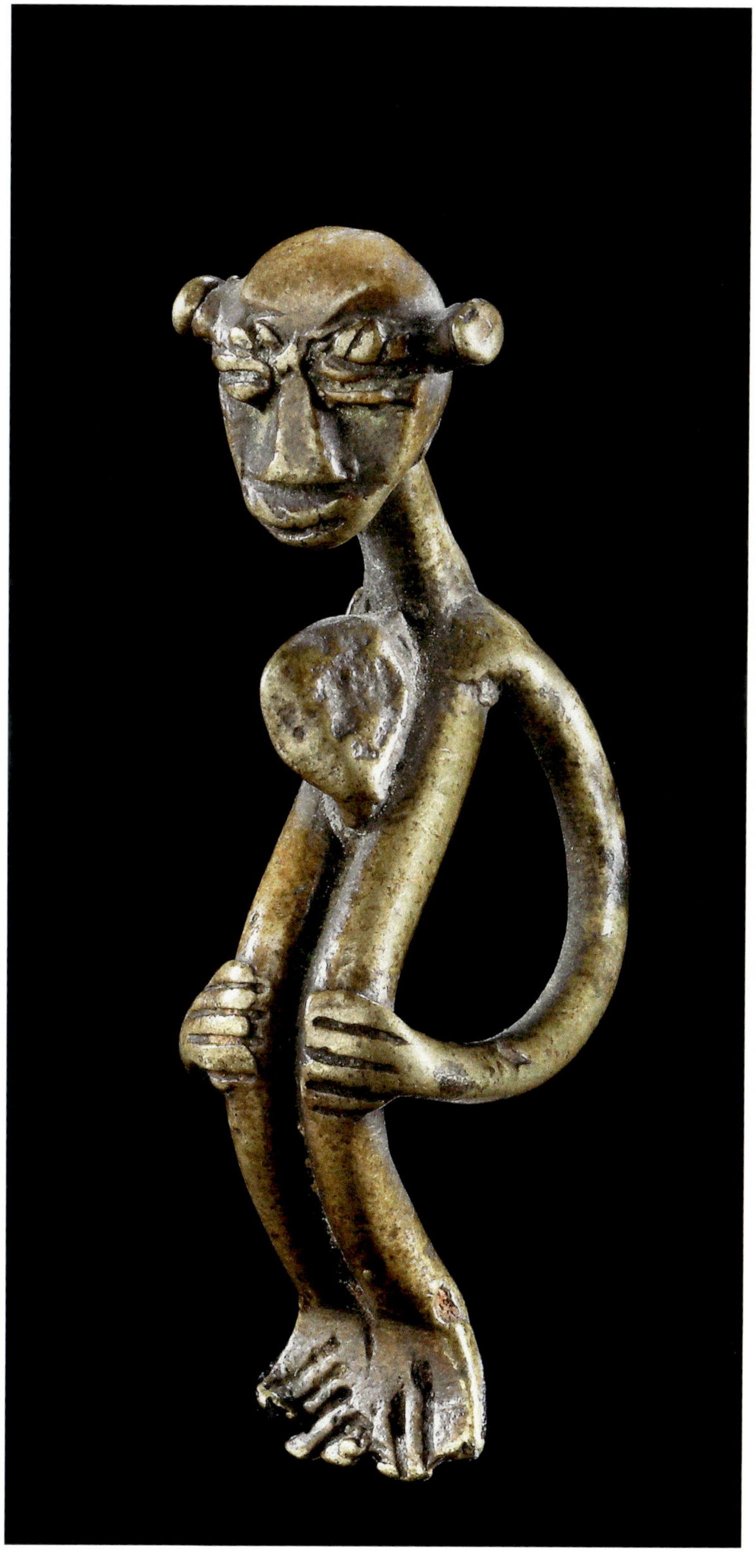

c

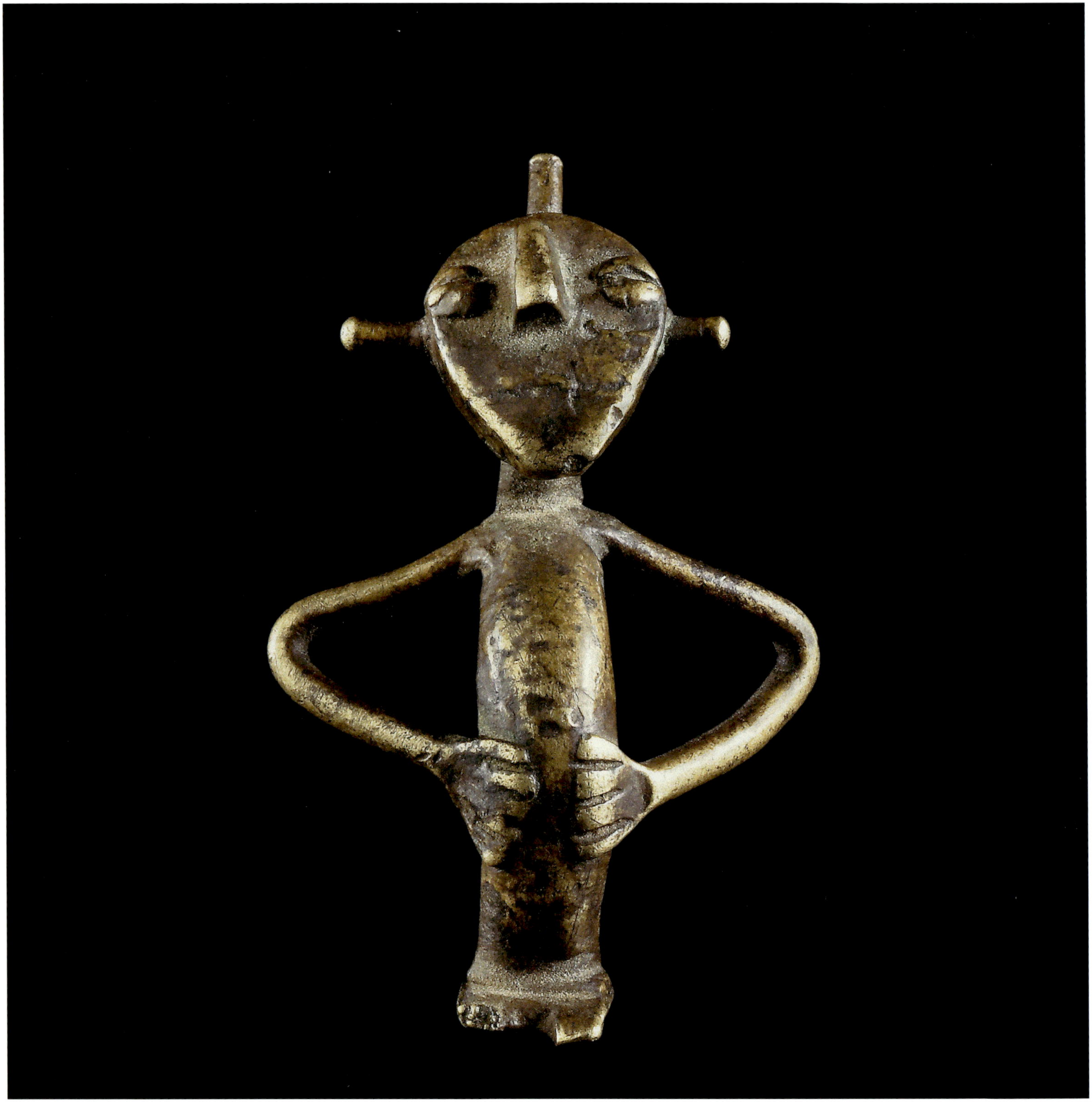

page 196
PLP-KUL-023 | 4,8 cm

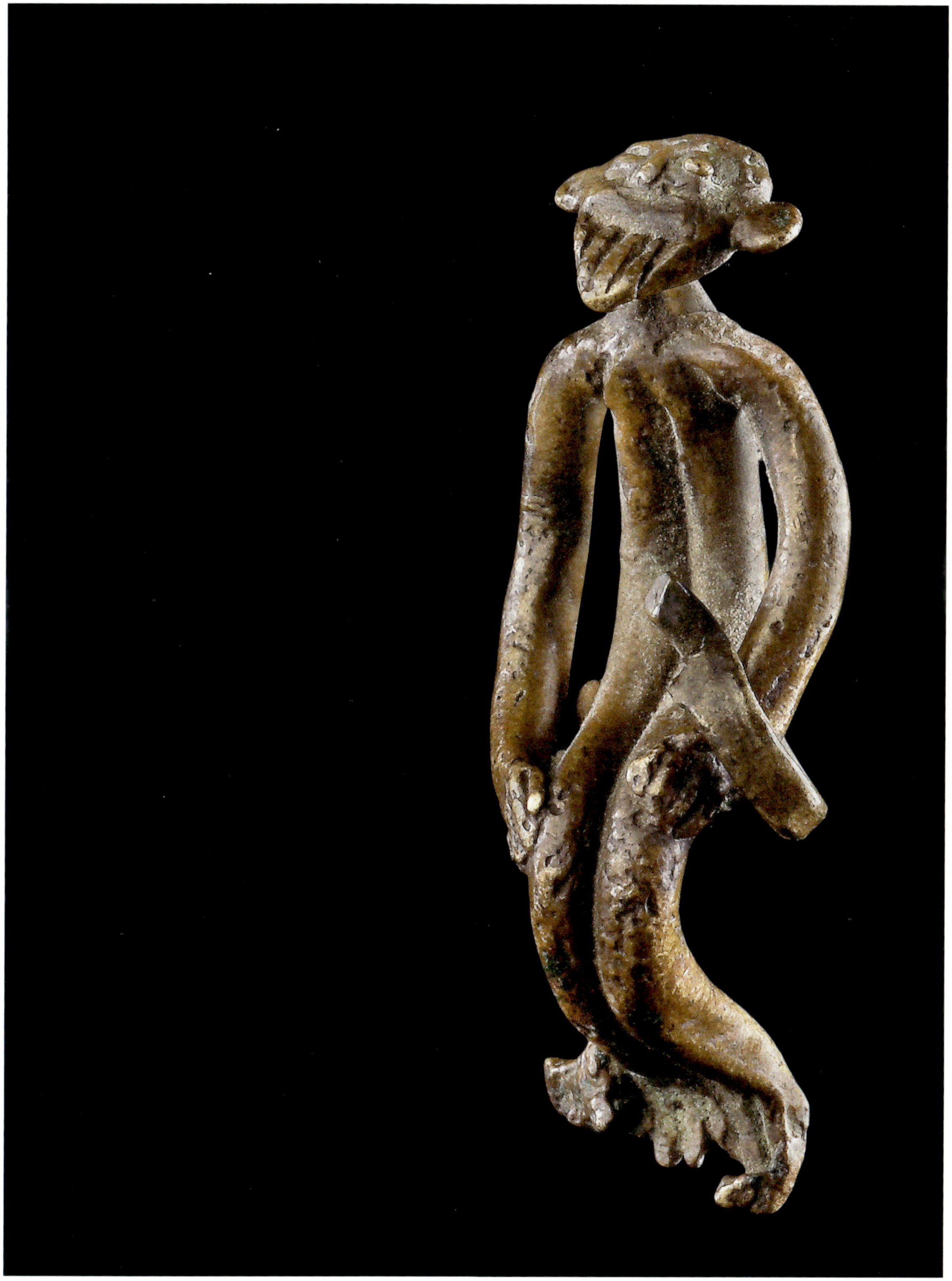

page 197
PLP-KUL-024 | 4,5 cm

page 199
PLP-KUL-246 | 5,3 cm

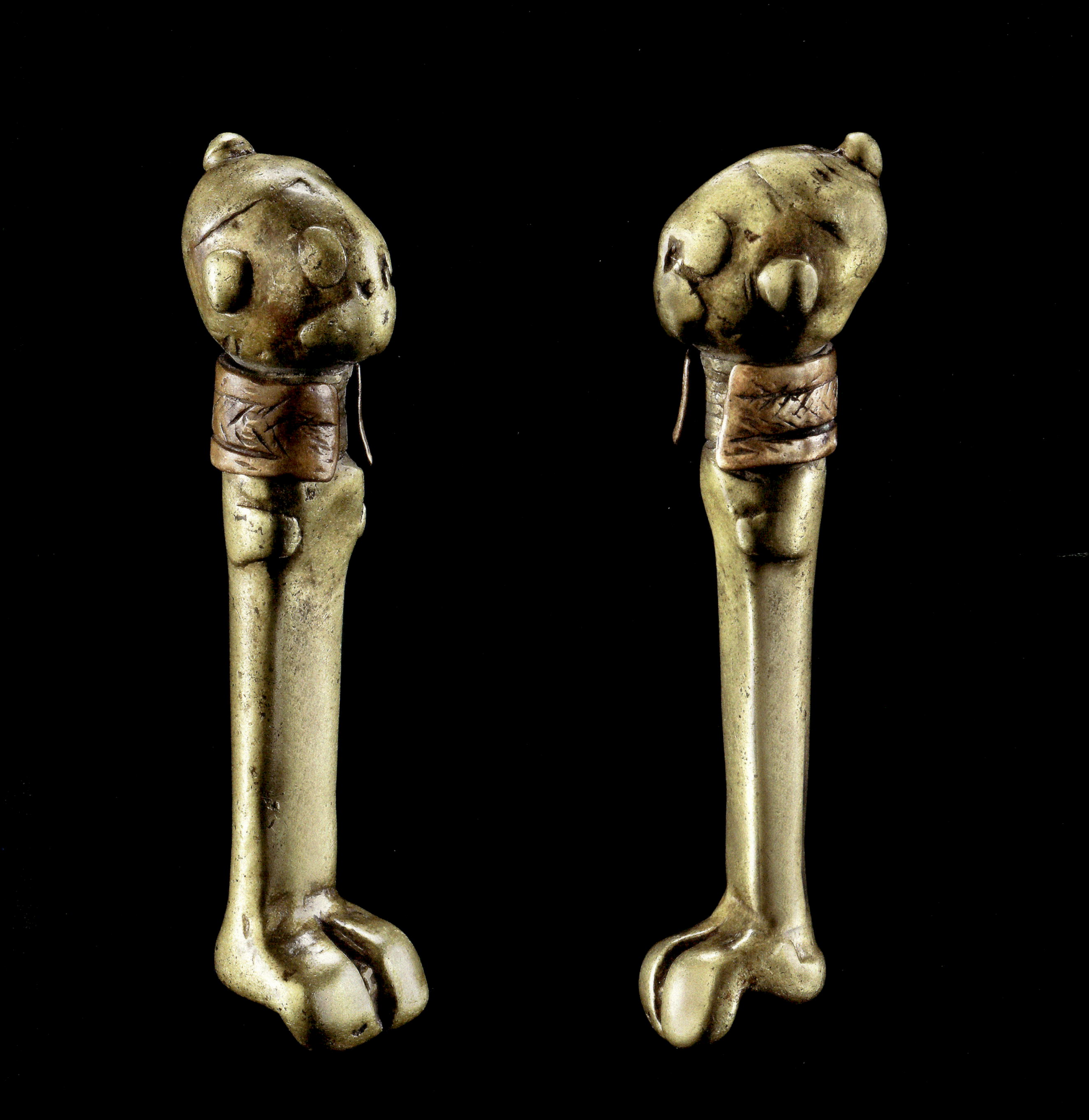

page 201
PLP-KUL-091 | 5,5 cm

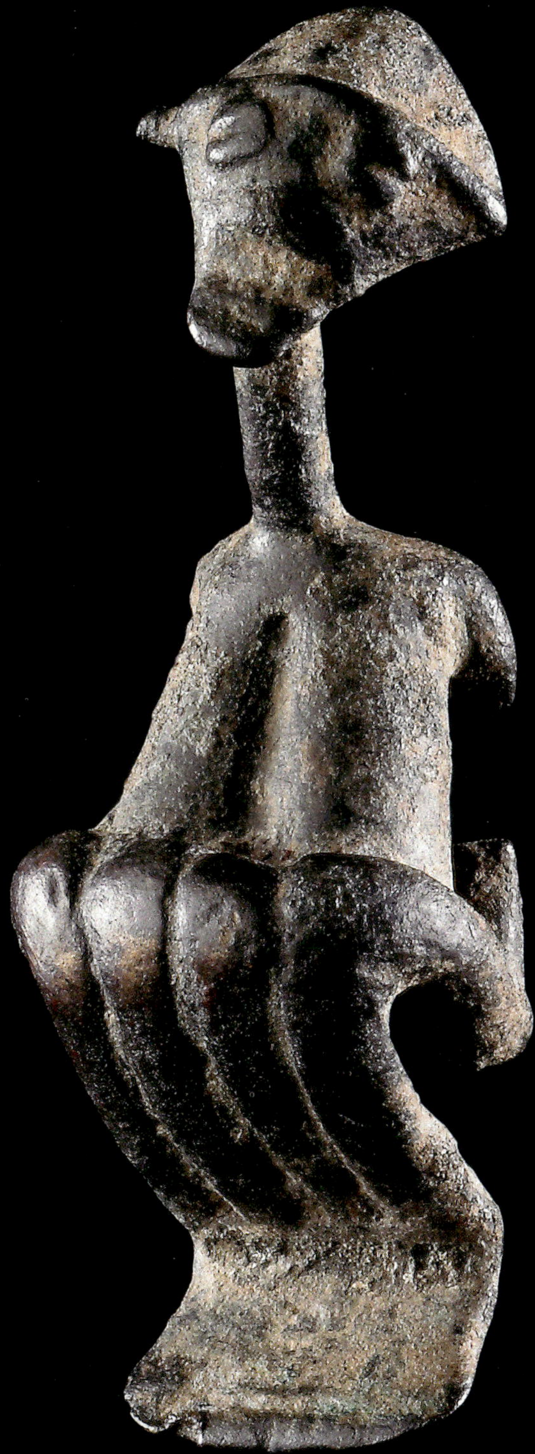

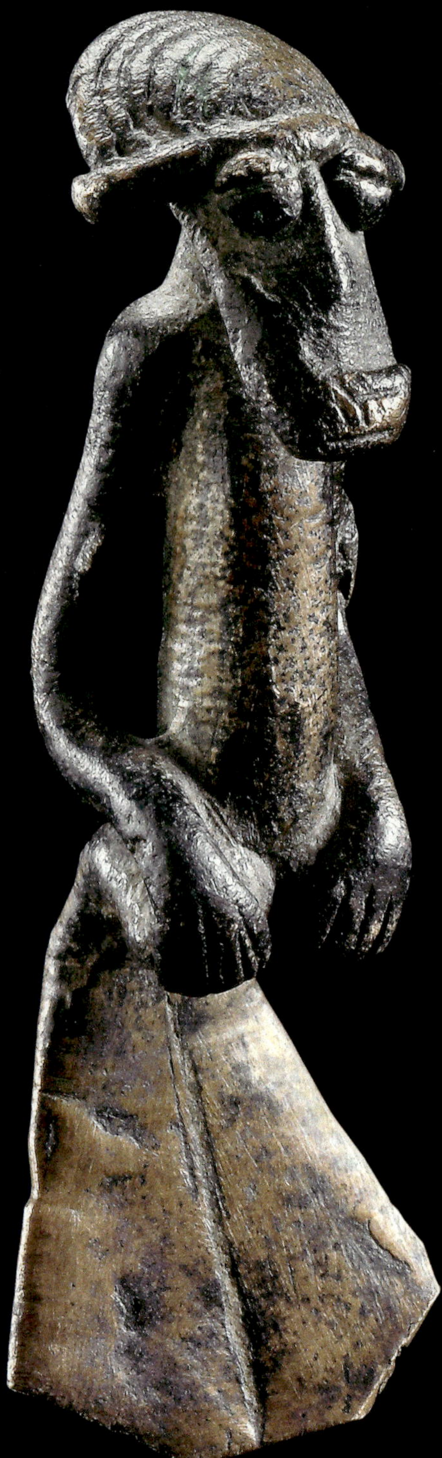

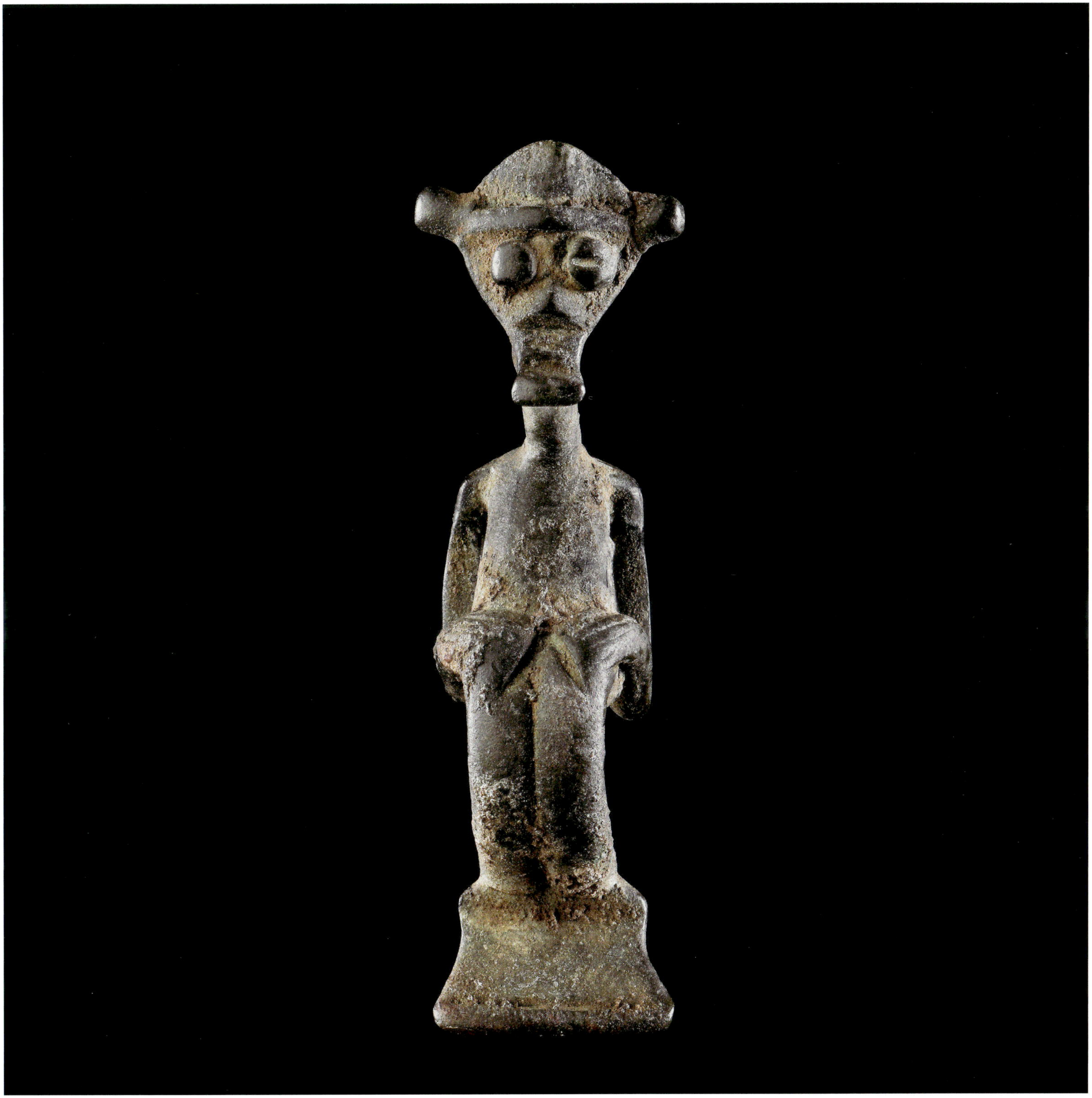

page 202
PLP-KUL-100 | 7 cm

page 203
PLP-KUL-237 | 6 cm

page 205
PLP-KUL-162 | 5,5 cm

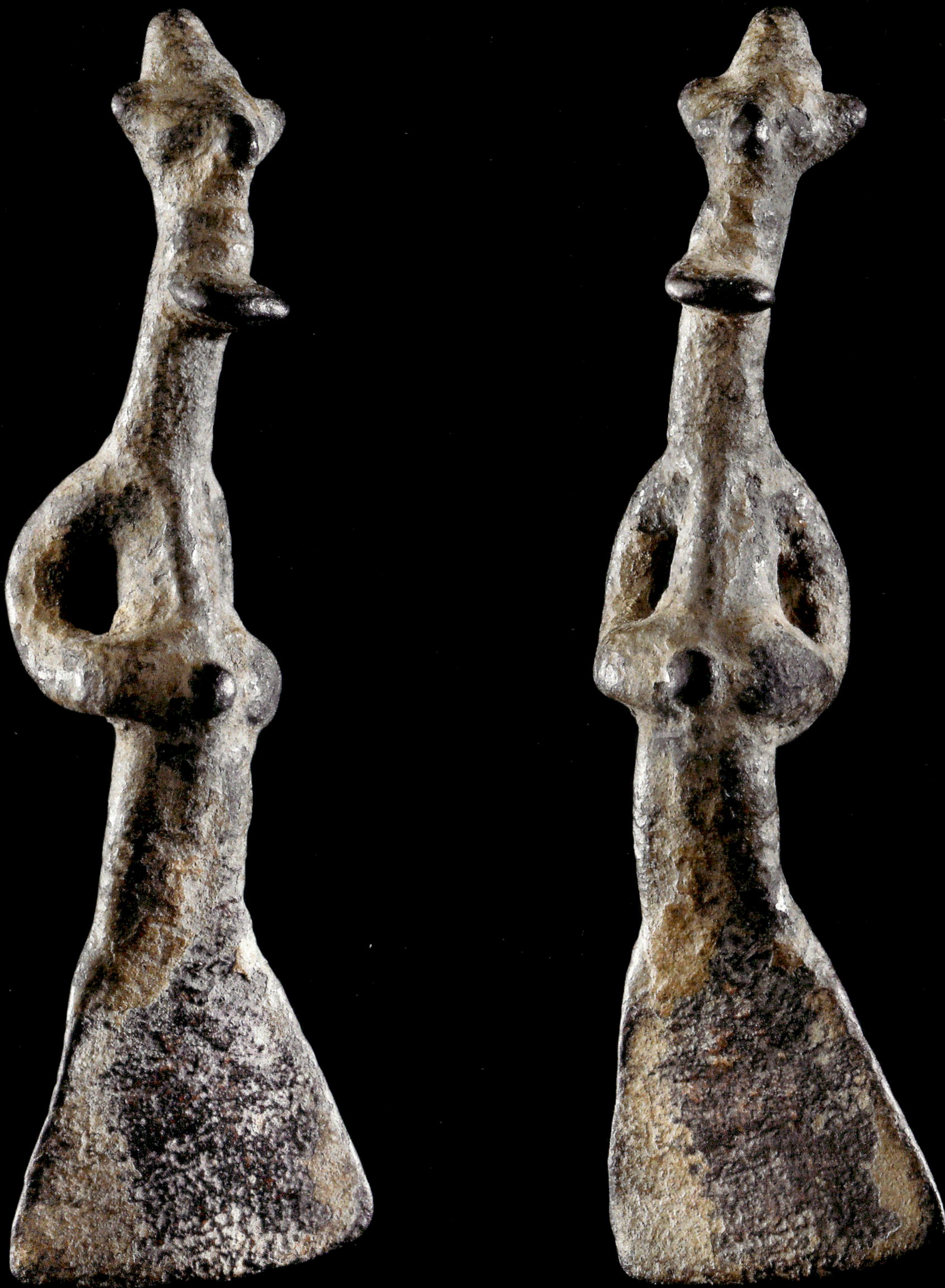

page 207
PLP-KUL-121 | 7,8 cm

page 208
PLP-KUL-110 | 4,8 cm

page 209
PLP-KUL-142 | 3,3 cm

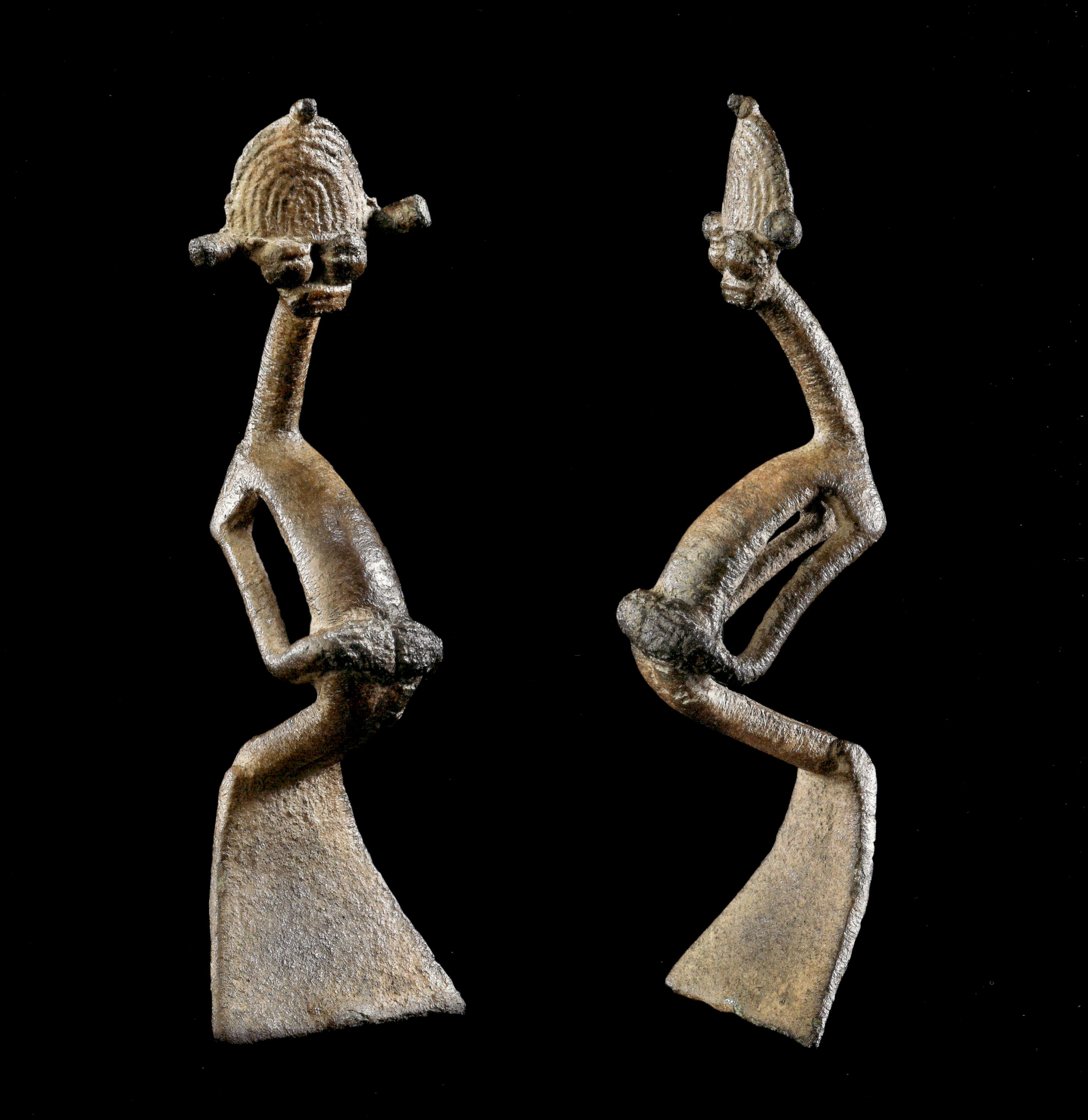

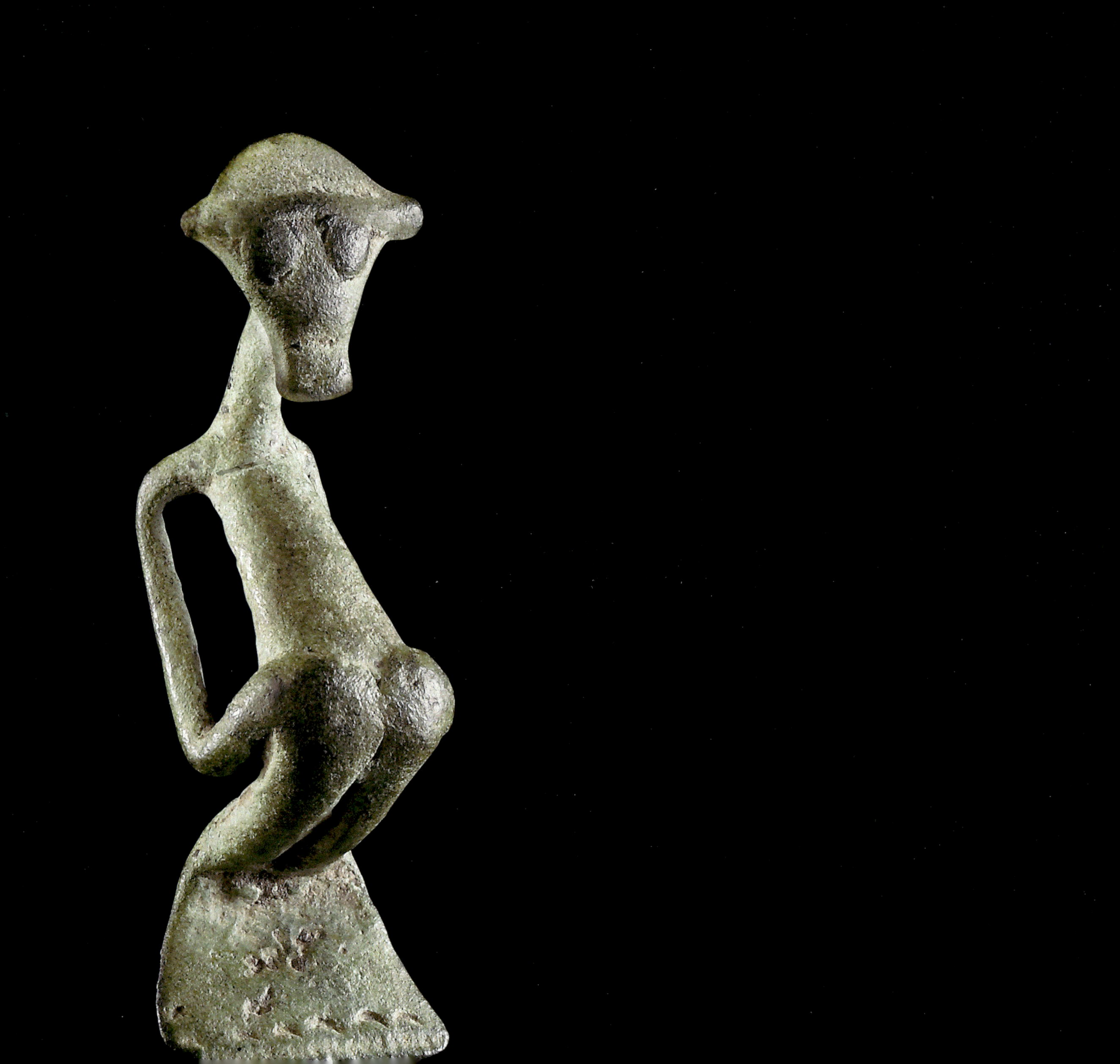

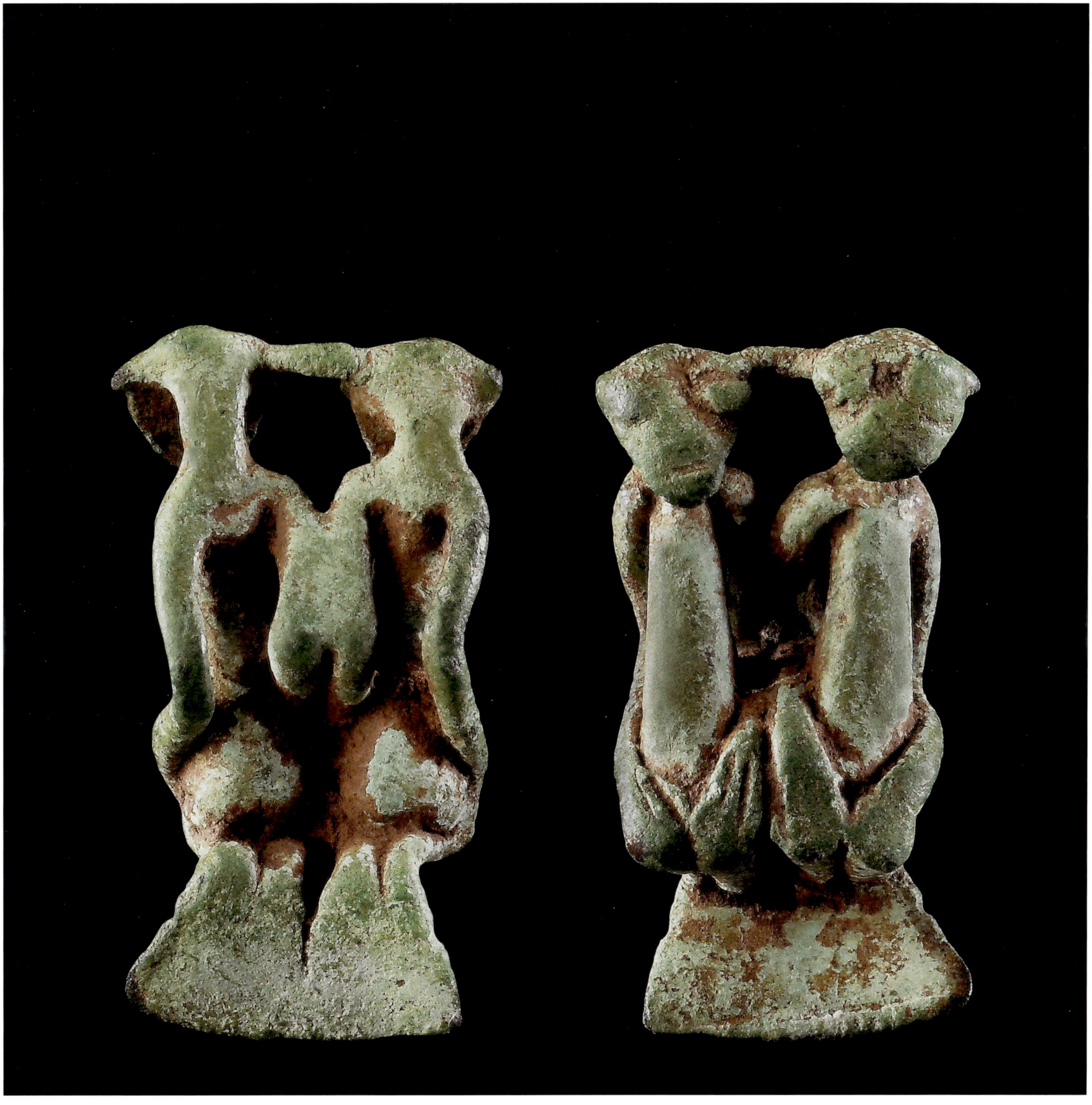

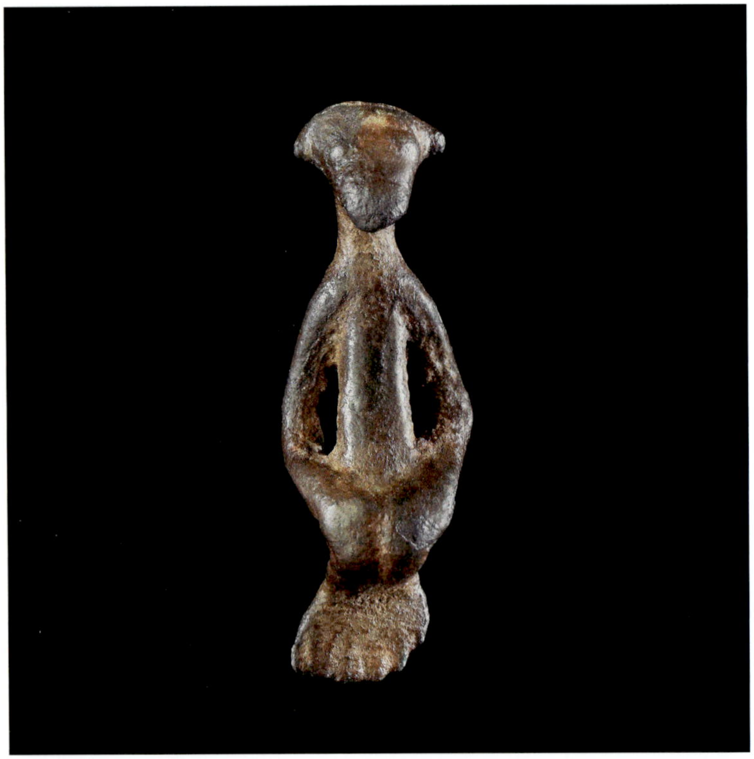

a

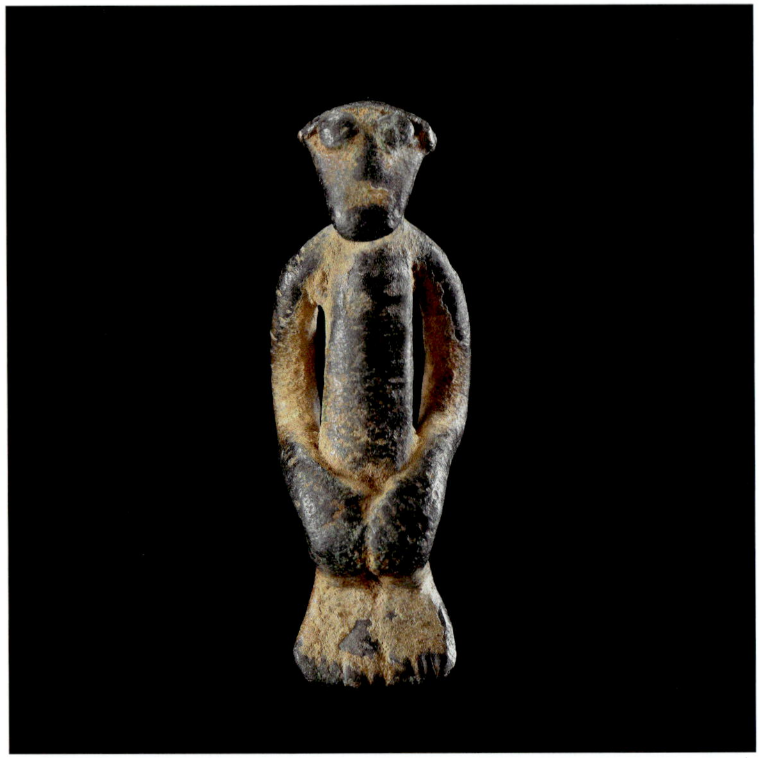

b

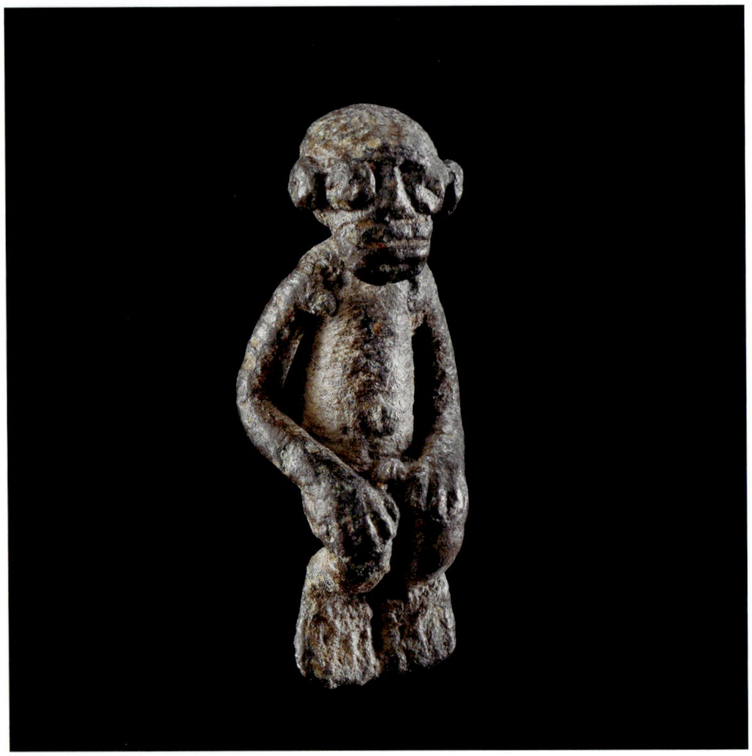

c

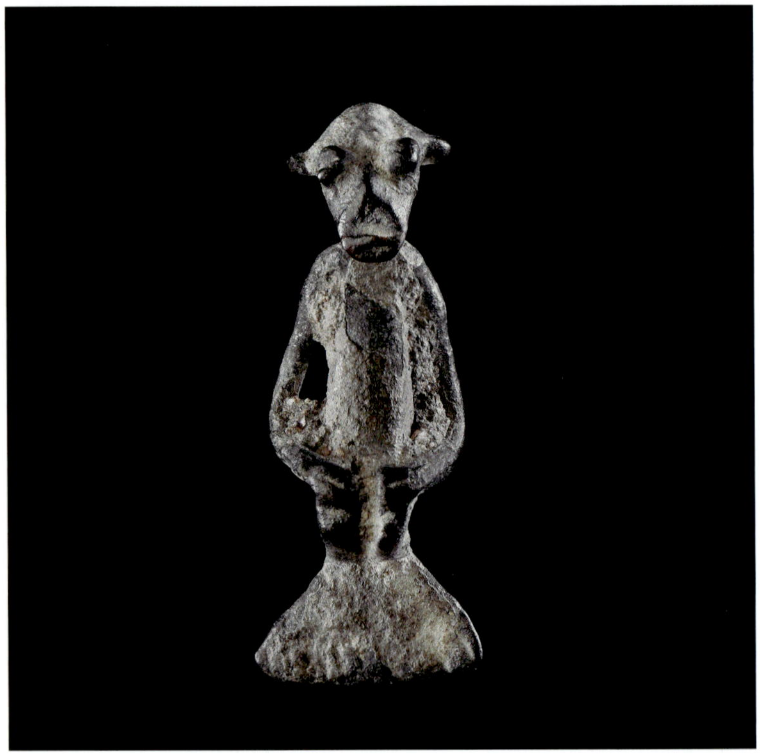

d

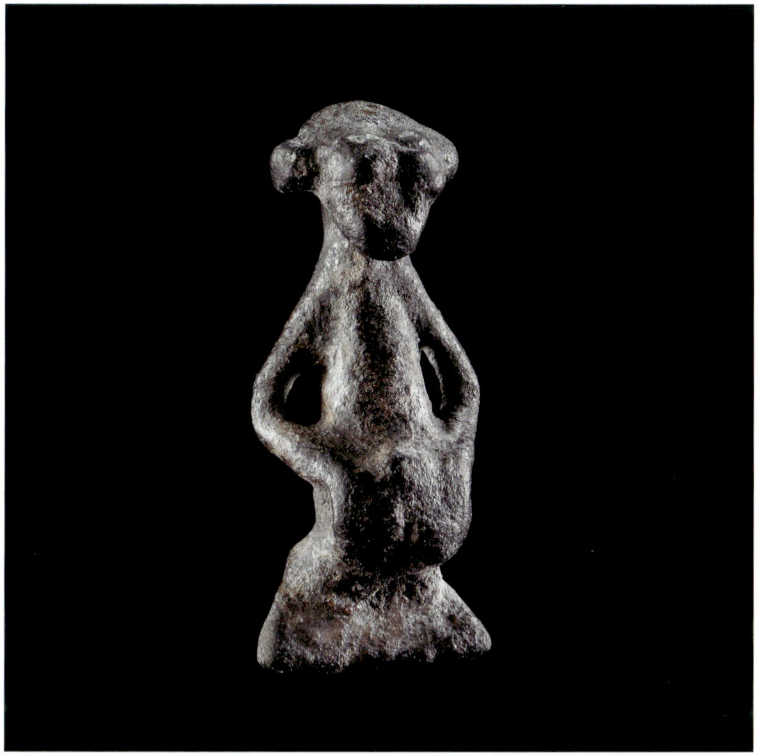
a

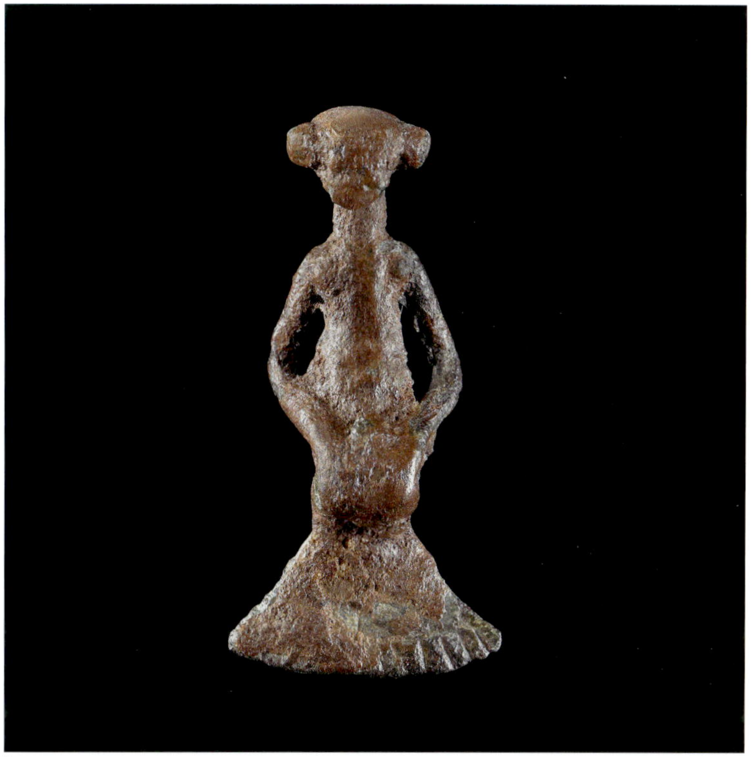
b

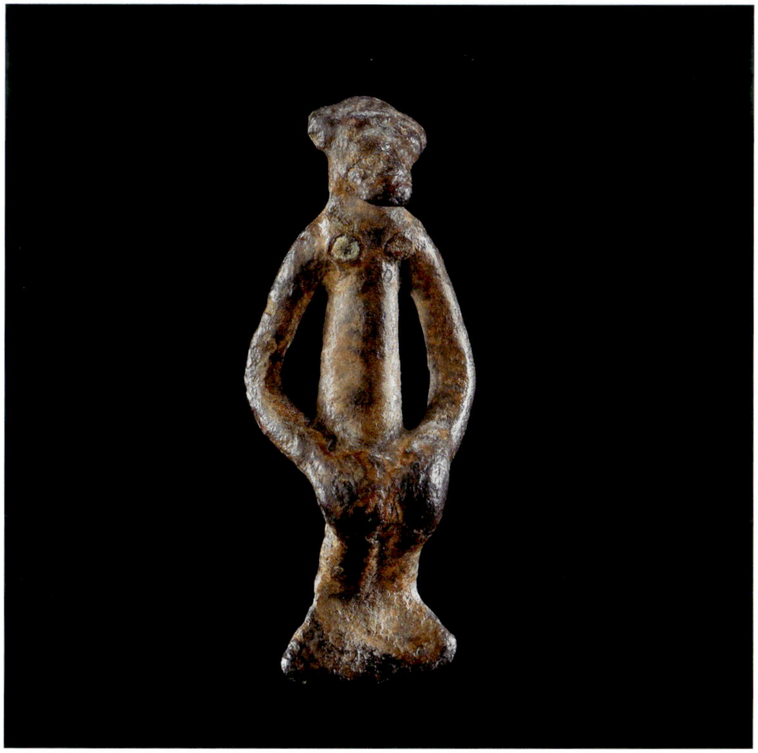
c

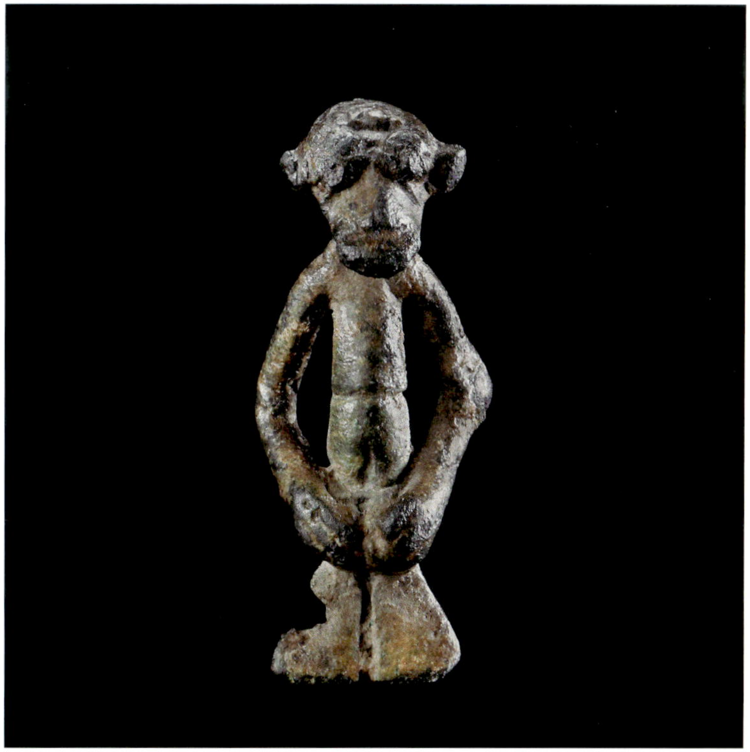
d

page 210
[a] PLP-KUL-193 | 2,5 cm
[b] PLP-KUL-204 | 3,2 cm
[c] PLP-KUL-198 | 2,8 cm
[d] PLP-KUL-082 | 3,3 cm

page 211
[a] PLP-KUL-061 | 2,9 cm
[b] PLP-KUL-189 | 3 cm
[c] PLP-KUL-191 | 2,9 cm
[d] PLP-KUL-192 | 2,4 cm

page 213
PLP-KUL-235 | 5,1 cm
PLP-KUL-146 | 4,8 cm

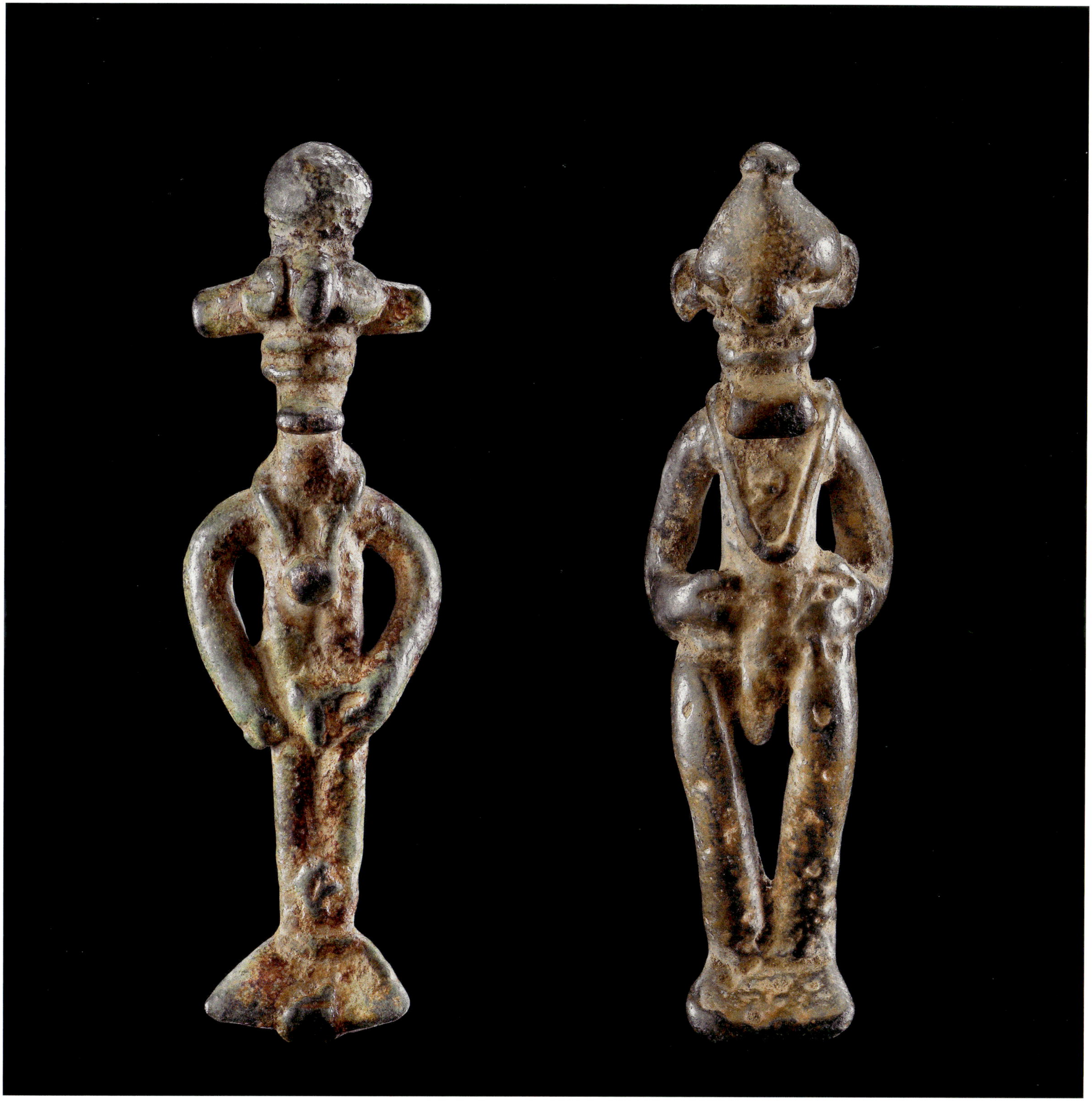

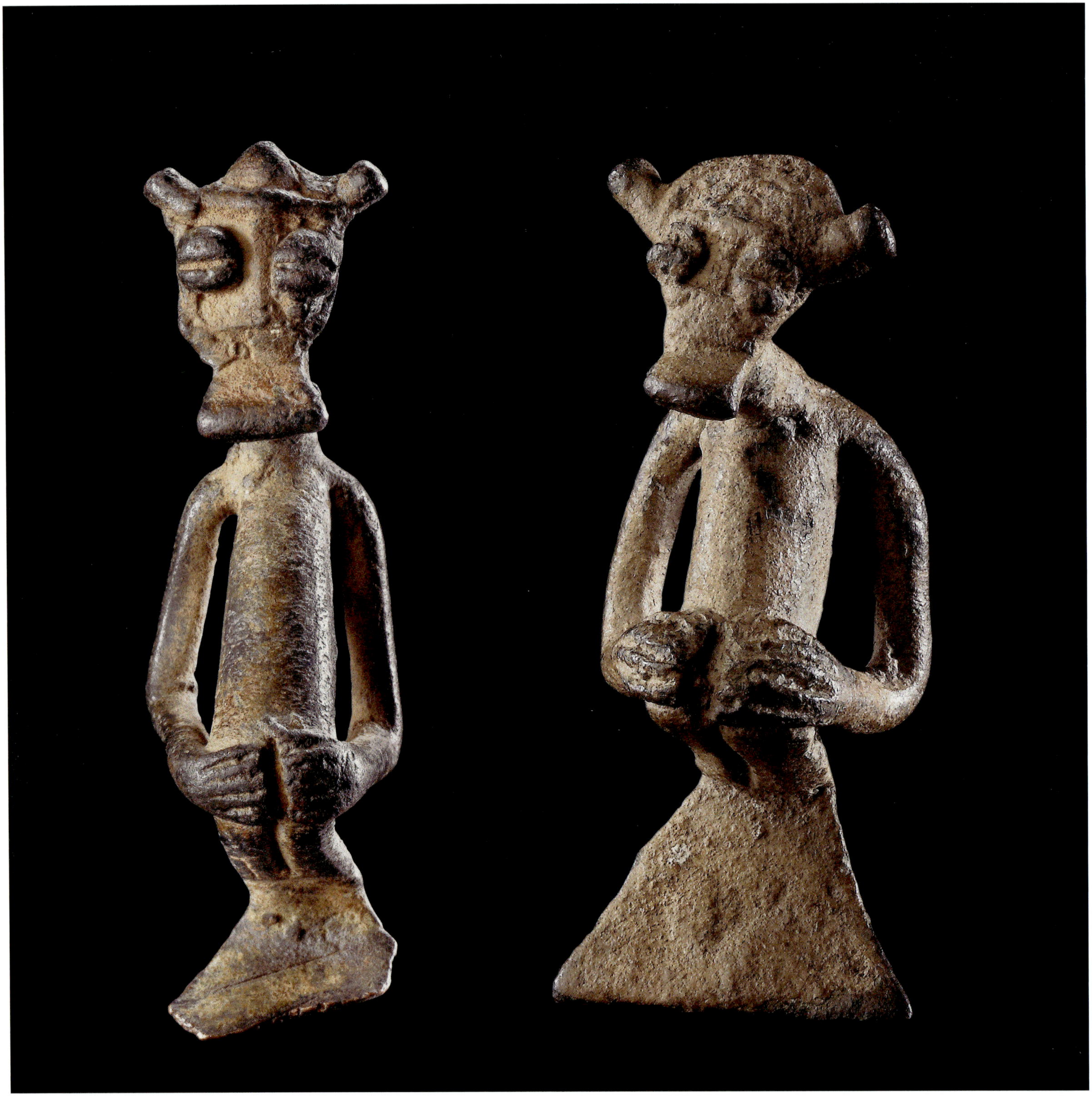

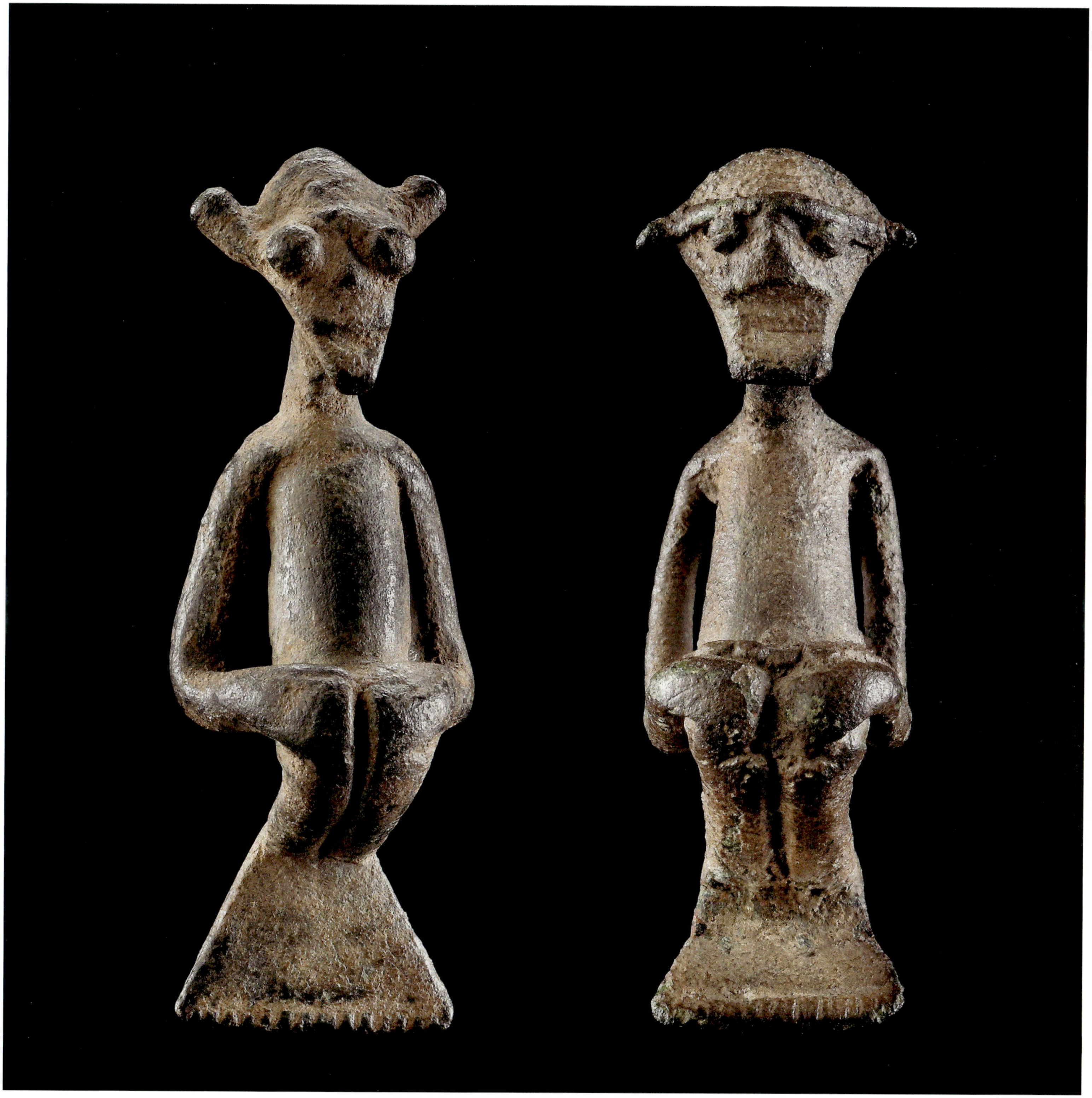

page 214
PLP-KUL-223 | 5,2 cm
PLP-KUL-063 | 5 cm

page 215
PLP-KUL-012 | 4,8 cm
PLP-KUL-047 | 4,7 cm

page 217
PLP-KUL-248 | 5,5 cm

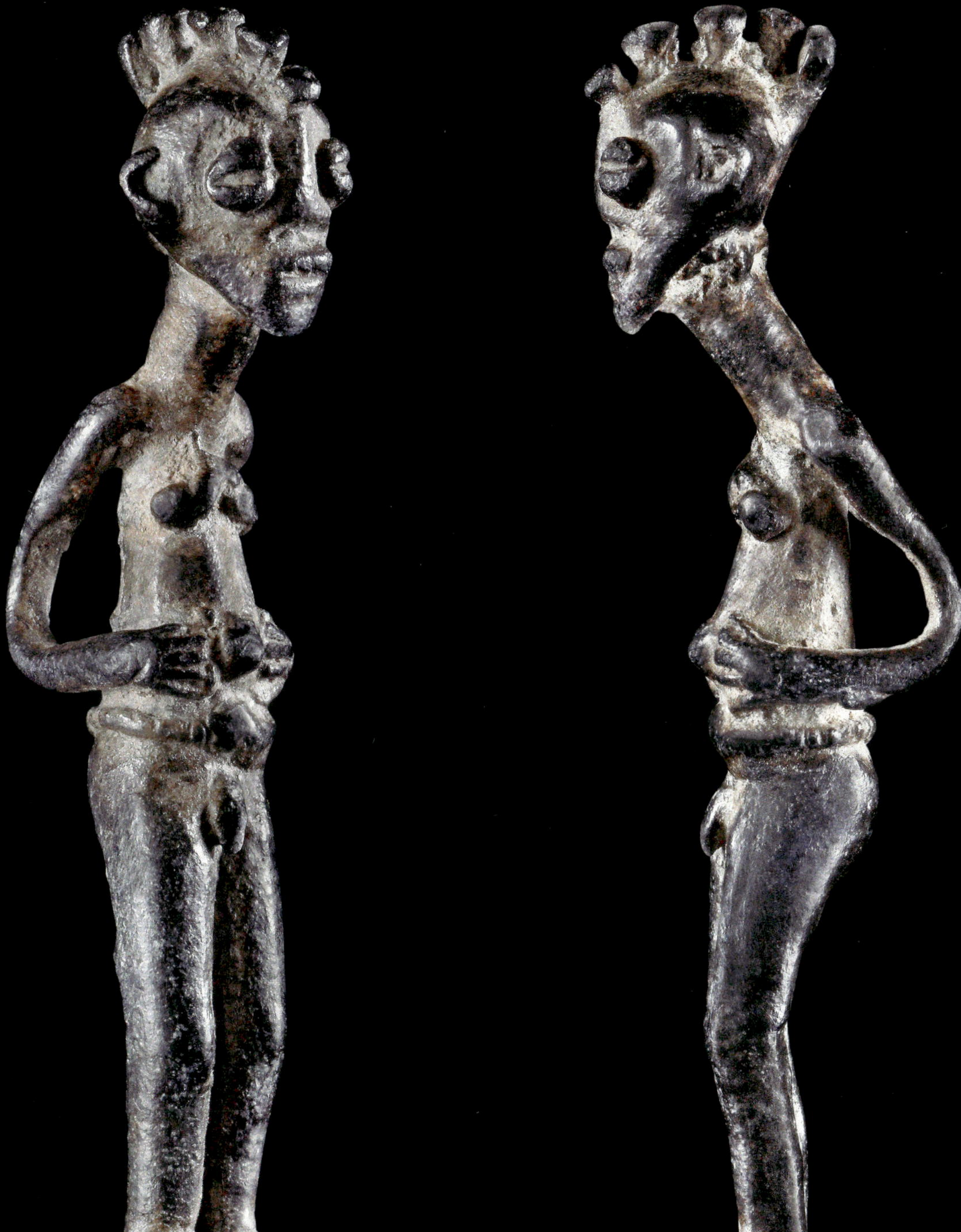

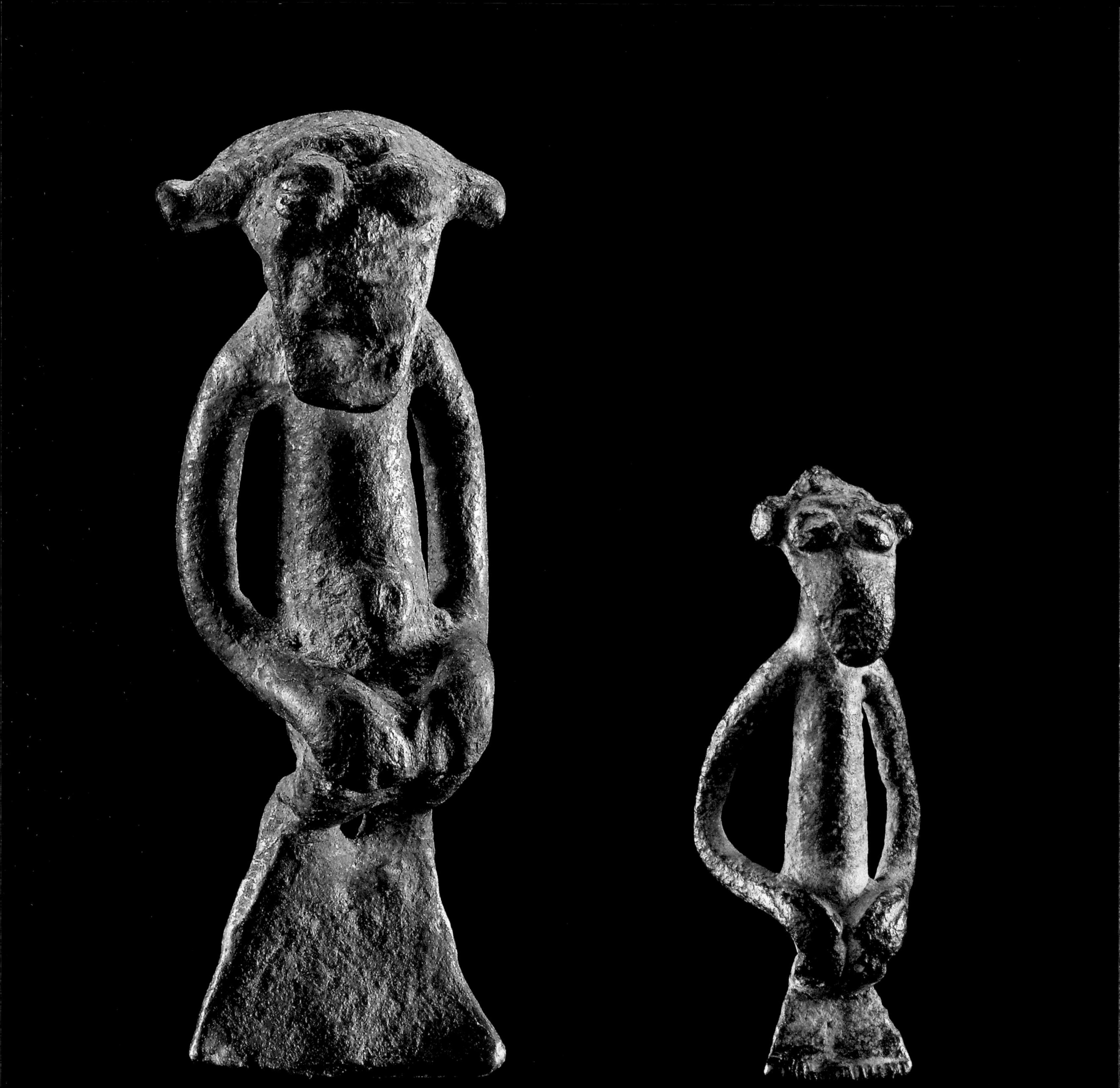

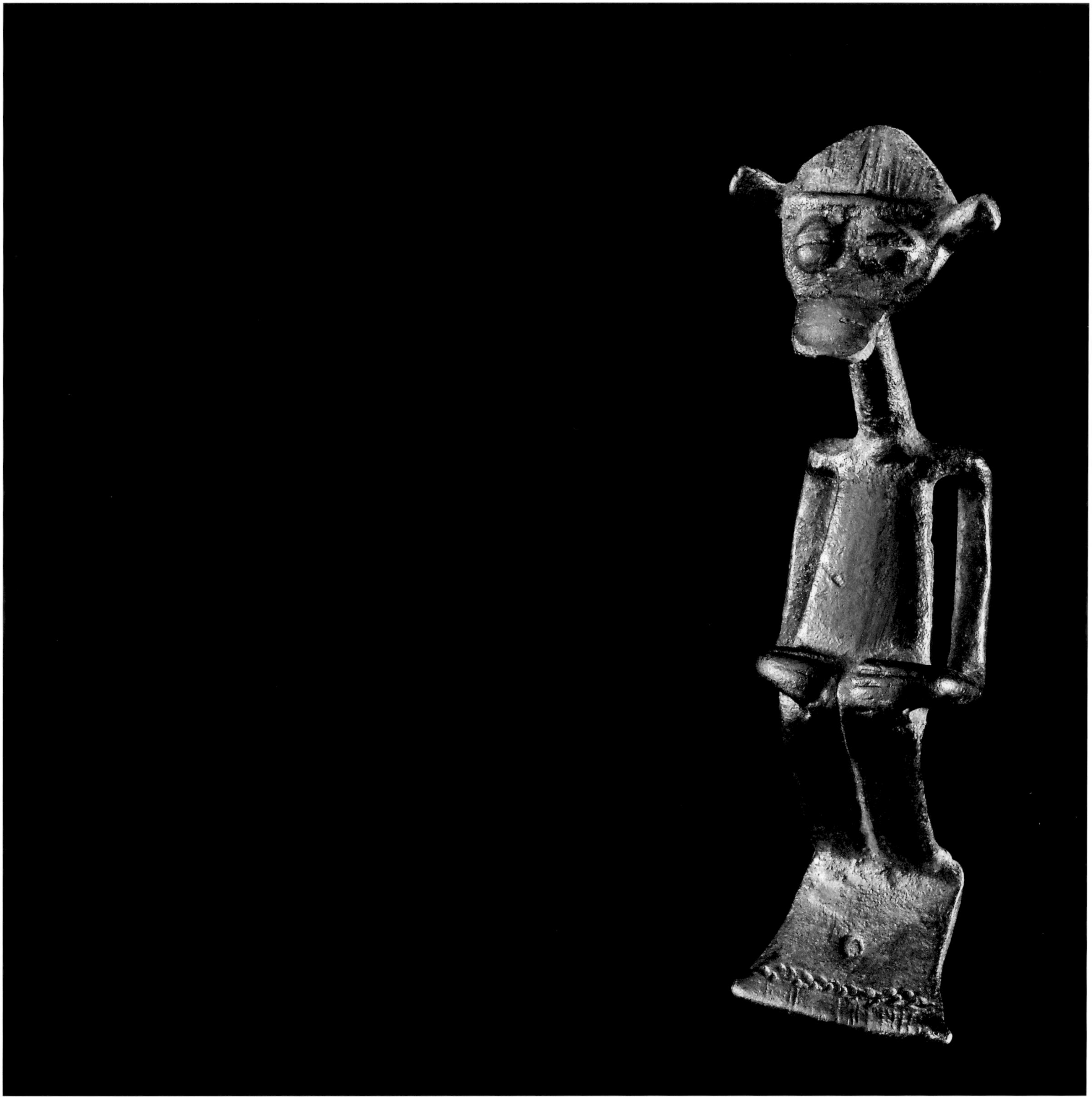

page 218
PLP-KUL-215 | 5,9 cm
PLP-KUL-043 | 3 cm

page 219
PLP-KUL-159 | 5,7 cm

page 221
PLP-KUL-167 | 4,2 cm

pages 222-223
PLP-KUL-196 | 3,9 cm

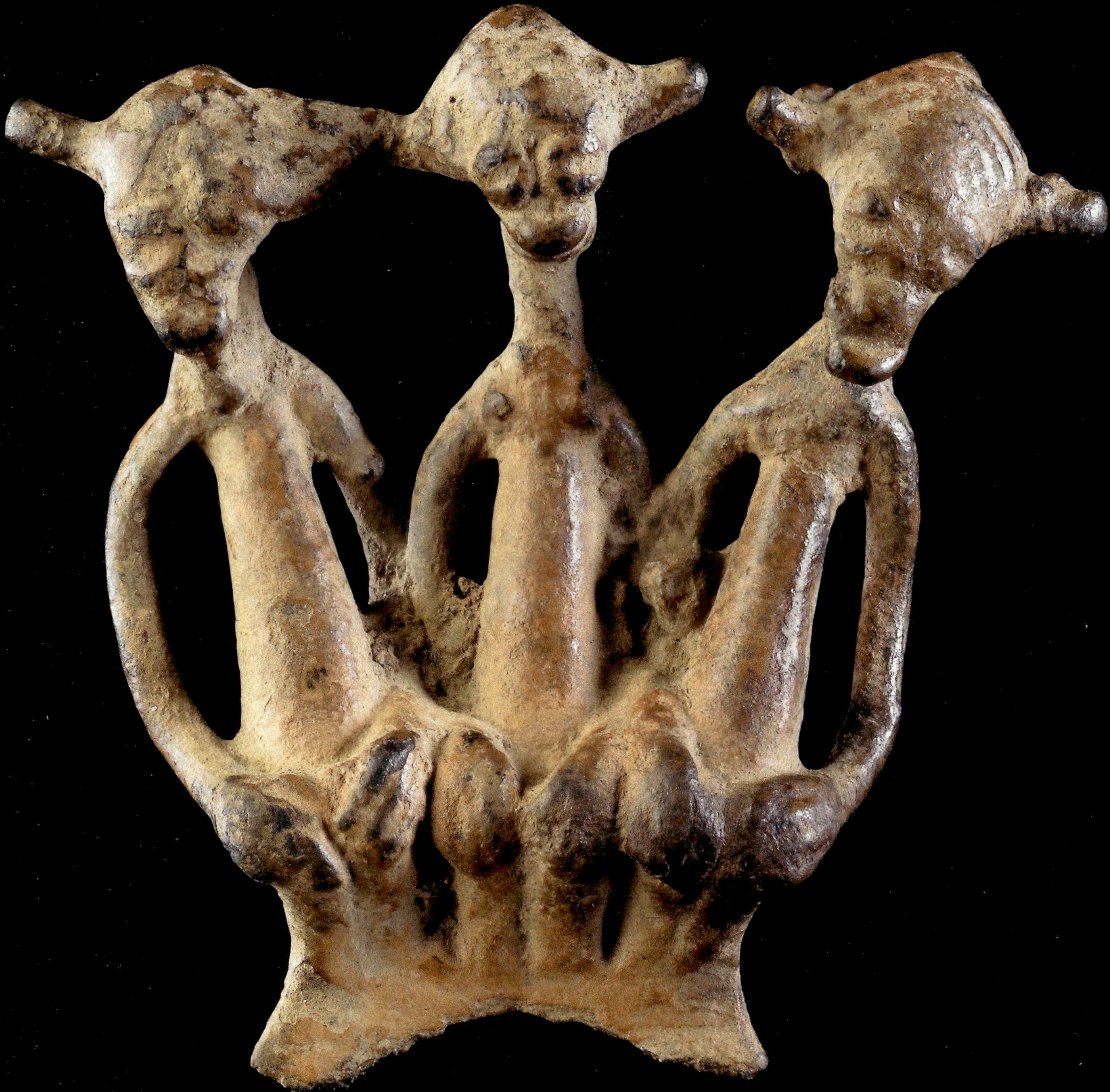

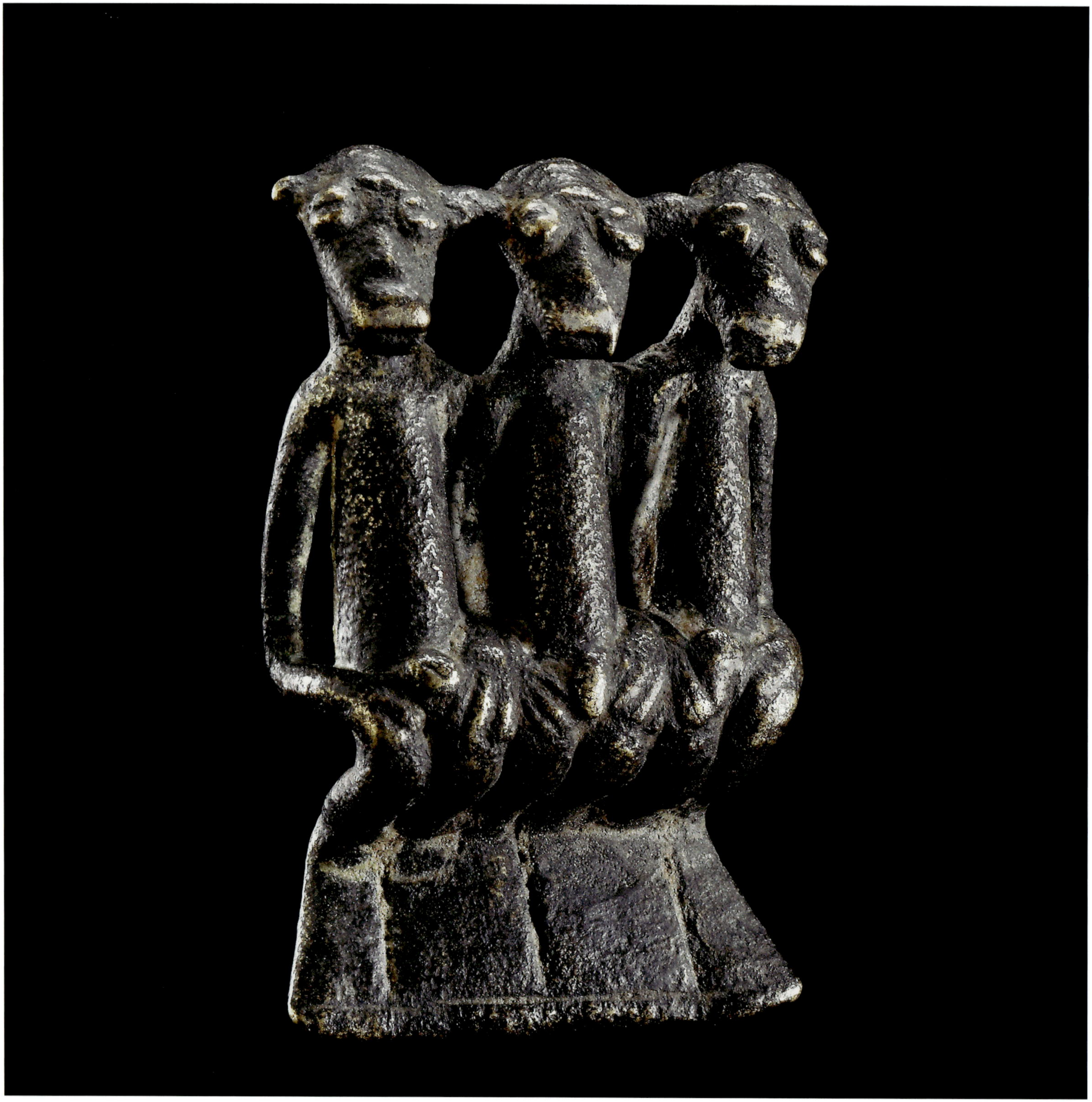

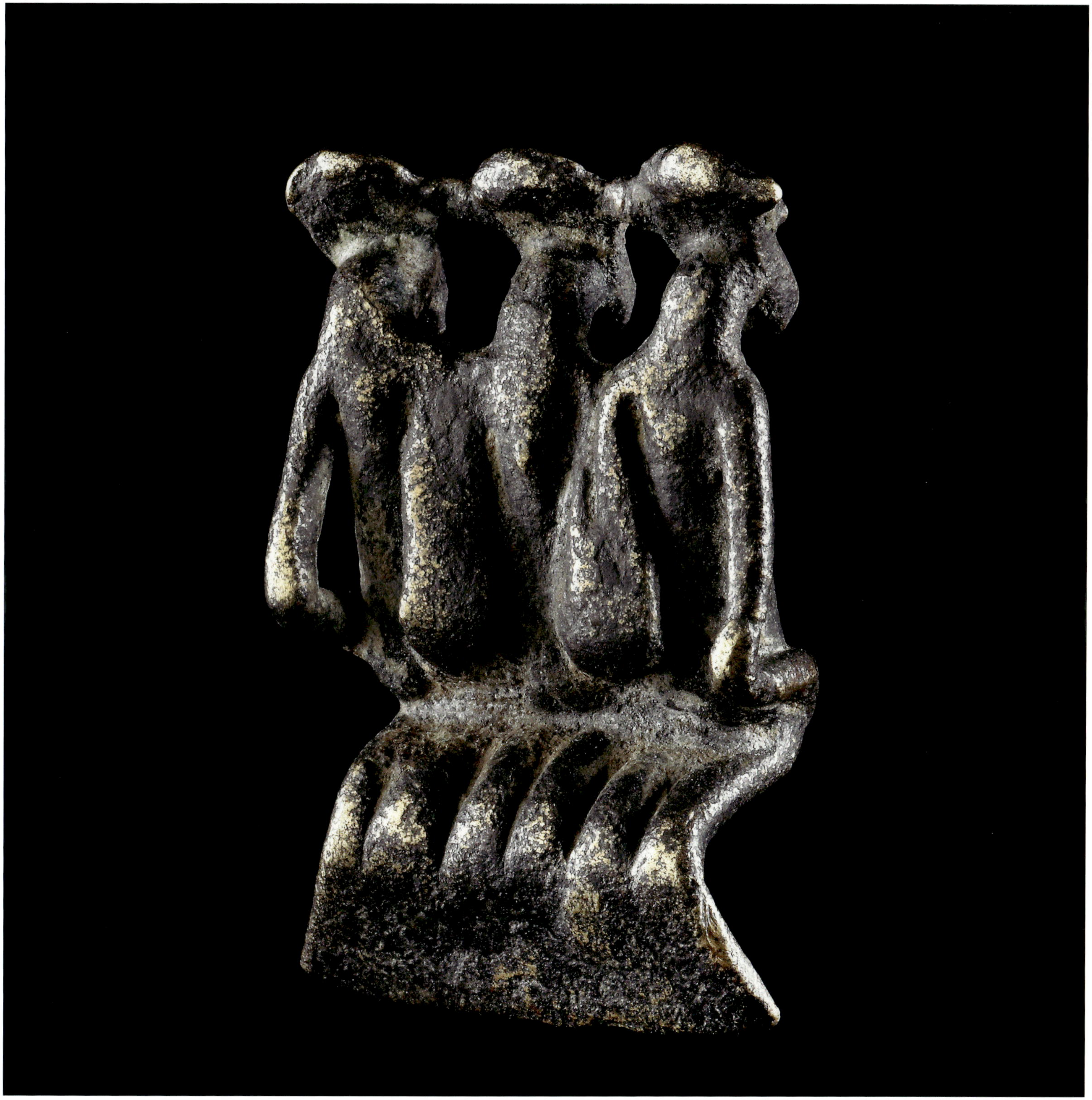

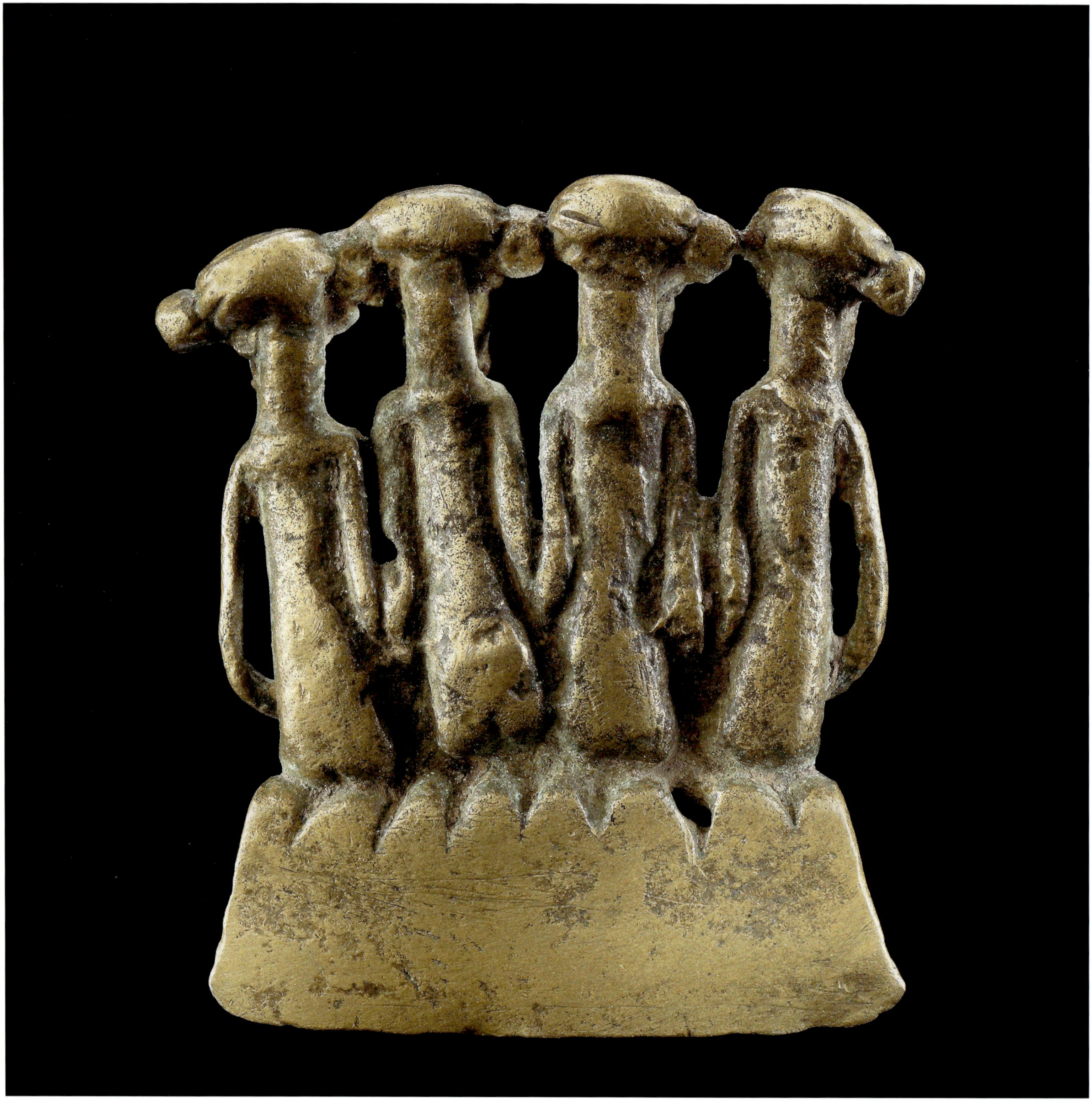

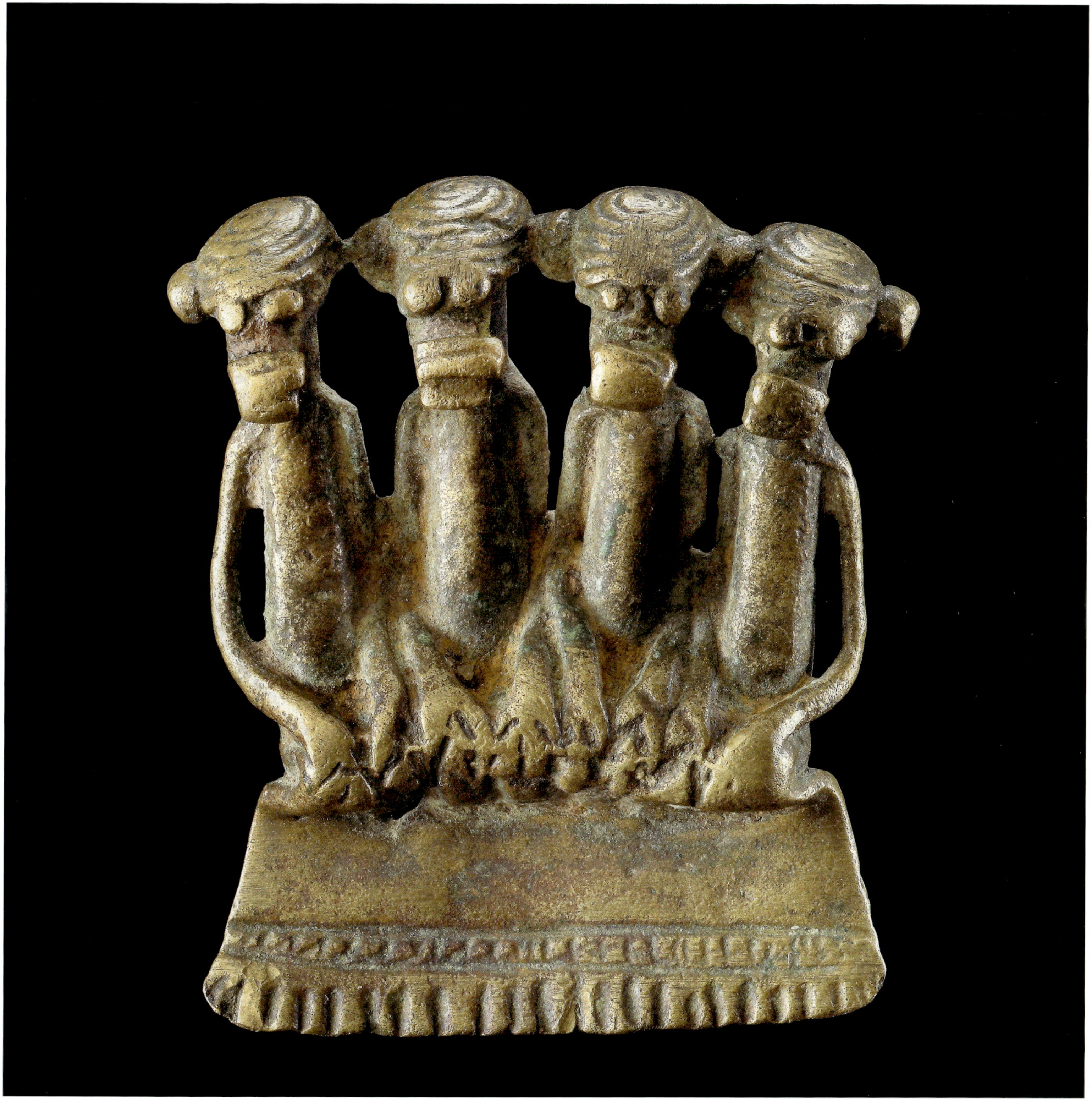

pages 224-225
PLP-KUL-222 | 4,1 cm

page 227
PLP-KUL-079 | 4,2 cm

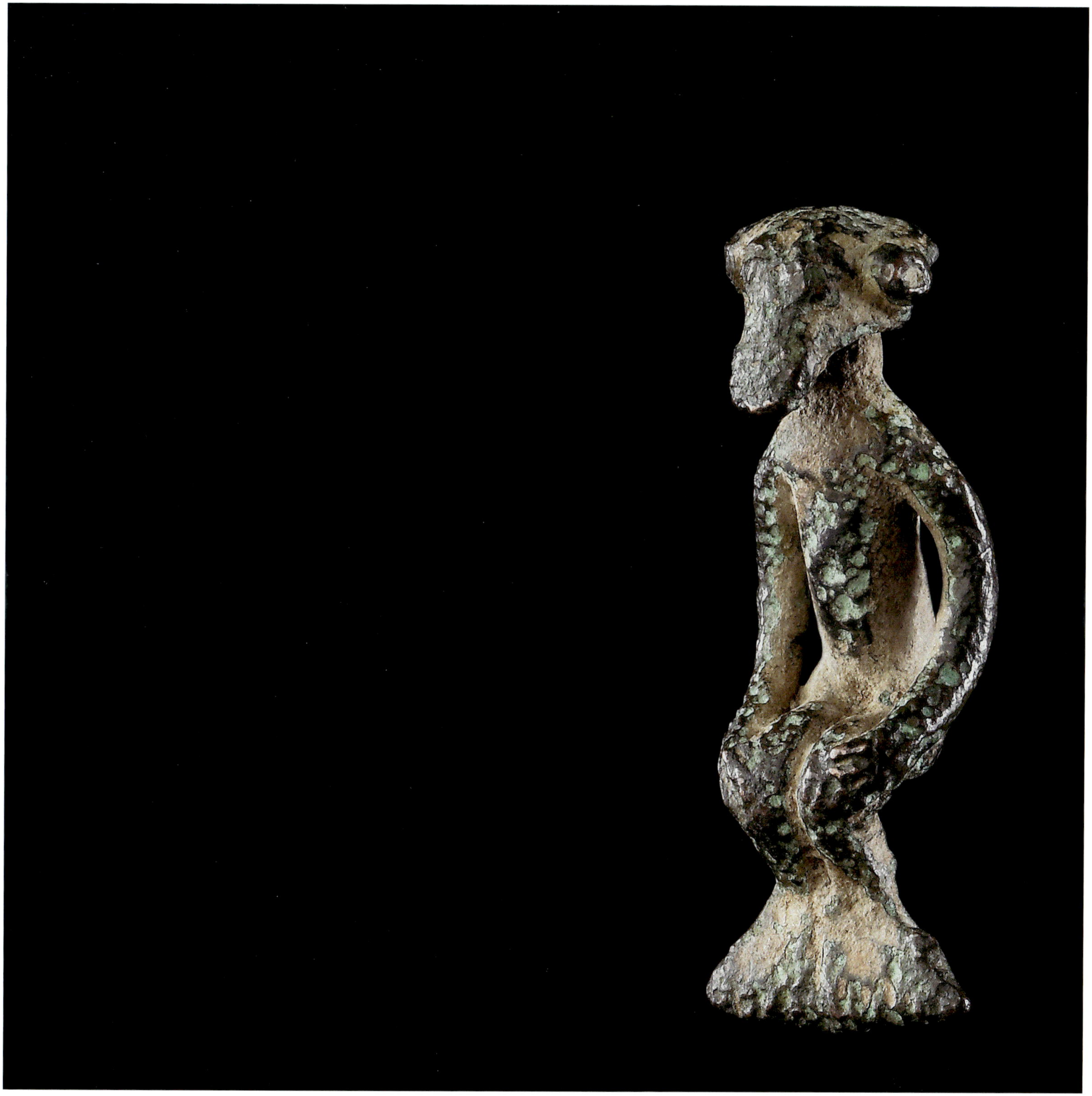

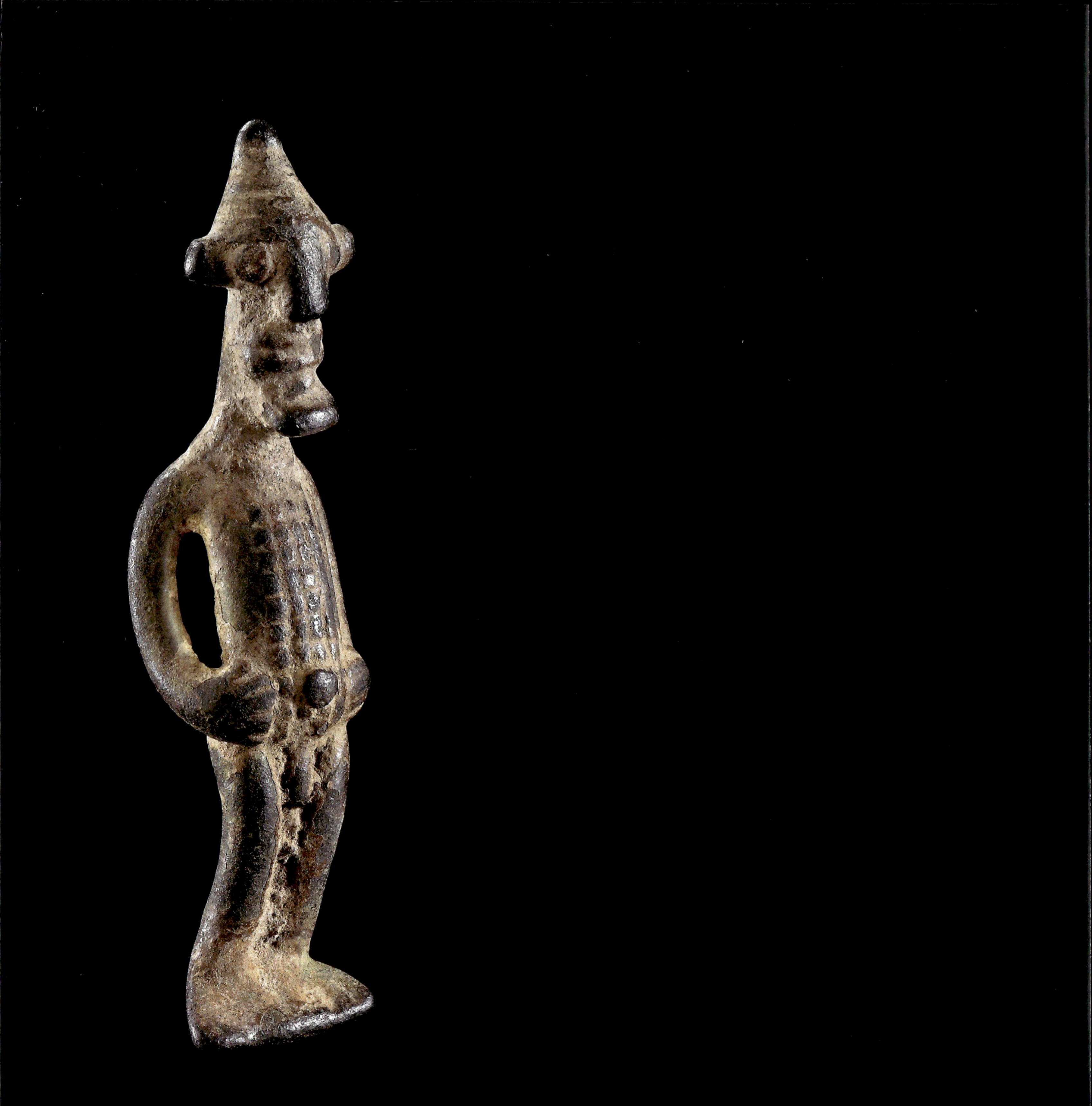

page 228
PLP-KUL-211 | 6,6 cm

page 229
PLP-KUL-109 | 4,9 cm

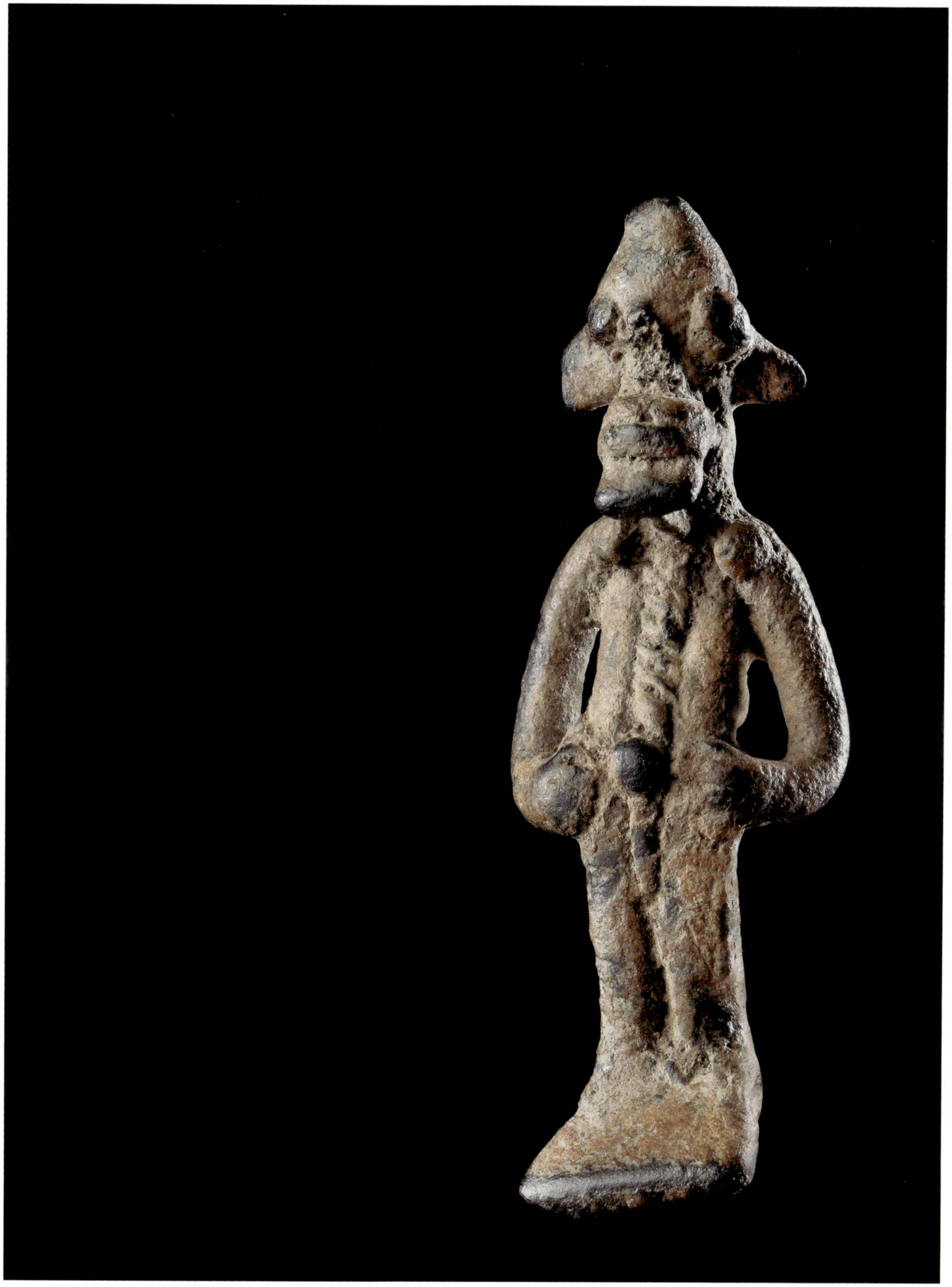

page 231
PLP-KUL-048 | 5,7 cm

page 232
PLP-KUL-122 | 5,5 cm

page 233
PLP-KUL-232 | 5 cm

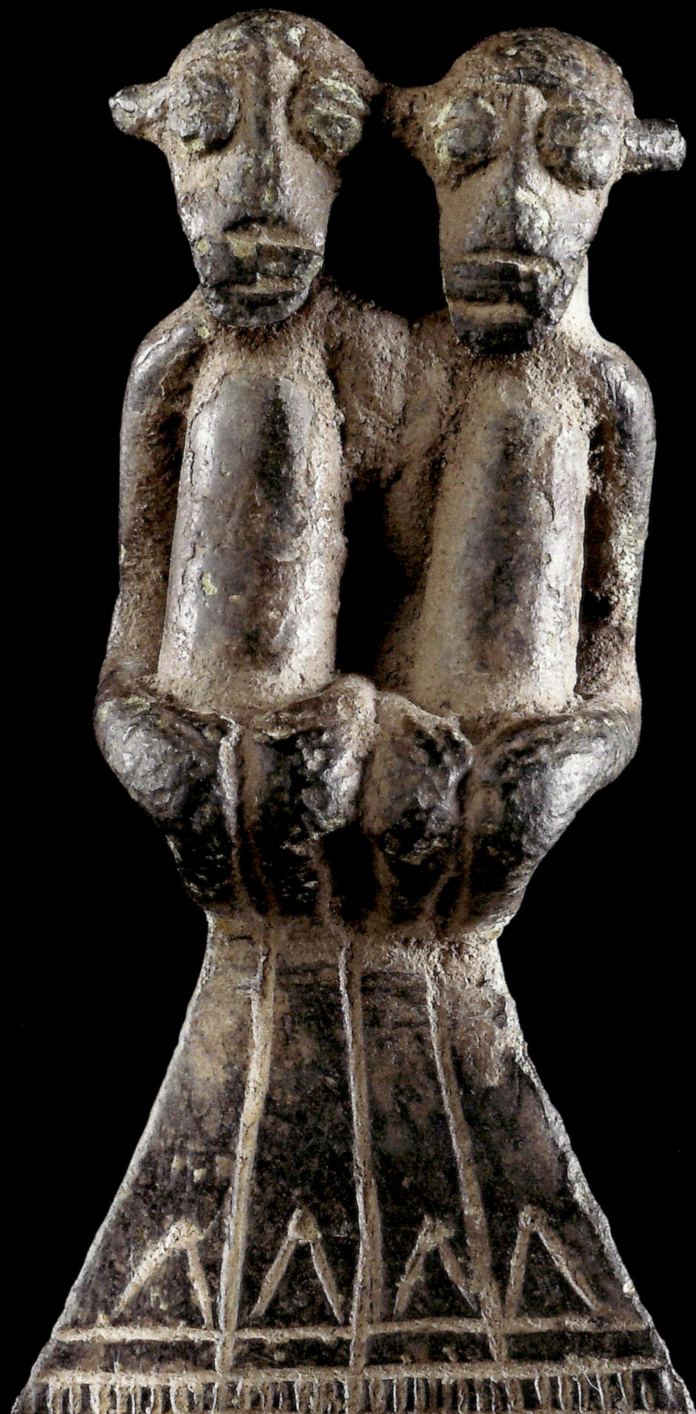

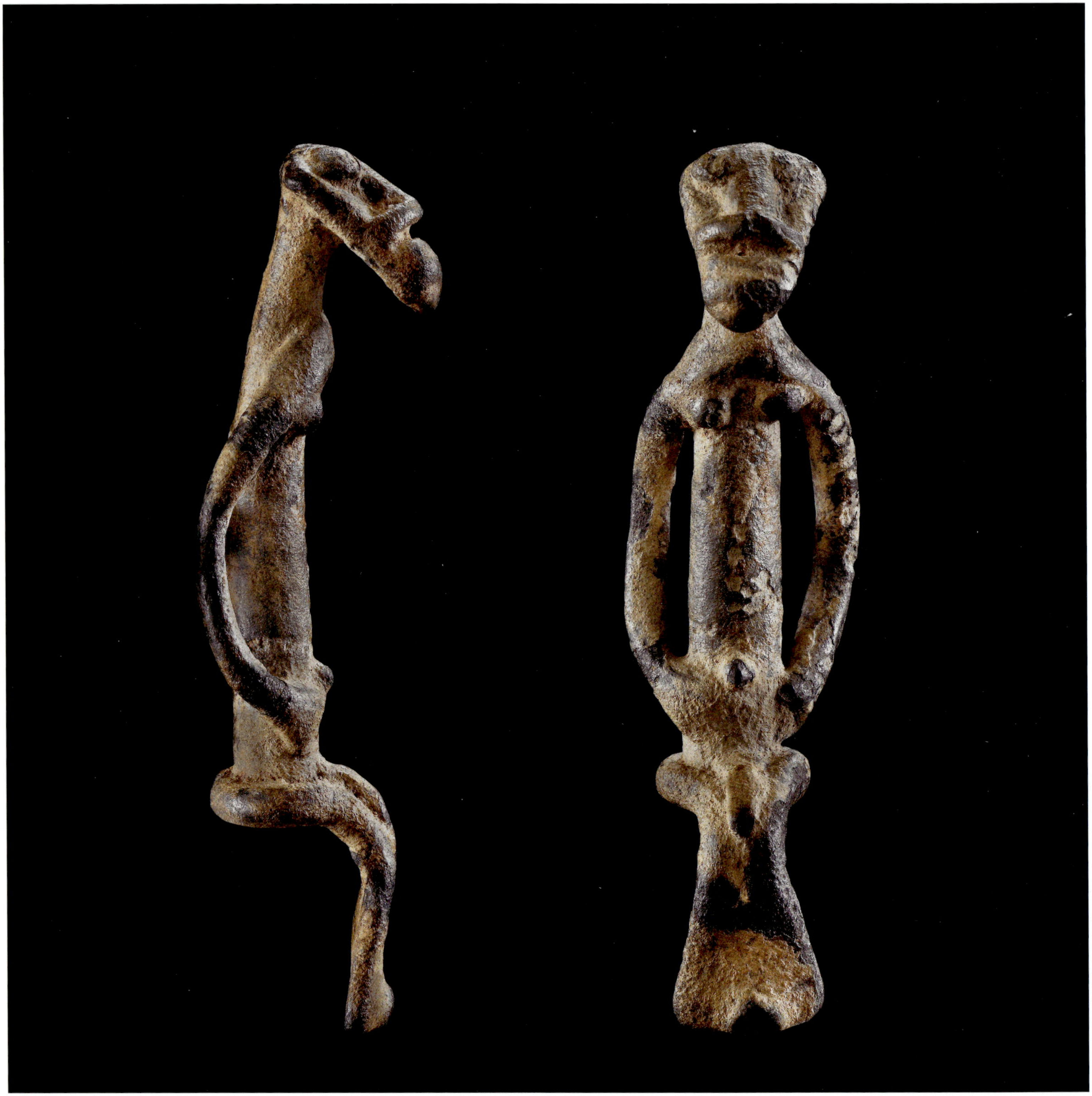

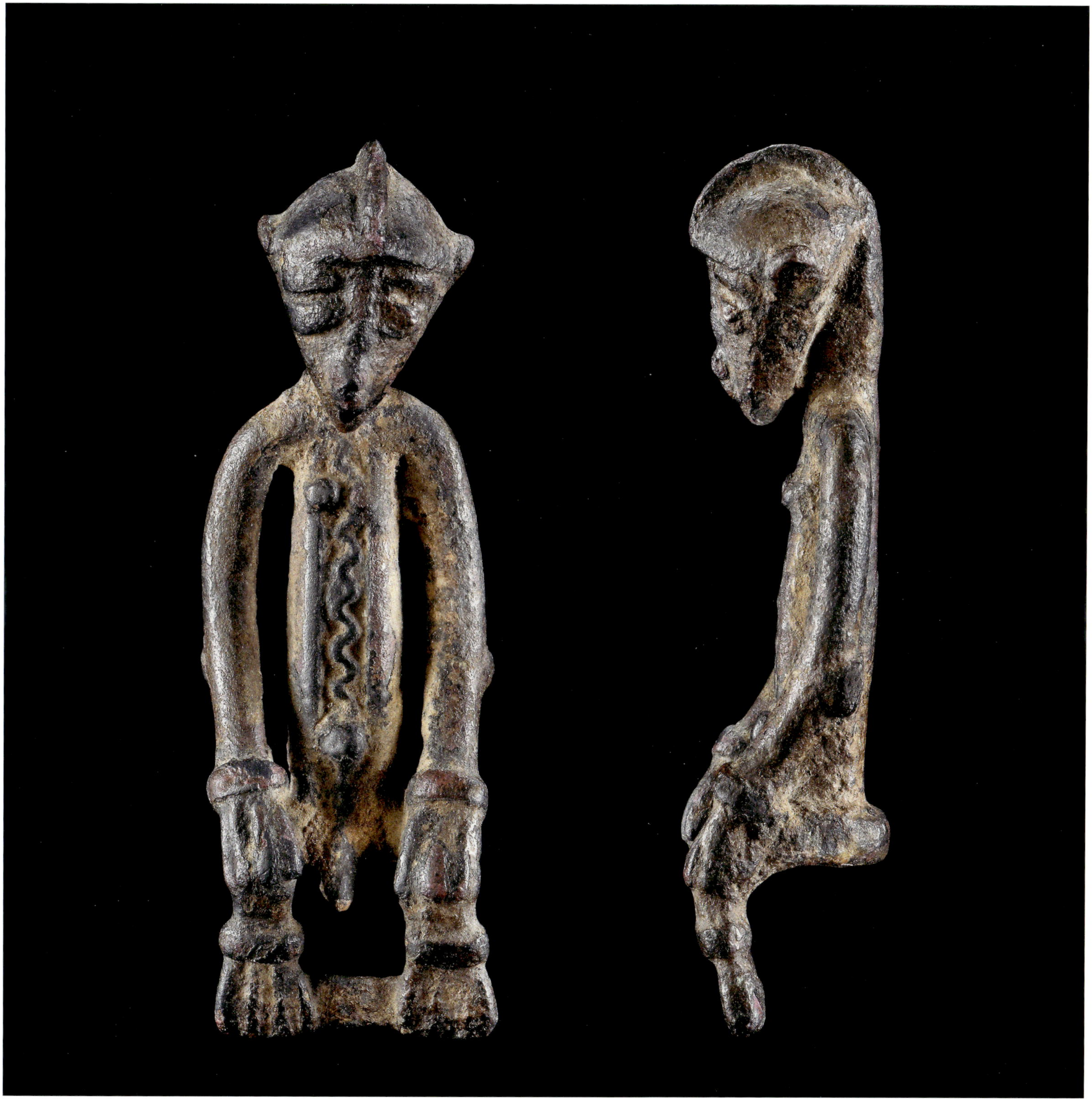

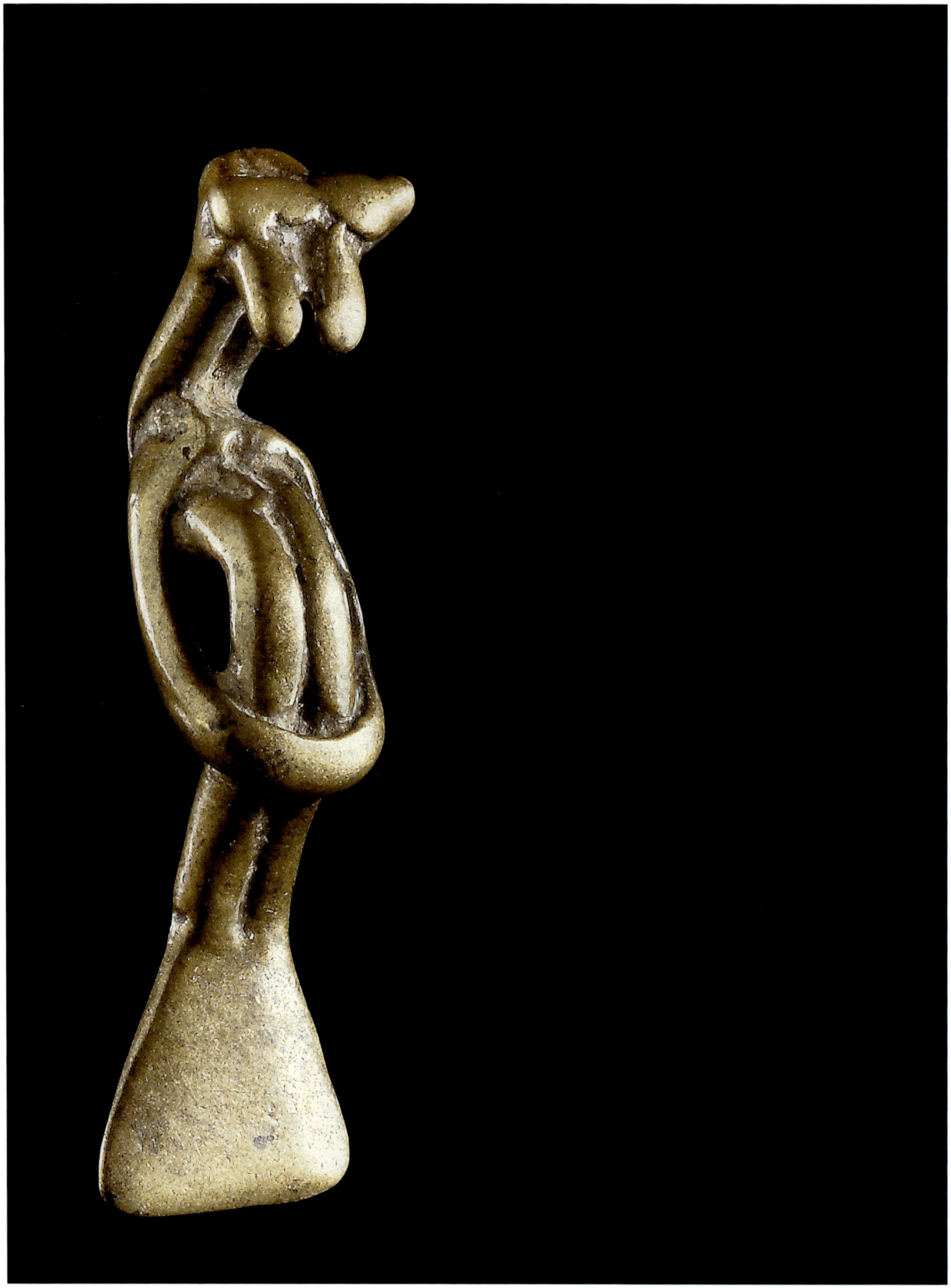

page 234
PLP-KUL-105 | 4,1 cm

page 235
PLP-KUL-070 | 5,2 cm

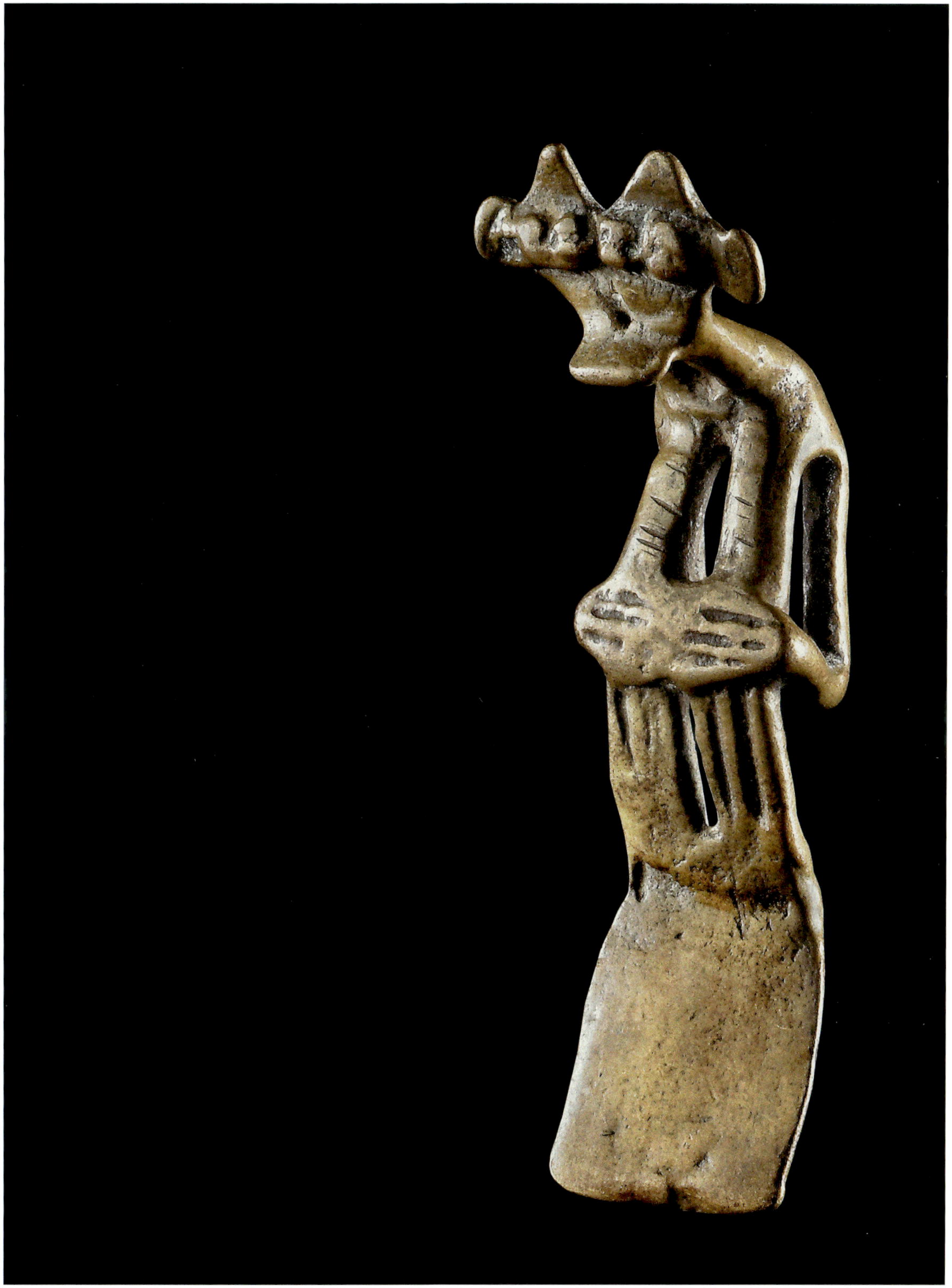

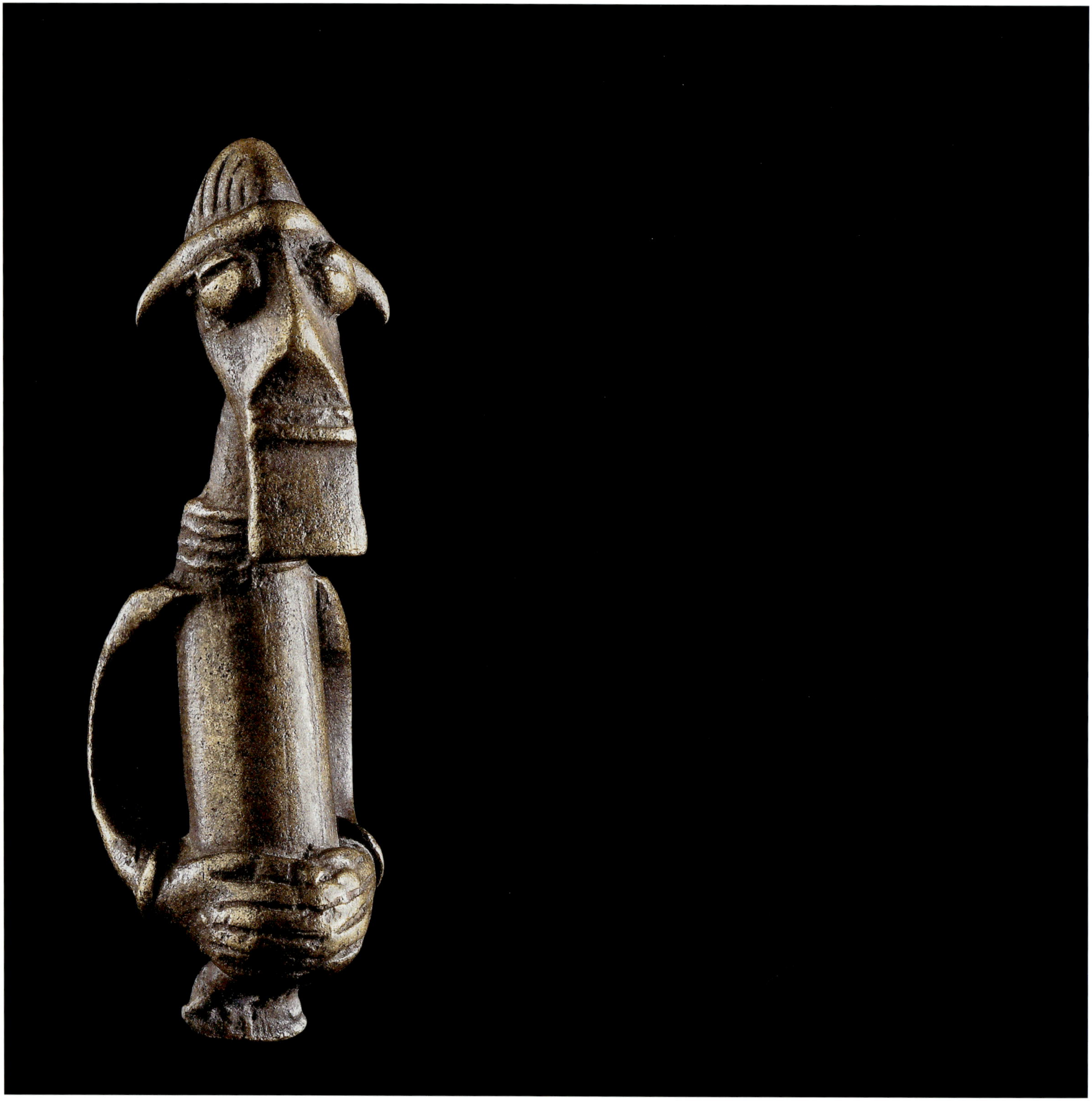

page 236
PLP-KUL-073 | 5,6 cm

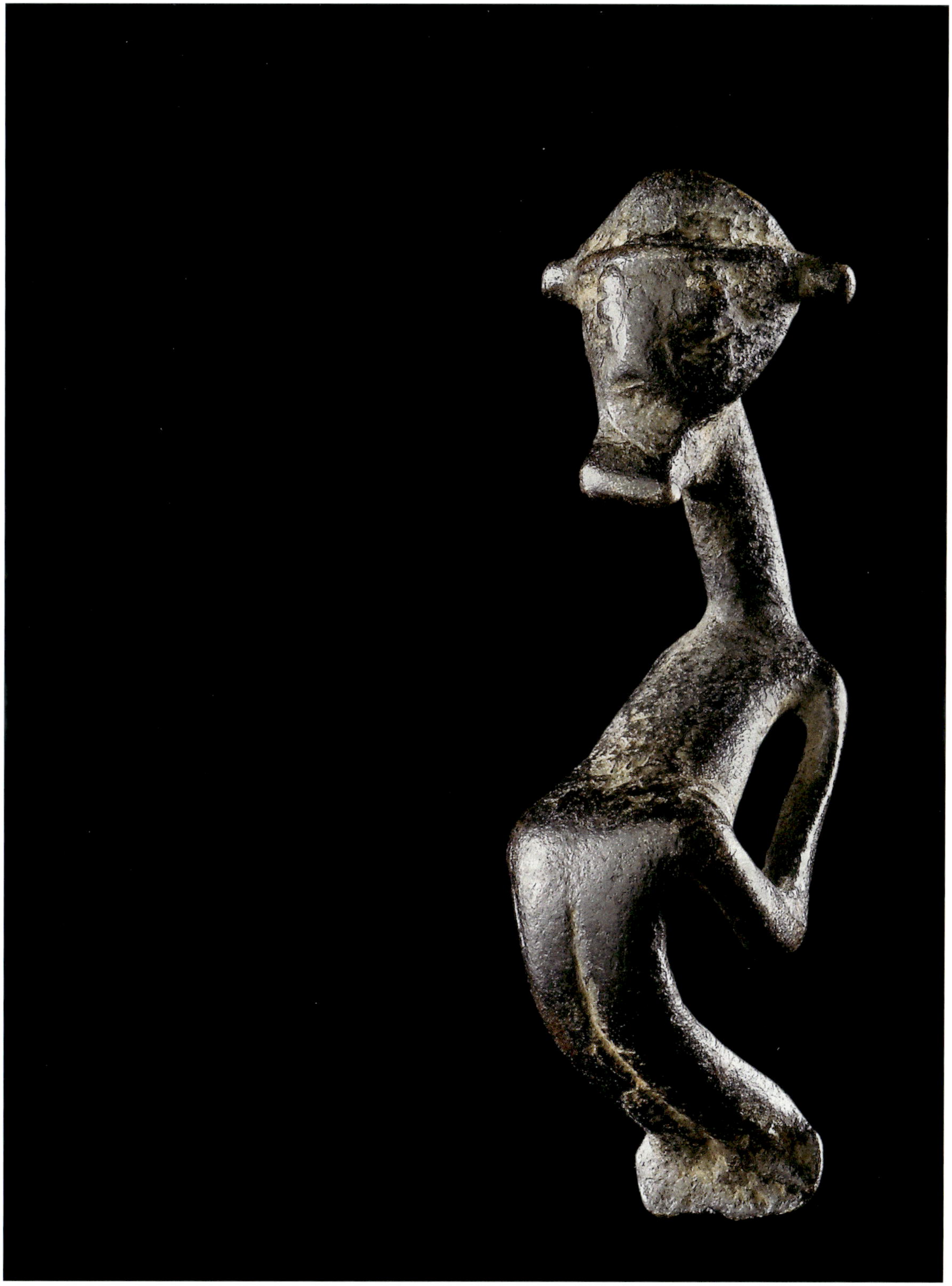

page 237
PLP-KUL-014 | 5 cm

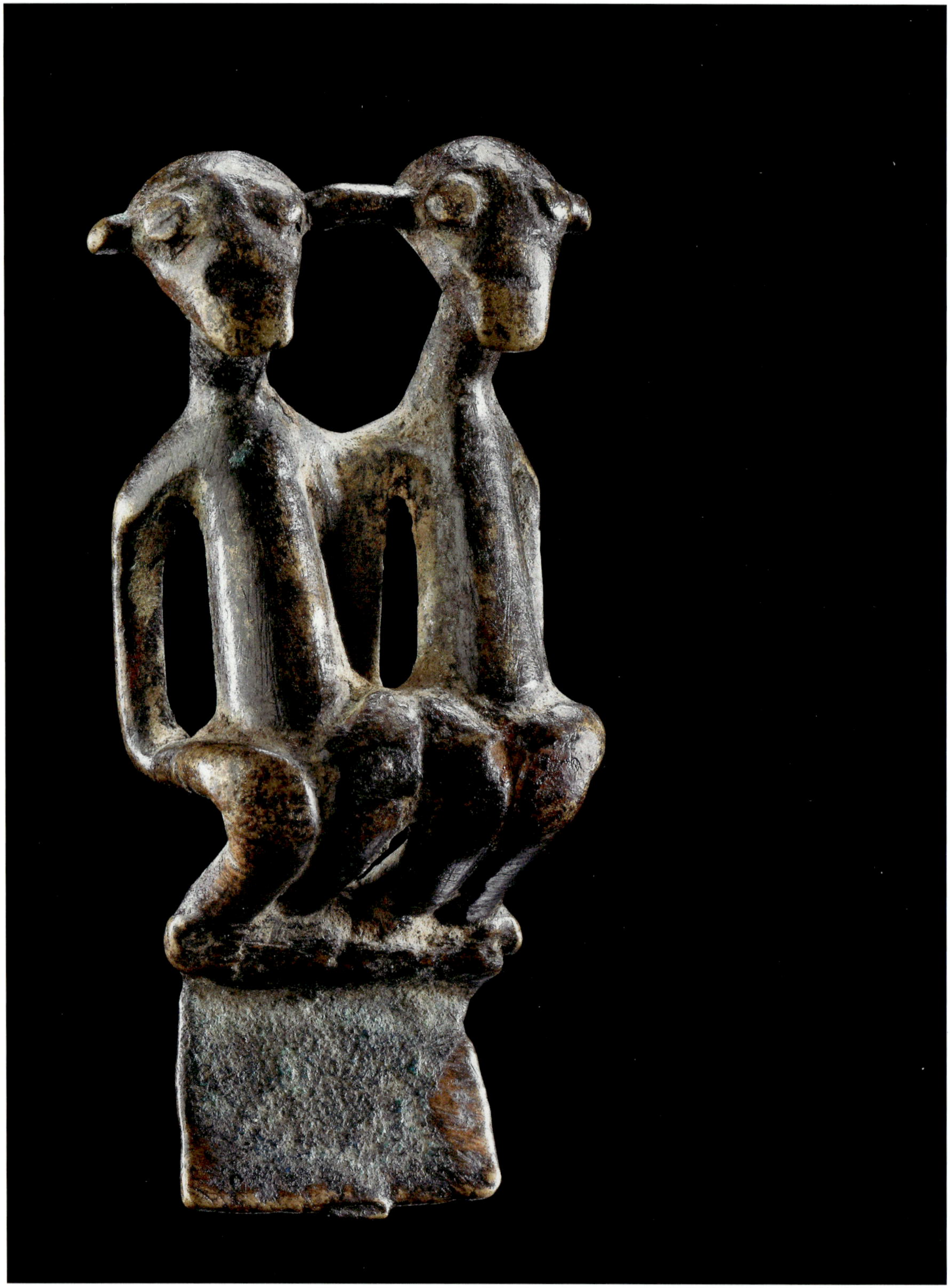

page 238
PLP-KUL-052 | 4,6 cm

page 239
PLP-KUL-096 | 5,2 cm

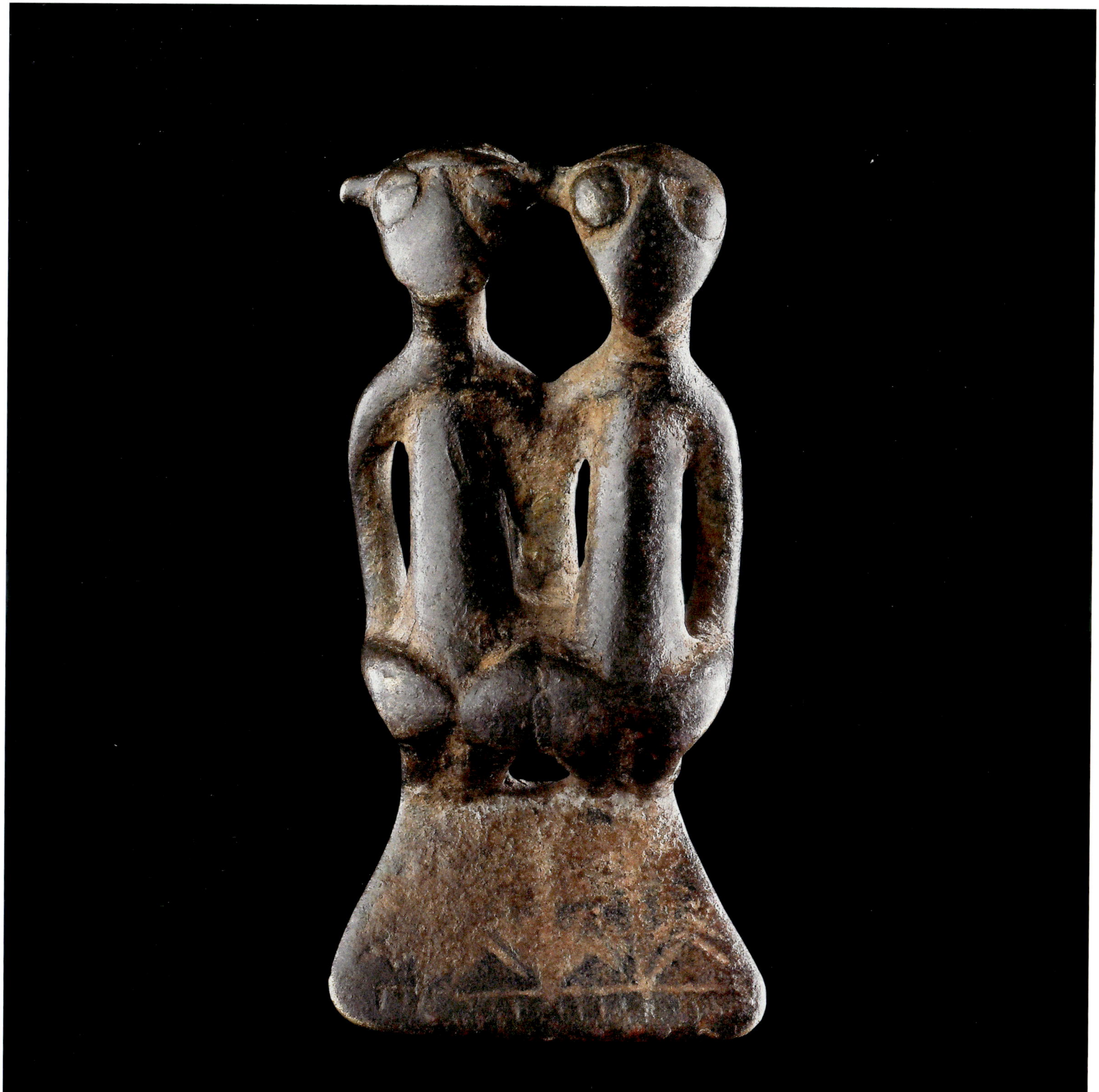

page 241
PLP-KUL-166 | 4,9 cm

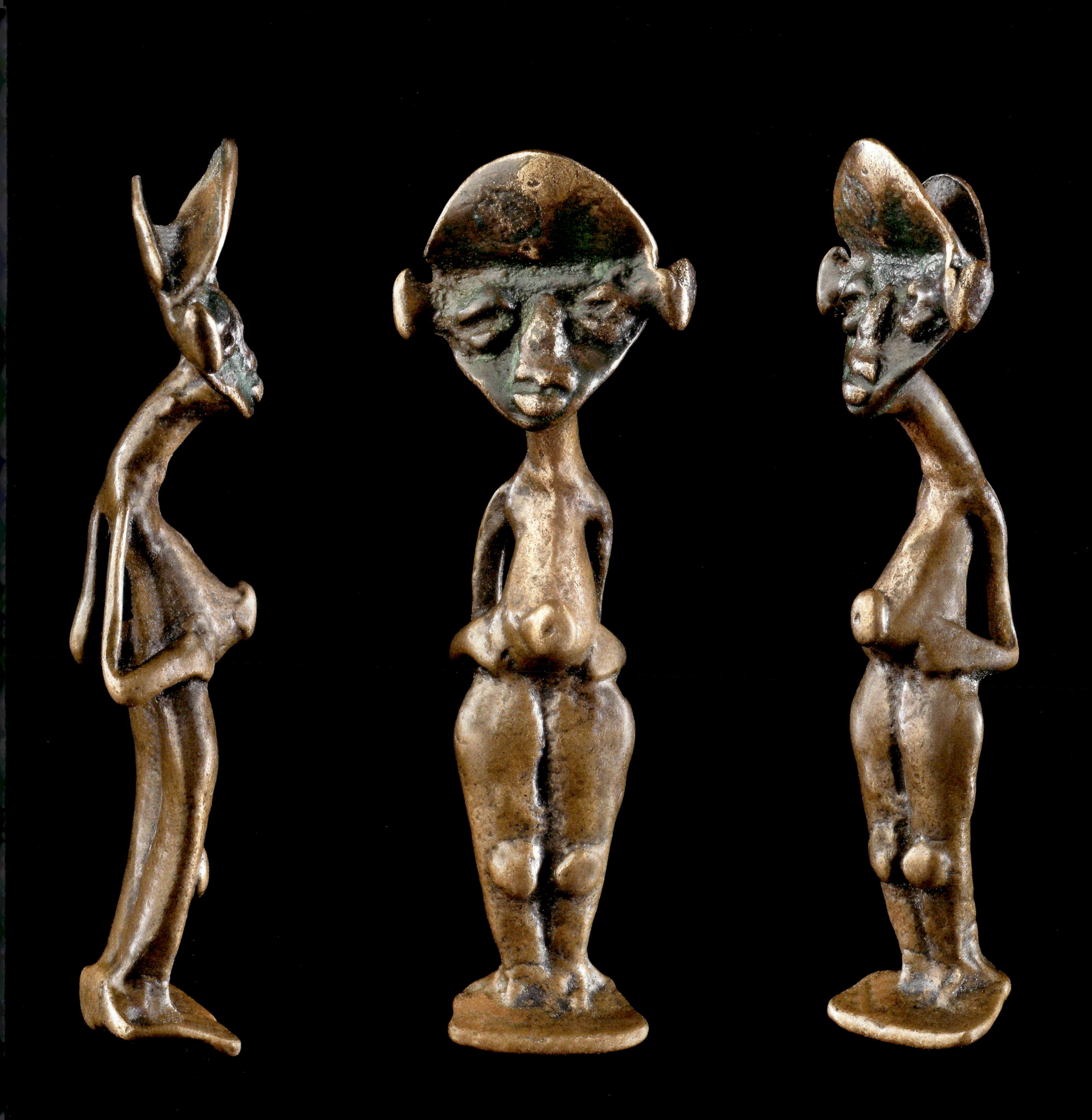

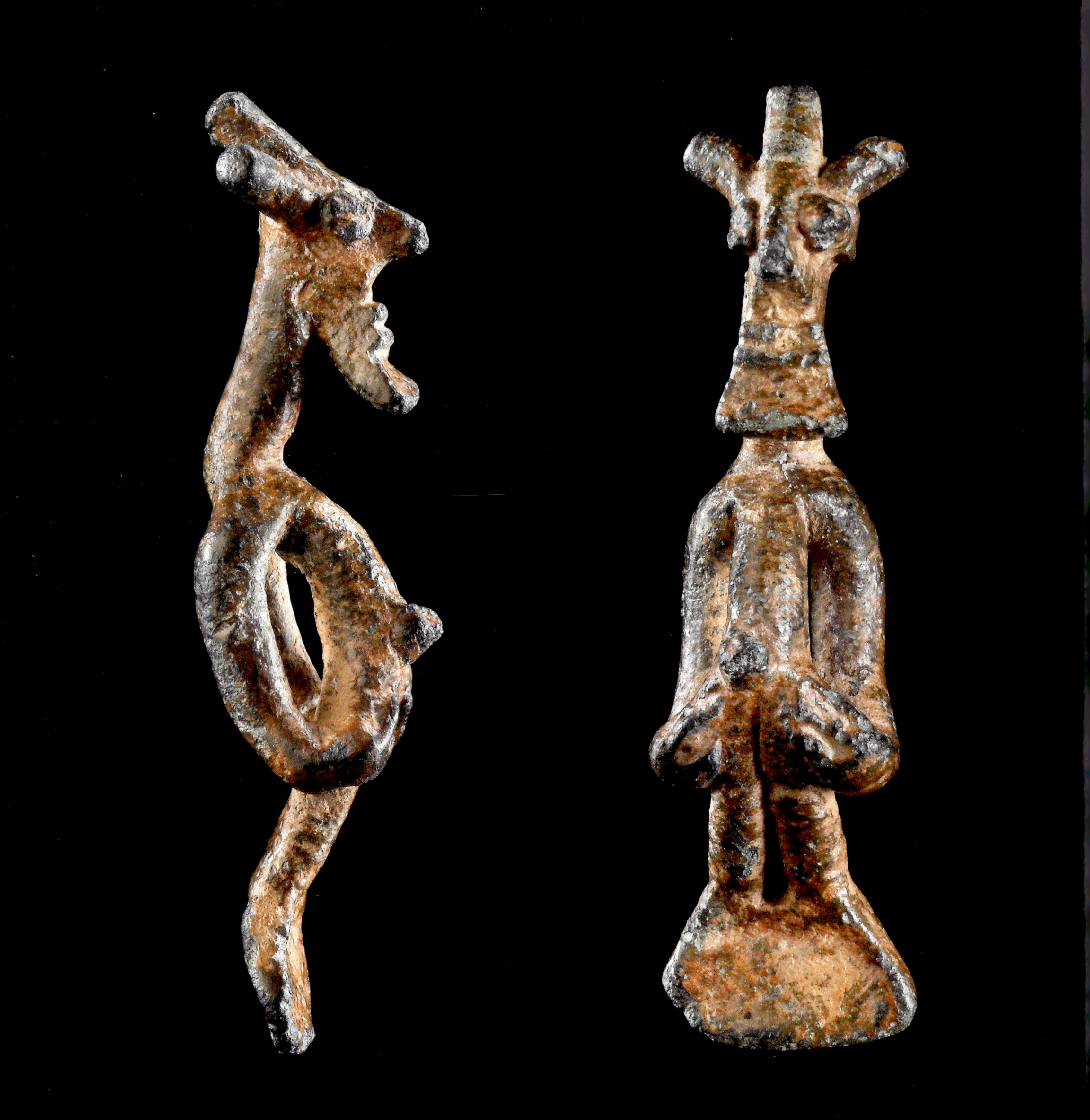

page 242
PLP-KUL-245 | 4,5 cm

page 245
PLP-KUL-150 | 6,1 cm

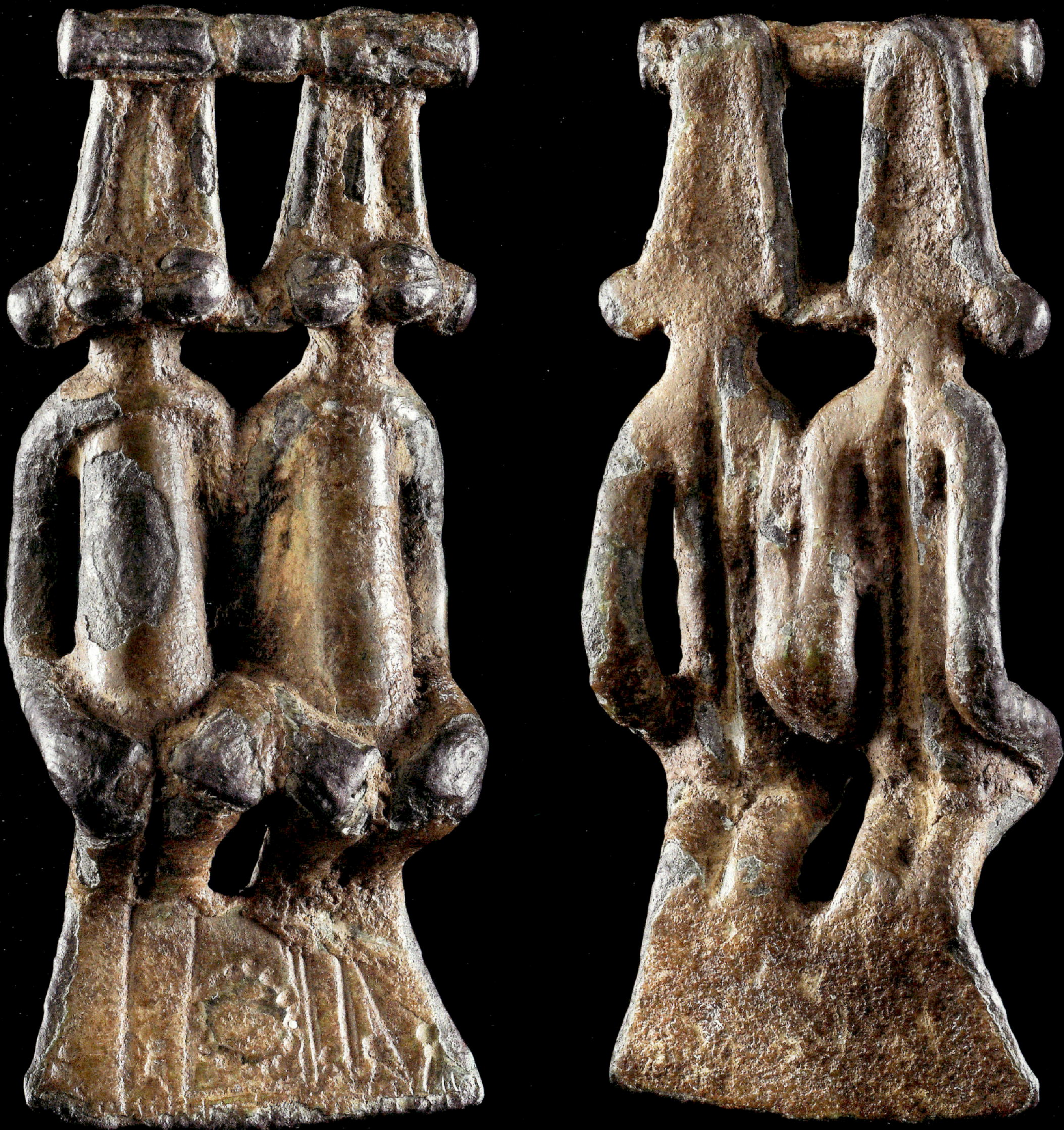

page 247
PLP-KUL-230 | 5 cm

pages 248-249
PLP-KUL-244 | 11 cm

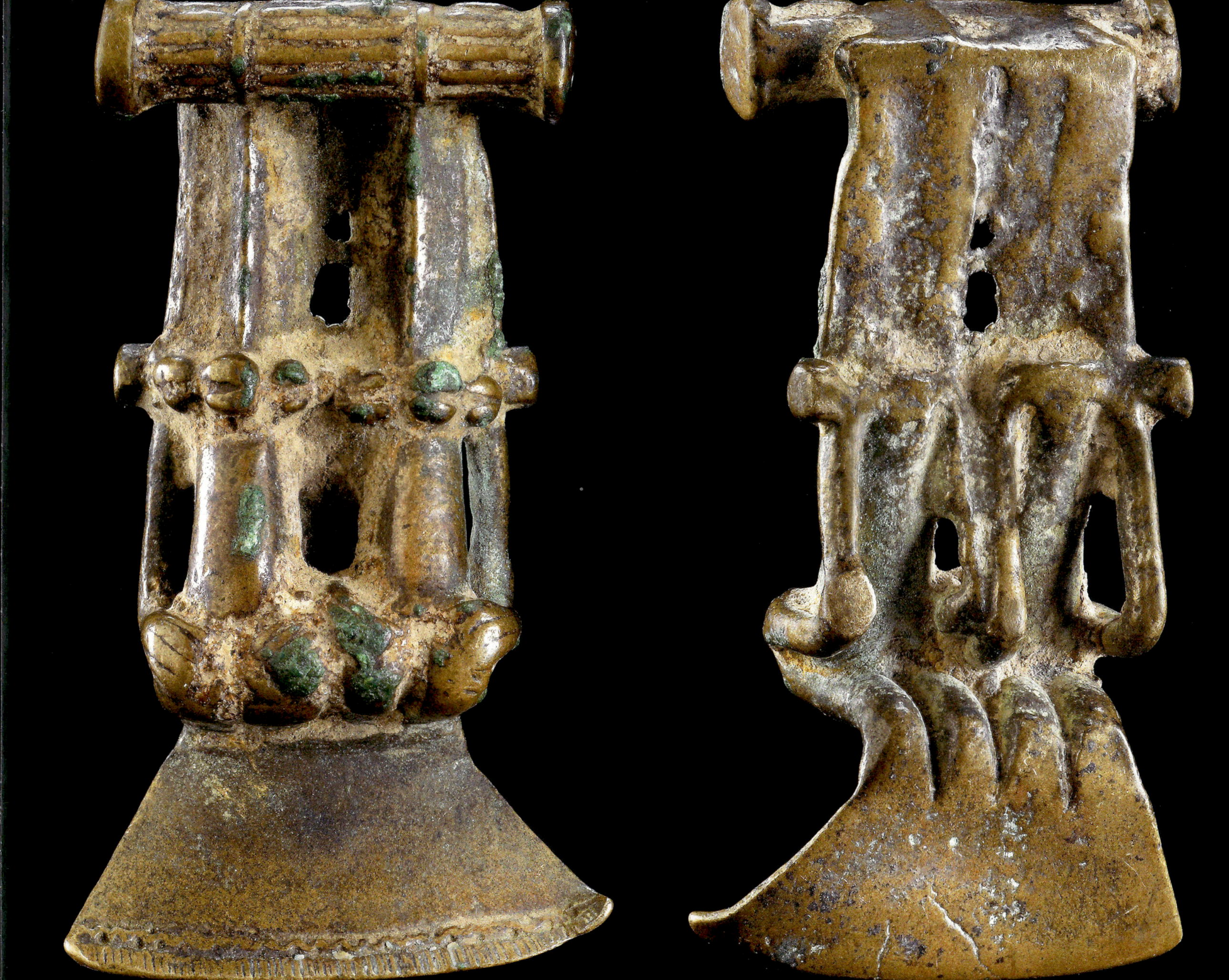

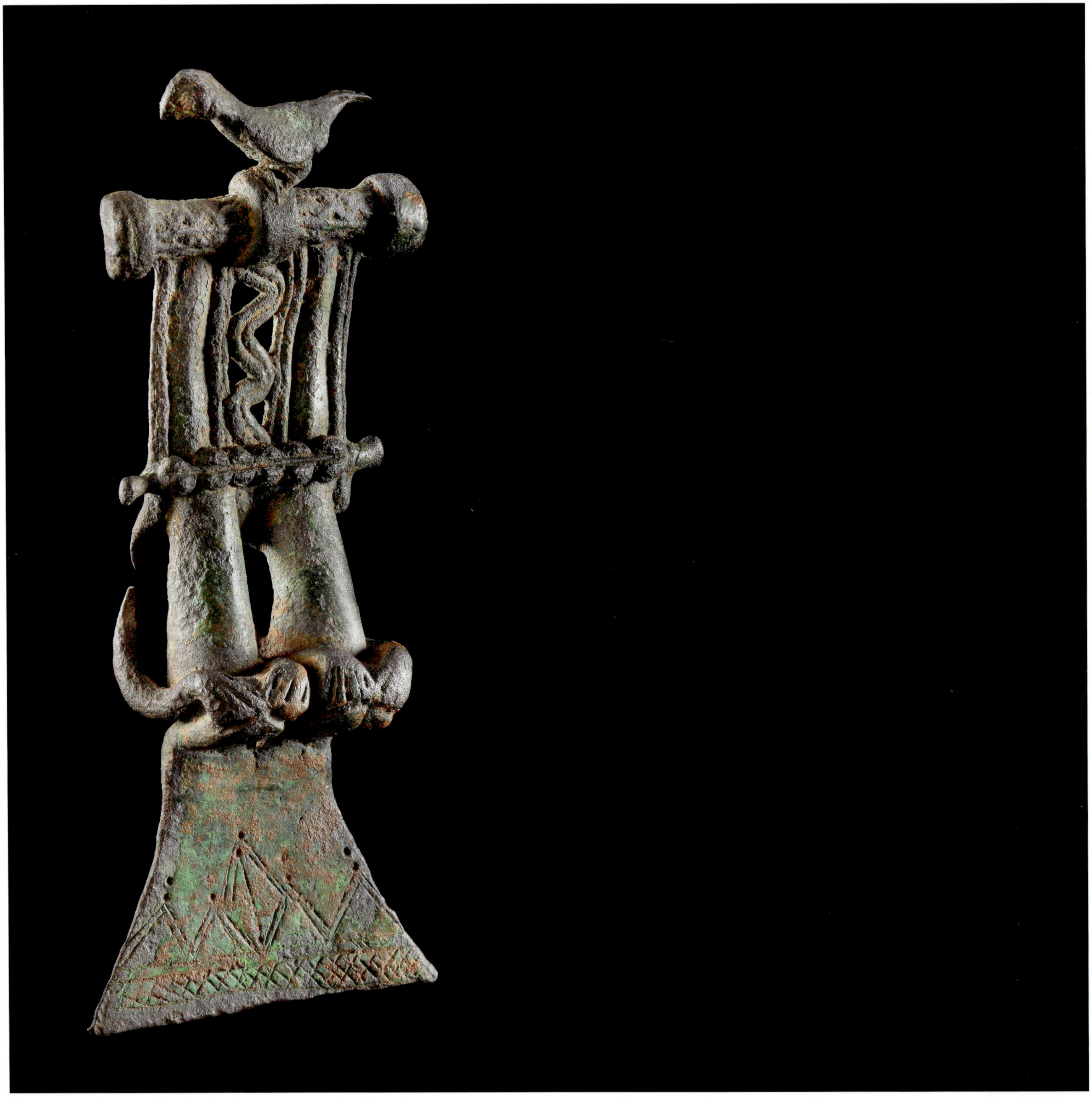

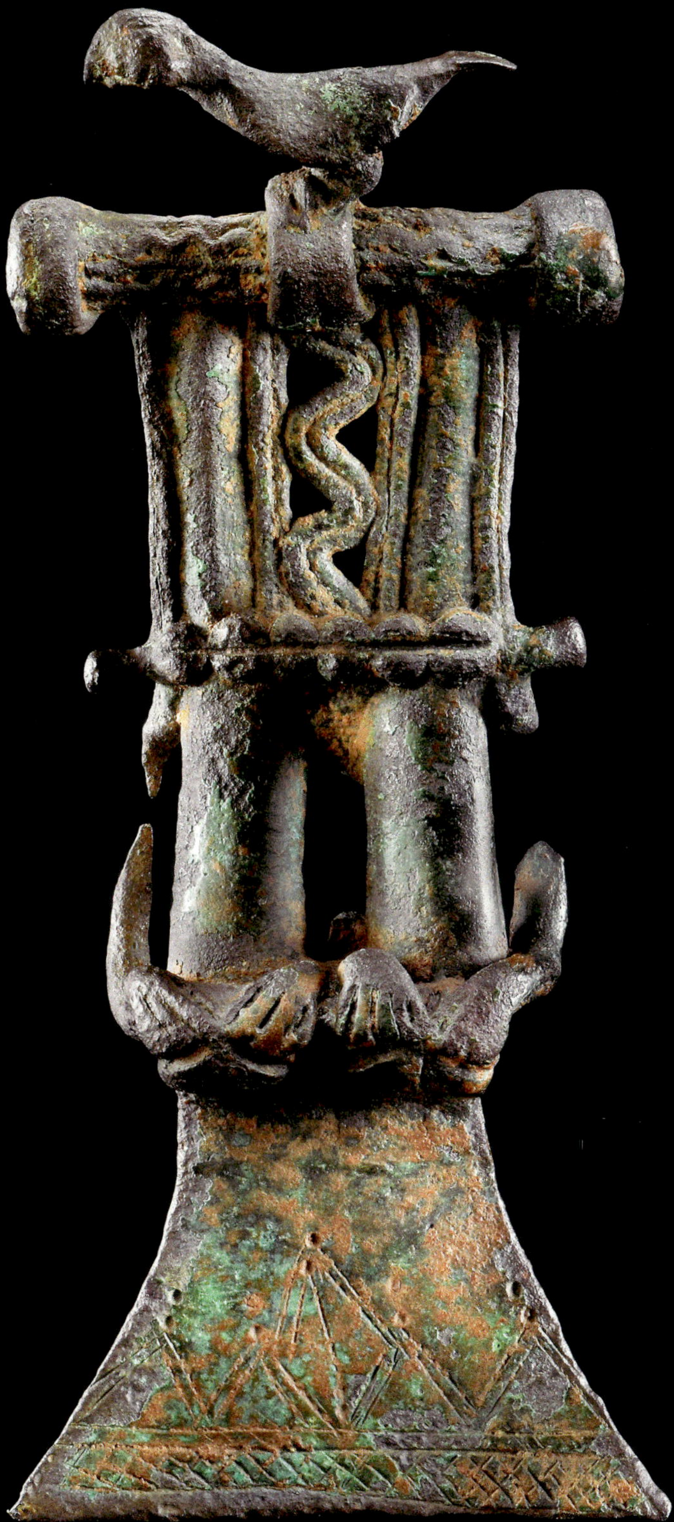

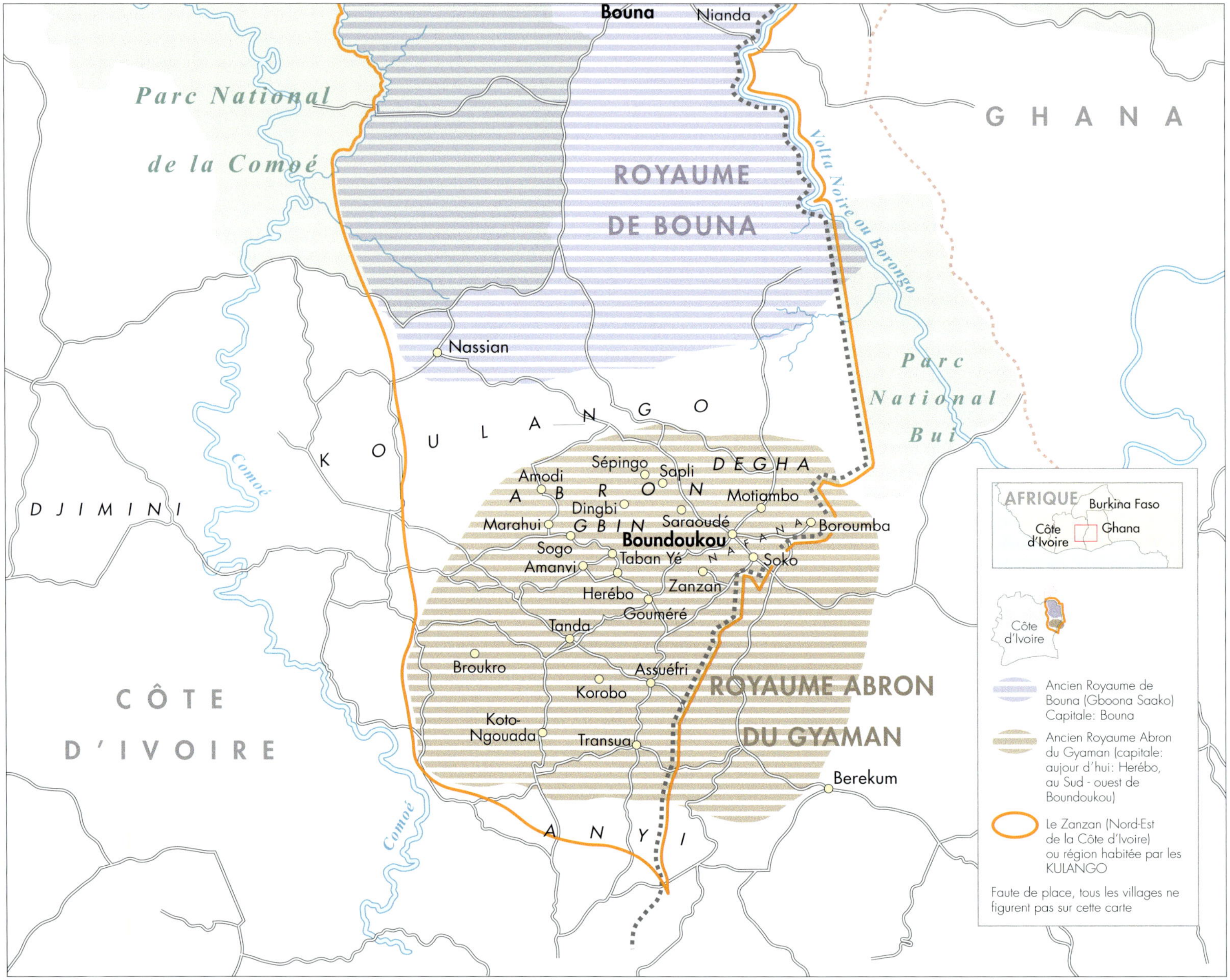
Bouna
Nianda
Parc National
de la Comoé
ROYAUME
DE BOUNA
Volta Noire ou Borongo
G H A N A
Nassian
Parc
National
Bui
K O U L A N G O
DEGHA
Sépingo
Sapli
Amodi
ABRON
Motiambo
Dingbi
DJIMINI
Marahui
GBIN
Saraoudé
Boroumba
Boundoukou
NAFANA
Sogo
Taban Yé
Soko
Amanvi
Zanzan
Herébo
Goumeré
Comoé
Tanda
Broukro
Assuéfri
Korobo
ROYAUME ABRON
DU GYAMAN
CÔTE
D'IVOIRE
Koto-
Ngouada
Transua
Berekum
Comoé
ANYI
AFRIQUE
Burkina Faso
Côte
d'Ivoire
Ghana
Côte
d'Ivoire
Ancien Royaume de
Bouna (Gboona Saako)
Capitale: Bouna
Ancien Royaume Abron
du Gyaman (capitale:
aujour d'hui: Herébo,
au Sud - ouest de
Boundoukou)
Le Zanzan (Nord-Est
de la Côte d'Ivoire)
ou région habitée par les
KULANGO
Faute de place, tous les villages ne
figurent pas sur cette carte

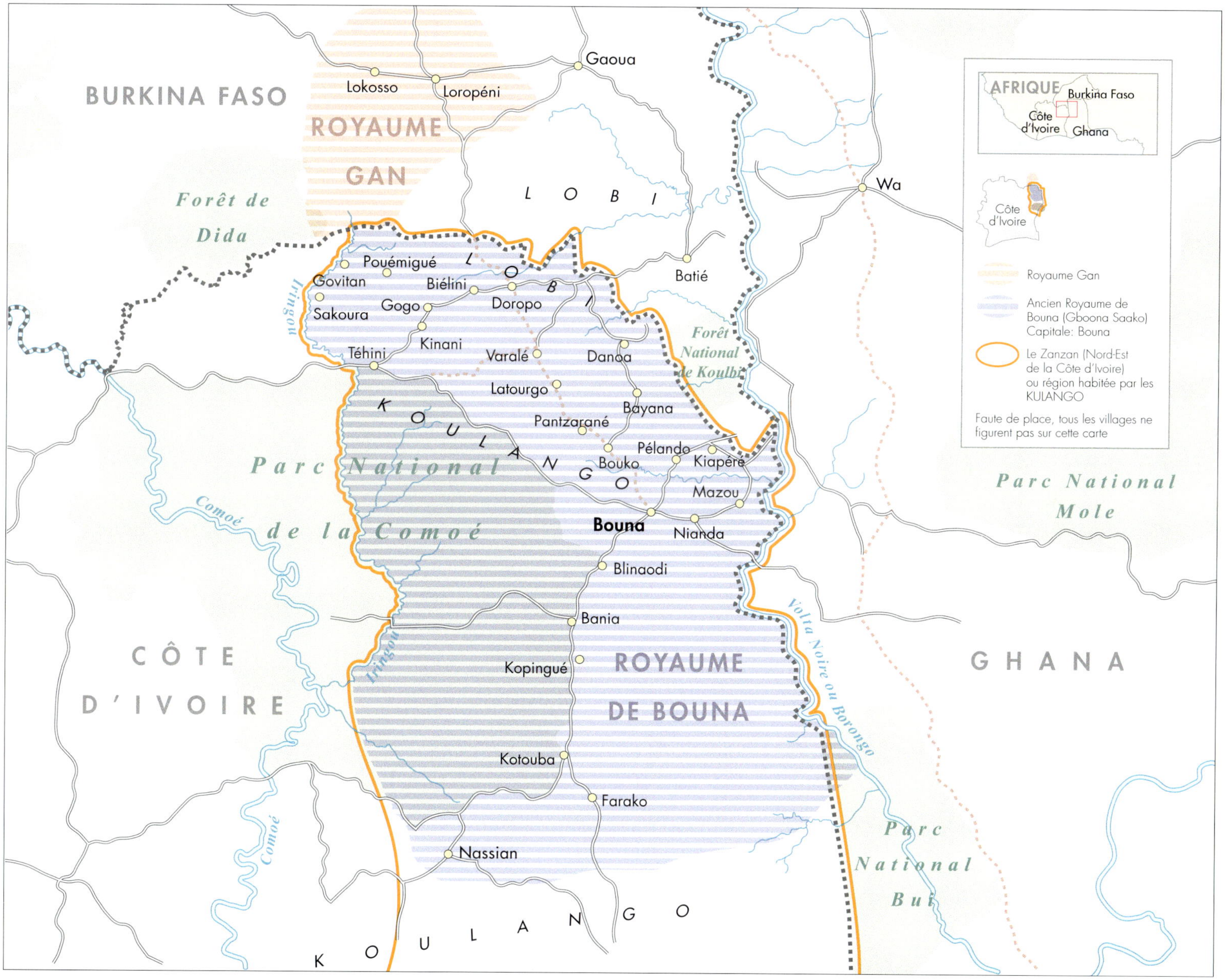

BURKINA FASO
ROYAUME GAN
Lokosso
Loropéni
Gaoua
Forêt de Dida
LOBI
Wa
Batié
Pouémigué
Govitan
Biélini
Sakoura
Gogo
Doropo
Kinani
Téhini
Varalé
Danoa
Forêt National de Koulbi
Latourgo
Bayana
Pantzarané
Pélando
Bouko
Kiaperé
Mazou
KOULANGO
Parc National de la Comoé
Bouna
Nianda
Blinaodi
Bania
Kopingué
ROYAUME DE BOUNA
Kotouba
Farako
Nassian
CÔTE D'IVOIRE
GHANA
Parc National Mole
Parc National Bui
Volta Noire ou Borongo
Comoé
Iringou
AFRIQUE
Burkina Faso
Côte d'Ivoire
Ghana
Royaume Gan
Ancien Royaume de Bouna (Gboona Saako) Capitale: Bouna
Le Zanzan (Nord-Est de la Côte d'Ivoire) ou région habitée par les KULANGO
Faute de place, tous les villages ne figurent pas sur cette carte

BIBLIOGRAPHIE
BIBLIOGRAPHY

Ageyerman (E. A.), « A Note on the Foundation of the Kingdom of Gyaman », *Ghana Notes and Queries*, 9, Legon, Historical Society of Ghana, 1966, p. 36-39.

Alland Jr. (Alexander), *La Danse de l'araignée*, Paris, Plon, coll. « Terre humaine », 1984.

Banaś (Monika) et Łubińska (Edyta), *Small : Hidden World of Africa – Collection Pierluigi Peroni*, cat. exp. Jagiellonian University, Cracovie, Ksiegarnia Akademicka, 2016.

Barbier-Mueller (Jean Paul), *Arts de la Côte d'Ivoire*, 2 vol., Genève, Éditions Barbier-Mueller, 1993 (English edition: *Arts of Côte d'Ivoire*, diffusion O.AN.).

Ibn Battuta, *Voyages et périples : le pays des Noirs, in Voyageurs arabes*, Paris, Gallimard, coll. « Bibliothèque de la Pléiade », 1995, p. 1023-1050.

Bernus (Edmond), « Kong et sa région », *Études éburnéennes*, 8, Abidjan, Institut français d'Afrique noire, 1960, p. 239-324.

Binger (Louis-Gustave), *Du Niger au golfe de Guinée par le pays de Kong et le Mossi (1887-1889)*, Paris, Hachette, 1892 ; rééd. Société des africanistes, Paris, 1980.

Blackmun Visona (Monica), « Les Lagunaires », *in* Jean Paul Barbier-Mueller (éd.), *Arts de la Côte d'Ivoire*, Genève, Éditions musée Barbier-Mueller, 1993, t. 1, p. 368-382.

Blandin (André), *Bronzes et autres alliages*, Marignane, Chez l'auteur, 1988.

Blandin (André), *« Fer noir » d'Afrique de l'Ouest*, Salon-de-Provence, Chez l'auteur, 1992.

Bognolo (Daniela), « Sous le signe du serpent chez les Gan voltaïques », *Arts & Cultures*, Paris / Genève, Somogy-Musée Barbier-Mueller, 2005, p. 116-133.

Bognolo (Daniela), « Il était une fois nos alliés... Enquête chez les Gan », *Arts & Cultures*, Paris / Genève, Somogy-Musée Barbier-Mueller, 2007, p. 192-211.

Bognolo (Daniela), *Les Gan du Burkina Faso. Reconstitution de l'histoire et de la symbolique d'une royauté méconnue*, Paris, Hazan, 2010.

Boutillier (Jean-Louis), *Bouna, royaume de la savane africaine*, Paris, Karthala-ORSTOM, 1993.

Bowdich (Thomas Edward), *Mission from Cape Coast Castle to Ashantee ; With a Statistical Account of that Kingdom and Geographical Notices of Other Parts of the Interior of Africa*, Londres, John Murray, 1819.

Boyer (Alain-Michel), « Miroirs de l'invisible 1 », *Arts d'Afrique noire*, 44, 1982, p. 30-46.

Boyer (Alain-Michel), « Miroirs de l'invisible 2 », *Arts d'Afrique noire*, 45, 1983, p. 21-34.

Boyer (Alain-Michel), « Dans les bois sacrés de Côte d'Ivoire », *Beaux-Arts*, n° 114, juillet-août 1993, p. 88-95.

Boyer (Alain-Michel), « Peuples des côtes et des forêts », *Encyclopaedia Universalis, Grand Atlas de l'art*, 1993, t. II, p. 500-501.

Boyer (Alain-Michel), *Les Arts d'Afrique*, Paris, Hazan, 2006.

Boyer (Alain-Michel), « Le sceptre au cavalier Barbier-Mueller », *in Arts d'Afrique et d'Océanie, fleurons du musée Barbier-Mueller*, Paris, Hazan, 2007a, p. 43-61. English edition: *Arts of Africa and Oceania, Highlights from the Musée Barbier-Mueller*, Paris, Hazan, 2007a, p. 43–61.

Boyer (Alain-Michel), *Le Corps africain*, Paris, Hazan, 2007b.

Boyer (Alain-Michel), *Baule*, Milan, 5 Continents Editions, coll. « Visions d'Afrique », 2008. English edition: *Baule*, 5 Continents Editions, *Visions of Africa* series, 2008.

Boyer (Alain-Michel), « Binger à la croisée des arts », *in L'Afrique en noir et blanc, du fleuve Niger au golfe de Guinée (1887-1892)*, Paris, Somogy-Éditions d'Art, 2009, p. 74-113.

Boyer (Alain-Michel), « Le masque *anglo ba* », *in* Paris, catalogue de vente Christie's, *Six chefs-d'œuvre africains de la collection Kahane*, 1er décembre 2010, p. 18-21.

Boyer (Alain-Michel), *Le Sacré, le secret : les Wan, les Mona et les Koyaga de Côte d'Ivoire*, Paris, Hazan, 2011. Trad. Jane Todd : *The Sacred, the Secret: On the Wan, the Mona and the Koyaka of Côte d'Ivoire*, Genève, Barbier-Mueller Cultural Foundation, 2011.

Boyer (Alain-Michel), « Cuisiner pour les dieux », *in L'Art de manger. Rites et traditions en Afrique*, Paris, Éditions Dapper, 2014, p. 94-106.

Boyer (Alain-Michel), « Arts ancestraux de Côte d'Ivoire », *in Chefs-d'œuvre d'Afrique dans les collections du musée Dapper*, Paris, Fondation Dapper, 2015, p. 198-235.

Boyer (Alain-Michel), « Effigie féminine des Akyé (Côte d'Ivoire) à placage de feuilles d'or », *in Arts d'Afrique et d'Océanie*, Paris, jeudi 19 mai 2016, p. 26-33.

Boyer (Alain-Michel), *Les Yohouré de Côte d'Ivoire, Faire danser les dieux*, Lausanne, Éditions Ides et Calendes, 2016. Trad. Jane Todd : *The Yaure of Côte d'Ivoire, Make the Danse*, Genève, Barbier-Mueller Cultural Foundation, 2016.

Bravmann (René A.), *Islam and Tribal Art in West Africa*, Cambridge, Cambridge University Press, 1974.

Bruyninx (Elze), « L'art du métal dans l'ouest de la Côte d'Ivoire », *in* Jean Paul Barbier-Mueller (éd.), *Arts de la Côte d'Ivoire*, Genève, Éditions musée Barbier-Mueller, 1993, t. 1, p. 222-233.

Catalogue vente collection Hubert Goldet, Maison de la chimie, 30 juin 2001.

Catalogue : Abron-Koulango 2011, Saint-Maur / Ramatuelle, galeries Alain Dufour.

Catalogue : Arts d'Afrique, voir l'invisible, Bordeaux, musée d'Aquitaine, Paris, Hazan, 2011.

Caylus (Anne Claude de), *Recueil d'antiquités égyptiennes, étrusques, grecques, romaines*, Paris 1756, t. 2, planche 1, N° V.

Chapé (P.), « L'art chez les indigènes à la Côte d'Ivoire », *La Dépêche coloniale illustrée*, vol. 3, n° 18, 30 septembre 1903.

Coulibaly (Élisée), *Savoirs et savoir-faire des anciens métallurgistes d'Afrique*, Paris, Karthala, 2006.

Delaporte (abbé), *Le Voyageur françois ou la Connaissance de l'ancien et du nouveau monde*, Paris, Chez Cellot, 1772, t. XV, « La Côte d'Ivoire ».

Diabaté (V. T.), *La Région de Kong d'après les fouilles archéologiques*, thèse de 3e cycle, université Paris 1, 1979.

Durieu (Maine) et Goy (Bertrand), *Bronzes gan. La spirale du serpent*, Saint-Maur-des-Fossés, Éditions Sépia, 2005.

Freeman (Richard Austin), *A Journey to Bontuku in the Interior of West Africa*, Londres, The Royal Geographical Society, 1892.

Freeman (Richard Austin), *Travels and Life in Ashanti and Jaman*, Westminster, A. Constable, 1897. Réédition de l'édition de 1897, Londres, Cass, 1967.

Garrard (Timothy), *Akan Weights and the Gold Trade*, New York / Londres, Longmann, 1980.

Garrard (Timothy), *Gold of Africa*, Munich, Prestel Verlag, 1989. Trad. française : *Or d'Afrique*, Paris, Hazan, 1990.

Garrard (Timothy), « Les arts du métal en Côte d'Ivoire », *in* Jean Paul Barbier-Mueller (éd.), *Arts de la Côte d'Ivoire*, Genève, Éditions musée Barbier-Mueller, 1993, t. 1, p. 384-401.

Garrard (Timothy), « Art lorhon : deux bracelets de la région voltaïque / Art of the Lorhon : Two Bracelets from the Voltaic Region », *Art tribal*, 1998, p. 33-40.

Geoffroy-Schneiter (Bérénice), *MicroMonumentalité/MicroMonumentality, l'éloge du minuscule dans l'art africain/A Tribute to Miniature Works of African Art, Collection Pierluigi Peroni*, Milan, 5 Continents Editions, 2015.

Glar (Wilfried), « Kulango/Lorhon Bronzes from the Collection Dr. Pierluigi Peroni, Italy », *Art tribal-Les Arts premiers magazine*, juin 2014.

Glar (Wilfried), *La Culture matérialisée des ethnies de la région de la Volta*. Trad. : Marianne Pasty-Abdul, Eschweiler, auto-édition, mai 2015.

Goody (Jack), « The Mande and the Akan Hinterland », *in* J. Vansina, R. Mauny et L. V. Thomas (éd.), *The Historian in Tropical Africa*, Londres, Oxford University Press, 1964, p. 196.

Goy (Bertrand) et Itzikovitz (Max), *Bronzes d'Afrique de la Volta au Bandama*, Saint-Maur-des-Fossés, Éditions Sépia, 2012.

Griaule (Marcel), *Dieu d'eau*, Paris, Éditions du Chêne, 1948. Rééd., Paris, Fayard, 1966.

Grunne (Bernard de), *Djenné-Jeno, 1000 ans de sculpture en terre cuite au Mali*, Bruxelles, Fonds Mercator, 2014.

Itzikovitz (Max), « À propos d'un bronze abron », *Arts d'Afrique noire*, n° 16, 1975, p. 8-11.

Itzikovitz (Max), « Le comte de Caylus avait raison », *Arts d'Afrique noire*, n° 37, 1981, p. 14-15.

Kiéthéga (Jean-Baptiste), « Le cycle du fer au Burkina Faso » et « Le cycle de l'or au Burkina Faso », *in Découvertes du Burkina*, Paris / Ouagadougou, Éditions Sépia, 1993, t. II, p. 73-126.

Kouman (Benoît Kouassi), *Conflit d'identité culturelle né de l'évangélisation : valeurs traditionnelles abron-koulango confrontées aux valeurs du christianisme : expérience de la région de Tanda*, mémoire de l'EHESS, Paris, 1984.

Labouret (Henri), *Les Tribus du rameau lobi*, Paris, Institut d'ethnologie, 1931.

Labouret (Henri), *Nouvelles notes sur les tribus du rameau lobi*, Dakar, IFAN, 1958.

Loucou (Jean-Noël), *Histoire de la Côte d'Ivoire*, t. 1 : *La Formation des peuples*, Abidjan, CEDA, 1984.

Malraux (André), *Les Voix du silence*, Paris, Gallimard, 1951. Rééd. dans : André Malraux, *Écrits sur l'art*, 2 vol., Paris, Gallimard, coll. « La Bibliothèque de la Pléiade », 2004.

Mattet (Laurence), « Visite royale au musée Barbier-Mueller », *in* Abbadan, *Tooksipa et le tabouret d'or*, Morges, Éditions Glénat, 2016, p. 46-47.

Père (Madeleine), *Les Lobi : tradition et changement*, 2 vol., Laval, Éditions Siloë, 1988.

Père (Madeleine), « Séjour des Lorhon-Kulango chez les Gan du Burkina Faso », *in Découvertes du Burkina*, Paris / Ouagadougou, Éditions Sépia, 1993, t. II, p. 7-66.

Père (Madeleine), *Le Royaume gan d'Obiré*, Saint-Maur-des-Fossés, Éditions Sépia, 2004.

Person (Yves), « En quête d'une chronologie ivoirienne », *in* J. Vansina, R. Mauny et L. V. Thomas (éd.), *The Historian in Tropical Africa*, Londres, Oxford University Press, 1964.

Rattray (Robert Sutherland), *Religion and Art in Ashanti*, Oxford, Clarendon Press, 1927, rééd., Londres, Clarendon Press, 1979.

Schaedler (Karl-Ferdinand), *Erde und Erz*, Munich, Panterra Verlag, 1997. English edition: *Earth and Ore – 2500 Years of African Art in Terra-cotta and Metal*, Munich, Panterra Verlag, 1997.

Schaedler (Karl-Ferdinand), *Encyclopaedia of African Art and Culture*, Munich, Panterra Verlag, 2009.

Serra (David), *Bronzes kulango*, Paris, catalogue Parcours des mondes / Barcelone-Art tribal, 2013.

Serra (David), *Les Lorhon, premiers fondeurs de la route de l'or*, Paris, Parcours des mondes / Barcelone-Art tribal, 2015.

Tauxier (Louis), *Le Noir de Bondoukou*, Paris, E. Leroux, 1921.

Terray (Emmanuel), « Class and Class-Consciousness in the Abron Kingdom of Gyaman », *in* M. Bloch (éd.), *Marxist Analysis and Social Anthropology*, Londres, Malaby Press, 1975a, p. 85-135.

Terray (Emmanuel), « La captivité dans le royaume abron du Gyaman », *in* C. Meillassoux (éd.), *L'Esclavage en Afrique précoloniale*, Paris, Maspéro, 1975b, p. 446-448.

Terray (Emmanuel), « L'économie politique du royaume abron du Gyaman », *Cahiers d'études africaines*, vol. 22, n° 87-88, 1982, p. 252-275.

Terray (Emmanuel), *Une histoire du royaume abron du Gyaman : des origines à la conquête coloniale*, thèse (université Paris V-Descartes, sous la direction de Georges Balandier), 1984, ronéotée, 5 tomes plus annexes.

Terray (Emmanuel), « L'extraction de l'or dans le royaume abron du Gyaman (Afrique précoloniale) », *Les Cahiers du Centre de recherches historiques*, EHESS, 4, 1989, online.

Terray (Emmanuel), *Une histoire du royaume abron du Gyaman*, Paris, Khartala, 1995.

Terray (Emmanuel), « The Political Economy of the Abron Kingdom of Gyaman », Michigan University, *African e-journal Project*, s. d., online.

Wilks (Ivor), « A Mande Trade Route from the Niger to the Guinea Coast », *Journal of African History*, 3, n° 2, 1962, p. 337-341.

Willett (Frank), *Ife in the History of West African Sculpture*, Londres, Thames et Hudson / New York, McGraw-Hill, 1967. Trad. fr. : *Ifè, une civilisation africaine*, Paris, Tallandier, 1971.

BIOGRAPHIES
BIOGRAPHIES

Alain-Michel Boyer studied anthropology and political sciences at the Institut d'Études Politiques. A Fulbright scholar, he also holds a doctorate (Sorbonne). He has taught at several universities in the United States. A former member of the Conseil National des Universités in Paris, he is now a professor emeritus of African art. He has done field research on many occasions in Ivory Coast, Mali, Ghana, Zimbabwe, among other places. He has published some twenty books. Three of them are translated into English: *Baule* (5 Continents Editions, 2008), *The Sacred, the Secret: On the Wan, the Mona, and the Koyaga of Côte d'Ivoire* (Hazan, Barbier-Mueller Museum Cultural Foundation, 2011), and recently the first book on *The Yaure of Côte d'Ivoire. Make the Gods Dance*, Hazan, Barbier-Mueller Museum Cultural Foundation, 2016).

Pierluigi Peroni was born in Italy in 1955 and completed his education with an MA in Business and Economics at Bocconi University in Milan. He is currently a manager in a multinational company. Pierluigi Peroni has always nurtured a special love for Africa and African art, which he studies assiduously and collects with passion. He specializes in African bronzes and "miniatures" and often travels to the continent to seek them out. Keen to extend public awareness of his collection, he has overseen the publication of six books and written several articles on his pieces and exhibited his Kotoko bronzes in Milan in 2011 and in Belgrade from 2013 to 2014, while his Kulango bronzes were displayed in Paris in 2013 and his "miniatures" in Krakow in 2016. Items from Pierluigi Peroni's collection have also appeared in many books by various other authors.

Alain-Michel Boyer est agrégé de l'université et diplômé de l'Institut d'études politiques. Titulaire d'un doctorat de la Sorbonne et d'une Fulbright Scholarship, il a enseigné dans plusieurs universités américaines. Ancien membre du Conseil national des universités à Paris, il est maintenant professeur émérite d'art africain. Alain-Michel Boyer a vécu deux ans dans un village de Côte d'Ivoire et retourne fréquemment dans ce pays. Il a effectué de nombreux séjours de recherche au Mali, au Ghana, au Zimbabwe, etc. On lui doit une vingtaine de livres, dont *Les Arts d'Afrique* (Hazan, 2006), *Le Corps africain* (Hazan, 2007), *Baule* (5 Continents Editions, 2008). Il vient de publier le premier ouvrage consacré à des masques renommés : *Les Yohouré de Côte d'Ivoire. Faire danser les dieux* (Hazan-Fondation Culturelle Musée Barbier-Mueller, 2016).

Pierluigi Peroni est né en Italie en 1955. Après un master en business et économie à l'université Bocconi de Milan, il s'est consacré au monde des affaires et dirige actuellement une multinationale. Amoureux de l'Afrique depuis toujours, il étudie et collectionne l'art africain avec curiosité et passion. Voyageant souvent en Afrique, il s'est spécialisé dans les bronzes et les « miniatures ». Il est l'auteur d'articles sur sa collection d'art africain, à laquelle il a dédié six livres et dont de nombreux objets ont également été publiés dans les ouvrages de différents spécialistes. Parmi les pièces de sa collection, ses bronzes kotoko ont été exposés à Milan en 2011 et à Belgrade de 2013 à 2014, ses bronzes kulango à Paris en 2013 et sa collection de « miniatures » africaines à Cracovie en 2016.